"十二五"普通高等教育本科国家级规划教材

普通高等教育"十一五"国家级规划教材

普通高等教育国际经济与贸易专业系列教材

跨国公司经营与管理

第4版

U0656153

崔日明　徐春祥　编著

机 械 工 业 出 版 社

本书为"十二五"普通高等教育本科国家级规划教材、普通高等教育"十一五"国家级规划教材。

随着经济全球化趋势的日益深入和世界各国跨国公司的迅速成长,跨国公司已经成为一支不可替代的重要力量活跃于世界经济舞台,其雄厚的经济实力、先进的管理理念、发达的全球网络系统深刻地影响着世界经济、政治和社会生活。全书共分十一章,分别对跨国公司概况(包括内涵、发展历史回顾及发展趋势)、跨国公司对外直接投资理论及其发展、跨国公司的对外直接投资、跨国公司的战略调整、跨国公司战略联盟、跨国公司内部贸易与转移价格、跨国公司的跨国并购、跨国公司的技术转让、跨国公司的市场营销策略等进行了系统的介绍,最后对发展中国家(地区)的跨国经营以及我国企业的跨国经营做了较为详细的阐述。

本书适用于高等院校国际经济与贸易、国际商务专业及相关专业师生。

图书在版编目(CIP)数据

跨国公司经营与管理/崔日明,徐春祥编著. — 4 版. —北京:机械工业出版社,2020.1(2025.6重印)

"十二五"普通高等教育本科国家级规划教材 普通高等教育"十一五"国家级规划教材 普通高等教育国际经济与贸易专业系列教材

ISBN 978-7-111-64472-9

Ⅰ.①跨… Ⅱ.①崔… ②徐… Ⅲ.①跨国公司-经营管理-高等学校-教材
Ⅳ.①F276.7

中国版本图书馆 CIP 数据核字(2020)第 005984 号

机械工业出版社(北京市百万庄大街 22 号 邮政编码 100037)
策划编辑:常爱艳 责任编辑:常爱艳 商红云
责任校对:乔荣荣 封面设计:鞠 杨
责任印制:张 博
唐山三艺印务有限公司印刷
2025 年 6 月第 4 版第 14 次印刷
184mm×260mm · 15 印张 · 371 千字
标准书号:ISBN 978-7-111-64472-9
定价:49.80 元

电话服务   网络服务
客服电话:010-88361066   机 工 官 网:www.cmpbook.com
          010-88379833   机 工 官 博:weibo.com/cmp1952
          010-68326294   金 书 网:www.golden-book.com
封底无防伪标均为盗版   机工教育服务网:www.cmpedu.com

全球金融危机发生 10 年后，世界经济再次来到"十字路口"。贸易保护主义、单边主义持续蔓延，贸易和投资争端加剧，逆全球化措施正阻碍着国际贸易和投资的发展，国际贸易增速放缓，国际投资者信心明显不足，国际直接投资活动低迷。全球产业格局和金融稳定受到冲击，金融压力和波动风险显现，世界经济运行风险和不确定性显著上升。与此同时，全球经济增长非常不平衡，且没有惠及最贫困地区，应对衰退的政策空间有限，气候变化、地缘政治风险、民粹主义和民族主义扩张等问题，也影响世界经济的稳定与发展，全球经济增长下行风险加剧。

2018 年，全球外国直接投资流入量 12970 亿美元，连续第三年出现下滑，其中流入发达经济体的外资总额 5570 亿美元，流入发展中经济体的外资总额 7060 亿美元，另外 340 亿美元流入了转型经济体。世界经济运行的波动性与跨国公司的对外直接投资有着密不可分的联系。观察近几年来的全球外国直接投资流入量和外资流向，可以看出，在外资流量增长从而世界经济较活跃的年份，跨国公司常常是扩大对发达经济体的投资；而在外资流量增长平稳（或出现下降）从而世界经济增长乏力的年份，跨国公司往往会增加对发展中经济体和转型经济体的投资。

改革开放 40 年来，中国累计使用外商直接投资超过 2.1 万亿美元。2018 年中国是全球第二大外资流入国，据联合国贸易与发展会议（UNCTAD）统计，中国自 1993 年起利用外资规模稳居发展中国家首位。

党的十八大以来，以习近平同志为核心的党中央适应经济全球化新趋势，准确判断国际形势新变化，深刻把握国内改革发展新要求，在对外投资领域提出了一系列重要论述和部署要求。党的十九大报告指出，要以"一带一路"建设为重点，坚持"引进来"和"走出去"并重，遵循"共商、共建、共享"原则，加强创新能力开放合作，形成"陆海内外联动、东西双向互济"的开放格局。创新对外投资方式，促进国际产能合作，形成面向全球的贸易、投融资、生产、服务网络，加快培育国际经济合作和竞争新优势，这是新时期做好对外投资工作的根本原则。

2016 年，中国对外直接投资流出量 1961.5 亿美元，创历史最高纪录，居世界第二位。受美国贸易保护主义影响，2017—2018 年，中国对外直接投资分别下降为 1582.9 亿美元和 1298.3 亿美元，连续两年呈快速下降趋势。2015—2018 年，中国企业对"一带一路"沿线的 60 多个国家实现非金融类直接投资累计 642.4 亿美元，占同期对外直接投资总额的比例超过 10%。

世界经济增长的不确定性和中国引进外资以及对外直接投资出现的这些新变化，使本书的修订显得尤为必要。在第 3 版的基础上，本书对第九章"跨国公司的市场营销策略"进行了重新编写，将第十一章"我国企业跨国经营战略选择"和第十二章"'走出去'——我国企业的跨国经营"合并为第十一章"我国企业的跨国经营"，从"引进来"和"走出去"两个层面对全部内容进行了重新编写。修订后，每个知识点介绍得更加清晰、简练，突出其逻辑性，厘清了每个观点的来龙去脉，同时保留原书突出理论介绍的特点。

本书第 4 版的修订工作是在崔日明教授的指导下，由徐春祥教授负责完成的。在修订过程中，我们参阅了大量专家、学者的相关文献、观点，在此对相关作者表示感谢！

同时，我们非常感谢一直以来，全国各高校、科研院所以及其他使用本书的单位、读者对本书的认可，他们的鼓励和支持，是我们对本书进行不断修订、完善的信心和动力。由于水平、能力有限，书中难免存在一些不足抑或谬误之处，欢迎广大读者批评指正。

我们为使用该书作为授课教材的老师免费提供教学电子课件（PPT）、教学大纲，有需要的读者可向责任编辑索取，联系方式为：changay@ 126. com。

作　者
2019 年 9 月

目 录
CONTENTS

第一章

跨国公司概述

第一节　跨国公司的内涵

跨国公司（transnational corporation）作为一种特殊的企业组织形态，出现于 19 世纪 60 年代中期。第二次世界大战以后，特别是 20 世纪五六十年代以来，跨国公司迅速发展，并成为世界经济与政治格局中的一支重要力量。尽管人们对跨国公司这一称谓并不陌生，但要从学术的角度给它下一个确切的定义，却并非是一件易事，原因是这种国际性企业组织形式从产生到现在，学术界与实际工作部门对其曾有过多种称谓，并出现过不同的定义标准。

1960 年 4 月，时任美国田纳西河管理局局长的大卫·李良瑟（David E. Lilienthal）在美国卡内基工业大学（Carnegie Institute of Technology）发表演讲时指出：“跨越国界从事生产经营活动的经济组织已不再是一国单纯的企业，而是‘跨国’的企业……多国经营的趋势正日益加强，（因此）企业管理方式也需要做出相应的调整和改变。”后来，该演讲稿以“多国公司”为题，被收录到《管理与公司》的论文集中。20 世纪 60 年代后期，随着企业跨国经营活动的日益开展，“多国公司”一词便被用来描述那些跨越国界进行生产经营的企业组织形式。

20 世纪 60 年代后期至 70 年代初，跨国公司在世界范围内迅速成长起来，学术界和理论界对这一现象的研究也演变成一种热潮。于是，对跨国公司各种各样的、内涵十分相近的称谓也随之出现了，如跨国公司（transnational corporation）、多国公司（multinational corporation）、国际企业（international enterprise）、多国企业（multinational enterprise）、国际公司（international corporation）、全球公司（global corporation）、超国家公司（super-national corporation）、世界公司（world corporation）、全球企业（global enterprise）、宇宙公司（cosmo corporation）等。这些不同的称谓中，又以“跨国公司”和“多国公司”最为常见。

1973 年，在联合国经社理事会（United Nations Economic and Social Council，ECOSOC）第 57 次会议上，知名人士小组（UN Group of Eminent Persons）（后来成为著名的联合国跨国公司中心）在讨论题为“多国公司对经济发展和国际关系的影响”（The Impact of Multinational Corporations on Development and on International Relations）的报告时，来自阿根廷、玻利维亚、巴西、智利等拉丁美洲国家代表提出，在拉丁美洲一体化文件中，“多国公司”一

㊀　来自 United Nations. Dept. of Economic and Social Affairs. *The impact of multinational corporations on development and on international relations*. New York：United Nations，1974.

词是特指那些在安第斯组织⊖赞助下，由该组织成员国共同创办和经营的公司，这些公司完全不同于那些单纯在国外进行直接投资并获取巨额利润的公司，因此他们强烈要求采用"跨国公司"一词来定义和描述那些以一国为基础、从事跨国生产经营活动的企业，并以此和现存的"多国公司"相区别。联合国经社理事会最终采纳了这一合理建议，并在此后联合国经社理事会为设立跨国公司委员会和跨国公司中心而发布的相关决议中用"跨国公司"取代"多国公司"。从此，"跨国公司"这一称谓在联合国的各种会议和决议文件中使用开来，并得到了世界各国的认同和广泛使用⊜。

一、跨国公司的定义

前面述及了跨国公司称谓的由来。关于跨国公司的定义，也是由于标准不同而众说纷纭，根据不同的划分标准大致可以分为不同种类。

（一）结构性标准

结构性标准包括：地区分布、所有权、股权比例以及生产或服务设施等划分标准。

1. 地区分布标准

该标准以跨国公司在国外进行投资或经营的国家数目作为划分的标准。究竟跨越多少个国家才算是跨国公司？原欧共体在1973年认为，在两国以上拥有生产设施的跨国经营企业即称其为跨国公司；而美国的一些学者则提出了另外的标准，如哈佛大学"美国多国公司研究项目"提出，必须在六个以上国家设有子公司或分支机构的才算跨国公司。该项目主持人雷蒙德·维农（Raymond Vernon）教授1971年在其著作《国家主权处于困境中》中指出："跨国公司是指控制着一大群在不同国家的企业的总公司，这些企业一般都有相当广泛的地区分布。一个在本国基地以外只在一两个国家拥有股权（子公司）的企业，就不能将它列入跨国公司的行列。"⊜按此标准，1968年在《财富》（Fortune）杂志上列出的制造业500强中，雷蒙德·维农认为称得上是跨国公司的只有187家，且大多数是垄断性企业，它们在全球的子公司或附属企业有5000~6000家。

2. 所有权标准

"所有权"在西方文献中既指资产的所有权形式，又指企业的拥有者和公司高层主管的国籍。

资产所有权形式是指国营（SOE）、私营、合作制或公私合营以及合伙（partnership）股份公司等。联合国经社理事会认为："……至于公司的法律组织形式并不重要，可以是私人资本的公司，也可以是国有或合作社所有的实体。"另外，经济合作与发展组织（Organization for

---

⊖ 安第斯组织（Andean Organization），又称安第斯条约组织或安第斯共同体，拉丁美洲分布在安第斯山脉（the Andes Mountain）的玻利维亚、哥伦比亚、厄瓜多尔、秘鲁和智利五国于1969年5月26日在哥伦比亚的卡塔赫纳签订了《小地区一体化协定》，因此又称《卡塔赫纳协定》（Cartagena Agreement），该协定于1969年10月16日生效后改称安第斯条约组织（Andean Community of Nations）。1973年2月13日委内瑞拉加入，1976年10月智利宣布退出，1996年3月，易名为安第斯集团（Grupo Andino）。2006年4月，委内瑞拉因秘鲁和哥伦比亚与美国签订自由贸易协定而退出该组织。目前其正式成员国为秘鲁、玻利维亚、厄瓜多尔和哥伦比亚，总部设在秘鲁首都利马。

⊜ 需要说明的是，联合国贸易与发展会议（UNCTAD）等机构经常使用 multinational enterprises（MNEs，多国企业）代表跨国公司，而世界贸易组织（WTO）等一些组织却经常使用 transnational corporations（TNCs）来表述跨国公司。

⊜ 来自罗进编写的《跨国公司在华战略》，复旦大学出版社，2001。

Economic Cooperation and Development，OECD）的文件也认为，跨国公司的所有权形式可以是私有、国有或混合所有。但也有一些人认为跨国公司必定是国际垄断组织，是垄断资本主义所有制。

关于企业的国籍问题，则认识各异。美国学者梅森诺基（J. Maisonrouge）认为，跨国或多国公司的股权应是多国公民所有，管理也应是多国性的。麻省理工学院（MIT）国际经济学专家查尔斯·金德尔伯格（Charles P. Kindleberger）则认为，跨国或多国公司的特征应是"无国籍性"的，即"并不忠于哪一个国家，也没有哪个国家使它感到特别亲近"。而同为麻省理工学院的理查德·罗宾逊（Richard D. Robinson）教授则认为，多国公司的国际化程度应低于跨国公司，反映在国籍上，是指多国公司的所有权和管理权主要属于一个国家的公民，其国籍与母公司的主要所有者和高层主管的国籍相同；而跨国公司的所有权分属几个国家的公民，其决策亦是更加超越单个国家、民族的界限和偏见，"关键的决策人物已不再是居住在母公司的所在国"。⊖

3. 股权比例标准

该标准是以一个企业拥有国外企业的股份多少来划分该企业是否为跨国公司。雷蒙德·维农教授认为，跨国公司在国外子公司所拥有的股权应至少达到25%以上；经济学家罗尔夫（Rolfe）在1970年发表的《多国公司展望》中认为，"一个'多国公司'可以定义为：有25%或者更多的国外业务份额的一个公司；'国外业务份额'的意思是指企业在国外销售、投资、生产或雇用人数的比例"。

美国法律规定，一个企业拥有的国外企业股份或业务份额达10%以上，才能算作跨国公司；而日本则规定要达到25%以上，如果不足25%，必须是采取非股权安排措施加以控制的公司才算作跨国公司。

4. 生产或服务设施标准

原欧共体、联合国经社理事会以及经合组织等重要的国际组织并不要求跨国公司的机构必须分布在六个国家以上，而更强调必须在两个或两个以上国家拥有生产或服务设施。

1973年欧共体委员会公布的《准则》和1976年欧洲议会通过的《守则》都明确指出：凡在两个或两个以上国家拥有生产或服务设施的企业即构成跨国公司。

1973年联合国经社理事会的知名人士小组在其报告《多国公司对经济发展和国际关系的影响》中认为：多国公司应在母公司以外至少两个国家拥有生产或服务设施，至于公司的法律组织形式并不重要。

1976年经合组织公布的《多国企业准则》，对跨国公司在生产或服务设施标准方面也有类似的规定。

5. 邓宁关于跨国公司的定义

英国里丁大学（University of Reading）著名的跨国公司研究专家，前《联合国跨国公司文库》（UN Library of TNC）主编约翰·邓宁（John H. Dunning）于1971年亦从企业跨越国家界限从事直接生产经营活动的角度来给跨国公司下了一个定义，即"国际的或者多国的生产企业的概念……简单地说，就是在一个以上的国家拥有或者控制生产设施（例如工厂、矿山、炼油厂、销售机构、办事处等）的一个企业"。

⊖ 来自罗进编写的《跨国公司在华战略》，复旦大学出版社，2001。

与邓宁的定义基本相似的是英国学者胡德（N. Hood）和杨（S. Young）于1979年在《多国企业经济学》（*The Economics of Multinational Enterprise*）中对跨国公司所下的定义："跨国公司是指在一个以上国家拥有（全部或部分）控制和管理能产生收益的资产的企业，这就是从事国际生产，即通过对外直接投资、筹资进行的跨国界生产。"

1993年，邓宁在其一本名著《多国企业与世界经济》（*Multinational Enterprise and World Economy*）中又对跨国公司下了一个突出跨国生产经营活动的定义，即多国企业或跨国企业就是从事对外直接投资并在一个以上国家拥有或控制着从事增值活动（value-adding activities）的企业或机构。

显然，邓宁和胡德等关于跨国公司的定义都突出强调了多国这一地理概念上的意义，特别是邓宁的定义更加突出了直接投资和价值创造活动在认定跨国公司上的重要性，即给人们的印象是只有从事对外直接投资并主要从事生产性直接投资的企业才属于跨国公司。显然，这一定义是有一定局限性的。

（二）经营业绩标准

1. 传统的经营业绩标准

按跨国公司在全球经营业绩状况来界定跨国公司，主要是指企业的国外活动占整个公司的业务份额，包括销售收入、资产总额、盈利额或公司雇员人数等达到一定标准才算得上是跨国公司。如雷蒙德·维农率领的"美国多国公司研究项目"认为，跨国公司的标准是：年销售额超过1亿美元的企业；而联合国贸易与发展会议（UNCTAD）1993年则认为营业额在10亿美元以上的企业为跨国公司，即所谓的"10亿美元俱乐部"（Billion Dollar Club）。

以公司国外经营活动的资产额、销售额、生产额、盈利额和雇员数量占整个公司百分比来划分的，多数主张以国外销售额或生产额为主要指标，一般以25%为界限。

2. 国际化经营业绩指标体系

衡量一个企业是否是跨国公司，常用的经营业绩指标体系有如下三个：

（1）比例指标体系。比例指标体系主要是应用比例方法来衡量和反映企业的国际化程度。具体有五项比例，公式如下：

1）
$$海外销售率 = \frac{国外销售总额}{全部销售总额} \times 100\%$$

2）
$$海外资产比率 = \frac{海外资产净值}{全部资产净值} \times 100\%$$

3）   国际管理指数 = 企业高级管理人员的国际经验

4）   国际投资指数 = 投资过程中对海外市场的熟悉程度

5）
$$海外公司比率 = \frac{海外子公司}{全部子公司} \times 100\%$$

该比例指标体系考虑了衡量的准确性和可操作性，比简单的一两个指标更加合理。但由于过于强调比率等数量方面的概念，因此也就忽略了企业规模的因素，缺乏绝对性指标。

（2）相对、绝对指标体系。具体包括以下几项：

1）海外销售总额。该指标反映企业在国际市场中的实际销售业绩和份额的大小。

2）海外销售净额。该指标反映企业在国际市场中实际份额的大小。

3）海外资产比率。其公式为

$$海外资产比率 = \frac{海外资产净值}{全部资产净值} \times 100\%$$

4）海外销售率。其公式为

$$海外销售率 = \frac{海外销售总额}{全部销售总额} \times 100\%$$

5）外贸依存度。该指标由两个比率来反映：

$$外贸净流量依存度 = \frac{对外贸易净差额}{销售总额} \times 100\%$$

$$进口产品依存度 = \frac{进口总额}{总成本} \times 100\%$$

6）投资结构水平。其公式为

$$投资结构水平 = \frac{投资技术密集型产业资本额}{国际长期资本总额} \times 100\%$$

7）生产依存度。其公式为

$$生产依存度 = \frac{境外生产总值}{国内生产总值} \times 100\%$$

（3）跨国指数体系。跨国指数也叫作跨国程度指数，其数学表达式为

$$跨国指数 = \frac{国外资产/总资产 + 国外销售额/总销售额 + 国外雇员数/雇员总数}{3}$$

跨国指数是用来衡量跨国公司"国际参与程度"的一个平均数据，是"公司经营活动在国外配置程度的函数"，它由三个比率的平均值构成。这三个比率分别是某个公司的国外资产/总资产、国外销售额/总销售额、国外雇员数/雇员总数，然后再将这三个比值加以平均所得出的数值，作为该公司的跨国程度指数。联合国贸易与发展会议于《1998年世界投资报告》中指出："该指数……所依据的理论框架是以国外活动与本国活动的二分法为基础的，并有助于评估跨国公司的活动和利益介入本国或外国经济的程度"。[一]

以上评价指标，从不同的角度反映企业在经营业绩等方面所表现出来的跨国程度。

（三）战略取向标准

战略取向标准又称行为特性标准，该标准以企业的经营战略和动机是否具有全球性来区分其是否为跨国公司。该标准认为，企业经营决策时的战略取向以全球为目标，实行全球中心战略的公司，才算是跨国公司。

1969年，美国宾夕法尼亚大学沃顿商学院帕尔穆特（Howard V. Perlmutter）教授在其《跨国公司曲折演变》（*The Tortuous Evolution of Multinational Enterprises*）一文中认为，企业从国内走向国外，直到定位于全面的国际导向，其价值观念和行为方式通常要经历三个阶段，即EPG模型（EPG model）：

1. 母国取向

母国取向（ethnocentrism）即以母国为中心进行战略经营决策，经营中也优先考虑母国企业的利益，并经常照搬母国的经营管理方式。尽管也雇佣当地员工，但附属企业的高级主

[一] 来自张纪康编写的《跨国公司与直接投资》，复旦大学出版社，2004。

管依然由母国企业派遣，而且对母国员工的评价和信任高于当地员工。

2. 东道国取向

东道国取向（polycentrism）是指决策开始分散和下放，不再集中于母国总部，经营中在考虑母国利益的同时，也兼顾国外当地企业的要求，考核国外附属企业的经营业绩时，已转向以当地环境和条件为依据。

3. 世界取向

世界取向（geocentrism）是指决策不再仅仅局限于母国或东道国，而是从全球竞争环境出发来进行决策。在跨国经营中，母国企业与国外企业的相互依存和配合协作大大加强，要求母国企业或国外企业都必须服从全球范围内的整体利益，其考核企业业绩的标准也面向全球，对母国员工和东道国员工一视同仁，雇用的当地员工人数增多，其地位和待遇也有所提高。

跨国公司的全球经营战略使其在全世界范围内实施生产要素的最优配置，它们把研究与开发（R&D）、生产加工、销售与服务等价值活动和业务流程分散在世界各地，而将最高决策权保留在总公司。一项全球战略的制定，意味着决策者不是简单、孤立地考虑一个特殊国家的市场和资源，不是处理国际业务中一时一地的得失，而是在技术日新月异的时代中，追寻市场瞬息万变的规律，在多国的基础上，权衡世界市场和世界资源配置的效果，在全球市场的激烈竞争中，从全球经营总体战略角度，有计划地谋求最大限度的利润和最小限度的风险。

（四）联合国对跨国公司的定义

联合国跨国公司中心在1977年起草，经数次修改并于1986年最终定稿的《跨国公司行为守则草案》中对跨国公司的定义是："本守则中使用的'跨国公司'一词是指由在两个或更多国家的实体所组成的公营、私营或混合所有制企业，不论这些实体的法律形式和活动领域如何；该企业在一个决策体系下运营，以便通过一个或更多决策中心制定协调的政策和共同的战略；该企业中各个实体通过所有权或其他方式结合在一起，从而其中一个或更多的实体能够对其他实体的活动施加有效的影响，特别是与其他实体分享知识、资源和责任。"⊖

可以看出，这个定义强调的是企业内部管理、战略实施的统一，但同时也突出了与外部建立联系时的控制问题。应当说联合国关于跨国公司的定义比较合理地把有关因素都包括在内，既明确了跨国性及在跨国经营条件下的独有的管理特征，同时又强调了控制能力，特别是其所涉及行业的广泛性。因此可以说，该定义更具有权威性。

据联合国有关机构的解释，对跨国公司的上述定义，基于以下几点理由：

（1）囊括了所有行业的各种规模和不同的海外经营比重的企业，可以避免发生任何遗漏。

（2）可以直接利用多数国家政府公布的现成的有关资料。

（3）该定义充分吸收了其他国际机构有关文件中的说法，并以此为基础做了综合、补充和完善。

（4）在发展中国家东道国看来，任何在其境内的外国企业都是外资企业，它们并不关心这些外资企业在国外拥有多少子公司。

联合国关于跨国公司的定义有以下三个基本要素：

⊖ 来自吴文武编写的《跨国公司新论》，北京大学出版社，2000。

（1）包括两个或两个以上的国家实体，不管这些实体的法律形式和领域如何。

（2）在一个决策体系中进行经营，能通过一个或几个决策中心采取一致对策和共同战略。

（3）各个实体通过股权或其他方式形成的联系，使其中的一个或几个实体有可能对别的实体施加重大影响，特别是同其他实体分享知识资源和分担责任。⊖

此外，联合国贸易与发展会议在《1995 年世界投资报告》中对跨国公司的描述性定义是：跨国公司是由母公司及其国外分支机构组成的股份制企业或非股份制企业。其中，母公司（parent corporation，home company）是指通过拥有一定股权份额在母国以外控制其他实体资产的企业。在通常情况下，拥有股份制企业 10% 或更多的普通股股权份额或选举权，或非股份制企业的相当权益被认为是控制资产的最低限度；国外分支机构（foreign affiliate）是指投资者在他国拥有允许其参与企业管理的股权份额的股份制企业或非股份制企业（股份制企业 10% 的股权，或非股份制企业的相当权益）。

具体地说，《1995 年世界投资报告》中的国外分支机构是指跨国企业在东道国的子公司、附属企业和分公司。其中：

子公司是指在东道国直接拥有 50% 以上的股东选择权，有权指派或撤换多数管理、经营或监督人员的股份制企业。

附属企业是指在东道国拥有不低于 10%，但不超过 50% 股东选举权的股份制企业。

分公司是指在东道国的独资或联合拥有的非法人企业，包括：外国投资者的常设机构或办公室，外国直接投资者与一个或更多第三方的非股份合作或合资企业，外国居民直接拥有的土地、建筑物（政府机构拥有的建筑物除外）或其他不可移动设备与物件，外国投资者在他国拥有并运营一年以上的可移动设备（如船舶、飞机、油气开采设备）。

可以看出，联合国关于跨国公司的两种定义均具有较高的科学性和权威性。和其他定义方式相比较，联合国的有关定义在企业的规模、跨越国界的程度、所有权及全球战略等指标方面都未做严格要求，这样可以最大限度地囊括进行跨国经营的企业，因此具有较强的包容性。而且可以看出，随着认识的不断深入，人们对跨国公司基本内涵的认识正逐步趋同。

综合上述各种定义，我们认为，跨国公司至少应涵盖以下几个方面的内容：

（1）跨国公司在一个国家设立总部，并通过对外直接投资在两个或两个以上国家设立分支机构或子公司。

（2）跨国公司的经营战略是全球性的。

（3）跨国公司是生产和市场竞争在全球范围内拓展的结果，是与高科技、网络化现代生产条件相适应的企业组织形式。

（4）跨国公司的所有制形式应比较宽泛，可以是国有、私有或混合所有制。

二、跨国公司的特征及组织形式

（一）跨国公司的特征

根据前面描述的不同划分标准下的跨国公司的定义，我们总结出跨国公司的基本特征主

⊖　来自罗进编写的《跨国公司在华战略》，复旦大学出版社，2001。

要有以下六个方面：

（1）具有相当的经营规模和实力。

（2）对外直接投资，在国外开展实质性的经营业务。跨国公司以对外直接投资作为跨国经营活动的主要方式，直接投资是跨国公司形成的基础。换言之，对外直接投资是跨国公司的必要条件，因为跨国公司是直接投资行为的结果。

（3）跨国公司具有一体化的组织管理，具有全球战略目标。

（4）经营业务国际化。跨国公司尽管开始都是立足母国，但母国并不是跨国公司的最终目标市场，其最终目标是全球市场，并实现经营业务国际化。

（5）生产经营多样化。多样化生产经营是跨国公司发挥其经营优势、降低成本和风险的重要途径。

（6）市场交易内部化。交易成本的存在和市场失灵促使企业进行内部化，即建立内部市场以取代外部市场，跨国公司内部贸易在国际贸易中占有相当大的比重。（有关内容将在第六章详细介绍）

（二）跨国公司的组织形式

1. 跨国公司的法律形式

在企业的法律组织形式上，跨国公司通常采用股份有限公司的形式。而从层次上来说，跨国公司的法律组织形式又可分为设立在母国的母公司、设立在海外的分公司、子公司以及避税地公司等。

（1）母公司（parent company）。母公司又称总公司，是指通过拥有其他公司一定数量的股权，或通过协议方式能够实际上控制其他公司经营管理决策，并使其他公司成为自己的附属公司的公司。

母公司对其他公司的控制，一般采取两种形式：一是掌握其他公司一定数量的股权；二是在两个公司间存在特殊的契约或支配性协议的情况下，一家公司也能形成对另一公司的实际控制。世界上很多国家的《公司法》将这种通过特殊安排控制另一家或多家公司的企业称为母公司。

母公司对子公司实行有效控制是通过掌握子公司一定比例的股权实现的，各国在对这一股权比例的认定上存在着明显的差异，如美国《公共事业控制法》规定这一股权比例必须达到10%以上，而联邦德国《公司法》规定，要能拥有或控制"多数表决权"。法国则规定，控制"一半以上的股本"。这里的"股本"是指全部股东交纳股金的总数额。英国则规定，凡符合以下三条中的任何一条，就构成母公司和子公司的关系：①A公司是B公司的在册股东，并能实际控制B公司的董事会；②A公司拥有B公司半数以上的股票；③B公司是A公司的子公司所拥有的公司。

母公司的主要法律特征如下：

1）母公司实际控制子公司的经营管理权。

2）母公司以通过参股或非股权安排行使对子公司的控制。

3）母公司对子公司承担有限责任。

（2）分公司（branch）。跨国公司的分公司是母公司的分支机构，不具有法人资格，在法律上和经济上都不具有独立性，而只是母公司的一个组成部分。

分公司的法律特征主要有：

1）分公司不具有法人资格，不能独立承担责任，其一切行为后果及责任均由母公司承担。

2）分公司由母公司授权开展业务，自己没有独立的公司名称和章程。

3）分公司没有独立的财产，所有资产属于母公司，并作为母公司的资产列入母公司的资产负债表中，母公司对分公司的债务承担无限责任。

分公司与母公司同为一个法律实体，设立在东道国的分公司被视作"外国公司"，不受当地法律的保护，但要受到母国的外交保护。它从东道国撤出时，只能出售其资产，而不能转让其股权，也不能与其他公司合并。

（3）子公司（subsidiary）。子公司是指一定比例的股份被另一家公司拥有或通过协议方式受到另一家公司实际控制的公司。母公司与子公司之间存在所有权关系，也存在控制和被控制的关系，但子公司在业务上可以独立经营，自主权较大。

子公司有以下主要法律特征：

1）子公司是独立法人。子公司在经济上受母公司的控制，但在法律上，子公司是独立法人。其独立性主要表现在：拥有独立的公司名称和公司章程；拥有独立的财产，财务独立，自负盈亏；可以公开发行股票，并可独立借贷；以自己的名义从事各种经济、民事活动，包括起诉和应诉；独立承担公司行为所带来的一切后果及责任，包括债务责任。

2）子公司在经济上和业务上被母公司实际控制。母公司居于控制和支配地位，子公司处于从属地位。母公司对子公司进行实际控制主要表现在：母公司能够决定和控制子公司董事会的组成。

3）母公司对子公司进行实际控制或是基于支配性协议等非股权安排。母公司拥有子公司的多数或全部股权，而股权数量与控制权成正比。但在现代国际商业活动中，母公司的控制手段已不限于股权的控制，合同或协议的安排也越来越多。许多国家的《公司法》都承认通过某些协议控制其他公司的做法，后者被称为子公司。

子公司在东道国注册登记被视作当地公司，须受东道国法律管辖，不受母公司政府的外交保护。子公司在东道国除缴纳所得税外，其利润作为红利和利息汇出时，还须缴纳预扣税。所谓预扣税（withholding tax），是指东道国政府对支付给外国投资者的红利和利息所征收的一种税收，必须在缴纳此税后才可将利润汇往境外。

（4）避税地公司（tax heaven corporation）。避税地是指对外国公司在本地注册、经营所获利润实行免税和低税政策的国家和地区，也叫作避税港（tax heaven）。目前在全球范围，大约有30个左右的国家和地区属于这个概念范畴。而在这些地点正式注册、经营或将其管理总部、结算总部、利润形成中心安排在该地点的跨国公司，就称其为避税地公司。

世界上著名的避税地有百慕大群岛、巴哈马群岛、荷属安得列斯群岛、巴拿马、巴巴多斯、开曼群岛、瑞士、列支敦士登、卢森堡、直布罗陀、利比里亚和中国香港等。

避税地必须具备有利于跨国公司的财务调度和进行国际业务活动的条件。例如对其境内公司所得税一律实行低税率或免税；取消外汇管制，允许自由汇回资本和投资收益、经营利润；对企业积累不加限制，不征租税；具备良好的财务服务、通信、交通以及健全的商法等。

避税地公司又称为"纸上公司"（paper corporation）或皮包公司。这些公司通过频繁利用跨国公司内部贸易以及转移价格（详见第六章相关内容），使货物或劳务的法律所有权归之于避税地公司，而实际上这些货物或劳务根本没有进入避税地，这样就可将部分利润从应征高税率的国家转移到避税地，再利用避税地的政策转走，从而达到避税的目的。[一]

2. 跨国公司的组织结构

为实现跨国公司全球利润最大化的目的，跨国公司的管理组织机构往往具有十分突出的国际经营功能。换句话说，其组织结构带有强烈的全球性色彩，无论国内部门还是国外部门，在整个公司组织结构中都占有同等重要的地位。在通常情况下，跨国公司的职能部门被设置为六种适应不同国际化程度的组织结构，分别是：国际业务部、全球性产品组织结构、地区组织结构、全球性职能组织结构、混合式组织结构和矩阵式组织结构。

（1）国际业务部。随着公司产品出口、对外许可转让和对外直接投资的多维化和扩大化，跨国公司往往会在原来进出口部的基础上设置国际业务部。国际业务部通常是隶属于母公司的独资子公司，其经理由母公司的主管副总裁或副总经理兼任（见图 1-1）。

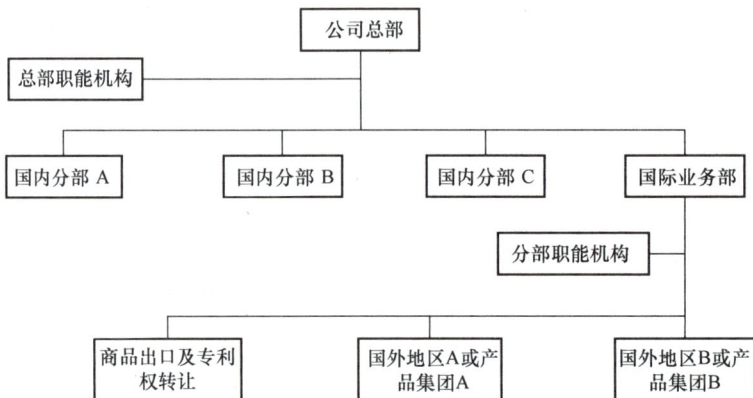

图 1-1　国际业务部组织结构

作为跨国公司的组织结构之一，国际业务部的主要优点是：

1）能够加强对国际业务的控制和管理。

2）协调国外各子公司的资源，起到资源使用的规模化效应，获得比单个子公司分别独立进行国际经营更多的利益。

3）容易实现公司业务与国际市场接轨，可以比较方便地规划各子公司的国外销售市场份额，避免子公司之间的抵消性竞争。

4）有利于实现跨国公司的内部交易、调整经营战略、转移经营利润、降低企业的整体税收负担。

5）有利于培养国际型经营管理人才。

国际业务部的主要缺点是：

1）国际业务部和国内业务部的人为分割，容易割裂企业的统一资源，不利于有限资源的优化配置，而且容易造成企业内、外贸部门之间因业绩压力因素而产生资源争夺。

2）公司内部贸易情况下转移价格的制定，难以协调企业的内部矛盾和利益分配。

3）由于国内业务部门对国际市场运行规律的不熟悉，难以配合国际业务部门的业务发展，从而导致企业的协调效率出现问题，进而影响企业的总体经营效率，制约公司国际业务

[一]　来自林康编写的《跨国公司与跨国经营》，对外经济贸易大学出版社，1999。

的进一步拓展。

4）由于文化差异较大，消费者行为各异，因此统一制定的经营策略难以适应差别化市场。

5）信息传递效率可能较低，导致决策周期过长，造成决策失去时效。

（2）全球性产品组织结构。跨国公司出于利润最大化的目的和降低风险的考虑，通常会进行多样化经营，不同的产品、不同的业务领域、不同的销售策略往往要求跨国公司按照专业化分工和协作的方式来进行生产和经营。相应地，跨国公司就需要按权、责、利统一的要求，根据专业、产品甚至部门的差异实施全球性的规划、管理和控制，其组织结构的设置如图 1-2 所示。

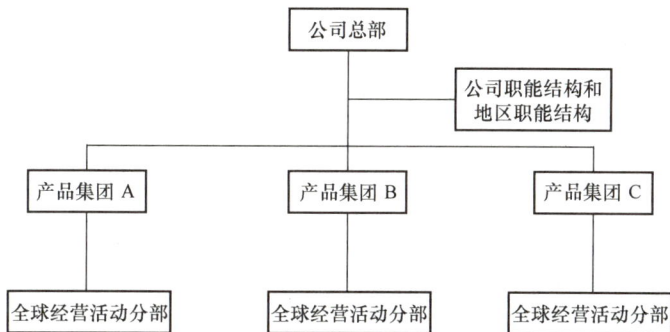

图 1-2　全球性产品组织结构

全球性产品组织结构的优点是：

1）强调产品和市场销售的全球性规划，有利于国际市场的细分。

2）有利于加强产品的技术、生产、销售和信息的统一管理，避免公司内部业务冲突，提高公司的整体运营效率和国际竞争力。

3）最大限度地缩小国内、外业务之间的差别。

全球性产品组织结构的缺点是：

1）不利于公司对长期性投资、市场销售、资源配置以及利润分配等宏观性、全局性问题进行统一集中决策。

2）不同产品的职能管理机构的设置可能会重复，从而加重内部协调的困难，造成有限资源的浪费和配置失去效率。

3）企业内部的优质专业人力资源不能充分发挥国外业务知识专长，造成人力资本贬值。

（3）地区组织结构。地区组织结构是指跨国公司根据业务需要设立地区分部，由总公司负责制定全球性的经营战略和目标，总公司负责监督分布于全球的各地区性分支机构的经营状况。地区组织结构的设置见图 1-3。

地区组织结构的优点是：

1）突出地区分部作为利润中心和独立实体的地位，有利于适应各区域实际情况，地区目标明确，公司决策更有利于联系实际，有助于公司的独立发展。

2）企业可在同一地区的市场中有效协调产品的生产、销售等各个环节，给予各分支机构更多的自主权，使之根据区域市场的特点和变化采取灵活的营销策略。

3）有利于简化跨国公司对企业具体经营事务的管理，使之更专注于公司的战略决策和

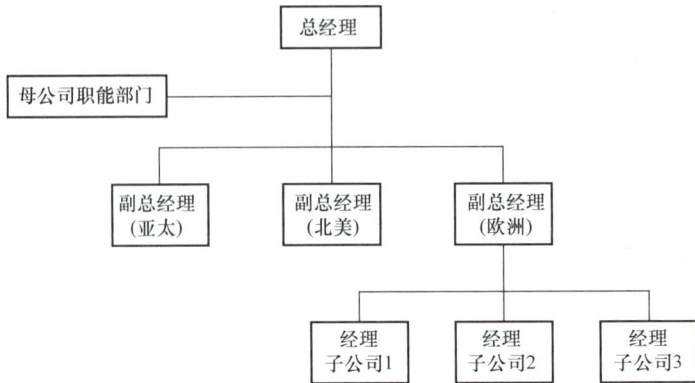

图 1-3　地区组织结构

战略规划。

4）有利于地区性分支机构的独立经营成长，强化市场的针对性竞争意识。

地区组织结构的缺点是：

1）难以适应产品的多样化要求。

2）容易产生同一公司产品的不同定价水平以及差别化的市场营销策略，这样会影响公司形象的统一，使跨国公司的一体化程度受到影响。

3）各区域分支机构各自为战，相互分割，彼此争夺资源，缺乏相互协调和沟通，产生地区利益和总体利益的冲突。

4）机构设置重叠，管理成本增加。

（4）全球性职能组织结构。全球性职能组织结构是将整个公司业务按公司的主要职能展开，各个职能部门负责按专业分工管理全球业务。全球性职能组织结构的设置见图 1-4。

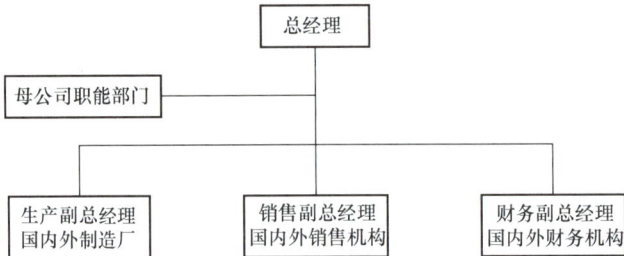

图 1-4　全球性职能组织结构

全球性职能组织结构的优点是：

1）有利于公司在全球范围内充分发挥其职能优势，提高效率。

2）部门设置重复少，人力资源利用充分。

3）职能部门专业化，有利于部门间密切配合与协调。

4）有利于成本核算、利润考核的统一。

全球性职能组织结构的缺点是：

1）难以适应产品的多样化和经营区域的拓展。

2）各职能部门的分割可能导致部门间目标的分离和失调，特别是产销目标的冲突。

3）各个部门都必须搜集和掌握国外市场的资料，有可能发生工作的重复和市场预测的差异。

4）管理环节层次较多。

（5）混合式组织结构。随着跨国公司经营规模的不断扩大及经营产品的日益多样化，单独采用上述几种企业管理组织结构已经难以适应内部管理和外部经营的需要，因此越来越多的跨国公司开始采用更加灵活有效的所谓混合式组织结构，见图1-5。

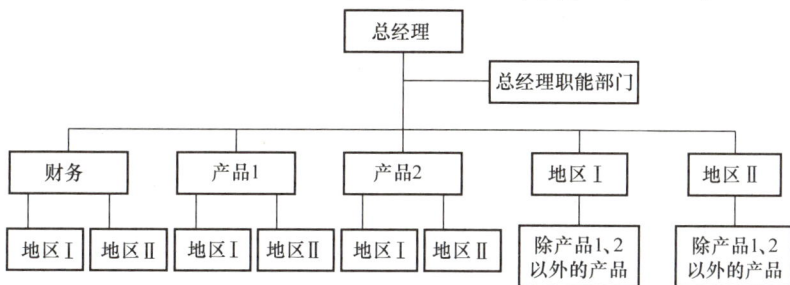

图1-5 混合式组织结构

混合式组织结构的优点是：

1）灵活性强。有利于经常实施流程变革、组织变革和管理变革，使之更加适应瞬息万变的内、外部环境，即组织结构的非刚性结构。

2）易于在公司内部进行全方位的资源配置。

3）有利于集中资源优势，强化重点。

混合式组织结构的缺点是：

1）组织结构非规范化，企业内部协调管理成本较高。

2）企业运行中可能发生经营脱节和目标冲突。

3）各部门之间业务差异大，难以合作或协调，尤其是难以对外统一。

（6）矩阵式组织结构。当跨国公司发展到规模相对较大、产品系列较多、地区分布较广、客户差异较大时，公司往往倾向于采用这种相对较为复杂的管理组织结构。该机构在明确权责关系的前提下，对公司业务实行交叉管理和控制，从而打破以往传统的统一指挥的管理模式，改变公司内部资源长期沉淀于部门、分公司（子公司）的资源浪费和低效配置的状况，见图1-6。

矩阵式组织结构的优点是：

1）有利于部门之间、层次之间的合作与协调，增强公司的整体竞争实力。

2）有利于将产品的生产、销售同市场竞争、环境变化以及东道国政府的政策等因素进行相互融合，便于应对。

3）公司选择组织结构的弹性，使企业的各个部门和层次具有更强的市场应变能力。

矩阵式组织结构的缺点是：

1）组织结构过于复杂，难以协调各层次利益关系，管理协调难度大，管理和组织成本高，并容易产生官僚性的低效率。

2）层次过多导致权力过于集中，而缺乏制度约束容易产生道德风险；或者管理者的专制性太强，使公司可能面临重大经济损失。

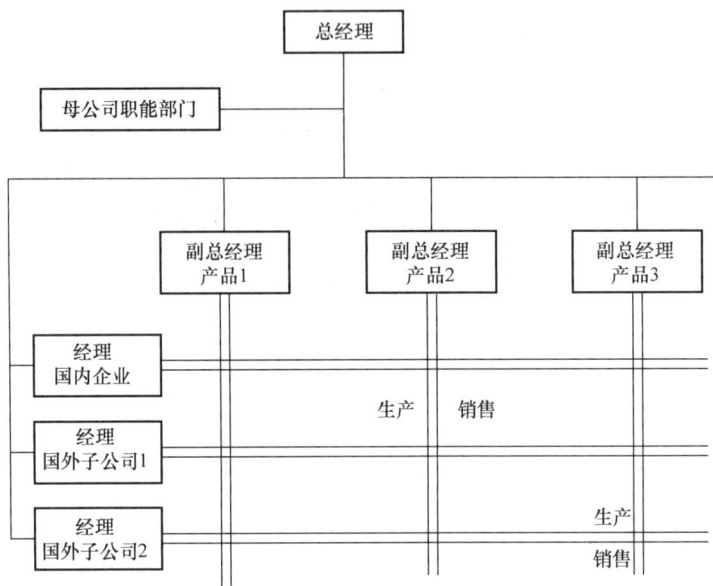

图 1-6　矩阵式组织结构

3）多重领导，政出多门，相互牵制，决策效率低。

三、跨国公司类型的国际比较

纵观全球跨国公司的发展，按其投资行为、经营特点、组织结构、发展战略等可以分为两类模式：一类是工业型跨国公司；另一类是综合商社型跨国公司。

（一）工业型跨国公司

跨国公司形成的基础是对外直接投资，工业型跨国公司就是通过在国外工业领域进行投资而形成的跨国经营企业。

1. 工业型跨国公司的投资行为

任何一个企业都处在一种外部环境中，外部环境包括国内外部环境和国际外部环境。影响工业型跨国公司投资行为的外部环境因素主要包括：

（1）国内资源短缺强度。如果有较大的资源缺口，就需要输入外部资源进行弥补。弥补方法或者是通过对外贸易输入资源，或者是通过对外直接投资，开发国际资源，然后输入到国内。世界经济发展的趋势是贸易保护主义趋势越来越强，关税壁垒降低的同时，非关税壁垒却越来越多。《财富》杂志曾经就日本国内市场发表过若干研究报告，指出要打开日本的市场是困难的。日本一方面经济发达，技术先进，劳动生产率比较高；另一方面，国民也有一种对自己经济实力的坚定信念，不想在进口商品上花更多的钱。据民意测验，日本国民认为日本是经济超级大国的占65%，认为日本产品比美国产品更优越的占71%，比欧洲产品更优越的占72%。在购买倾向中，有86%的日本国民不愿购买美国轿车，77%不愿购买欧洲轿车，91%不愿购买进口电视机。日本对国内市场的保护，一方面存在政府政策限制因素，另一方面其国民的素质和信心也妨碍了对进口商品的购买和消费，因此市场就变得狭小了。在商品的输出输入变得相对困难的条件下，通过资本输出，解决商品输出和输入的窘境就成为一种非常可行的方式。资源短缺强度越大的部门和行业，对外投资的驱动力就越大。这会使得一国政府放宽对资源约束部门投资的限制，采取鼓励向外投资的政策。

（2）国内资金可供应程度和国际资金可借贷程度。这决定工业型跨国公司对外投资的限度。国内资金可供应程度受多种因素影响，如货币的坚挺程度，一国货币升值，虽然会影响对外出口，却有利于对外投资。再如，较大的贸易顺差也能增加对外投资的资金实力。日本从20世纪80年代以来日益增加的海外投资，就占据了这两方面的优势。拥有丰富的战略资源的国家，通过出口战略资源可以获取巨额的资金，形成对外直接投资的来源。海湾合作委员会⊖国家的海外资产都是由出口石油的收入转换而成的。

国际资金可借贷程度由国际资金市场利率的变化来调节。20世纪80年代，国际资金市场状况良好，是国际投资最为活跃的时期。日本的对外投资以每年几百亿美元的速度增长，进入90年代，国际金融市场出现了资金的严重短缺。国际金融市场的这种变化是由世界性的资金需求扩张造成的。首先，东欧各国的经济重建需要2万亿美元的资金，这是资金的最大需求者。其次，海湾战争以后，中东各国战后重建需要大量贷款。据估算，当时科威特重建需要500亿美元以上的资金，而伊拉克和伊朗的重建则需要几千亿美元。海湾国家由资本净流出国变为借贷国，这也加重了世界金融市场的资金需求。再次，发达国家自身对资金的需求也急剧上升。美国已变成资本净输入国，欧洲联盟统一大市场也将吸引大量投资。德国统一后，民主德国现代化至少需要3000亿美元资金。而日本1990年对美国的证券投资也第一次出现卖出超过买入的回流现象。最后，许多发展中国家和新兴工业化国家继续推行吸引外资政策，也扩大了国际金融市场的资金需求。1990年年底，发展中国家债务已逾1.32万亿美元。伦敦大学经济学教授戴维·贝格（David Begg）估计，如果东欧每年吸引外资1000亿美元，世界金融市场利率将增长200个基点（相当于2个百分点）。⊖最后，20世纪90年代末发生的东南亚金融危机和俄罗斯金融风波对国际金融市场产生了强烈冲击，资金需求更加趋紧。国际金融市场的这种格局会在一定程度上限制利用国际资金进行对外投资，却给中国发展对外投资和跨国公司提供了一个历史性机遇。这一时期跨国公司进入的政策比较优惠，各种障碍和限制比较少。

（3）各国有关跨国公司的法律与政策。这是影响工业型跨国公司投资的主要因素。各国法律与政策不同，对跨国公司投资的要求也不一样，从而会严重影响到跨国公司的进入。各国有关跨国公司的法律与政策体系由以下几部分构成：

1）资本输入国对外资进入的法律和政策，包括外资进入的审批制度、对外资进入的部门及行业的限制与鼓励政策、对外资进入的比例控制等。

2）资本输入国的有关公司的法律制度与政策，包括公司法人的法律规定、公司资本额的法律规定、公司经营范围的法律规定、对公司股权份额的法律规定等。

3）资本输入国有关跨国公司税收的法律制度，包括对不同类型投资的不同税目、税种、税率、优惠税率等。

⊖ 海湾阿拉伯国家合作委员会，简称海湾合作委员会（Gulf Cooperation Council，GCC）或海合会，是海湾地区最主要的政治经济组织，1981年5月在阿拉伯联合酋长国阿布扎比成立，总部设在沙特阿拉伯首都利雅得，成员国为阿拉伯联合酋长国、阿曼、巴林、卡塔尔、科威特、沙特阿拉伯六国。2001年12月，也门被批准加入海合会卫生、教育、劳工和社会事务部长理事会等机构，参与海合会的部分工作。

⊖ 来自崔日明编写的《步入新世纪的跨国公司》，辽宁大学出版社，2001。

4）资本输入国的资源法律制度，包括环境法、资源保护法、资源开发法等。

5）资本输入国的劳动工资法，包括雇佣人数、各种福利待遇、最低工资标准等。

6）资本输入国的外汇管理法律制度，包括资本本金的进入和调出、利润的再投入和流出等。

（4）各国投资环境的差异。投资环境主要是指一个国家或地区对开办企业最基本的条件状况，其中包括基础设施建设条件、政治和社会的稳定性、各项法律和政策的完备程度、资源禀赋及分布、气候等自然条件、民族文化及历史底蕴以及风俗习惯和传统（详见第三章第二节内容）。在投资决策前对投资环境做细致的调查分析和研究，就可以减少风险，避免失误。这方面我国是有教训的。曾经，我国某家公司听说某国海参资源丰富，就在该国设立了生产加工企业，由于当地人没有食用海参的习惯，更没有劳动力去捕捞，使该公司生产陷入困境。

除了外部环境因素外，影响工业型跨国公司投资行为的还有来自企业自身的因素，称为内部因素。内部因素主要包括：

（1）工业企业技术创新周期和产品周期。根据早期产品生命周期理论，在新技术和新产品初创期，企业的技术和产品无论在国内市场还是国际市场都很紧俏，此时企业只凭技术和产品出口就会获取较大的利润，因而没有或很少对外投资。当技术和产品达到成熟期，由于各国的模仿、技术的输出、贸易条件的恶化、工贸和运输成本的上升，仅仅依靠出口不能获取应获的利益，于是企业便开始向海外投资。进行对外投资，可以利用当地丰富的原材料优势，从而降低生产成本；就地销售产品从而减少运输成本；雇佣当地廉价劳动力，从而降低劳动力成本等。

在技术和产品创新、扩散、传递速度比较缓慢的时期，这种方法是可行的。但是，20世纪七八十年代以来，技术创新速度越来越快，产品生命周期越来越短，任何一个国家、部门或企业要想长期保持其技术上的优势都是不可能的。在这种条件下，企业跨国投资不会再固守技术创新和产品生命周期的模式，不再以"瀑布扩散式"传递为主，而是在新技术和新产品投入应用的同时，就有选择地从事对外投资，以同步的方式而不是在一个点上（如在一个国家内）获取新产品、新技术和利益，跨国投资的"瀑布扩散式"已逐渐被"同步对流式"取代。这种模式的出现，使企业在某项技术或某类产品方面的对外投资周期缩短，使跨国公司投资机会扩大。

（2）工业企业自身的基础。海外投资可能有较大的收益，同时也存在很大的风险。进行海外投资的企业，除了必须具备一定的外部环境因素外，自身也必须具备一定的素质，包括：

1）人员素质。要有一批精通某一方面知识的人，如精通国际化生产和经营、国际财务和会计、国际法律制度、工程技术和外语等的人才。

2）生产经营基础。例如，有比较优势的技术、工艺和产品，有比较先进的设备。

3）财力基础。经济效益好，有一定的自有资金，有在国内和国际金融市场上融资的能力。

如果没有上述基本条件，就很难开展对外投资。

（3）企业目标。跨国公司自身投资目标一般包括：利润最大化、市场份额最大化、获取技术和资源。从这些目标出发，很多综合因素都会影响到企业投资决策，如利润率的高低、原材料来源、运输成本和运输条件、市场状况、基础设施、投资风险与收益等。在投资决策过程中，要使所有影响企业对外投资行为的因素都达到最优是不可能的，只要综合因素中主要因素为优，辅助因素为次优或非优即可；或者企业自有的强项为次优，弱项为最优，以达到企业内部强弱和外部因素强弱的互补。

概括地说，企业自身对外投资的直接约束条件是可供对外投资的资金量的大小，它包括三部分内容：国家可供企业的对外投资资金数量 C_c；企业自有资金中可供对外投资的数量 I_c；国内和国际金融市场上可以筹措到的资金数量 M_c。这些是决定企业对外投资的基本要素。其他各种影响跨国公司对外投资的因素是：技术需求强度 T，资源需求强度 N，这两个因素构成对外投资的推动力；东道国对资本流入和流出的法律和政策 P，投资环境 E，市场供求关系现状和趋势 S，劳动力价格 L，资源状况 N_p，这些因素构成企业对外投资的吸引力。

因此，跨国公司投资决定函数关系式可写成：

$$I = f\,(C_c + I_c + M_c) + f\,(T + N + P + E + S + L + N_p)$$

投资决定函数关系式中的第一组因素之间有互补关系：国家可供对外投资资金 C_c 的不足，可由企业自有资金 I_c 来弥补；如果企业自有资金不足，则可由国内和国际金融市场借贷资金 M_c 来弥补。

投资决定函数关系式中的第二组因素之间并不是平行的，其中技术需求强度 T 和资源需求强度 N 起主导作用。对那些迫切需要又难以通过正常的贸易渠道获取的生产技术和工艺，对那些经济发展中急需的资源，通过双边贸易和多边贸易也难以从根本上解决时，即使第一组因素形成投资约束和第二组因素中的后五项也形成约束，只要这种约束成本小于资源和技术获取后所带来的收益，就能够进行投资。第二组因素中的后五项之间也存在着互补关系，但这种互补性是有条件的，即五项因素之间不能相差太悬殊，其中某一项负效应，就可能会远远大于其他几项因素正效应之和，从而导致投资决策的失败。

2. 工业型跨国公司的产业优势

发达国家对外投资的行业分布，在不同的历史时期有着不同变化。最初，跨国公司的活动首先着眼于采掘工业和公用事业，其次是制造业。到了 20 世纪，由于世界各地尤其是在发展中国家陆续发现丰富的油田资源，因而吸引和培植了一大批世界上最大的跨国公司，这反映了资本主义经济发展对世界资源的依赖程度很高。

发达国家的跨国公司对制造业的投资晚于对自然资源部门的投资。但第二次世界大战后，对制造业部门的投资增长较快，约占主要发达市场经济国家对外直接投资额的 40% 多，石油业占 29%，矿冶工业占 7%，其他工业占 24%。然而，这种分布在发达国家和发展中国家之间是有区别的。在发展中国家，投资额的半数分布于采掘工业，制造业只占 1/4 多一点；而在发达国家，投资额的半数分布于制造业，采掘工业只占 30%。[注]

对外投资的部门分布虽然在发达国家有着相同的一面，但在各主要国家之间也存在着差异。英国和美国投资的行业分布颇为类似（1/3 在采掘业，40% 在制造业），日本则集中于贸易与采掘业，德国集中于制造业。

20 世纪 70 年代，发达的市场经济国家的对外直接投资分布有了新的变化，采掘部门的

　　⊖　来自崔日明编写的《步入新世纪的跨国公司》，辽宁大学出版社，2001。

投资约占总投资的1/4以上，服务部门占1/4，制造业部门占不足一半。不论是在发达国家还是在发展中国家，与采掘部门相比，外国直接投资更倾向于优先考虑服务部门，只在较小的程度上，优先投资到制造业部门。美国和日本采掘部门的对外直接投资下降非常明显，趋势是向服务业特别是向银行和保险业进行更多的投资。发达国家在采掘部门的对外投资多投向石油、铜、铝土矿和炼铝等工业，在制造业部门的投资则多投放在食品化工、医药、汽车和技术（包括机械）工业方面，而纺织、食品与饮料、非金属矿产、纸浆等工业只占制造业部门的对外直接投资的很小部分。发达国家对发展中国家的投资重点一直在采掘业和初级产品部门的格局没有多少变化，所不同的只是服务业的投资稍有增加。

20世纪80年代，服务业投资在发达国家对外投资中占据主导地位。在向服务业转移投资浪潮中，日本是最引人注目的。日本的银行、保险公司抓住了主要资本市场金融自由化过程的有利时机，在所有大的金融中心建立了附属公司，1986年日本全部对外直接投资流量有一半集中在金融、保险和房地产业。

发达国家对外投资部门演变趋势也表明，跨国投资部门结构的变化同发达国家经济发展阶段和经济结构的变化是密切相关的。第二次世界大战后，发达国家第一、二产业的产值占总产值的比重以及劳动就业占总就业量的比重都大幅度下降，而第三产业无论是产值比重还是劳动力就业比重都大幅度上升。经济结构的这种演变在对外投资方面的反映，就是服务业投资比重的上升。

从总体上看，以发展中国家为母国的跨国公司进行的对外直接投资还不到世界对外直接投资的3%。这是因为，大多数发展中国家的跨国公司规模都比较小，1986年只有17家发展中国家的跨国公司拥有10亿美元或10亿美元以上的销售额。但发展中国家跨国公司的发展速度很快，1970—1972年间，发展中国家和地区的年平均对外直接投资额为4300万美元，1978—1980年，年平均对外直接投资额已增加到63200万美元，10年间增加了15倍。○

发展中国家和地区跨国公司的发展可分为三种情况。一是新兴工业化国家和地区，如北美的墨西哥，南美的巴西、阿根廷，亚洲的中国香港、中国台湾、新加坡、韩国。二是石油输出国组织国家。据估计，仅科威特、沙特阿拉伯和阿拉伯联合酋长国投放在国外的直接资本和有价证券资本额在1981年年底已达1000亿美元左右。三是包括中国在内起步较晚的发展中大国的跨国公司，这类跨国公司的总投资额相对较小。

目前发展中国家跨国公司发展的总格局仍处于发展的初级阶段。在这一阶段，发展中国家对外直接投资的部门分布呈现出与发达国家不同的特点。

在部门分布上，发展中国家工业型跨国公司以小型制造业和资源部门为主。根据哈佛大学商学院数据库的资料，在发展中国家跨国公司的1964家国外分公司和子公司中，有938家分布于制造业，约占总企业数的1/2。所不同的是，这些公司大都是以小规模市场为主的小规模制造业。根据美国哈佛大学经济学家刘易斯·威尔斯（L. T. Wells）教授提供的案例，斯里兰卡每年的钢材总需求量为3.5万t，这就使得该国不能建设大规模钢厂和采取现代技术，而是要求印度企业建一座手工操作的小型轧钢厂。经济学家唐纳德·莱克劳（Donald Lecraw）在研究跨国企业规模时假定，各行业中最大企业的指数为100，东南亚国家企业子公司规模的平均指数为46，而发达国家企业的子公司平均指数为109。发展中国家

○ 来自（美）刘易斯·威尔斯编写的《第三世界跨国企业》，上海翻译出版公司，1986。

的制造业广泛分布在成衣制作、雨伞、手表、铝锅、玩具、纸张、塑料以及一般的机械和零部件等行业。发展中国家的小规模制造业有其独到的优势：投资规模小、设备利用率高、劳动力成本低。所有这些都会提高利润率和增加竞争优势。莱克劳在泰国的研究表明，发达国家跨国企业的生产设备平均利用率为26%，而发展中国家和地区则达48%。一份以中国香港为基地的对外投资企业的研究报告指出，这些企业把管理人员和技术人员的低成本看作是它们压倒其他跨国企业的最重要的优势。印度的一家公司报告说，它在国内付给一部门负责人的月工资为350~700美元，若派往国外，并没有可观的津贴。我国香港的一家纺织公司报告说，它付给在印度尼西亚工作的工程师大约每月1000~1200美元工资，这比美国和欧洲企业驻东南亚的工程师的工资低得多。

发展中国家在资源部门特别是在石油提炼行业拥有一些比较大的公司。1985年《财富》杂志排列的500家最大的工业型跨国公司中，发展中国家占46个，其中有17家从事石油提炼，这从另一方面也表明发展中国家跨国公司在规模上的发展。[一]《财富》杂志在1990年按销售额、利润、资产、股份持有量、就业等排列的环太平洋150家亚洲最大的工业公司中，发展中国家占13个，虽然仅为8.7%，却反映了发展中国家跨国公司在20世纪80年代的最新发展——开始突破小规模的限制。

20世纪80年代发展中国家跨国公司发展壮大的另一方面是服务业有了一定程度的发展，并且主要是在与贸易和金融有关的活动和建筑方面。发展中国家服务业投资的扩大首先是跨国银行在世界范围扩展的反映，这使得海外金融性机构、非金融性的但与金融业务有关的公司都扩展了。发展中国家的劳务承包、与劳务工程有关的直接投资也在增加，服务业是发展中国家跨国公司投资的重点产业。

3. 工业型跨国公司的组织结构

工业型跨国公司是以全球市场为目标进行生产和经营的企业组织形式，其组织结构的设置就要满足在全球范围内的生产，以使企业利润最大化。工业型跨国公司的组织结构可分为以下几种类型：以产品为中心、以地区为中心、产品和地区相结合。

（1）以产品为中心的组织结构。以产品为中心的组织结构，就是其组织结构的设置适应产品的生产，以产品的生产和销售为目标。在以产品为中心的组织结构中，职能部门有技术部、财务部、销售部、产品专家部。业务部门根据产品类别再细分。例如，食品类公司可细分为食品部、洗涤部、个人用品部、化工品部，公司的国外业务可专设一个国际业务部负责。以产品为中心的组织结构如图1-7所示。

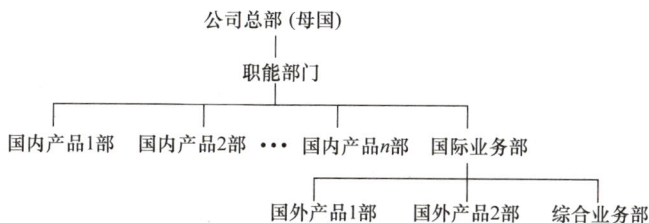

公司总部（母国）

职能部门

国内产品1部　国内产品2部　···　国内产品n部　国际业务部

国外产品1部　国外产品2部　综合业务部

图1-7　以产品为中心的组织结构

[一]　来自崔日明编写的《步入新世纪的跨国公司》，辽宁大学出版社，2001。

以产品为中心的经营体制，可以较好地协调产品在国内、国外的一体化经营，避免多头经营产生的内部竞争、内耗过高、不能统一协调的问题。但以产品为中心却很难适应国外市场的变化，国外分公司的内在积极性和动力不足，特别是在以产品为中心的体制下，产品依赖于国内，往往会难以适应不同地区市场的快速变化而失去市场机会。

（2）以地区为中心的组织结构。以地区为中心的组织结构的重点是把公司的经营业务按地域划分成若干区域，由公司总部进行宏观决策，各地区负责协调该地区各企业的经营。以地区为中心的组织结构见图1-8。

（3）产品和地区相结合的组织结构。产品和地区结构相结合形成一种网络性组织结构。在同一个公司内部，既存在着产品分工管理，也存在着区域分工管理，两种组织结构中的人员和职能相互交叉。只有管理水平、信息交流、组织协调达到较高水平的公司，采取这种结构才有效。如果没有公司内部的相互合作，这种组织结构就不会有效，公司内各部门之间、各部门人员之间就会产生利益冲突和对抗，形成很高的内部损耗。产品和地区相结合的组织结构见图1-9。

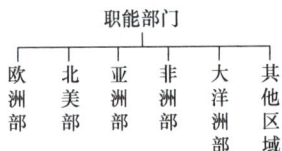

图 1-8 以地区为中心的组织结构

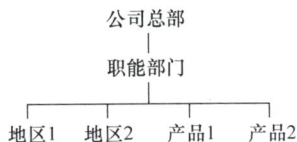

图 1-9 产品和地区相结合的组织结构

（二）综合商社型跨国公司

1. 综合商社的发展

综合商社是一个以贸易为主，多种经营，集贸易、金融、工业、运输、保险业务于一体的企业集团或跨国公司。它集商业资本、金融资本和产业资本于一身，具有交易职能、金融职能和情报职能。最早的综合商社产生于日本，是日本独特的政治、经济和文化的历史发展产物。从1616年三井商行开办第一家店铺起至今已有400多年的历史了。明治维新初期，日本政府把经济工业化和社会体制现代化列为国家的当务之急，以财阀集团为中心的综合商社得到了迅速发展。应该说，它是由当时历史偶然性与日本明治维新政府既定方针相结合的必然产物。

早期的综合商社是带有浓厚封建色彩的康采恩[⊖]，实行家族统治式管理，以家族组成的控股公司为中心开展经营活动。由于日本是岛国，经济和工业发展所需的资源绝大部分依赖于进口，因此综合商社的发展对日本工业化和经济的发展起了不可替代的重要作用。现代的日本商社是在第二次世界大战后解散财阀的基础上，经过重组和私人专业商社两大系统发展起来的。解散后重新组合的日本财团，虽然保持了第二次世界大战前的"盘子"，但已不是过去那种以家族组成的控股公司为中心的财阀，而是以银行为中心的比较松散的企业集

⊖ 康采恩是德语 Konzern 的音译，是指一种通过由母公司对独立企业进行持股而达到实际支配作用的垄断企业形态之一。这种垄断形态与卡特尔（Cartel）或托拉斯（Trust）有所不同，其直接目的不是支配市场，而是垄断销售市场、争夺原料产地和投资场所，以获取高额垄断利润。日本在第二次世界大战前存在的各大康采恩集团也被称为财阀，较有名的有三井、三菱、住友、安田等。康采恩用英文表示是 Concern，有相关利益共同体的含义。

团。另外，由于财团解体和殖民地势力范围的丢失，第二次世界大战后重新组合起来的财团失去了原来的地盘，它们与新兴商社之间的竞争异常激烈，一些从专业商社发展起来的综合商社的地位迅速提高，规模越来越大，到后来这两大系统发展成为在日本占统治地位的九大综合商社[⊖]。

鉴于日本综合商社的成功经验及对日本经济增长的重大贡献，亚洲许多国家纷纷效仿日本综合商社的模式，并结合自己国家具体的国情，对日本综合商社进行了移植和嫁接。由于日本综合商社的产生与发展有其特殊的历史和文化背景，这些国家在创建自己的综合商社时，不是依靠经济力量而主要是依靠国家力量和行政手段来实现的。其中，最典型、最成功的例子便是韩国了。韩国综合商社是在 1975 年模仿日本综合商社的模式创建的。韩国之所以创建综合商社，有其国内外政治、经济等诸多方面的原因，其中经济发展战略发生重大转变，即由"输入替代主导型"战略向"输出主导型"战略转变，加快经济增长是其主要原因。除此之外，应对国际上日益盛行的贸易保护主义，提高产品的竞争能力以及增加国家经济实力也是韩国创办综合商社的重要原因。

实践证明，日本、韩国等国家综合商社的发展适应了这些国家各自的经济发展需要，对推动这些国家的经济增长和出口贸易的发展起了重大作用。

（1）迅速扩大了出口规模，加速了经济增长。日本是一个"贸易立国"的国家。如果说出口贸易是日本经济增长的"发动机"的话，那么综合商社则起着"传导"和"润滑"作用。综合商社的发展确保了日本粮食、原材料的稳定供应，这是日本经济得以高速增长的基础。在日本经济高速增长时期，日本进口的成套设备和各种机械，超过一半是由综合商社经营的。而这些进口又多与当时引进国际先进技术相结合，故对推动日本产业合理化和经济高速增长起了重要作用。在第二次世界大战后相当长的一段时间内，九大综合商社的出口额约占日本出口额的一半。韩国的综合商社创建于 1975 年，当时的出口总额仅为 50.8 亿美元，1977 年，韩国的出口总额突破 100 亿美元，1981 年又突破 200 亿美元，其中约有一半是由综合商社来完成的。

综合商社作为这些国家出口的中坚力量，对日本、韩国的"东亚经济奇迹"做出了重大贡献。

（2）综合商社的发展极大地促进了这些国家重工业、化工业的发展和产业结构的调整。从 20 世纪 50 年代后半叶起，在日本经济的高速增长中，重工业、化工业的发展占主导地位。由于综合商社资金雄厚、人才众多，而且在世界各地有广泛的情报网和业务网络，因而开发国外资源以支持重工业、化工业发展的任务，绝大部分落在了综合商社的肩上。从 20 世纪 60 年代中叶起，日本综合商社在国外针对资源开发进行了大规模的投资，从而基本保证了日本重工业、化工业发展对国外重要资源的需求，加快了基础工业的现代化和大型化的发展，产业结构急剧向工业化和化学工业化转变。

20 世纪 70 年代，韩国为迅速实现向重、化工业转变，把炼钢、石油化工、电子等工业变成出口战略工业，优先给予拥有综合商社的企业集团对重工业、化工业的投资权，于是这

⊖ 九大综合商社是指伊藤忠、丸红、东棉、日棉、三井物产、住友、三菱、兼松江商和日商岩井。目前传统九大综合商社仅余五家，日商岩井、日棉以及兼松江商三家综合商社放弃综合经营，走向合并与专业化。2004 年 4 月，日棉、日商岩井合并组成"双日控股公司"。三井物产、住友等实行"选择与集中""引进事业部制"的组织经营战略，推进相同经营领域的重组整合。

些企业集团纷纷积极参与了对重工业、化工业的投资，重工业、化工业的发展扩大了出口能力，带动了其他产业的发展，实现了韩国产业结构的升级和优化。

（3）为经济增长开辟了海外市场，实现了出口市场的多元化。1970年以后，韩国的出口市场主要集中在少数国家和地区，对日本、美国的出口在出口总额中所占比重高达75.6%。成立综合商社后，韩国纷纷在许多国家和地区建立分支机构，大力开拓国际市场。

（4）推动国内生产和流通体制的合理化。日本综合商社通过为厂商和用户提供额外服务，从而将生产厂家和用户更紧密地联系在一起。例如，综合商社通过建立各种加工中心，为厂家和用户提供各种方便，向厂家提供有关需求方面的各种信息，向用户提供厂家对各种产品的供应能力以及价格变化趋势。因此在日本，许多大的企业和用户都愿意与综合商社进行交易。

在20世纪90年代末东南亚发生金融危机时，人们开始对日本、韩国综合商社型跨国公司的模式表示怀疑和反思。但无论如何，日本、韩国的这种跨国公司模式在其经济起飞和发展过程中所起的作用是不容忽视的。

2. 综合商社发展的条件

日本、韩国等亚洲国家综合商社的优势源自其流通领域的高度专业化和经营上的高度综合化。这种流通领域的高度专业化和经营上的综合化相互交融，构成了当今综合商社发展的一大优势。综合日本、韩国等国家综合商社的发展及经验得出，一个成功的综合商社除了必须具备其发展所需的政治、经济等宏观条件外，至少还应具备以下几个基本条件：

（1）人才。人是综合商社最大的一项资产，是商社的最大支柱。综合商社不是制造业，而是一个智力集团，重要的资本就是人。日本、韩国的综合商社成功的关键在于：有门类众多的专业知识和专门技术、高超的经营水平和广泛的业务联系，以及遍布全球的信息情报网。所有这些都离不开一个"人"字。日本综合商社在用人机制上严把"三关"：选择关、培养关和考核关。此外，终生雇佣制度与年功序列工资制也是日本特定的社会环境和历史传统下形成的成功的用人机制。

（2）信息。信息在综合商社的经营活动中占有极其重要的地位，与贸易功能、金融功能并列为综合商社的三大基本功能。信息是综合商社的命脉和生命线，有人称综合商社为情报信息产业。综合商社几十年来之所以能在日趋激烈的竞争中立于不败之地，是与其出色的信息、情报工作分不开的。综合商社出色的信息工作来自于：①掌握庞大的信息资源；②信息传递快；③收集情报内容十分广泛；④信息质量高。这种信息量大、传输快、内容广泛、质量高的信息情报工作对综合商社的综合运筹起着非常关键的作用。

（3）背靠工业企业集团。无论是日本、韩国还是亚洲其他国家的综合商社的发展，都离不开工业企业集团的支持。有一些是由大工业企业集团所属的贸易机构发展而成的，如韩国综合商社同大工业集团有着利益和纽带上的紧密联系。而在日本，第二次世界大战后九大综合商社分属于不同的实力强大的日本企业集团，其实力大大得益于这些集团化企业。各企业集团所属的工业部门则是综合商社的主要业务对象，综合商社同大企业相互持股、相互联结，产业资本同商业资本紧密结合起来了。在韩国，综合商社由政府根据一定标准（如《关于指定综合贸易商社纲要》）加以指定，凡是符合标准的，才能被指定为综合商社，享受政府支持。而在通常情况下，只有大企业集团所属的贸易商社才具备或接近政府所制定的标准。

（4）寻求金融资本的支持。对综合商社来说，有了大工业企业集团做"靠山"还远远不够，还必须寻求金融资本的支持。早在第二次世界大战前日本财团时期，商业资本同产业资本已紧密结合，第二次世界大战后财团重组之后，形成了以银行为中心的企业集团。这样企业集团的核心——银行和大企业就成为综合商社强有力的支持者，银行、大企业、综合商社相互持股，在企业集团内部形成了银行、企业、综合商社的三位一体。综合商社利用自己的信誉，一方面向银行借入资金，另一方面又利用业务性质之便向买卖双方提供信用服务。综合商社通过这种大规模的"商社金融"实现了产业资本、金融资本和商业资本的紧密结合，大大促进了贸易的发展，加深了企业对其的依赖，进一步确立了其势力范围。韩国综合商社除了赢得其企业集团在金融方面的支持外，政府对其在出口贷款利率方面也给予了极大的优惠。

（5）综合化。综合商社，顾名思义，精在"综合"。这不仅仅是指其经营品种的综合性，而且也指企业经营机能的综合化。综合商社把经营商品的大规模和多样化结合起来，经营商品从日常生活用品（如方便面）到高、精、尖技术，如导弹、航天飞机，只要有利可图，没有不经营的。在行业的选择上，除了以贸易为主，还积极开发新领域，搞多种综合经营，从事商品生产、加工、融资、仓储、保险、建筑、批发等，无所不包。这种综合经营一方面通过大规模、大批量的经营，薄利多销，提供优质服务；另一方面降低风险，增加利润。没有综合化经营，就没有综合商社存在和发展的基础。

（6）政府的支持。日本、韩国的综合商社发展到今天这样的规模，离不开政府在各个方面的强有力支持。由于日本所处的特殊地理、经济环境，综合商社历来成为日本政府扶持的重点。而韩国政府为扶持综合商社，使其充分发挥在对外贸易中的主力军作用，在商业、行政、金融、外汇管理等方面对综合商社给予特殊优惠。

从上面可以看出，综合商社集商业资本、产业资本、金融资本为一体，是三种资本的有机体，三者缺一不可。它兼有交易机能、金融机能和情报机能。从宏观上讲，综合商社必须有适应其发展的政治、经济、历史、文化等条件，除此之外，企业自身也必须具备一定的条件，只有在这些条件都基本具备的前提下，向综合商社过渡才具有可行性和现实性。

3. 综合商社型跨国公司的组织结构

综合商社型跨国公司是在综合商社的基础上发展起来的从事跨国经营活动的企业组织形式，综合商社型跨国公司与工业型跨国公司的组织结构的不同之处来自于综合商社型跨国公司的功能不同于工业型跨国公司，而公司的组织结构服从于其功能的需要。

（1）综合商社型跨国公司的功能及其发展。综合商社型跨国公司的功能主要表现在如下几个方面：

1）流通功能。这又可大致分为跨国有形交易和国内交易，但主要以跨国有形交易为主。在进行有形交易时，综合商社能够发挥其掌握世界上的各种信息、市场知识以及承担各种风险的功能。在日本，综合商社起着日本产业界的对外窗口的作用。在日本国内，综合商社还为企业集团从事商品规划、产品开发、市场调查、扩大销售、产品流通等所有的流通活动。

2）信息功能。这指的是收集、分析、传输与各种产业活动有关的所有领域的信息，其作用是尽可能减少产业活动的机会成本。信息功能和交易功能的关系就像车的两只轮子一样，是不可分割的。

3）金融功能。从狭义的角度来讲，综合商社的金融功能是随交易而产生的营业信贷，但从广义的角度来讲，它还包括为扩大营业基础所进行的投资和贷款活动。综合商社进行与交易有关的信贷提供，不但在国内起到补偿金融机构向中小企业贷款的重要作用，而且在海外对促进大宗有形交易以至促进项目的顺利开展都是必不可少的。综合商社为了满足巨大的资金需求，除了从许多银行接受贷款外，还充分利用国内外资本市场积极进行资金的筹集。

4）发起人（或组织）功能。例如，大规模的国际项目一般投资额大，规划周期长，往往超出单个企业所承受的能力范围。而且，在项目执行过程中，保持各国有关单位之间的协调也是必不可少的。综合商社不仅在国内，而且还在海外各地寻求自己的事业伙伴，组织起一个企业联合体，并在其中起到应有的作用。

5）规划开发功能。在国内外的产业环境复杂而多变的情况下，这一功能正变得越来越重要。综合商社的功能本身是不固定的，应不断地开拓新的功能。规划开发功能的内容就在于预测今后的变化，并提出满足社会需求的事业形态，建立调整新的事业设想，并为实现这些设想而努力，以充分体现综合商社所具备的规划开发功能。

上述五个功能是现代综合商社型跨国公司的核心功能。这些功能与附带性外延功能有机地联系在一起，综合商社型跨国公司的业务活动是建立在这种功能机理之上的。

综合商社型跨国公司的功能不是一成不变的，它会随着商社自身的发展和国内外环境的变化而变化。这表现在：

1）综合商社型跨国公司适应新的国际化经营时代的要求，利用强大的海外网络和迄今为止积累起来的海外直接投资经验，在协助国际性企业合作及企业向外扩展等方面发挥其功能。企业的对外直接投资是根据在世界范围内生产、销售，利用国际资源、国际资金、国际技术、国际劳动力，开拓国际市场，实现国内国际市场联结这一新的国际化战略而展开的，估计今后也将继续朝着扩大的方向发展。综合商社除了为企业扩展提供信息、协助建设之外，现在已具备了能够对当地生产所需的零部件、原材料筹备以及产品销售等方面进行协作的体制。另外，特别是综合商社已具有广泛的信息网络、遍及全球的机构，可以为希望向海外扩展的企业从最初的阶段就提供咨询和各种服务。

2）大力拓展国内市场，根据国内需求加强国内业务活动。例如，建立以信息为核心的流通网络，把总公司和各地的分公司、企业、联系厂商等各家公司的计算机联结起来进行数据交换，通过这个网络，使营业数据、库存信息、订货数据、出入库数据等全部以网络的方式得以处理，以提高业务效率。

3）向信息通信事业扩张。综合商社对信息通信事业的参与主要有：①卫星通信、国际通信等第一种通信事业；②大规模电子邮政，即所谓的第二种通信事业；③可视数据通信、数据库等新型媒体事业；④各种其他通信服务事业。

综合商社型跨国公司参与信息通信事业的最大特点在于它将成为卫星通信、国际通信等大型项目的主体。这些项目都需要巨大的资金，而综合商社本来就是依靠信息赖以生存的企业，有国内外众多企业为事业伙伴，是能够开拓这一领域的。这些项目可以为将来带来巨大的收益机会，而且开展有关新型产业的波及效应也不会小。

4）金融功能的多样化。综合商社能够替银行承担信贷风险，向中小企业提供资金贷款，从而扩大商业上的便利。但是，金融商社的这种作用正在逐步被削弱。综合商社型跨国公司可以利用国际网络通过发行外债筹集低利率资金，以及通过建立海外金融子公司，积极进行资金运作等事业。综合商社的金融功能也可朝着多样化发展，如项目金融、销售金融、风险资本等。综合商社有效地筹集、运用资金，朝着商业银行方向扩展其功能。

随着未来产业界的信息化、高技术化、服务化、国际化、软件化的进程，创造与时代相适应的新的商社功能是不可缺少的。只有那些积极了解社会发展的需要，主动适应周围环境的变化而改变自己面貌的企业才能得以生存。而那些仅仅站在过去的立场和观念对事物进行判断，始终不改旧颜的综合商社将不得不面临被淘汰。

（2）综合商社型跨国公司的组织结构。综合商社型跨国公司的组织结构的设置是完全适应其功能需要的。综合商社型跨国公司组织结构的基础是商品本部制，如分为机械、钢铁、化学、纤维、食品、能源等商品本部。从职能上分，可以分为营业部门和职能部门。营业部门是指商品本部，职能部门是指公司的管理部门，主要有财务、人事、计划、企业管理、审计等部门。综合商社组织结构见图1-10。

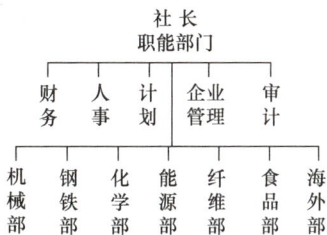

图 1-10　综合商社型跨国公司的组织结构

综合商社型跨国公司由于其经营商品的综合性和功能上的综合性，经营规模不断扩大，组织结构也逐步向分权管理过渡，不断划小核算单位，不同的商品本部和地区分部都是利润中心，这可以调动各部门的经营积极性。

第二节　跨国公司发展的历史回顾

跨国公司作为企业国际化经营的产物，在世界经济的发展过程中已具有决定性的作用，其发展速度异常迅猛，因此有必要对跨国公司的历史发展进程进行回顾和总结。

一、跨国公司的产生与发展

17世纪初期建立的东印度公司⊖，尽管为后来英国跨国公司在印度进行直接投资、掠夺印度资源和利用廉价劳动力、获取高额利润以发展壮大创造了条件，同时也在一定程度上带动了印度民族工业，但当时的东印度公司仅仅是英国在原始积累时期进行掠夺的殖民组织，算不上是跨国公司。跨国公司是科学技术和社会生产力发展的结果，是生产集中、资本集中和经济全球化的产物，是当今世界经济技术合作的新型的企业组织形式。当代跨国公司在早期跨国公司的基础上又有了新的发展。

（一）产业资本的国际化是跨国公司的形成基础

跨国公司的出现同产业资本国际化有着密切联系。产业资本国际化的发展过程大致有三个阶段：

（1）自由资本主义阶段。其特征是商品输出，主要是商品资本的国际化。

（2）垄断资本主义阶段。其特征是资本输出，主要是货币资本的国际化，即大多数借贷资本。

⊖　东印度公司有两个，一个是英国东印度公司（British East India Company，BEIC），1600年12月31日由英格兰女王伊丽莎白一世授权组成，其主要势力范围在当今印度。另一个是荷兰东印度公司（Dutch East India Company，DEIC），成立于1602年3月20日，1799年解散。通常认为，荷属东印度公司主要从事的是商业性活动，而英属东印度公司主要以掠夺殖民为主。

（3）第二次世界大战后。第二次世界大战后，由于生产国际化的高度发展，在商品资本和货币资本国际化的基础上，生产资本国际化迅速发展。其特征是投资于直接生产过程中的生产资本猛增，资本国际化由流通领域发展到生产领域，企业在国外投入生产资料，直接控制国际生产进行直接投资，从而形成了跨国公司。

跨国公司是对外直接投资的载体，也是对外直接投资的主体，所以产业资本的国际化是跨国公司的形成基础。

（二）跨国公司的前驱（1914年以前）

学术界普遍的观点认为，跨国公司出现于18世纪60年代中期。跨国公司的雏形，如果不考虑其广义的确切的含义界定范围，而狭义地将企业的经营范围扩展到本国市场界限之外即称之为跨国公司的话，则我们可以将其追溯到19世纪60年代中期，即以资本输出为主要海外经营扩展方式的资本主义时期。当时主要资本主义列强的资本输出方式是采取借贷资本输出的间接投资方式，如当时的英国、法国、德国、美国等列强购买国外政府发行或担保的铁路建设债券及政府公债等。但那时实际上已经存在直接投资的方式，行业主要集中在当时落后国家的铁路修建和矿业的开采。

不过，有关跨国公司的最初萌芽却有一种观点值得介绍。根据较权威的《新帕尔格雷夫经济学大词典》的有关记载，最早的跨国公司应出现于欧洲大陆。1815年，一位欧洲纺织机械制造商，比利时的科克里尔（Cockerill）在普鲁士建造了一座工厂，这比美国在欧洲的第一次直接投资，即科尔特（Colt）1852年在英国建造的手枪工厂早37年。⊖此观点认为，尽管无法得以考证，但这应该算作是有文献记录的关于跨国公司的最早的经典性文字，而且这段文字还传递出这样的信息，即最早的跨国公司是诞生在工业化国家内部，而不是由发达国家向发展中国家的投资。当然，这只能称之为跨国公司的萌芽阶段。

跨国公司的形成与发展同现代企业的成长密切相关。19世纪下半叶，当时发达国家的新兴工业部门中，先后出现了一批拥有先进技术和管理水平、资金实力雄厚的现代企业。出于种种动机，它们进行对外直接投资，在海外设立分支机构和子公司，形成了早期的跨国公司。1863年，德国人弗里德里希·拜耳（Friedrich Bayer）创建了拜耳化学公司，总部设在德国伍贝塔尔城，最初只生产颜料。1865年拜耳化学公司通过购股方式兼并了美国纽约州奥尔班尼的一家制造苯胺的工厂，此后从1876年始，又先后在俄国、法国和比利时设分厂；1881年该公司改组为拜耳化学股份有限公司，在主要工业国家从事药品和农药生产经营业务。1892年生产出世界上第一种合成杀虫剂，1899年生产出驰名世界的药品——阿司匹林，从而奠定了该公司的发展基础。拜耳化学公司因此被公认为跨国公司的先驱。1866年，瑞典的阿弗列·诺贝尔公司在德国的汉堡兴办了制造甘油炸药的工厂。1867年，美国的胜家缝纫机公司在英国的格拉斯哥建立了缝纫机装配厂（胜家缝纫机公司于1851年取得缝纫机发明专利权，15年后首先在英国设立分厂，以后又陆续在欧洲大陆建立了许多分公司，是美国第一家在全球同时生产和销售同一种产品的跨国公司，到19世纪70年代，它已基本垄断了当时的欧洲缝纫机市场，成为横向直接投资的一个典型案例）。西方学术界把这三家公司看作是跨国公司的前驱。

19世纪末到第一次世界大战前，美国国内的大企业不断涌现，半数以上的大公司都开

⊖　来自马杰、王杰、李淑霞编写的《跨国公司经营战略学》，哈尔滨工业大学出版社，2004。

始向海外投资，在国外设立工厂或分公司，如国际收割机公司、西方联合电机公司、国际收款机公司、贝尔电话公司、爱迪生电灯公司等。到1914年，美国已有40多家公司在海外开设工厂，行业分布以机械制造和食品加工为多，地区主要集中在加拿大和欧洲；在总量上，当时美国私人对外直接投资的账面价值占当时美国国内生产总值的7%。与此同时，欧洲的一些大企业也开始向欧洲以外的地区进行投资。这些公司的市场范围已由国内延伸至国外，开始实行国内工厂与国外工厂同时生产、同时销售的策略，成为世界上第一批以对外直接投资为特征的跨国公司。当今活跃在世界经济舞台上的知名企业和巨型跨国公司，如美国的埃克森美孚石油公司、福特汽车公司、通用电气公司以及欧洲的西门子公司、巴斯夫公司、雀巢公司、飞利浦公司、英荷壳牌石油公司等，很多在当时就已经形成为跨国公司。

据统计，到1914年，发达国家的跨国公司设在国外的子公司约有800家左右，它们遍布世界各地，从事产品制造、销售以及采掘、种植等活动。

（三）两次世界大战期间跨国公司的缓慢发展

由于受第一次世界大战战争创伤的影响，加之1930年前后出现的资本主义有史以来最大的经济危机——"大萧条"，使得世界性的金融秩序发生混乱，从而导致两次世界大战期间，对外直接和间接投资徘徊不前，增长缓慢。1913—1938年的26年期间，全球对外投资总额仅增加了70亿美元，增长16%，年平均增长0.6%。其中，间接投资比重下降，从1913年占90%下降到第二次世界大战前的75%，但仍居主要地位，绝对额未减少。而对外直接投资则有大幅增加，主要资本主义国家对外直接投资的绝对额增加了两倍，比重也有较大提高。其中，美国对外直接投资上升为第二位，仅次于英国。同时，对外直接投资的行业范围扩大，对制造业投资比重有较大提高，尤其是美国的变化更为明显。美国1914年的对外直接投资以矿业居首位，1940年即以制造业为首位。

对外投资的流向有一半仍在殖民地和经济较为落后的国家，但随着直接投资于制造业的比重增加，对经济发达国家和经济比较发达国家的直接投资也有所增加。

在这期间，对外投资的发展极不平衡，英国资本输出虽然仍居世界首位，但优势相对下降。第二次世界大战前仅居第四位的美国急剧扩展，对外直接投资额由26.52亿美元增至73亿美元，比重由18.5%增至27.7%，投资额比战前增加了2.4倍，稳居世界第二，并从债务国跃升为主要债权国，原居第二、三位的法国和德国，投资额急剧减少，被挤出资本输出大国行列。

当时，大部分对外扩张的跨国公司属于技术先进的新兴工业领域，或者是生产大规模消费产品的行业，为了提升国际竞争力，这些公司往往先在国内进行兼并，以壮大实力，再向外扩张，不断到海外建立子公司。美国187家制造业大公司在海外的分支机构由1913年的116家增至1919年的180家，1929年增至467家，1939年增至715家，说明第二次世界大战前跨国公司虽然发展缓慢，但有了一定的基础，尤其是美国已有相当坚实的基础。⊖

导致跨国公司在此期间发展缓慢、对外直接投资步伐放缓的主要原因是：战争的破坏、投资损失、战争债务负担和国家重建费用巨大，除美国外，其他国家对外直接投资确有困难；经过1929~1933年"大萧条"造成直接投资不振；各国相互实行贸易保护政策，影响了国际贸易的扩展；货币制度混乱，利用货币贬值作为贸易战的手段，阻碍了跨国公司的经

⊖ 来自罗进编写的《跨国公司在华战略》，复旦大学出版社，2001。

营管理；卡特尔制度盛行，分割世界，其控制范围扩大到生产和投资，也阻碍了对外直接投资的发展。

（四）第二次世界大战后到 20 世纪 70 年代后期的跨国公司

跨国公司虽然出现较早，从它的前驱开始至今已经有 150 多年的历史，许多早期的跨国公司就是现代大型跨国公司的前身和基础。但就发展速度、规模和特征来看，当时还不成形，也不占重要地位。跨国公司在广度上和深度上空前发展还是第二次世界大战以后的事情，因此有学者认为，真正现代意义上的跨国公司，是第二次世界大战以后出现的现象。第二次世界大战后到 20 世纪 70 年代后期，跨国公司的发展呈现出一些新的特点，主要是：

1. 对外直接投资发展迅速并主要集中在少数几个发达国家

1945 年全球外国直接投资额约为 200 亿美元，1960 年增加到 670 亿美元，1978 年增至 3693 亿美元，1980 年达到 5357 亿美元。1945—1980 年的 35 年间增加了近 26 倍。

从 20 世纪 60 年代以来，全球外国直接投资的增长速度超过了同期全球国内生产总值和全球贸易的增长速度。资料显示，1960—1973 年，全球国内生产总值年均增长率为 5.5%，全球国际贸易年均增长率为 8% 左右，而同期的全球外国直接投资年均增长率高达 15.1%。1974—1980 年间，全球国内生产总值和国际贸易年均增长率分别为 3.6% 和 4.0%，而同期全球外国直接投资年均增速高达 18.9%。

从投资来源国看，第二次世界大战后美国取代英国成为世界上最大的对外直接投资国。1960 年，在全球外国直接投资总额中，美国占 71.1%，英国占 17.1%。1970 年，美国占 62.9%，英国占 10.9%。20 世纪 70 年代后，联邦德国、日本企业对外直接投资的比重也分别由 1960 年的 1.2% 和 0.8% 上升到 1981 年的 8.6% 和 7.0%。

2. 跨国公司数量剧增，规模不断扩大

据联合国跨国公司中心的资料显示，截至 1969 年，主要发达国家的跨国公司共 7276 家，其国外子公司达 27300 家；而到 1978 年，主要发达国家的跨国公司数目发展到 10727 家，分公司达 82266 家。据统计，20 世纪 60 年代，美国 187 家制造业跨国公司子公司平均每年增加 900 家以上；英国 47 家跨国公司子公司同期平均每年增加 850 家，且随着时间的推移，递增速度加快。20 世纪 60 年代末期，日本 67 家跨国公司的子公司平均每年增加 200 家以上。进入 20 世纪 70 年代后，美国跨国公司子公司的增加速度有所降低。

跨国公司规模方面，1971 年，年销售额 10 亿美元以上的制造业（含石油业）跨国公司有 211 家，1976 年相同规模的跨国公司已达 422 家，5 年时间翻了一番。同时，在一些资本和技术密集型行业中，整个世界的生产主要集中在几家或十几家巨型跨国公司手中。例如，1980 年农机工业世界销售总额的 80% 以上集中在 11 家跨国公司手中。在 10 家规模最大的计算机跨国公司总的销售额中，仅 IBM 一家就占了将近一半。可见，随着跨国公司的发展，在一些工业部门中，跨国公司不但控制了国内市场，而且控制了相当大份额的世界市场。

3. 投资流向逐渐由发展中国家转向发达国家

第二次世界大战后至 20 世纪 70 年代后期，跨国投资的地理流向发生了较大变化。对外直接投资的国家和地区，逐渐由发展中国家转向发达国家，发达国家除了向发展中国家投资，发达国家之间的相互投资也增加了，它们既是投资的主要来源国，又是投资的主要东道国，对外直接投资由"单行道"向"双行道"趋势发展。联合国秘书处的有关资料显示，20 世纪 60 年代中期至末期，有 78% 的跨国直接投资投向了发达国家，20 世纪 70 年代初期

至中期，这一比例更是高达87%。

发达国家对发展中国家的直接投资所占比重总的趋势是日趋下降，但并不是直线下降，绝对投资额仍有所增加。发达国家对发展中国家直接投资的对象，主要集中在一些新兴工业化国家和地区以及工业化进程快、人均国民收入较高、市场容量较大的国家和地区。

发生投资流向转变的原因主要有：发展中国家经济发展水平各异，而发达国家经济发展水平普遍较高，接受投资容量大；发达国家市场结构较为相似，消费习惯较为接近，容易组织国际生产；发达国家产业结构不同，技术优势各异，可相互间取长补短；发达国家政治稳定，法律规范而完善；语言障碍少，技术管理人才可就地取材；交通、通信等基础设施较为完善等。

4. 对外直接投资的行业分布从初级产品生产转向制造业和第三产业

早期的跨国公司对外直接投资主要投向矿产开采、石油采掘等初级产品部门，到20世纪70年代后期，行业分布转向了制造业以及第三产业。随着新兴工业部门的发展，对汽车工业、石油化工、电子、机械等行业的投资比重大大增加，对服务行业的直接投资也处于上升趋势，由商品贸易领域向综合性经营业务领域发展。

以美国为例，在国外的制造业投资比重1945年为31.9%，1970年和1980年，这一比重分别提高到41.3%和51.7%；对矿业和石油采掘业的投资比重则从1950年的38.3%下降至1975年的26%。第二次世界大战后各国对包括金融、餐饮、电信、运输、信息加工和咨询在内的服务业投资比重在20世纪70年代为29%左右，到1990年升至47%。另据资料显示，1980年美国服务业的国外收入达600亿美元，相当于当年出口贸易总额的1/3左右。

5. 发展中国家跨国公司的成长

发展中国家的跨国公司在20世纪70年代初已经有了一定程度的发展，70年代末发展速度明显加快，但整体仍呈现出投资规模较小、所占比重较低的特点。

据联合国跨国公司中心的有关资料，1970—1972年间，发展中国家和地区平均每年的对外投资额为4300万美元，但到1978—1980年，已增加到6.82亿美元。截至1980年年末，共有41个发展中国家和地区的企业在海外从事生产经营和资源开发活动。20世纪80年代初，发展中国家和地区对外投资总额已达200亿美元左右，占全球对外直接投资累计总额的3.2%，其在国外的子公司或分支机构已猛增到6000~8000家。

二、第二次世界大战后跨国公司迅速发展的原因

第二次世界大战后对外直接投资迅速发展的原因，大体也就是第二次世界大战后跨国公司迅速发展的主要原因，因为跨国公司是对外直接投资的载体，又是它的结果。第二次世界大战后跨国公司迅速发展的主要原因是：

（1）第二次世界大战后世界科学技术革命和世界生产力的发展。20世纪50年代开始的以原子能、电子为代表的第三次科技革命，无论是广度还是深度都超过了前两次，大量科技成就广泛应用于生产，出现了一系列新产品、新技术和新兴工业部门，大大促进了生产力的发展。而生产力的发展又要求更多的原料和销售市场，要求生产和销售的国际化，科学技术革命的发展为跨国公司奠定了物质基础。

（2）生产和资本的集中导致资本"过剩"。第二次世界大战后发达国家生产和资本不断集中，垄断程度加深，拥有大量资本和先进技术的垄断企业，迫切要求到国外寻找有利的投

资场所和销售市场。例如，美国的垄断资本家在两次世界大战中积聚了巨额资本。同时，第二次世界大战后发生了第三次企业兼并高潮，使原有大公司规模不断扩大，一些新兴工业部门由少数大企业垄断。日本在经济恢复后，20世纪60年代也出现了企业兼并高潮，形成了许多大企业。这些大企业垄断了国内市场后，要想进一步发展，就要求越出国界。当企业规模扩大，某一行业生产能力超出国内有支付能力需求的程度就大，为寻求利润丰厚的投资市场，必然要向外扩张。因此，跨国公司的发展是生产和资本集中的必然结果。

（3）国际分工的深化，生产和资本的国际化。随着科技革命的发展，生产和资本的集中，第二次世界大战后国际分工在广度和深度上进一步发展，大大加强了各国之间的互相依赖和协作，各国之间的国际分工已经不仅仅局限于部门之间的分工，国际经济联系也不仅局限于商品流通领域，而进入了生产领域。国际分工向部门内部的分工、产品专业化、零部件专业化和工艺专业化方向发展，大大促进了生产国际化和资本国际化。因此，发展跨国公司是第二次世界大战后生产国际化和资本国际化的客观要求。

（4）现代交通运输和通信信息的发达。科学技术的发展，为交通运输和通信革命提供了技术条件。交通运输和通信发展，大大缩短了国与国之间的空间距离。19世纪中叶，从美国到欧洲的邮件一般要21天，现在因特网使通信技术有了突变。海运技术大发展，运输量大、及时、价廉，为各国之间经济联系提供了必要保证，使跨国公司有可能把各地的子公司紧密联系起来，形成整体，实现其全球战略目标和战略部署。

（5）国家垄断资本主义的发展，各国政府扶植和鼓励跨国公司向外扩张。

（6）第二次世界大战后国际市场的激烈竞争，发达国家政治、经济发展不平衡。第二次世界大战后初期，美国在经济上占绝对优势，后来西欧经济逐渐恢复发展，争夺西欧市场十分激烈。20世纪70年代以来，美国经济相对削弱，西欧、日本经济崛起，加快了对外投资步伐，在国际范围内同美国的跨国公司进行争夺，国际市场的争夺大大促进了跨国公司的发展。

（7）第二次世界大战后殖民体系瓦解，发展中国家要求发展民族经济。发展中国家政治独立后，发展民族经济缺少资金、技术和管理经验，希望引进发达国家跨国公司的资本和技术。发达国家也企图利用跨国公司作为工具，保住其在发展中国家原有的经济利益。因此，发展中国家发展民族经济也给跨国公司发展提供了机会。

发展中国家在第二次世界大战后也发展了自己的跨国公司，其主要原因是：

1）第二次世界大战后发展中国家民族经济迅速发展，特别是一些新兴工业化国家（地区）的经济得以很快发展。

2）生产和资本的集中相应加强，也开始出现一些较大型的企业。

3）为改变国际经济地位、增强自身实力，国家鼓励大型企业对外投资。

4）为对付来自发达国家贸易保护主义而采取的对策。

5）实行进口替代战略，优化产业结构，扩大对外贸易，引进先进技术和改善国际收支等。

第二次世界大战后，发达国家之间相互投资增加，主要因为：发达国家经济发展水平相对较高，投资环境比较好，接受投资的市场容量大；科学技术优势各异，产业结构有差异，消费水平和市场结构相近，相互之间语言障碍较少，法律制度比较完善，交通、通信和服务业等基础设施完善，容易组织国际生产；政治稳定、投资风险较小和国际资本流动的条件较好等。

与此相反，多数发展中国家的投资环境尚有许多不足之处：经济发展水平较低，市场容量狭小，消费水平较低；基础设施欠完善，配套能力较差；技术管理人才缺乏，政治不稳定，法制不健全，政策多变，风险较多。因此发达国家对发展中国家投资的比重有所减少。但发展中国家也有许多有利条件，如资源丰富、劳动力和土地便宜等。许多发展中国家都在为吸引外资采取优惠政策，完善基础设施，不断改善投资环境等。因此对投资国来说，到发展中国家进行难以替代的资源开发，以及劳动密集型行业、装配性工业等项目的投资，尤为有利。

第三节　当代跨国公司的发展趋势

一、20 世纪末期跨国公司的发展

（一）20 世纪 80 年代跨国公司经营的转变

20 世纪 80 年代以来，随着经济全球化趋势的日益加快，国际市场竞争更加激烈，新贸易保护主义有所抬头，在此期间跨国公司的经营和发展呈现出与以往不同的特征。

1. 对外直接投资规模继续扩大，发展中国家对外直接投资增长迅速

20 世纪 80 年代中期以来，全球跨国公司对外直接投资持续快速增长。与此同时，西方国家的汇率、利率和股市频繁大幅波动，间接投资风险加大，在一定程度上助推了国际资本向直接投资方面转移。据联合国有关部门统计，1983—1990 年，全球对外直接投资增长速度是全球国内生产总值增速的 4 倍，是全球国际贸易增速的 3 倍[一]。1990 年，全球对外直接投资流量达到创纪录的水平，为 2403 亿美元。

与此同时，发展中国家的对外直接投资总额虽然所占比重不大，但增长速度很快，成为全球外国直接投资中的新生力量。据国际货币基金组织（IMF）统计，1960—1980 年发展中国家和地区对外直接投资年均增长率为 16.1%（同期发达国家年均增长率为 10.7%），年均投资额为 10 亿美元；而 1986—1990 年，年均增长率为 47%（同期发达国家年均增长率为 26%），年均投资额为 60 亿美元。

2. 建立全球战略，实施战略联盟

20 世纪 80 年代中期以后，经济全球化趋势日益明显，国际竞争越发激烈，加之区域经济一体化发展迅速，跨国公司的海外扩张遇到越来越多的挑战。这样，迫使跨国公司调整经营发展战略，越来越多的跨国公司开始采取开放型的跨国联合经营战略。不同跨国公司之间的资金、技术、生产设备、销售、分配渠道、融资能力等方面相互渗透，形成一种国际经营联合体。这一联合体不同于一般的合资企业，联合体中的各家企业都采用同一目标，即共同开发、共同生产、共享市场。这样，跨国公司的全球经营战略又发展到了一个新的阶段，即不同国家的大型跨国公司彼此联合起来，实施全球战略联盟。

3. 投资方式由新建企业转变为并购[二]，经营范围更加广泛

20 世纪 80 年代以来，由于科学技术的发展，新产品、新工艺不断涌现，新兴产业部门

[一]　来自毛蕴诗，戴勇，经济全球化与经济区域化的发展趋势与特征研究，经济评论，2006（4）。

[二]　关于跨国并购更详细的介绍，请参阅本书第七章内容。

的形成，需要各个部门之间进行新的调整。这些调整，不仅是企业进行经营结构的调整，而是整个世界经济进入了产业结构大调整的时期。在此期间，主要跨国公司的对外直接投资中，用于新建企业的比重相对减少，而进行跨国并购的比重则急剧上升。

从20世纪60年代起，跨国并购开始成为跨国公司对外直接投资的重要实现形式，其中美国的跨国并购占据主导地位。1989年，全球企业并购总数为7700起，并购价值总额为3550亿美元，其中跨国并购2764起，占全球并购总数的36%，跨国并购价值为1310亿美元，占全球并购价值的37%。从并购数量上看，美国1975年并购总数为2297起，1985年达到3000起，1984—1990年的7年间，美国企业的并购数量平均每年为3686起，出现了全球跨国并购史上的第四次浪潮。

造成跨国并购迅速增加的原因主要是：兼并和收购既可以直接利用原有企业，特别是一些知名度较高的企业的生产基地、所占据的市场份额和完备的销售网络，又能提高跨国公司的知名度和国际竞争力。

随着跨国公司跨部门、跨行业的混合并购高潮的到来，生产和资本更加集中，跨国公司的经营范围变得越发广泛，出现了越来越多的跨领域和跨行业经营的跨国公司。在这种公司内部，母公司和子公司制造不同产品，经营不同的行业，这些行业与产品之间可能互不关联。例如，美国通用汽车公司，在汽车行业继续保持垄断地位的同时，控制了美国铁路基本生产总量的85%、柴油机发动机生产总量的75%、电冰箱生产总量的30%。美国国际电话电报公司更是典型的跨领域、跨行业经营的跨国公司，从生产电视机到出售香烟和咖啡，再到经营出租汽车，几乎无所不包。

（二）20世纪90年代跨国公司的发展变化

20世纪90年代，美国等发达国家开始了技术创新推动经济发展的阶段，经济发展进入从工业经济向知识经济转型时期。这一时期，跨国公司的发展也表现出了一些新的特征。

1. 对外直接投资大幅上升

自20世纪90年代中期起，全球的外国直接投资流入流出规模陡然剧增，跨国公司进入了全新的全球化经营时代。据联合国贸易与发展会议《2002年世界投资报告》统计，1991—1995年，国际直接投资年均增长率为20%；1996—2000年，年均增长率为40%。1990年国际直接投资总额为2030亿美元，2000年达到创纪录的14919亿美元，比1999年的10800亿美元增长了38.14%，比1990年增长了535%，而1990—2000年世界实际GDP仅增长了26%，世界商品出口额增长了86%，服务出口增长了87%，国际直接投资的增长速度远远超过世界生产和世界贸易的增长速度。

2. 主要发达国家仍是投资主体

1998年，发达国家跨国公司对外直接投资总额达5974亿美元，比1997年增长36%，占全球外国直接投资的比重由1997年的72%上升为1998年的86%，同期发达国家吸收的国际直接投资达到4664亿美元，比1997年增长68%，引进外资比重由59%上升为1998年的72%，全球经济实力向发达国家高度集中，南北经济差距日益扩大。在发达国家中，美国、欧盟和日本又是重中之重，其相互投资和内部投资占发达国家总资本输出的90%和资本输入的93%。

3. 欧盟、北美、亚太三大经济圈内部投资加强

世界经济发展的一个显著特征就是地区经济一体化加强，其中一体化程度最高的当属欧

盟、北美、亚太三大经济圈。体现在国际直接投资上，就是一体化的区域内部国家之间的相互投资占了主导地位。

为了充分利用统一大市场的有利条件，欧盟各国加大了相互之间的投资，使相互投资成为各国对外投资的重要组成部分。1992年欧盟成员国之间的相互投资占其对外直接投资总量的72%，1995年成员国扩大到15个，新成员国和原成员国经历了一段时间的调整期，这期间欧盟内部成员国之间相互投资比例有所下降。1998年，欧盟各国之间的相互投资占各国对外投资总额的49%。2000年，欧盟成员国之间的相互投资达到4360亿欧元，较1999年增长37.1%，占欧盟对外直接投资总量的60%；随着欧盟东扩，西欧国家的投资越来越倾向于其新盟国。对于原欧盟成员国而言，新入盟的东欧国家投资环境相对优越，相互之间的文化差异较小，交通便捷，市场制度完善，政策趋于一致，能有效降低公司经营的不确定因素。

在北美自由贸易区内，美国和加拿大成为最大的投资伙伴，加拿大对外投资的2/3流向了美国，而美国对外投资的1/5投向了加拿大。1989—1995年，美国对墨西哥的直接投资存量从83亿美元增加到164亿美元，1993年墨西哥在美国的直接投资存量为12亿美元，1996年达到22亿美元。与此同时，加拿大对美国的投资也增加了5倍。

亚太地区（含日本）区域内部的互相投资增加迅速，1996—2007年的12年间以年均26.5%的速度递增。特别是日本、中国和亚洲"四小龙"（中国香港、中国台湾、新加坡和韩国）之间的相互投资占这些国家和地区投资总量的50%[注]。

4. 对发展中国家的投资有所增长

20世纪90年代，发展中国家的直接投资有了一定程度的增长。1998年，发展中国家共吸引外资1659亿美元，为1981—1990年增长量的10倍。发展中国家吸引外资总额占世界对外直接投资总额的比重由1992年的16%增加到1998年的20%。1980年发展中国家引进外资存量约为133亿美元，1998年存量增长到3900亿美元，增长了28倍，而同期发达国家只增长了8倍。

发达国家对发展中国家和地区的投资集中在经济潜力较大、增长速度较快的新兴工业化国家和地区。亚洲和拉丁美洲的一些国家持续高速的经济增长、对外国投资者开放的策略以及对投资管理政策的自由化等是发达国家对发展中国家投资规模扩大的主要原因。在发展中国家和地区中，中国是吸引外资最多的国家，累计吸引外资3000亿美元，亚洲发展中国家吸引的直接投资占发展中国家总量的2/3。

二、21世纪以来跨国公司的投资发展趋势

进入21世纪以来，日本由于在20世纪90年代初期"泡沫"的破灭造成经济持续低迷长期没有得到有效改善，其吸引外资的地位逐年下降；2001年"9·11"恐怖袭击事件不仅使美国经济出现不景气，同时也把世界经济拖入了衰退的泥潭。2004—2006年，世界经济出现了恢复性增长，可好景不长。2007年，美国次贷危机以及之后引发的金融海啸使全球对外直接投资倍受打击，导致2008—2009年全球对外直接投资出现衰退。2017—2019年，英国"脱欧"带来的不确定性、特朗普政府采取的加征高额关税等一系列贸易保护主义措

○ 来自徐春祥编写的《东亚贸易一体化——从区域化到区域主义》，社会科学文献出版社，2008。

施，以及地缘政治风险提高等原因，致使全球经济更加脆弱，跨国公司的对外直接投资更加谨慎。

（一）全球外国直接投资出现波动性增长

联合国贸易与发展会议（UNCTAD）发表的各年度《世界投资报告》的统计数据显示，2000—2018 年，全球外国直接投资（FDI）流入量出现波动性增长，见图 1-11。

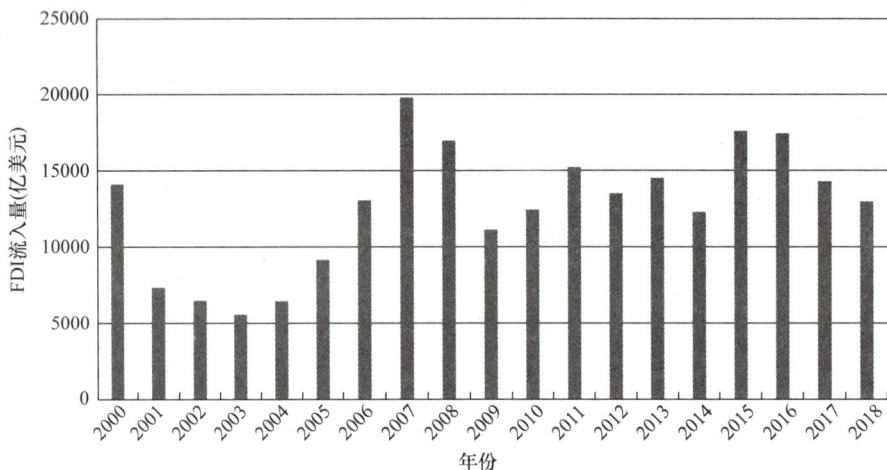

图 1-11　2000—2018 年全球外国直接投资（FDI）流入量
（资料来源：根据联合国贸易与发展会议（UNCTAD）《世界投资报告》历年数据整理制得。）

从图 1-11 可以看出，2001 年，由于世界经济增速放缓，全球外国直接投资流入量在 2000 年的 14110 亿美元的基础上大幅减少了 50%，仅为 7350 亿美元，出现了近十年来的首次负增长，也是 1971 年来降幅最大的一次。

随着经济疲软，2002 年全球外国直接投资流入量再次下跌至 6510 亿美元，2003 年更是跌至 5600 亿美元，成为 1998 年以来跨国公司对外直接投资规模最小的一年。

2004 年，由于流向发展中国家的外国直接投资强劲增长，全球外国直接投资流入量在经历了三年下滑后出现了恢复性增长，全年为 6480 亿美元，较 2003 年增长了 31.6%。2004 年全球对外直接投资有两个特点：一是投资重心向发展中国家转移。当年流入中国、巴西、新加坡等发展中国家的外商直接投资强劲上升 40%，达 2330 亿美元，是 1997 年以来的最高水平，而流入发达国家的外商直接投资继续下降，为 3800 亿美元，较上一年下降了 14%，仅是 2000 年峰值的 1/3。二是中国连续 12 年位居发展中国家引进外资国首位。2004 年，中国吸引外商直接投资 610 亿美元，连续 12 年成为发展中国家的最大外资流入国，在全球范围内仅次于美国（960 亿美元）和英国（780 亿美元）。

2005—2007 年，全球外国直接投资出现大幅增长。其中，2005 年，全球外国直接投资流入量为 9160 亿美元，2006 年为 13060 亿美元，2007 年更是达到了创纪录的 19790 亿美元，同比分别增长 27.4%、38.1%、30%，连续五年出现增长。

令人遗憾的是，这种繁荣并没有持续下去。2007 年下半年起，美国次贷危机影响开始显现，之后引发的全球性"金融海啸"更是导致 2008 年全球外国直接投资流入量下降了 14.2%，为 16970 亿美元；随着金融和经济危机的加剧，2009 年全球外国直接投资流入量再下降 37.1 个百分点，仅为 11140 亿美元。

2010—2011 年，全球经济开始缓慢复苏，外国直接投资流入量也开始出现正增长，规模分别为 12440 亿美元、15240 亿美元，分别增长 5% 和 16%。

2012—2016 年全球外国直接投资流入量出现波动，分别为 13510 亿美元、14520 亿美元、12300 亿美元、17620 亿美元、17460 亿美元，但整体呈现增长态势。

2017 年，受英国脱欧等不确定性因素影响，全球外国直接投资（FDI）再次下滑，出现 5 年内最大跌幅，下降 23%，规模为 14300 亿美元，这与全球 GDP 及贸易增长速度加快形成鲜明对比。分析认为，世界范围内逆全球化浪潮的不断上升以及跨境并购价值降低等是 FDI 流量下降的重要原因。

2018 年，受美国税改政策以及部分经济体加强外资投资审查影响，全球外国直接投资总额为 12970 亿美元，较 2017 年减少 13%，连续三年出现下滑。

（二）跨境并购是推动全球外国直接投资增长的主要力量

跨国公司的对外直接投资分为新建投资（greenfield investments，又称绿地投资）和跨境并购（cross‑border mergers and acquisitions，简称 cross‑border M&As，又称跨国并购）。研究显示，20 世纪末到 21 世纪以来，跨境并购已成为推动全球外国直接投资增长的主要力量。跨国公司盈利能力的提高会引发更大规模的并购活动，这些活动又进一步提高对外直接投资水平。

20 世纪 80 年代以前，跨国公司的海外发展主要以在东道国创办新企业（绿地投资）为主，如 1950—1975 年间美国 180 家跨国公司的 1.3 万家海外子公司中，新建的就占 56.6%。联合国贸易与发展会议（UNCTAD）统计显示，1980—1999 年，全球跨境并购以年均 42% 的速度增长，并购额（含跨境并购和国内并购）占世界 GDP 的比重从 1980 年的 0.3% 增长到 1999 年的 8%⊖。全球完成的跨境并购额从 1987 年的不足 1000 亿美元发展到 1999 年的 7200 亿美元。

事实上，自进入 20 世纪 90 年代以来，跨国公司并购活动发展势头就较为迅猛，1994 年发达国家跨国企业并购额为 1630.1 亿美元，比 1993 年的 1348.95 亿美元增长了 21%。1996 年跨境并购额在全球外国直接投资流量中所占的比重为 45.4%，当时外国直接投资活动的一半多还是以新建投资方式完成的。

1998—2000 年间，跨境并购活动迅速成为全球外国直接投资的最主要方式。1999 年全球跨境并购比 1998 年增加了 35%，涉及金额达 7200 亿美元，占全球外国直接投资流入量（8650 亿美元）的 83.23%；2000 年全球跨境并购总额高达 11438 亿美元，比 1999 年又增长了愈 50%，占全球 FDI（14110 亿美元）的比重为 81.06%。

进入 21 世纪以来，随着全球经济的衰弱，特别是世界三大经济体（美国、欧盟和日本）都陷入衰退从而造成跨境并购值的下降，全球对外直接投资流入量出现萎缩，见表 1-1。

表 1-1　2000—2018 年跨境并购额与全球外国直接投资流入量比较

年份	跨境并购额（亿美元）	同比增长（%）	全球外国直接投资（FDI）流入量（亿美元）	跨境并购占 FDI 比重（%）
2000	11438	49.3	14110	81.06
2001	5940	−48.1	7350	80.82

⊖　来自联合国贸易与发展会议（UNCTAD）2000 年《世界投资报告》。

（续）

年份	跨境并购额（亿美元）	同比增长（%）	全球外国直接投资（FDI）流入量（亿美元）	跨境并购占FDI比重（%）
2002	3700	−37.7	6510	56.83
2003	2970	−19.6	5600	53.03
2004	3810	28.2	6480	58.79
2005	7160	88.2	9160	76.16
2006	8800	22.9	13060	67.38
2007	16370	46.4	19790	82.72
2008	6730	−34.7	16970	39.65
2009	2500	−64.7	11140	22.44
2010	3390	35.7	12440	27.25
2011	5560	53	15240	34.51
2012	3320	−40.28	13510	24.57
2013	3490	5.12	14520	20.03
2014	3990	14.32	12300	32.43
2015	7210	80.7	17620	40.92
2016	8690	20.52	17460	49.77
2017	6940	−20.13	14300	48.53
2018	8160	18	12970	62.91

（资料来源：根据联合国贸易与发展会议（UNCTAD）《世界投资报告》历年统计数据整理而得。）

2001年完成的跨境并购额（约5940亿美元）约是2000年的一半。跨境并购的数量也从2000年的7894起减少到2001年的6000起左右，2002年更是跌至4493起。2000年，平均每笔跨境并购交易金额为1.45亿美元，2002年则跌至8200万美元。价值超过10亿美元的跨境并购交易的数量从2000年的175起减少到2001年的113起，2002年更是只有81起。

2003年，全球跨境并购总值仅2970亿美元，跨境并购活动的大幅萎缩直接导致当年全球外国直接投资流入量跌至5600亿美元，为20年来最低。但尽管如此，监测发现，2003年末，全球跨境并购活动出现了上扬态势。一些大型跨国公司的研发支出开始增加，当年就有6家跨国公司的研发支出超过50亿美元。相比之下，在发展中经济体中，只有巴西、中国、韩国和中国台湾等经济体的研发总支出超过或接近50亿美元，可见跨国公司的研发支出规模之大、实力之强。

2002—2004年，跨境并购额占当年全球外国直接投资的比重分别为56.83%、53.03%、58.79%。分析认为，2004年全球外国直接投资流入量开始加大，这与跨境并购活动的上扬是紧密相关的。

2005年，跨境并购再掀热潮，总额达7160亿美元，同比增长88.2%，交易活动达6134起，同比增长20%。其中，价值10亿美元以上的特大交易有141起，接近2000年175起的峰值，并购额4540亿美元，较2004年增长了1倍，占全球并购总价值的63%。跨境并购，尤其是发达国家的跨境并购，再次驱动了 2005 年外国直接投资的增长。

2006 年，跨境并购交易在金额上提高了 22.9%，达 8800 亿美元，数量上提高了 14%，达 6974 起，跨境并购在全球外国直接投资中占比 67.38%。与 20 世纪 90 年代后期的并购热潮有所不同，在 2006 年的并购交易中，绝大多数由现金和借贷支付，而非通过换股实现。2006 年，金额超过 10 亿美元的交易达 172 起，占跨境并购交易总额的 2/3。

2007 年，通过跨境并购继续进行的整合推动了外国直接投资的全球增长，当年跨境并购交易额达 16370 亿美元，比 2000 年的创纪录水平增长了 21%，占全球外国直接投资流入量的 82.72%。研究表明，全球约 73000 家跨国公司的经营活动是引致全球外国直接投资增长的主要动力，这些公司在全球拥有约 79 万个外国分支机构，销售规模达 31 万亿美元，估计这些分支机构在 2007 年的销售额、增值和出口额分别增长了 21%、19% 和 15%⊖。2007 年下半年起，美国的次贷危机影响了全球金融市场并在许多国家造成了流动性困境，导致信贷成本提高。更为不幸的是，这一次贷危机迅速在全球蔓延开来，并在 2008 年演变成为全球性"金融海啸"。世界经济放缓和金融动荡导致许多发达国家货币和债务市场的流动性出现了危机，跨境并购活动因此开始明显放缓，2008 年上半年的并购交易额比 2007 年同期减少了 29%。

2008 年发达国家的外国直接投资流量下降了 29%，主要原因是跨境并购历经 5 年繁荣期于 2007 年结束后，并购额同比下降了 34.7%。欧洲的跨国并购交易骤跌 56%，日本下降了 43%。世界范围内的巨额交易（即交易额超过 10 亿美元的交易）备受这场危机的影响，跨境并购额占全球外国直接投资流量的比重从 2007 年的 82.72% 骤降为 39.65%。

2009 年，跨境并购数量压缩了 34%（而同期绿地直接外资项目数仅下降了 15%），并购额直降 64.7%，仅为 2500 亿美元，使跨境并购额占全球外国直接投资流入量的比重降至 22.44%。UNCTAD 研究表示，跨境并购的衰退是 2009 年直接投资下滑的主要原因。

2011 年，跨境并购额同比增长 53%，达 5560 亿美元。增长的主要原因是大宗交易（价值超过 30 亿美元的交易）量增多，从 2010 年的 44 宗升至 2011 年的 62 宗。

2015 年，全球外国直接投资强劲复苏，FDI 流入总量跃升至 40.92%，达 17620 亿美元，这是 2008 年全球金融危机爆发以来的最高水平。跨境并购额从 2014 年的 3990 亿美元猛增至 2015 年的 7210 亿美元，成为全球 FDI 强劲反弹的主要动力。

2016 年，尽管全球外国直接投资流入量小幅下降 2%，但全球跨境并购额却同比增长了 20.52%，并购额达 8690 亿美元，创 2008 年以来的高位。

2017 年，全球跨境并购额同比下降 20.13%，为 6940 亿美元，占当年全球外国直接投资流入量的 48.53%。不过，在金额出现较大回落的同时，并购数量上出现了小幅攀升，增长 5%，达到 6967 宗。研究表明，跨境并购大幅下降是造成当年全球外国直接投资下降 23 个百分点的主要原因。

2018 年，全球跨境并购额 8160 亿美元，同比增长 18%，占当年全球外国直接投资流入量的 62.91%。

（三）发展中经济体在吸引全球外资中的地位不断提升，发达经济体仍然是对外直接投资主体

2000 年，约有 3/4 的对外直接投资流入发达经济体，而且跨境并购也集中在发达经济

⊖ 来自联合国贸易与发展会议（UNCTAD）2000 年《世界投资报告》。

体，并促使发达经济体的外资流入增加了 21%，达到 1 万亿美元；发展中经济体的对外直接投资流入尽管也有所增加，但仅为 2400 亿美元，且发展中经济体在全球对外直接投资流入中所占的份额出现连续两年下降，仅占 19%，而 1994 年则是 41%。

2000—2018 年，发展中经济体与发达经济体在吸引全球对外直接投资方面的差距逐渐缩小，其中 2012—2014 年，发展中经济体吸引的对外直接投资连续 3 年超过发达经济体。2018 年，流入发达经济体的对外直接投资下降 27%，总额 5570 亿美元，跌至 2004 年以来新低。其中，流入美国的外资下降 9%，总额 2520 亿美元；而流入发展中经济体的对外直接投资保持稳定，总额 7060 亿美元，增长 2%。流入转型经济体的对外直接投资仅 340 亿美元，同比下降 28%。相关情况见图 1-12。

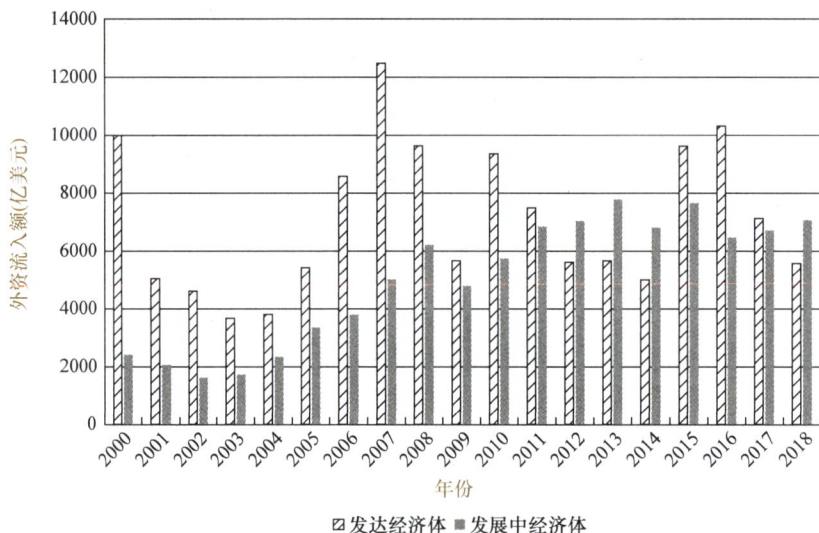

图 1-12　2000—2018 年发达经济体与发展中经济体外资流入比较
（资料来源：根据联合国贸易与发展会议（UNCTAD）《世界投资报告》历年统计数据整理制得。）

外资流出方面，1989—1994 年，发达经济体全球对外直接投资流出量平均为 2032 亿美元，而同期发展中经济体对外直接投资流出量平均为 249 亿美元，两者差距明显。1995—2003 年，发达经济体占据全球对外直接投资绝对优势。2004 年，发展中经济体对外直接投资流出开始增加，到 2005 年，发展中经济体对外直接投资流出量首次突破 1000 亿美元，规模为 1175 亿美元，较 1995 年增长了 2.4 倍。之后，发展中经济体对外直接投资步伐加快，与发达经济体的差距逐渐缩小，但发达经济体仍是全球对外直接投资主体。相关情况见图 1-13。

2001 年，全球对外直接投资流入量 7350 亿美元，其中 5030 亿美元流入了发达经济体，2050 亿美元流入了发展中经济体，其余的 270 亿美元则流入了东南欧和独联体等转型经济体，占比分别为 68.43%、27.89%、3.67%。与此同时，在全球对外直接投资 6210 亿美元的流出量中，发达经济体占 5810 亿美元，占比 93.56%。

2007 年，发达经济体、发展中经济体以及转型经济体的全球对外直接投资流入量分别为 12476 亿美元、4997 亿美元、859 亿美元，占比分别为 68.1%、27.3%、4.7%。与此同时，对外直接投资流出量分别为 16921 亿美元、2531 亿美元、512 亿美元，占比分别为

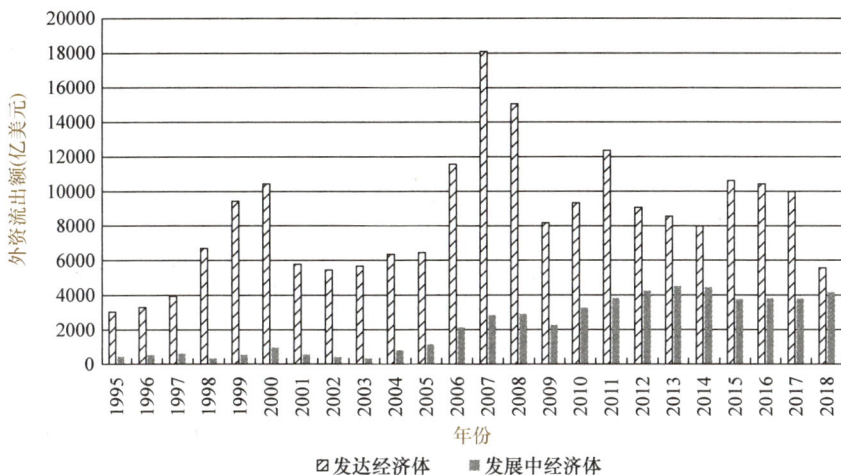

图 1-13　1995—2018 年发达经济体与发展中经济体外资流出比较

（资料来源：根据联合国贸易与发展会议（UNCTAD）《世界投资报告》历年统计数据整理制得。）

84.8%、12.7%、2.6%。可以看出，发达经济体在全球对外直接投资流入、流出方面均占绝对优势。

2010 年，发展中经济体吸收的对外直接外资（5740 亿美元）首次接近全球总流入量（12440 亿美元）的一半，其对外直接投资流出量也创造了历史最高水平，达 3280 亿美元，而发达经济体为 9350 亿美元。

2012 年，发展中经济体吸收的对外直接投资首次超过发达国家，占全球对外直接投资流入量的 52%。发展中经济体的对外直接投资流出量达到 4260 亿美元，创纪录地占到世界总量的 31%。

2013 年，全球外国直接投资流入量较 2012 年增长 9%，达 14520 亿美元，其中，流向发达经济体的对外直接投资增长 9%，达 5660 亿美元，占全球流入量的 39%；流向发展中经济体的流量达 7780 亿美元的新高，占总量的 54%；其余的 1080 亿美元流入转型经济体。与此同时，发展中经济体的对外直接投资流出量也达到了创纪录的水平。发展中经济体的跨国公司正越来越多地收购分布在它们地区的发达国家的外国子公司。发展中经济体和转型期经济体共投资 5530 亿美元，占全球对外直接投资流出量的 39%，而 21 世纪初只有 12%。

2015 年，流入发达经济体的对外直接投资几乎翻了一番（增长 84%），达 9620 亿美元，占全球对外直接投资的比例从 2014 年的 41% 升至 55%。流入发展中经济体的对外直接投资达到 7650 亿美元的新高，比 2014 年高出 9%。同时，来自发展中经济体和转型经济体的对外直接投资出现大幅减少，发达经济体、发展中经济体、转型经济体的对外直接投资流出量分别是 10650 亿美元、3780 亿美元、310 亿美元。数据显示，2015 年中国对外直接投资增长 4%，达到 1276 亿美元。在大规模海外并购浪潮的推动下，中国成为一部分发达国家的主要外资来源国。同时，随着"一带一路"倡议和国际产能合作的推进，中国在发展中国家的投资也继续保持高速增长。

全球对外直接投资继 2015 年强劲上扬之后，在 2016 年失去了增长动力，显示出复苏之路的崎岖坎坷。对发展中经济体的对外直接投资流量受挫尤为严重，减少了 14%，降至

6460 亿美元；而对发达经济体的对外直接投资流量继上一年的大幅增长之后进一步上扬，流入量增加了 5%，达 10800 亿美元，使发达经济体在全球对外直接投资流入量中所占的份额扩大到了 59%。与此同时，发达国家的对外直接投资流出量仍然乏力，减少了 11%，降至 1 万美元，但仍占全球资本输出的 72%。而发展中经济体对外直接投资输出 3830 美元，同比下降 1 个百分点，转型经济体对外直接投资输出 250 亿美元，下降 22%。需要说明的是，2016 年中国的对外直接投资飙升 44%，达到 1961 亿美元，创历史新高，使中国首次成为全球第二大对外投资国。相比之下，亚洲的其他发展中国家（地区）的流出量却大幅下降。整体而言，在中国企业跨境并购交易的驱动下，发展中亚洲的对外直接投资流出量增加了 7%，达到 3630 亿美元。

2017 年，流入发达经济体的对外直接投资大幅减少，降幅达 37%，降至 7120 亿美元；流入发展中经济体的对外直接投资在经历了 2016 年的 10% 的降幅之后，没有出现复苏迹象，稳定在 6710 亿美元；流入转型经济体的对外直接投资减少了 27%，降至 470 亿美元。

资本流出方面，2017 年发达经济体跨国公司对外直接投资小幅下降了 3%，约为 1 万亿美元，占全球对外直接投资总额的 71%。其中，美国仍是全球最大的对外直接投资国，其对外直接投资在 2017 年显著增长了 22%，达到了 3423 亿美元；日本从 2016 年的第四位跃居至全球第二位，达 1604 亿美元，这已是日本连续第四年对外直接投资出现增长。发展中经济体对外直接投资总体下降了 6%，为 3810 亿美元。其中，中国内地在 2017 年则是出现了较大回落，对外直接投资额从 2016 年的 1961 亿美元降至 1246 亿美元，大幅减少了 36%。转型经济体对外直接投资从前两年历史低位上涨了 59%，资本输出为 400 亿美元。

2018 年，来自发达经济体的跨国公司对外直接投资大幅下降 55%，约为 5580 亿美元，占全球对外直接投资的比重连续四年下降。美国当年资本流出 2360 亿美元，比 2017 年的 3000 亿美元减少 640 亿美元，居发达经济体第一位，日本当年资本流出额 1430 亿美元，增长 11%，居第二位，中国资本流出额 1300 亿美元，居第三位；来自发展中经济体的跨国公司对外直接投资下降 10%，为 4180 亿美元⊖。

⊖ 来自联合国贸易与发展会议（UNCTAD）2019 年《世界投资报告》。

第二章

跨国公司对外直接投资理论及其发展

进入 20 世纪，特别是第二次世界大战结束以来，跨国公司对外直接投资活动迅猛发展，带来了理论的迅速跃升与发展，不同学派纷纷提出自己的观点，试图建立起其理论体系。据不完全统计，各种理论主张达 20 余种，如"垄断优势论""寡头均势论""生产要素优势论""行为理论""产品生命周期理论""市场不完全理论""资本过剩理论""区位理论""内部化理论"以及"综合主义理论"等。本章主要对跨国公司对外直接投资有重大理论影响的派别，特别是新近出现的几种理论进行梳理。

第一节　马克思主义对外直接投资理论

马克思主义对外直接投资理论，是马克思主义世界经济学的重要组成部分，也是研究当代对外直接投资问题的理论依据。

马克思主义经济学认为，国际分工的基础是社会生产力的发展。生产力的发展导致劳动生产率的提高，使社会分工扩大和深化，生产更加专业化，导致对外投资出现。[一]

马克思主义同时认为，在资本主义社会，由于资本主义积累规律的存在及作用，必然产生生产过剩和资本过剩。资本主义社会的政府和资本家必然会从各个方面去寻找出路，而对外直接投资就是出路之一。马克思指出："资本的这种过剩是由引起相对过剩人口的同一情况产生的，因而是相对过剩人口的补充现象。"[二]马克思揭示了资本主义社会的生产过剩、资本过剩和人口过剩同时并存的现象，这一现象是由资本主义生产资料私人占有和生产社会化的基本矛盾决定的。

在资本主义社会，资本家的过剩资本需要寻找出路。其出路之一就是向国外进行资本输出，因为增值性是资本的一个重要特征。马克思指出："如果资本输出国外，那么，这种情况之所以发生，是因为它在国外能够按更高的利润率来使用。"[三]这说明，在资本主义社会，资本输出是解决资本过剩的一种手段，其目的是追逐高额利润。资本输出又是对外直接投资的一种方式，从而资本主义国家投资的目的也是为了追逐高额利润，具有逐利本质。

马克思主义还认为，随着资本主义的发展，特别是大工业的兴起和发展，国际关系也扩

[一] 来自《马克思恩格斯全集》第 4 卷，p168～169。

[二] 来自《资本论》第 3 卷，p280。

[三] 来自《马克思恩格斯全集》第 25 卷，p285。

大了。马克思和恩格斯在《共产党宣言》中指出："（出于）产品销路的需要，驱使资产阶级奔走于全球各地。它必须到处落户、到处创业、到处建立关系"，又指出："资产阶级，由于开拓了世界市场，使一切国家的生产和消费都成为世界性的了……过去那种地方的和民族的自给自足的闭关自守状态，被各民族的各方面的互相往来和各方面的互相依赖所代替了。"马克思在论述世界货币时指出："……而是要把财富从一个国家转移到另一个国家。"马克思、恩格斯的这些论述，足以说明随着国际关系的发展，每个国家的政治经济生活必然互相依存、互相制约，彼此联系起来，而对外直接投资的发展又是国际经济关系发展的重要表现。

到了19世纪末20世纪初，资本主义发展到了帝国主义阶段。列宁概括了帝国主义经济的五个基本特征，指出："从经济上说，帝国主义就是垄断的资本主义。"列宁的这一论述，从经济上分析了垄断资本主义，发展了马克思主义，为认识对外直接投资提供了理论基础。

列宁根据资本主义发展到帝国主义的经济情况，发展了马克思关于过剩资本的理论。列宁指出："帝国主义的特点，恰好不是工业资本而是金融资本。"金融资本作为帝国主义的特征，一方面加剧了资本主义国家的固有矛盾，另一方面使资本主义国家和资本家使用过剩资本在更大规模上、更大范围内开展资本输出，也就是说金融资本越出国界在国际范围内形成垄断。显然，帝国主义阶段的对外直接投资不但具有掠夺和剥削性质，而且具有垄断性质。同时，列宁发展了马克思、恩格斯关于国际关系的理论，指出："人类的整个经济、政治和精神生活，在资本主义制度下已经越来越国际化了。社会主义把它完全国际化。"列宁还指出："社会主义实现得如何，取决于我们苏维埃政权和苏维埃管理机构同资本主义最新的进步东西结合，只能充分利用资本主义的成果，而绝对不能排斥它，否则就难以设想建设和巩固社会主义制度。"由此可见，列宁不但发展了马克思、恩格斯的对外直接投资理论，而且把其理论与实践结合起来。例如苏联在"十月革命"胜利后的"新经济政策"时期，列宁主张并实践了利用资本主义东西的理论，允许外国资本在其国内投资，开采矿山，并实行"租让制"等，与资本主义国家进行了合作。

在我国，毛泽东、邓小平、习近平等同志进一步发展了马克思列宁主义的对外直接投资理论。毛泽东同志在党的七届二中全会上指出：关于同外国人做生意，那是没有问题的……我们必须尽可能地首先同社会主义国家和人民民主国家做生意，同时也要同资本主义国家做生意。邓小平同志指出：中国经验第一条就是自力更生为主……当然，这并不是说不要争

㊀ 来自《马克思恩格斯全集》第1卷，p254。
㊁ 来自《马克思恩格斯选集》第1卷，p254~255。
㊂ 来自《资本论》第1卷，p164~165。
㊃ 来自《列宁全集》第2卷，p810。
㊄ 来自《列宁全集》第19卷，p239。
㊅ 来自《列宁全集》第27卷，p237。
㊆ 来自《毛泽东选集》四卷本，p1436。

取外援，而是要以自力更生为主。[一]党的十一届三中全会以来，我国进一步发展了马克思主义的对外直接投资理论。一个国家可以存在两种制度，不同社会制度下只要坚持平等互利，也可以相互进行投资。中国资本"走出去"是历史的必然。党的十八大以来，以习近平同志为核心的党中央适应经济全球化新趋势、准确判断国际形势新变化、深刻把握国内改革发展新要求，在对外投资领域提出了一系列重要论述和部署要求。党的十九大报告指出，要创新对外投资方式。以对外投资带动贸易发展、产业发展，有效引导支持对外投资。未来15年，预计我国对外投资总额将达到2万亿美元，这意味着新时代我国对外投资将发挥更加突出的作用，为推动全面开放、增强我国经济质量优势做出新贡献。

第二节　西方学者的对外直接投资理论

西方学者关于跨国公司对外直接投资理论的研究，在1960—1970年主要沿着四个方向发展：一是根据产业组织理论，研究跨国公司进行对外直接投资所拥有的净优势，如海默（S. Hymer）的垄断优势理论；二是采用动态分析方法，将对外直接投资与对外贸易结合起来进行研究，如雷蒙德·维农的产品生命周期理论；三是根据生产区位理论，研究跨国公司为什么在某一特定国家而不是在其他国家进行投资；四是依据厂商理论，强调市场的不完全性对跨国公司对外直接投资行为的影响，如巴克利和卡森的内部化优势理论。[二]

对西方学者的对外直接投资理论的综述，可以采用两种不同的方式。一种方式是按理论体系划分，从产业组织理论、比较利益理论、宏观和微观的角度来综述对外直接投资理论；另一种方式是按照理论发展的历史轨迹进行综述。本书将按照第二种方式从各种理论的提出背景、理论核心及其局限性等几个方面进行介绍。

不过，在介绍西方学者的对外直接投资理论之前，有必要引入作为对外直接投资理论基础的资本国际流动理论模型，因此本节首先介绍资本国际流动的两个重要模型，麦氏模型和"双缺口"模型。

一、麦氏模型和"双缺口"模型

（一）麦氏模型

这一模型是由美国经济学家麦克道格尔（G. D. A. Macdougall）于1960年在其有关国际投资的论文《来自国外私人投资的收益与成本：一种理论方法》（*the Benefits and Costs of Private Investment from Abroad：a Theoretical Approach*）中提出来的。[三]

该模型假定：

（1）世界仅由甲国（接受外来投资国）和乙国（对外投资国）组成，甲为资本稀缺国，乙为资本富裕国。

［一］　来自《邓小平文选》，p361。

［二］　根据辽宁大学徐坡岭教授主讲"开放经济与世界经济"相关部分讲义整理而得。

［三］　来自张小蒂编写的《国际投资与跨国公司》，浙江大学出版社，2004。

（2）资本受边际产出递减规律支配，即在其他要素投入量不变的情况下继续追加资本，则追加资本的单位产出率将递减。

（3）两国国内经济均处于完全竞争状态，资本的边际收益率等于边际产出率。

如图 2-1 所示，EJ 和 FD 分别为甲、乙两国的资本边际产出曲线，随资本投入量增加，资本的单位产出率递减。

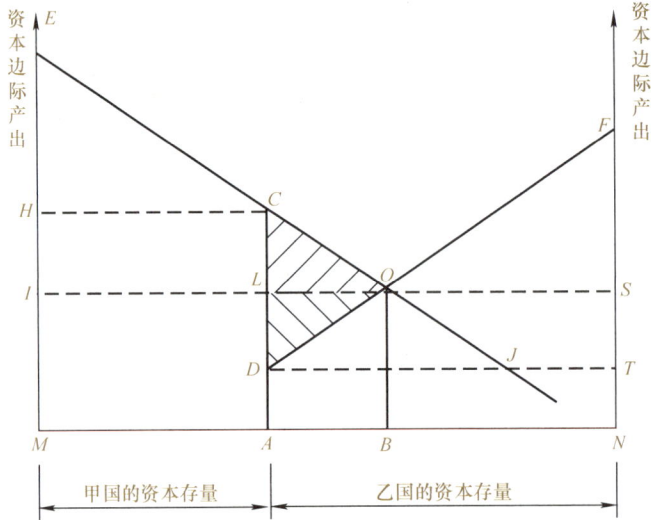

图 2-1 资本国际移动的经济效应

在资本进行国际流动之前，甲国的资本存量由 MA 表示，乙国资本存量由 NA 表示，整个世界资本存量是不变的，用 MN（$MN = MA + NA$）表示。甲国由于资本稀缺，资本利率较高，资本市场利率为 H；乙国则相反，由于资本丰裕，资本市场利率为 T。甲国国内总产出为 $MECA$ 表示的面积，其中资本产出为 $MHCA$ 表示的面积，其他要素收入为 EHC 表示的面积，资本的边际产出为 MH；乙国国内总产出为 $NFDA$ 表示的面积，其中资本产出为 $NTDA$ 表示的面积，其他要素收入为 TFD 表示的面积，资本的边际产出为 NT。

结合图 2-1 可看出，若甲乙两国均为封闭型经济，资本不能跨国界流动，则资本相对稀缺的甲国的资本边际产出高于资本相对富裕的乙国，从而 $MH > NT$。

由于甲国资本的边际产出 MH 超过了乙国资本的边际产出 NT，因此如果允许资本在国际移动，则只要甲国资本的边际产出高于乙国，则乙国的资本便会源源不断地流向甲国，直到两国的资本边际产出相等为止，这时资本流动达到均衡，均衡点为 O 点，两国的资本边际产出相等，为 $MI = NS$，这时总计数量为 AB 的资本由乙国流向甲国。

资本的国际移动对甲乙两国的产出产生了不同的影响。甲国国内总产出变为 $MEOB$ 表示的面积，乙国国内总产出变为 $NFOB$ 所表示的面积；甲国原资本所有者由于国内利率下降而使收益变为 $MILA$ 表示的面积，比资本流动前减少了 $IHCL$ 表示的面积，乙国资本所有者收益变为 $NSLA$ 表示的面积，比流动前增加了 $TSLD$ 表示的面积。资本 AB 从乙国流向甲国创造了收入 $ALOB$ 表示的面积，计入甲国的 GDP，同时计入乙国的 GNP。新增的资本收入中，甲国获取了 LCO 的收益，乙国获取了 LDO 的收益。

甲乙两国间的资本跨国界移动对双方的经济资源利用效率、国民收入分配及国际收支平衡等也会产生不同程度的影响。

从甲国来看，虽然其资本边际产出有所下降（由 MH 降到 MI），但其原先国内资本稀缺的状况却得到了缓解。由于外资的进入，甲国的其他生产要素，如劳动力、自然资源等得到了更加充分的利用，GNP 和 GDP 均将因此而上升，这将促进其经济发展，在图 2-1 中表现为甲国的新增收入 LCO。在国际收支方面，若不考虑外贸及其他因素的影响，则短期内甲国的外汇收入会因外资的流入而迅速增加。但从长期来看，随着外国资本利润汇出的增多，甲国的外汇收入会有相应的减少。

从乙国来看，由于资本的输出，其他生产要素的收益率有所下降，但其资本收益水平却得到了很大的提高，其 GNP 也有了明显的增加，在图 2-1 中表现为新增收入 LDO。在国际收支方面，对外投资将会使乙国的外汇收入在短期内净流出。但在长期内，由于对外投资利润的不断汇回，乙国在国际收支方面的状况会得到改善。尽管各有利弊，但从总体上看利大于弊，双方均可获得新增收入，其总和为 CDO（$LCO + LDO$）所表示的面积，即图 2-1 中的阴影部分。

麦克道格尔的国际资本流动理论认为，资本在各国间的自由流动，可以使资本的边际生产率在国际上得到平均化，从而可以提高世界资源的利用效率，增加全球财富总量，提高各国经济效益。限制外国直接投资的资本流动的经济代价，是世界经济效率的损失和各国收入的下降。

当然，由于上述模型对货币化资本的国际运动做了高度简化，故对国际投资现实的解释能力是有限的。尽管如此，作为一种高度抽象的理论分析，该模型还是以简单的形式提供了一个资本流动模型的理论分析框架。

（二）"双缺口"模型

在发展中国家，经济增长的一般约束是用于投资的资源的短缺，而不是缺少投资刺激。因此，经济的开放一般便通过这样两条渠道来影响资本积累：一是通过举借外债来补充国内储蓄不足；二是进口一部分用于投资的资本品。⊖这两种影响之间的内在关系在下面的"双缺口"模型中得以表述。

"双缺口"模型最初是由世界银行的前发展政策副主席、美国经济学家霍利斯·钱纳里（H. B. Chenery）与以色列经济学家米克尔·布鲁诺（M. Bruno）于 1962 年在《开放经济条件下的发展选择：以色列的案例》（*Development Alternatives in an Open Economy：The Case of Israel*）中提出的。该模型对世界银行的政策，尤其是对国际援助分配方面的政策，具有很大的影响。他们认为，根据宏观经济学中的国民收入决定论，在封闭经济条件下，如果以 Y 表示国民收入，C 表示消费，S 表示储蓄，I 表示投资，则有 $Y = C + I$ 和 $Y = C + S$；因此，国民收入达到均衡的条件为：$I = S$。

这表明，在封闭的两部门经济中，储蓄是投资唯一可能的来源，一国的投资规模受制于该国的储蓄能力。如果一国想要通过增加投资来加快经济发展，就必须减少当前的消费。对于发展中国家而言，由于收入的低水平导致了储蓄从而投资的低水平，进而影响经济发展的速度，形成了某种程度的恶性循环。

然而，在开放经济条件下，上述情况就会有所改善。因为在开放经济中，国民收入的均

⊖　来自约翰·威廉逊编写的《开放经济与世界经济》，厉伟译，北京大学出版社，1991。

衡条件可由 $Y = C + I + X$（出口）和 $Y = C + S + M$（进口）两式导出，即 $I - S = M - X$。$I - S$ 为储蓄缺口，$M - X$ 为贸易缺口。应该注意的是，该等式的成立是指双缺口事后的相等；而在事前，则无论投资、储蓄、进口和出口都是相对独立的变量，这意味着投资超出储蓄的数额不一定恰好等于进口超过出口的数额，故发展中国家有必要对此进行宏观调控。但是，如果仅仅对构成双缺口的几个经济变量进行修补，未免显得消极。因此，如果发展中国家能够积极、主动地引进和利用外资，则流入的外资既可弥补贸易缺口，提供进口所必需的外汇，又可弥补因国内投资规模大于储蓄能力而形成的储蓄缺口。

"双缺口"模型为发展中国家通过利用外资来促进经济发展提供了某种理论依据。大多数发展中国家存在着经济结构亟待调整、产业结构升级和优化的问题，而这些问题的解决离不开巨额的资金投入，出现国内储蓄缺口在所难免。同时，发展中国家在向工业化过渡的过程中，用于设备、技术进口的外汇需求很大，在自身出口创汇能力有限的情况下，很容易出现外汇缺口。

"双缺口"模型的不足之处是按照该模型，国际投资只能是由资本及外汇均相对富裕的发达国家流向二者都缺乏的发展中国家，这种认识带有一定的片面性，同时也不符合发展中国家经济发展和对外投资的实际情况。此外，该模型所指明的政策取向也并非发展中国家克服资金短缺和外汇不足的唯一选择，因为除了利用外资这一途径外，发展中国家还应通过经济体制改革提高国内资源的利用率，同时积极发展外向型经济，扩大出口创汇，从而弥补上述缺口。发展中国家若进行贸易导向型对外直接投资，对带动和扩大出口会起到显著作用。发展中国家在国际直接投资中并不一定只能充当投资接受国的角色，也可发展自己的跨国公司，从而进行对外直接投资，分享国际经济发展的利益。因此，"双缺口"模型在一定程度上具有某些局限性。

二、垄断优势理论

研究认为，跨国公司的对外直接投资理论中有两个重要贡献，一是海默的研究，这一研究最终发展成为一般文献中所说的垄断优势理论；二是内部化概念在解释跨国公司出现和扩张行为方面的系统研究。下面首先对垄断优势理论进行阐述，内部化理论将在本节的第五部分进行阐述。

（一）理论的提出与主要内容

垄断优势理论也称特定优势论，是产业组织理论在跨国公司的对外直接投资领域应用研究的结果，是关于跨国公司凭借其特定的垄断优势从事国外直接投资的一种理论。

1960年，加拿大经济学家史蒂芬·海默（Stephen Hymer）在他早期的博士论文《国内企业的国际经营：对外直接投资的研究》（*the International Operations of National Firms：A Study of Direct Foreign Investment*）中首次提出了垄断优势理论。在其论文中，海默研究了1914—1956年美国对外投资的资料，发现1914年前美国几乎没有对外证券投资（间接投资），直到20世纪二三十年代开始出现对外证券投资。第二次世界大战后，美国对外投资迅速增加，但对外证券投资发展却异常缓慢。海默得出对外直接投资与对外证券投资有着不同行为表现的结论，并以垄断优势论加以解释⊖。20世纪70年代，由海默的导师、美国麻

⊖ 来自 Hymer, S. H. *The International Operations of National Firms：A Study of Direct Foreign Investment.* The MIT Press, 1976.

省理工大学（MIT）资深教授查尔斯·金德尔伯格（Charles P. Kindleberger）对该理论进行了补充和完善，从而形成了跨国公司理论基础之一——垄断优势论。该理论同时又被称作"海默—金德尔伯格传统"（H-K tradition），它替代了"赫克歇尔—俄林模型"（H-O model），成为研究对外直接投资最早、最有影响的基础理论。

垄断优势理论是在批判传统国际资本流动理论的基础上形成的。传统的国际资本流动理论假定：各国的产品和生产要素市场是完全竞争的；各国生产要素的边际产出或价格由各国生产要素禀赋的相对差异决定；资本从供给丰裕从而利率低的国家流向供给稀缺从而利率高的国家；国际资本流动的根本原因在于各国利率的差异；对外投资的主要目标是追求高利率。海默根据美国商务部关于直接投资与间接投资的区分准则，实证分析了美国1914—1956年对外投资的有关资料，指出：由于现实的市场是不完全竞争的市场，面对同一市场的各国企业之间存在着竞争，若实行集中经营，则可使其他企业难以进入市场，从而形成一定的垄断，这样既可获得垄断利润，又可减少由于竞争而造成的损失，因此，跨国公司实际上是一个垄断者或寡占者。

海默认为，跨国公司垄断优势是外部市场不完全的结果。其中市场的不完全性主要体现在以下四个方面：①产品和生产要素市场的不完全；②规模经济导致的市场不完全；③政府干预经济而导致的市场不完全；④由于关税及其他税赋导致的市场不完全。

海默认为，传统的国际资本流动理论，能够说明证券资本（间接资本）的国际流动，但它不能解释第二次世界大战后发达国家企业对外直接投资以及与投资相联系的企业技术和管理才能的转移。他具体研究了美国企业的对外直接投资行为，发现这些企业主要分布在资本相对密集、集约程度高、技术先进、产品异质和规模经济明显的一些部门，这些部门又都是垄断程度较高的部门。海默因此提出，一个企业或公司之所以对外直接投资，是因为它有比当地同类企业或公司有利的特定优势。这种"企业特定优势"（firm specific advantage），即企业国际化经营的垄断优势，拥有这种优势比在当地生产能够赚取更多的利润。

海默的垄断优势理论认为跨国公司的垄断优势主要存在于以下七个方面：①技术优势；②先进的管理经验；③雄厚的资金实力；④信息优势；⑤国际声望；⑥销售渠道优势；⑦规模经济优势。

垄断优势理论还试图解释美国企业选择对外直接投资，而不依赖出口和许可证交易方式以充分利用其垄断优势的原因。海默认为，美国企业从事对外直接投资的原因，一是东道国关税壁垒阻碍企业通过出口扩大市场，因此企业必须以直接投资方式绕过关税壁垒，维持并扩市场；二是技术等资产不能像其他商品那样通过销售获得全部收益，而对外直接投资可以保证企业对国外经营及技术运用的控制，因此可以获得技术资产的全部收益。通过研究，海默还发现，美国企业对外直接投资以独资经营⊖为主要形式。

（二）理论评价

1. 理论贡献

海默等人提出的垄断优势理论不但开创了国际直接投资理论研究的先河，而且许多内容具有科学性。该理论首次提出了市场不完全竞争是导致国际直接投资的根本原因，并论述了

⊖ 对外直接投资的类型主要有：独资经营、合资经营、契约式合营以及合作开发等四种，见本书第三章第四节相关内容。

市场不完全的类型；提出了跨国公司拥有的垄断优势是其实现对外直接投资，从而获得高额利润的条件，并分析了垄断优势的内容；提出了知识的转移是跨国公司对外直接投资过程的关键；指出了跨国公司的寡占反应行为是导致其对外直接投资的主要原因。这些理论对于研究当代跨国公司的对外直接投资动因具有十分重要的意义。

2. 局限性

海默的垄断优势理论也存在着许多局限性，主要表现在：垄断优势理论的研究对象主要是美国少数资金及技术实力雄厚、具有对外扩张能力的大型跨国公司，对于中小企业以及发展中国家的对外直接投资则没有进行分析。而现实情况是，自 20 世纪 60 年代以来，许多发达国家的中小企业也积极进行对外直接投资，特别是广大发展中国家的企业也加入到对外直接投资的行列中来，垄断优势理论显然对这些新的现象无法做出科学的解释。

关于此后垄断优势理论的完善和发展，将在本章第三节的第一部分进行介绍。

三、产品生命周期理论

（一）理论的提出与主要内容

早在 20 世纪 30 年代，美国经济学家、诺贝尔经济学奖获得者西蒙·库兹涅茨（Simon Kuznets）和经济学家阿瑟·伯恩斯（Arther F. Burns）就曾指出，各种工业产品一般都会经历一种有规律的发展周期，即开发期、成长期、成熟期和衰退期四个阶段。

产品生命周期原是市场营销学中的概念，1966 年美国哈佛大学教授雷蒙德·维农（Raymond Vernon）在《产品周期中的国际投资和国际贸易》（*International Investment and International Trade in the Product Cycle*）一文中，将产品生命周期理论运用于分析国际直接投资活动，并先后于 1971 年、1974 年和 1979 年多次阐述和补充了其理论。由于维农是从产品生命周期的不同阶段来阐述跨国公司对外直接投资活动的，故他的理论被称为国际直接投资的产品生命周期理论（product life cycle theory）。

维农认为，垄断优势理论无法彻底说明大型跨国公司为何必须采取建立海外子公司而不是通过产品出口或出售技术专利的方式以达到获利的目的。维农运用营销学的学说来解释他的理论，营销学中的产品生命周期是指产品从进入市场到退出市场有一个由弱而盛、再由盛而衰的过程，经历投入、成长、成熟和衰退几个阶段。维农运用这种学说，提出了与国际投资密切相关的产品创新阶段（new product stage）Ⅰ、产品成熟阶段（mature product stage）Ⅱ和产品标准化阶段（standardized product stage）Ⅲ，不同的产品阶段决定了公司不同的生产成本和生产区位的选择，见图 2-2。

第一阶段是产品创新阶段。任何产品的初始创新方向都会受到市场消费需求的引导，而消费者的需求偏好和其对产品的选择则会由于收入的高低而产生不同的层次。维农的研究是从他所在的美国市场这个发达国家的代表作为创新国开始的。他认为，由于美国的人均收入高以及相应的劳动成本高，所以美国市场对产品创新的引导是要求企业积极研制节约劳动并能满足高收入消费偏好的高档消费品和资本、技术密集型产品，这样才能发挥具有美国特色的比较优势。作为产品的创新国，美国在产品的生产上占有优势，在此阶段，新的创造发明刚从试验转入商业应用，技术还不完善，产品还不定型。在这种情况下，产品生产只能集中在国内，国外市场的需求主要是通过出口方式得到满足。维农在研究新产品出现在什么样的国家时指出，研制新产品需要有技术优势和资金优势，发达国家具备这种优势，因而新产品

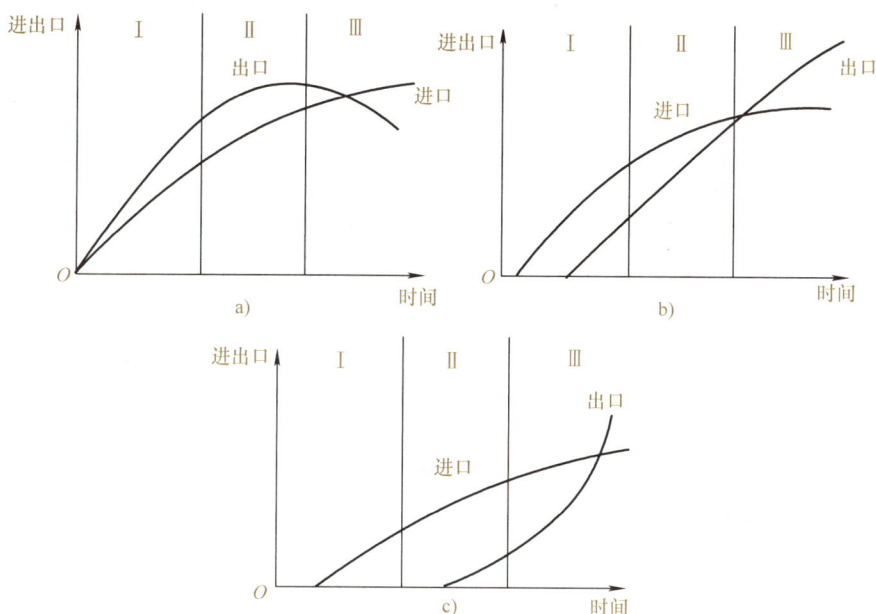

图 2-2 产品生命周期理论

a）美国 b）其他发达国家 c）发展中国家

往往是在发达国家首先出现，这也决定了今后的国际投资流向是由发达国家向不发达国家投资这一主流趋势。

第二阶段是产品成熟阶段。市场对该产品的需求量急剧增加，产品的技术已趋完善，产品已经定型，消费者有条件对不同品牌、型号的同类产品进行比较，因此对降低成本的要求十分迫切。此时，这种产品的国外市场需求量增大，逐渐开始大量出口，但同时有关原材料供应、运输以及其他问题的出现，还有进口国的贸易壁垒以及当地竞争者仿制产品的出现，使创新国的生产企业要通过出口维持和扩大其国外利益变得越来越困难。当产品的边际生产成本与边际运输成本之和大于在国外生产的平均成本时，对企业最有利的选择是，把新增加的生产转移到国外，以节约总成本。因此，它们必须对外投资（投资地区一般是收入水平和技术水平与母国相似的地区）并设立子公司，进行就地生产，以便维持和扩大出口市场，保障其利益。

第三阶段是产品标准化阶段。在此阶段，产品和技术都完全标准化，公司的技术优势已消失，随着竞争的加剧，成本和价格问题变得十分突出。为了保持竞争优势，同时为了降低成本，占领当地市场，创新国企业开始将产品的生产转移到劳动力价格更低的劳动密集地区，跨国公司在此阶段的投资流向主要是发展中国家。

在上述产品的整个生命周期中，跨国公司在外建立子公司是发生在第二阶段（在其他发达国家）和第三阶段（在发展中国家）。按照这种理论，到国外建立子公司的跨国公司一般都拥有技术和产品垄断优势，这种优势是当地企业所没有的，或许也不能在市场上买到。它们对外投资建立子公司的目的就是维持其垄断优势并充分利用，以在国外谋取最大化利润。

产品生命周期理论的核心是发达国家跨国公司拥有而不发达国家厂商所没有的产品和工

艺上的特有优势。那么，为何发达国家企业就有条件拥有这样的优势呢？按照维农的观点，发达国家拥有产生和推进新产品、新工艺的客观市场基础、需求基础和资源基础。

（二）理论的完善与发展

1966年，维农提出产品生命周期理论的模型后，由于模型存在的不足而先后多次对模型进行了修正。1974年，维农在《经济活动的选址》（*The Location of Economic Activity*）一文中，通过引入国际寡占市场行为理论来解释跨国公司的对外直接投资行为，并将其原产品生命周期理论的三个阶段修改为：基于创新的寡占阶段、成熟的寡占阶段和衰老的寡占阶段。

1. 基于创新的寡占阶段

在这一阶段，企业不惜支付高昂的研究与开发费用，集中力量在母国进行新产品的研究与开发工作，重点是向市场推出新产品，或者对现有产品进行差异化，以维持其垄断地位。新产品的研制与生产仍集中于国内生产基地，以便协调生产、研制与销售活动。在技术扩散、产品和工艺标准化以及国外竞争出现时，跨国企业就会把生产移往国外，维持和延续以创新为基础的优势。但由于各国、各公司的技术和生产成本结构不同，各国跨国企业的区位选择可能会有差异。

2. 成熟的寡占阶段

随着产品趋向标准化，率先推出新产品的企业逐步丧失原来的以创新为基础的优势，但它们的生产能力已扩大，销售网络已建立，企业的商业信誉很高，这些都可以成为新的竞争优势。在此阶段，跨国公司可以采取密集型渗透战略，发掘生产与销售的规模经济潜力与优势，排斥竞争对手进入市场，维持相应的寡占地位。这一时期，规模经济构成寡占优势的基础。为了保持已有的市场份额，同时对竞争对手的行为及时做出反应，跨国公司一般采取两种战略：一是相互牵制战略，即跨国公司分别在竞争对手的主要市场上设厂经营，以避免竞争对手在自己的市场上削价竞争；二是跟进投资战略，即当某个公司到某个地区直接投资、开辟新市场时，同一行业的寡头成员也紧紧跟上，对同一地区进行类似的直接投资，借以维持寡占均衡。这两种战略可以带来外部规模经济效益。

3. 衰老的寡占阶段

到了衰老的寡占阶段，由于产品标准化已经完成，规模经济不再是阻止竞争对手的有效手段，跨国公司原有的优势逐渐消失。为建立新的竞争优势，跨国公司或者联合起来组成卡特尔，实行协调价格来瓜分市场；或者进行产品改良和形象重构，实现产品差异化来维持部分市场。但是由于竞争对手多从而竞争难以避免，因此，成本竞争与价格竞争的压力仍很沉重，成本高的企业被迫退出市场，寻找新的以创新为基础的优势；能够设法使成本再度下降的公司则成为本阶段最后的寡占者。一般来说，最后的寡占者主要根据成本因素来选择生产区位，把市场距离和寡占反应放在次要位置。

（三）理论评价

1. 理论贡献

维农的产品生命周期理论运用动态分析技术，对国际直接投资由发达国家投向不发达国家的经济现象解释得比较清楚，令人信服。同时，该理论回答了企业为什么要到国外直接投资和为什么能到国外直接投资以及到什么地方投资的问题。此外，该理论的另一独特贡献在于它强调对外直接投资和出口是由同一企业进行的，并将对外直接投资和对外贸易统一起来进行分析。一般认为，该理论基本符合 20 世纪五六十年代美国企业的现实。在通常情况下，该理论对于初次进行跨国投资的企业，而且主要涉及最终产品市场的企业比较适用。

2. 局限性

20 世纪 80 年代以后，大量新兴工业化国家跨国企业对发展中国家甚至发达国家进行投资，这种"新横向"投资和"逆向"投资显然无法用产品生命周期理论加以解释；同时，该理论对于那些以国外自然资源为目标的对外直接投资，以及目的不在于出口替代的对外直接投资而言，显然无法做出合理的解释；此外，该理论的研究对象集中在美国跨国公司的对外直接投资上，因而其研究结论对于那些经济结构与美国不尽相同的国家（如日本）的公司所从事的对外直接投资也难以做出令人满意的解释。

四、比较优势投资理论

（一）理论的产生背景

比较优势投资理论（the theory of comparative advantage to investment）又称为边际产业扩张论，是日本一桥大学小岛清（K. Kojima）教授提出的。1978 年，小岛清在其代表作《对外直接投资：一个日本多国企业经营的模型》（*Direct Foreign Investment：A Japanese Model of Multinational Business Operations*）一书中系统地阐述了他的对外直接投资理论。该理论被称为"小岛清模型"，在美国、英国的学术界产生了很大影响。

第二次世界大战后，跨国公司理论事实上是以海默—金德尔伯格的垄断优势理论和维农的产品生命周期理论为主流的。在 20 世纪 70 年代中期以前，日本学术界也基本上接受以上的主流观点。但 70 年代中期以后，一些日本学者在试图解释日本开始大规模的对外直接投资时，却发现无法得出令人信服的结论。于是，他们认为当时的主流观点只是适应美国跨国公司的情况。例如，小岛清认为，海默等人的结构性研究方法重视的是微观经济学的分析方法和在微观层面上对公司管理的考察研究，因而忽视了宏观经济因素在跨国公司和对外直接投资上的影响，尤其是忽视了国际分工基础上的比较成本原理的作用。

小岛清的分析不是对一种商品、一个企业或一个行业的单体分析，而是利用国际分工的比较成本原理进行宏观考察，详细分析与比较了日本式对外直接投资与美国式对外直接投资的不同，指出了日本对外直接投资独特的发展道路。

（二）理论的主要内容

小岛清比较优势投资理论的核心是：对外直接投资应该从本国已经处于或即将处于比较劣势的产业（即边际产业）开始，并依次进行。[⊖]

图 2-3 中，Ⅰ-Ⅰ线是日本企业的商品成本线，并假设 a，…，z 均可用 100 日元生产出来。Ⅱ-Ⅱ线是东道国的商品成本线，a'，…，z' 表示成本由低到高，a' 为 0.8 美元，z' 为 5 美元，Ⅰ-Ⅰ线与Ⅱ-Ⅱ线相交于 m 点，此交点表示按外汇汇率计算（100 日元 =1 美元）两国 m 商品的成本比率相等。当美元汇率上涨时，Ⅱ-Ⅱ线会整个向左上方移动；美元汇率下跌时则向右下方移动。因此，左边的 a、b、c 产业是日本的边际产业，拟由这些产业开始对外直接投资，投资的结果可使东道国的生产成本降至 a'、b'、c'，这样双方均有利。这种直接投资实现了双方贸易的互补和扩大，称为顺贸易导向的日本式对外直接投资。反之，从

⊖ 来自小岛清编写的《对外贸易论》，南开大学出版社，中译本，1987。

z、y、x 等日本最具有比较优势的产业开始，逆着比较优势进行对外直接投资，那就是逆贸易导向的美国式对外直接投资，这种投资的结果，其成本虽然会低于 z'、y'、x'，但是高于本国的 z、y、x，其结局是用国外的生产替代了本国的出口贸易，并不能达到节约生产成本的目的。

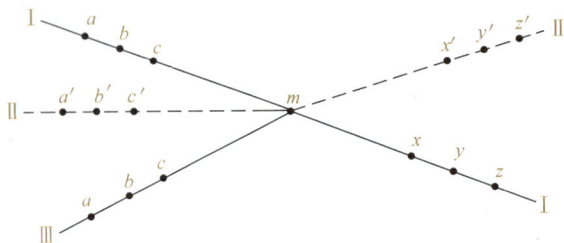

图 2-3　边际产业扩张论

所谓边际产业，不仅包括已趋于比较劣势的劳动力密集部门，还可包括某些行业中装配或生产特定部件的劳动力密集的生产过程或部门。小岛清认为国际贸易是按既定的比较成本进行的，而对外直接投资由于按照从趋于比较劣势的行业开始的原则，因此可以扩大投资国与东道国的比较成本差距，使两个国家在直接投资中都受益，形成新的互补格局。因此，小岛清的理论将国际贸易与对外直接投资建立在共同的综合理论基础之上。

小岛清的比较优势投资理论的核心内容由三个基本命题、四种投资动机类型以及日本、美国企业对外直接投资的三大差异组成。

所谓三个基本命题是指：

（1）赫克歇尔—俄林模型中的劳动力与资本要素可以用劳动力与经营资源来代替。经营资源是一种特殊要素，既包括有形资本，也包括技术与技能等人力资本。如果两国的劳动力与经营资源的比率存在差异，它们在两种商品中的密集程度也有差异，则结果将导致比较成本的差异。

（2）比较利润率的差异与比较成本的差异有关。国际贸易受二者的综合影响，而国际分工原则和比较利润率的原则是一致的。所以国际分工既能解释国际贸易，又能解释对外直接投资，日本的对外直接投资就是根据比较利益的原则进行的。

（3）与日本式对外直接投资不同，美国式对外直接投资是把经营资源人为地作为一种特殊生产要素，在此基础上产生了寡头垄断性质的对外直接投资。

小岛清的理论就是围绕这三个基本命题展开的。

小岛清根据对外直接投资的动机，将其分为以下四种类型：

（1）自然资源导向型。这种类型的直接投资也是贸易导向或增加贸易的投资。投资国的目的是增加国内失去比较优势或国内不可能生产的产品的进口，其结果是促进制成品与初级产品生产国之间的垂直专业化分工。

（2）劳动力导向型。由于发达国家劳动力成本不断提高，发达国家往往把本国传统的劳动密集型行业转移到劳动力成本低的国家，这类转移与比较优势的动态变化相一致。因此，这种类型的对外直接投资可能促进国际分工的重新调整以及劳动力丰裕国家和劳动力稀缺国家之间贸易的增长。

（3）市场导向型。市场导向型对外直接投资又分为两类：一类是为避开东道国贸易壁垒的贸易导向型；另一类是寡头垄断性质的对外直接投资，在美国的新兴制造业中表现尤为明显，这是逆贸易导向型的投资。

（4）生产与销售国际化型。这是大型跨国公司的水平与垂直一体化所进行的直接投资，它是否属于逆贸易导向型取决于这类投资是否构成寡头垄断性质的直接投资。

日本企业对外直接投资较美国企业对外直接投资有三个不同的特点：

（1）日本投资行业以已失去或即将失去比较优势的行业为主，如自然资源的开发与进口、生产纺织品、零部件等标准化产品的劳动力密集型行业。

（2）日本投资主体多为中小企业，并采用合资形式。

（3）日本对外直接投资与其国际贸易互补，直接投资扩大了贸易，因而可称为顺贸易导向型的对外直接投资。而美国的对外直接投资集中在技术密集行业，投资主体多为这些行业中的寡头垄断公司，投资主要流向西欧发达国家，大多采用独资形式，目的在于通过海外扩张维护其垄断地位，占领东道国市场。因而美国的对外投资违反了比较成本与比较利润率对应的原则，直接投资的结果使双方的比较成本差距缩小，有利于贸易的扩大，与贸易是替代关系，因此可称为逆贸易导向型直接投资。

这两种类型的对外直接投资对投资国与东道国会产生不同的影响。日本式对外直接投资促进了本国及东道国的产业结构调整，促进了东道国劳动力密集型行业的发展，因此对双方均产生有利的影响。美国式对外直接投资对投资国将产生国际收支逆差和失业的严重后果，而且又不符合发展中国家的比较优势，对发展中国家经济的推动效应较小。

（三）理论评价

1. 理论贡献

在小岛清的上述理论问世之前，海默、维农等人对对外直接投资的理论研究是以英、美等国的跨国公司为基础的，因而忽略了日本式的对外直接投资，这是不全面的。小岛清提出的理论不但填补了对外直接投资理论体系的一个空白，而且突破了以往英美学者常用的"一种商品、一种产业、一个企业"的分析方法，重视在多种商品、多种产业、多个企业的基础上进行研究。他的基本思想在于强调对外直接投资应当促进投资双方比较优势的发展，从而扩大两国之间的贸易。他所主张的国际直接投资与国际贸易之间应互补而非替代的观点拓展了对外直接投资理论研究的思路。

2. 局限性

小岛清的理论也存在较大的局限性。他的理论只反映了日本这一跨国公司"后起之秀"在已经形成的跨国公司国际生产格局中寻找最佳发展途径的要求。日本经济原属于自然资源紧缺的海岛型经济，20世纪50～70年代国内产业结构又处于升级换代阶段，这就决定了日本的对外直接投资必然集中在经济发展水平较低国家的资源产业和劳动力密集型产业。因此，小岛清所阐述的理论只反映了在特定历史条件下，日本寻找最适合自己国情的国际分工途径，而难以具有普遍的长期意义。事实上，从20世纪70年代中期以来，随着日本经济实力的上升及产业结构的日趋成熟，日本对外直接投资的模式也正在向"美国模式"趋同。也就是说，日本原来的向发展中国家投资、实现国际生产垂直分工的特征，逐渐转变为美国式的发达国家之间相互投资的国际生产水平分工的特征。此外，该理论只片面强调对外直接投资对发展中国家经济发展的作用，忽视了由此给发展中国家带来的某些危害。

理论界将维农的产品生命周期理论和小岛清的边际产业扩张论合称为区位优势论。

五、内部化理论

（一）理论的产生背景

内部化理论（internalization theory）又称市场内部化理论，是当代西方比较流行的关于对外直接投资的理论之一。

1976年，英国利兹大学（University of Leeds）学者彼得·巴克利（Peter J Buckley）和里丁大学（University of Reading）学者马克·卡森（Mark Casson）在其合著的《跨国公司的未来》（*the Future of the Multinational Enterprise*）一书中首先提出了该理论。[一]在此基础上，1981年，加拿大籍英国人、前里丁大学教授艾伦·拉格曼（Alan M. Rugman）出版了《跨国公司的内幕：内部市场经济学》（*Inside the Multinationals：The Economics of Internal Markets*）一书，进一步发展了内部化理论。[二]

所谓内部化，是指把市场建立在公司内部的过程，以内部市场取代原来的外部市场，公司内部的转移价格[三]起着润滑内部的作用，使内部市场像外部市场一样有效地发挥作用。内部化的思想来自科斯（Ronald Harry Coase）的交易成本学说，是当代西方较为流行、较有影响的理论之一。

内部化理论对目前跨国公司内部贸易增长的现象进行了深入细致的研究后，提出了一种解释国际直接投资的动机决定因素的理论。该理论认为世界市场是不完全竞争的市场，跨国公司为了其自身利益，为克服外部市场的某些失灵，以及某些产品（如知识产品）的特殊性质或垄断势力的存在导致的企业市场交易成本的增加，而通过对外直接投资，将本来应在外部市场交易的业务转变为在公司所属企业之间进行，并形成一个内部市场。通过外部市场内部化，降低交易成本和交易风险。

（二）理论的主要内容

该理论建立在三个假设基础之上：

（1）企业在不完全市场上从事经营的目的是追求利润的最大化。

（2）当生产要素特别是中间产品的市场不完全时，企业就有可能统一管理经营活动，以内部市场取代外部市场。

（3）内部化超越国界时就产生了跨国公司。

巴克利在《跨国公司的未来》一书中指出：影响企业交易成本从而导致市场内部化的因素有四个，即产业特定因素、区域因素、国家因素和企业因素。

产业特定因素是指由产品特性差异所出现的市场交易故障使企业走向内部市场化，该因素与产品性质有关，主要取决于中间产品的特性和结构。这里的中间产品主要是指技术、信息、商誉等。这些产品要实现其专有权的价值，会因市场不完全而遇到困难。例如，买方对专有技术缺乏认识，因而不愿出合理的价格，要向买方证明其作用并确信其价值，就必须使买方有较多的了解，但这类产品本身要求严格保密，故不如进行纵向一体化，使其在内部加

　　[一] 来自 Peter J. Buckley, Mark Casson, *The Future of the Multinational Enterprise*, Palgrave Macmillan, London, 1976。

　　[二] 来自 Rugman, A. M., *Inside the Multinationals：The Economics of Internal Markets*, Columbia University Press, 1981。

　　[三] 转移价格见第六章第三节内容。

以充分利用。

区域因素则主要是指由于地理位置、社会心理以及文化等差异所造成的外部市场交易障碍使得公司走向内部市场化。

国家因素是指由于东道国的政治、经济、法律等制度上的差异所出现的市场交易障碍使得企业走向内部市场化。

企业因素则是指由于企业组织结构、管理经验、控制和协调能力的差异所出现的市场交易障碍而导致企业内部化。例如，在母公司下设若干子公司，消除母、子公司之间组织管理水平上的差异，以减少外部市场剧烈变化给公司带来的不利影响。

总之，在市场不完全、市场交易出现障碍且交易成本不断增加的情况下，企业只能采取内部市场取代外部市场的办法来控制企业内的资源配置和商品分配，这时对外直接投资的跨国公司便出现了。

由于跨国公司内部市场的存在，它们在研究开发、规模经济上占有优势，在绕过贸易壁垒进行直接投资时，要比国内或东道国的竞争对手更胜一筹。

内部化理论是从跨国公司的充分条件，即企业内部经营管理（主要是从财务成本管理的观点出发），来研究跨国公司内部市场化理论的。可以说，它是对跨国公司旨在将跨国经营的各种成本降低到最低限度的行为的理论说明。

拉格曼在《跨国公司的内幕：内部市场经济学》一书中认为："成本应分为如下两种：第一种是生产产品所需要的通常成本（在本国生产时以 C 表示，在海外东道国生产时以 C' 表示），第二种是为使产品到达海外市场需追加的特别成本。"

该理论认为，使产品进入海外市场，有三种途径：一是对外出口，这需要支付出口销售成本（M'）；二是对外直接投资，设立子公司组织生产和经营，这需要支付直接投资成本（A'）；三是向与本企业有竞争关系的东道国企业提供特许权，这时因向对方提供特许权而有可能使本企业失去特殊优势，它体现在特许权中知识产权的消失，这也是一种成本支付（D'）。

以上三种途径所需的总成本，可用公式表示如下：

$$出口所需总成本 = C + M'$$
$$对外直接投资所需总成本 = C' + A'$$
$$提供特许权所需总成本 = C' + D'$$

企业在进行生产经营活动时，必须分别计算以上三种途径的总收入和总成本的差额，从中选择利润最大者作为使产品进入海外市场之最佳途径。

根据上述理论，有理由认为跨国公司的行为主要有两种类型：

（1）$C + M' < C' + A' < C' + D'$ 型。其选择的经营方式顺序是：国内生产→出口→对外直接投资→特许权转移。

（2）$C + M' < C' + D' < C' + A'$ 型。其选择的经营方式顺序是：国内生产→出口→特许权转移→对外直接投资。

（三）理论评价

1. 理论贡献

首先，内部化理论的出现标志着西方对外直接投资研究的重要转折。垄断优势理论从市场的不完全和寡占的市场结构论述了发达国家对外直接投资的动机和决定因素；内部化理论则从跨国公司所面临的内、外部市场的差异以及国际分工、国际生产组织的形式等来研究对外直接投资的行为和动机。内部化理论既可以解释发达国家的对外投资行为，又可以解释发展中国家的对外直接投资行为，因而被称为"通论"。其次，内部化理论较好地解释了跨国公司在对外直接投资、出口贸易和特许权转移这三种参与国际经济方式中选择的依据。跨国公司通过对外直接投资市场内部化，保持其在世界范围内的垄断优势，从而实现公司利润的最大化，因此在这三种方式中占主导地位。出口贸易由于受到进口国贸易保护主义的限制，特许权转移由于局限于技术进入产品周期的最后阶段，因而均属于次要地位。最后，内部化理论还有助于解释第二次世界大战后跨国公司增长速度、发展阶段和盈利波动等事实。

2. 局限性

内部化理论也具有一定的局限性。与其他理论相比，内部化理论虽然具有综合性，但它解释的只是跨国公司行为的充分条件，即跨国公司通过本身的财务和组织管理以发挥企业内部效率的机能，没有对跨国公司行为的必要条件，即跨国公司通过其生产和销售活动以满足消费者需求的机能给予说明和解释，因而存在一定的片面性。

六、国际生产折衷理论

应该说，前面述及的这些理论各有所长，但它们都有一个共同的弱点，就是只能对跨国公司对外直接投资做出部分的解释，缺乏普遍意义上的解释能力，因此，当邓宁把各种理论综合在一起提出其折衷理论时，立即被誉为"集大成者"。

（一）理论的产生背景

国际生产折衷理论（the eclectic theory of international production），也称折衷主义或国际生产综合理论，是由英国里丁大学教授约翰·邓宁（John H. Dunning）在 1976 年发表的《经济活动的国际选址》（*the International Allocation of Economic Activity*）一文中首先提出的。之后邓宁分别在 1977 年《贸易、经济活动的区位与跨国公司：折衷方法探索》（*Trade，Location of Economic Activity and the MNE：A Search for an Eclectic Approach*）、1981 年《国际生产与跨国公司》（*International Production and the Multinational Enterprise*）以及 1988 年《国际生产的折衷范式：重述和一些观点》（*the Eclectic Paradigm of International Production：A Restatement and Some Possible Extensions*）等多篇论文中进一步系统化、理论化、动态化地进行了修正。邓宁的理论适应国际生产格局变化的需要，吸收和综合过去有关对外直接投资的理论精华，形成了解释对外直接投资的最大理论框架，能在很大程度上对国际化经营活动的三种形式，即技术转让、出口贸易及对外直接投资做出合理解释。

邓宁的国际生产折衷理论的特点在于，它"集众家之所长，融众说于一炉"，力图开创一个"通论"。他把厂商理论、区位理论、产业组织理论以及国际经济学中的各学派思想有机地结合在一起，构成一个整体，对跨国公司的行为动机和条件做出综合分析。

邓宁的国际生产折衷理论存在相当的理论基础背景和现实条件。

1. 理论基础方面

正如前面所述及的，事实上，从 20 世纪 60 年代开始，国际直接投资理论领域已经存在着以下四个方面的发展方向：

（1）根据产业组织理论，研究跨国公司开展对外直接投资所拥有的净优势，集中表现为海默—金德尔伯格的垄断优势理论。

（2）采用动态分析方法，将对外直接投资与对外贸易结合起来研究，其代表是维农的产品生命周期理论的两个模型。

（3）根据生产区位理论，研究跨国公司为什么在某国而不是在其他国家进行直接投资，即对外直接投资的区位选择理论。

（4）基于厂商理论，强调外部市场的不完全对跨国公司对外直接投资的影响，即巴克利和卡森等人的内部化理论。

2. 现实条件方面

现实条件方面，主要是第二次世界大战后国际直接投资格局发生的重大变化需要更全面、综合的理论来解释，这些需解释的现实情况体现在以下几个方面：

（1）国际直接投资的主体呈现多元化发展趋势。

（2）国际直接投资的部门呈现分散化趋势。

（3）国际直接投资的流向呈现多样化趋势。

（4）国际直接投资的形式呈现多样化趋势。

（二）理论的主要内容

国际生产折衷理论的核心是由三个核心优势理论组成的，它们是：源自各种特有优势理论、海默垄断优势理论的所有权优势（ownership advantage）；源自较系统的区位经济学理论、戈登（Aaron Gordon）直接投资区位选择理论的区位优势（location advantage）；源自巴克利、卡森等内部化理论的内部化优势（internalization advantage）。[一]

邓宁在《国际生产与跨国公司》一书中指出：企业要发展成为跨国公司，应具备三个优势，即厂商优势（所有权优势）、区位优势、内部化优势，这三种优势（简称为OLI优势）必须同时齐备，缺一不可。如果缺少其中一两个优势，企业就不会进行对外直接投资，而选择商品出口或特许权转让的方式。如果仅有厂商优势和内部化优势，而无区位优势，则意味着缺乏有利的投资场所，只能将有关优势在国内加以利用，进行生产，予以出口；如果没有内部化优势和区位优势，仅存在厂商优势，包括无形资产优势，则企业难以内部利用，只得转让给外国企业。

邓宁认为，决定对外直接投资的三项因素之间是相互关联、紧密联系的。用公式表示就是：国际直接投资＝所有权优势＋内部化优势＋区位优势。该理论把是否完全具备三个优势同企业选择参与国际经营活动的三种形式有机地结合在一起，还总结了各行业跨国公司建立和发展的原则，并指出各行业的跨国公司在具体内容和表现形式上是不同的。

厂商优势（所有权优势）解释的是企业为什么能对外直接投资；内部化优势在于避免外部市场的不完全对企业产生的不利影响，实现资源的最优配置，并使垄断优势得以充分发挥；区位优势则是指东道国不可或不易移动的要素禀赋优势以及东道国政府的鼓励或限制，要素禀赋包括自然资源、人力资源和市场容量等，区位优势说明的是跨国公司对外直接投资的选址及其国际生产布局。

跨国公司既然拥有厂商优势、内部化优势和区位优势，下面需要进一步说明的是，为什么它拥有这些优势？各类跨国公司所拥有的优势为什么各不相同？邓宁认为："从根本上说，这是由不流动的国际资源分布不同导致的，是由各国特有的生产和市场环境所决定的。

㊀　来自张纪康编写的《跨国公司与直接投资》，复旦大学出版社，2004。

国际资源要素禀赋不同是解释大多数以开发资源为目的的对外直接投资的基础。如果再把东道国的贸易壁垒、关税和税收优惠与限制等这些非市场因素考虑在内，它又可解释出口替代型的对外直接投资。这样，既可解释南北之间、南南之间的国际贸易和对外直接投资的根源，同时还可解释发展中国家早期的对外直接投资。"

但国际资源分布不同并不是跨国公司组织国际生产的唯一原因。如果世界上存在最终产品和中间产品的完全市场，那么只需要国际贸易就行了，而没有必要存在国际生产。但是，事实上，那些从事多项经济活动，不只在国内从事生产也在国外从事生产的跨国公司，它们的生产经营活动并不是通过外部市场来交易，而是通过公司内部转让来实现的。这是因为国际市场存在"市场缺陷"即不完全竞争，跨国公司利用自己的内部市场机制来代替它，其目的就是要避开市场缺陷，这一理论就是市场缺陷理论，它是跨国公司选择国际生产的又一重要理论。

（三）理论评价

邓宁的国际生产折衷理论注重综合分析、客观分析和动态分析，在理论形态上是完整、成熟的。其"三优势模式"（OLI paradigm）主要是从国家的宏观层面上分析了国家间的优势及其不平衡分布，比较综合地说明了3种优势和3种国际经营方式（出口贸易、对外直接投资、特许权转移）之间的相互关系，是研究跨国公司对外直接投资最权威、最全面的理论体系之一。

但是，邓宁的国际生产折衷理论也不是十全十美的，有的地方仍欠严谨、周密。主要表现在：

（1）尽管该理论看起来颇有说服力，容易被人接受，但由于理论的"集大成"而影响了整个理论的逻辑性。邓宁把各种不同的，甚至没有多大联系的因素捏合在一起，从而陷入对现象的罗列和归纳，缺乏逻辑上的分析。

（2）邓宁强调只有三种优势同时具备，才能进行跨国投资。但在现实经济活动中，并不同时具备三种优势的发展中国家不但发展了对外直接投资，而且还向发达国家进行逆向投资，这种现象给邓宁的理论以极大的冲击。

（3）该理论无法解释非私人跨国公司的直接投资活动，并过于简单地假定跨国公司直接投资的主要目标就是追求利润最大化。

第三节　对外直接投资理论的新发展

对外直接投资理论的发展和深化主要表现在两个层面：一是对垄断优势理论和区位优势理论的进一步发展；二是从其他新的角度提出了一些新的理论模型。

一、垄断优势理论与区位优势理论的发展和深化

海默、金德尔伯格提出垄断优势理论后，引起了学术界的广泛关注。西方学者沿着他们的思路，进一步探讨跨国公司的各种垄断优势，内容主要有三个方面：一是深化对跨国公司垄断优势的认识；二是探讨跨国公司在对外直接投资、出口贸易和特许权转移三种方式中选择对外直接投资的依据及条件；三是研究寡占反应的某些特点和规律。

（一）核心资产论

跨国公司拥有技术优势是海默—金德尔伯格的垄断优势理论的核心论点。约翰逊（H. G. Johnson）在继承了该理论的基础上进一步研究了跨国公司所拥有的垄断优势，并在1970年发表的一篇论文《国际公司的效率和福利意义》（the Efficiency and Welfare Implications of the International Corporation）（1970年收录到金德尔伯格的文章中）中指出："知识的转移是直接投资的关键。"对外直接投资的核心资产是知识，知识包括技术、专用技术、管理与组织技能、销售技能等一切无形资产。跨国公司的垄断优势主要来源于其对知识资产的控制。知识资产与其他资产不同，它的生产成本很高，如果通过对外直接投资的方式来利用这些资产，能够降低它的边际成本。而知识资产的供给又极富弹性，可以在若干不同的地点同时使用。所以，跨国公司的子公司可以利用总公司的知识资产，创造更多的利润，而东道国当地企业则无此优势。

此外，沃尔夫（B. M. Wolf）认为，传统的规模经济强调垄断有利于生产集中。沃尔夫强调非生产性活动的规模经济是跨国公司的核心资产，非生产性活动是指集中科研以及集中市场购销所带来的垄断优势。

（二）产品异质论

1971年2月美国经济学家理查德·凯夫斯（Richard E. Caves）在《经济学》杂志上发表了一篇论文《国际公司：对外投资的产业经济学》（International Corporations：the Industrial Economics of Foreign Investment），从产品差异能力的角度对垄断优势理论进行了补充。凯夫斯指出，跨国公司可以利用技术优势生产差异化的产品，以适应不同地区市场的需求偏好。他强调跨国公司所拥有的使产品发生差别的能力是其拥有的重要优势。跨国公司可以充分利用自己的技术优势对原有产品进行革新、改造，使其产品在实物形态上或功能上与其他生产者的产品有差异，这些差异包括优良的质量、精美的包装、新颖的外观等，以吸引更多的消费者。另外，跨国公司可以通过独特的商标品牌等营销技巧，迎合消费者的消费心理，这些都是跨国公司具有的优势。

（三）寡占反应论

美国学者尼克博克（F. T. Knickerbocker）在1973年发表了《寡占反应与跨国公司》（Oligopolistic Reaction and the Multinational Enterprise）一文，沿着与海默不同的思路，对美国跨国公司对外直接投资提出了新的见解。尼克博克认为，垄断优势理论不足以全面解释对外直接投资的决定因素，因而提出寡占反应行为理论加以补充，详尽说明了寡占反应行为与企业对外直接投资行为的关系以及影响寡占反应行为的种种因素。他认为第二次世界大战后美国企业对外直接投资主要是由寡占行业少数几家寡头公司进行的。所谓"寡占"是由少数几个国家的大企业组成的，或者几家大企业占统治地位的行业或市场结构。在这种行业或市场结构中，每一家大企业的任何行动都会影响到其他几家企业，于是在寡占市场结构中，寡头企业的行为具有相互依赖性。若某国国内同一寡占行业中的一家公司率先到某国外市场进行直接投资的话，则其他寡头公司在该国外市场的原出口地位和市场份额就立刻面临着可能下降的威胁。而且由于该公司抢先一步在某海外市场布局，又有可能因而获得新的竞争优势，从而使其他寡头公司在国内的经营也处于相对不利的地位。寡占反应行为是指这样一种行为：每一家寡头大公司都紧紧盯着竞争对手的行动，一旦竞争对手采取对外直接投资，就紧随其后实行跟进战略，以维护自己的相对市场份额。寡占反应行为的目的在于抵消竞争对手首先采取行动所得到的好处，避免对方的行动给自己带来风险，以保持彼此之间力量的均衡。尼克博克的理论被称为"寡占反应论"（oligopolistic reaction theory）。

（四）成本变量与希尔施模型

在海默等人提出垄断优势理论后，西方许多学者利用该理论分析了美国跨国公司对外直接投资的实际情况，以此探讨跨国公司选择直接投资的依据。他们认为，有些行业的企业虽然属于技术密集型，拥有不容置疑的垄断技术优势，但却很少对外直接投资，而只是出口产品，如美国的飞机制造业。另一些行业中的企业虽也拥有明显的技术优势，但却既不对外直接投资，又不从事产品出口，而是与外国企业以签订技术许可证合同的方式来转让技术。这表明，跨国公司拥有垄断性的技术优势只是其进行对外直接投资的必要条件，但还不是充分条件。因此，除了垄断优势外，有必要进一步探索跨国公司选择对外直接投资的理论依据。其中，以色列经济学家、特拉维夫大学（Tel Aviv University）希尔施教授（Seev Hirsch）在1976年发表的《厂商的国际贸易与国际投资理论》（*An International Trade and Investment Theory of the Firm*）一文中认为，成本变量是决定跨国公司选择出口还是对外直接投资的重要依据，并据此建立了一个国际经营决策模型，如图2-4所示，图中横、纵轴分别表示产量 Q、价格 P。

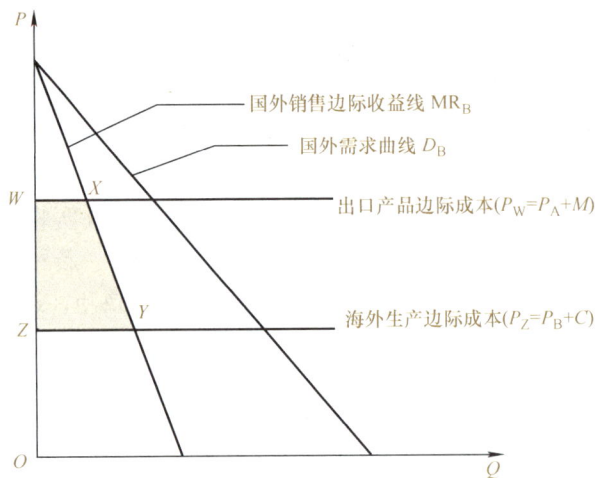

图2-4 成本变量与希尔施模型

假定世界由A、B两国组成，A国的一家跨国公司只生产一种产品供应世界市场，D_B 代表该公司在B国面临的需求曲线，MR_B 代表相应的边际收益线；P_A 和 P_B 分别代表该公司在A国与B国的生产成本，$P_B < P_A$；M 代表出口销售的额外成本，即每单位销售额的出口销售成本与每单位销售额的国内销售成本之差，包括运输、包装、装卸、保险、关税等费用，以及由于语言障碍造成的额外的交易成本；C 代表海外投资的管理协调成本，包括跨国公司的国外子公司由于面临不同的外国法律、社会、经济等新环境而额外增加的管理成本，以及母公司对其进行协调控制而增加的成本；P_W 代表出口产品边际成本（$P_A + M$）；P_Z 代表海外生产边际成本（$P_B + C$）。

希尔施的结论是：若（$P_A + M$）<（$P_B + C$），则企业选择在国内生产，对外出口；若（$P_B + C$）<（$P_A + M$），则企业会选择去海外投资建立子公司，因为在海外进行生产比出

口有利。换言之，假如 $WZYX$ 所表示的面积（海外生产节约的成本）小于 C，则企业选择对外出口；如果 $WZYX$ 所表示的面积大于 C，则企业选择在海外生产。

（五）货币差异论、规模经济与阿立伯模型

货币差异论是美国芝加哥大学金融教授罗伯特·阿利伯（Robert Z. Aliber）于 1973 年出版的《国际货币游戏》（*the International Money Game*，2012 年第 7 版时更名为 *the New International Money Game*）一书中提出的。阿利伯给出了对外直接投资当中的外汇汇率的概念，并认为来自硬通货地区的跨国公司可以比来自软通货国家的当地企业以更低的利率筹集到资金。

众所周知，相对于非大规模国际化经营的企业来说，跨国公司在资金方面的优势是显而易见的。但跨国公司的经营很大程度上不仅依赖于其内部的自有资金，还高度依赖于外部的货币和资本市场。基于这种认识，阿立伯从跨国公司的融资优势或信用资产角度，提出跨国公司之所以拥有优势，很重要的一个原因是其具有的资本和货币优势。

阿利伯力图从资本市场和货币市场领域去寻找跨国公司拥有的特有资源优势来源，认为在考察跨国公司拥有的优势时，需要考察以下几个方面的影响因素：

1. 通货变动因素

跨国公司对外直接投资于预期收益相当的部门，往往能获得比东道国企业更高的收益率。其中的原因是资本出口国的通货相对坚挺，因此存在着一个通货溢价。当企业在国际市场融资时，利率中事实上包含了溢价的因素，即未来有关货币可能贬值的风险。人们可以假设，证券投资者一般是不会像跨国公司那样去考虑在不同货币区从事经营活动这一事实的，而跨国公司则会把它的全部经营活动看作是都在国内进行一样，所以会对借款支付利息。但是，如果一家美国跨国公司在英国从事经营活动，英镑区的通货溢价大于美元，而且假定人们偏好美元，那么美国在英国的子公司所承担的实际借款利息就会比英国当地企业低。一般来说，这可能是由于跨国公司通常有能力，如资信、规模等，而在东道国按比当地企业较低的利率筹集资金，并通过币值波动取得潜在的收益（当然也可能承担潜在的损失）。

阿利伯的货币差异模型可以较合理地解释 20 世纪五六十年代的一些可观察到的事实。当时，美国企业对外直接投资的急剧增长可能是与该期的美元坚挺分不开的，因为这里存在着通货溢价因素。但后来的事实表明，尽管英国和美国通货相对疲软，但是它们的跨国公司仍在继续增长。一种解释为，英国的企业在英镑疲软时期对外投资是因为它们想赚取当时的德国马克，然后将其德国马克投资收益兑换为英镑，以获取投资汇兑收益。但这种解释显然对欧洲和美国之间广泛的交叉投资无法做出合理的解释，也难以解释美国企业在美元区国家的直接投资和南北型吸收投资。因为在发展中国家，资本市场的缺乏，特别是严格的外汇管制使跨国公司事实上不可能获取这种套汇性的直接投资汇兑收益。

2. 廉价的资本

在通常情况下，跨国公司比当地企业具有更大的国际融资优势，处于良好的资本供给环境。对于跨国公司在东道国的子公司来说，因为有其母公司的国际背景和经济实力背景，加上可能的跨境担保，因此对外直接投资企业即使要在东道国当地金融市场融资，其成本也可能比东道国当地企业要低。不过尼尔·胡德（N. Hood）和史蒂夫·杨（S. Young）的研究认为，融资成本较低以及更易进入国际资本市场不足以说明企业为何实施对外直接投资而不是证券投资，也不能说明这些融资方面的优势足以抵消跨国公司在异国他乡经营所发生的诸

多额外成本。[一]

3. 跨国投资分散风险

跨国公司在不同国家进行的直接投资，是部分地沿袭了国际证券投资中组合投资可以实现风险分散的理念，而且不同投资地域的差异程度越大，经济波动性的相关程度则越小，这种跨国投资就越有可能分散实际投资的风险。尽管有的经济学家对这一观点持不同看法，但有一点是明确的，20世纪70年代初，固定汇率体系的崩溃导致世界范围的通货膨胀几乎持续了十余年，使得货币和资金的有效管理如同决定企业生产和市场运作本身一样，对确定跨国公司子公司的盈利性具有重要作用。

此外，关于市场规模和一体化实现形式的关系，阿利伯还建立了另一个模型加以解释。这一模型可借助于图2-5加以分析，图中横轴表示产量Q、纵轴表示利润所得Y、收益资本化价值K[二]。

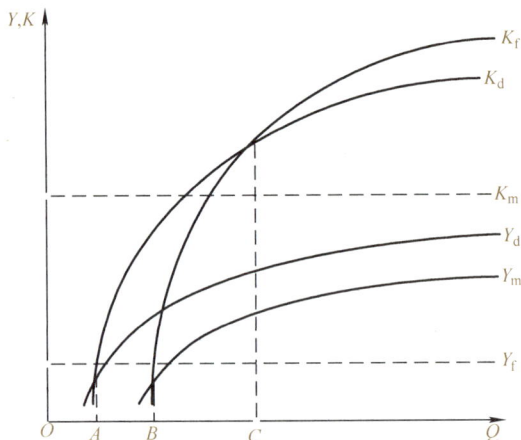

图2-5　市场规模与阿利伯模型

在该模型中假定以下3种情况：一是跨国公司在母国生产然后出口到东道国，其利润（出口收益）所得为Y_m，K_m是该出口收益的资本化价值；二是假定这些优势由东道国企业来加以利用，其所得以Y_d表示，K_d代表东道国企业收益资本化价值；三是假定跨国公司在东道国直接投资生产，则其利润为Y_f，资本化价值为K_f。由于跨国公司到国外生产需要承担附加成本，因而$Y_f < Y_d$。尽管如此，由于通货溢价的影响，跨国公司在东道国子公司收益的资本化价值在经营规模大于C点后将高于东道国企业的水平。据此可以认为，市场规模与一体化实现形式有以下关系：

（1）如果市场规模小于OA，则跨国公司在母国生产再出口到东道国。

（2）如果市场规模大于OC，这时，由于跨国公司在东道国的子公司的资本化收益将高于东道国当地竞争对手的水平，因而跨国公司将在东道国进行直接投资，供应当地市场。

（3）如果市场规模居于A点和C点之间，则跨国公司将采用发放许可证等非股权安排的一体化实现形式。

（六）垄断优势不可分理论

1978年，经济学家富兰克林·鲁特（Franklin R. Root）在其出版的《国际贸易与投资》（*International Trade and Investment*）中指出，跨国公司的有些资产可以通过特许权转移，但有些所有权优势是难以转让的。只有把两方面结合起来，才可以充分实现垄断优势，而只有海外直接投资才可以把两方面充分结合起来。鲁特认为，要说明跨国公司在对外直接投资与特许权转移之间做出选择的依据，就应对其拥有的知识资产优势做出具体分析。一般而言，

[一]　来自 N. Hood、S. Young, *the Economics of Multinational Enterprise*, Longman Group Ltd, 1979。

[二]　来自秦斌编写的《一体化国际经营：关于跨国公司行为的分析》，中国发展出版社，1999。

跨国公司的知识资产可分为两类：一类是可以通过特许权转移形式转让给外国公司的无形资产，如专利技术、诀窍和商标等；另一类则是难以转让的，如公司的技术创新能力、管理能力以及市场销售技能。在国际投资项目具备中、长期投资的条件下，跨国公司一揽子利用其有形与无形资产优势中的获益明显超过其仅利用其单项知识资产优势的获益，故跨国公司会倾向于通过对外直接投资来有效利用其拥有的全部优势。如果在国际投资项目不具备中、长期投资的条件的情况下，跨国公司通过技术转让而获益仍然是一种利用其拥有知识资产优势的方式。

另一位学者曼斯菲尔德（E. Mansfield）对鲁特的观点做了补充，他指出：一方面，跨国公司通过对外直接投资可有效地利用其全部拥有的垄断优势；另一方面，跨国公司选择对外直接投资而不是特许权转移的目的还在于保持其技术领先的优势。因为技术转让本身就包含了技术泄密的风险，故跨国公司在通过技术转让而获益的同时，也要承担在国外"培养"自己竞争对手的潜在成本，而对外直接投资则可有效地避免公司特有的知识资产被他人窃取的风险。

二、当代对外直接投资理论的新发展

对外直接投资理论新的发展主要表现在两个方面：一是将对外直接投资理论由专门对发达国家的研究拓展到对发展中国家的研究，出现了所谓的发展中国家对外直接投资理论，如邓宁的投资发展阶段理论、威尔斯的小规模技术理论、投资诱发要素组合理论、拉奥的技术地方化理论等，这些有关发展中国家的对外直接投资理论，将在第十章第二节中做详细介绍；二是基于经理扩张动机论的经理阶层效用最大化动机理论和迈克尔·波特（Michael E. Porter）的直接投资竞争优势理论。下面就后面的两个理论做一介绍。

（一）经理阶层效用最大化动机理论

经理扩张动机论又叫作企业管理理论，该理论试图从企业经营者的行为角度来解释企业对外直接投资的原因。该理论指出，由于企业经理的效用函数和股东的效用函数存在差异，而经理的酬金取决于可支配资产的多少，因此经理有可能为实现企业资产的最大化（非利润最大化）而产生扩张企业规模的动机。

经理阶层的效用函数可用公式表示为

$$U = f(S, M, I_d)$$

式中　S——雇员工资；

　　M——经理酬金，$M = f(I_d)$ 即经理的酬金取决于经理阶层可支配的投资，即企业规模；

　　I_d——经理阶层可支配的投资。

假如经理人员的行为是理性的，则其行为目标必定是其效用函数 U 的极大化。考虑到经理阶层使用的是股东的资本，因此，求解这一函数的约束条件是股东可接受的利润 π_M。

根据以上给出的函数关系和约束条件，可借助图 2-6 来描述经理阶层效用函数极大化的解。[⊖]

图 2-6 中的纵轴表示利润向量 R 和成本向量 C，横轴代表产量向量 Q。TC 为总成本曲

⊖　来自华民编写的《国际经济学》，复旦大学出版社，1998。

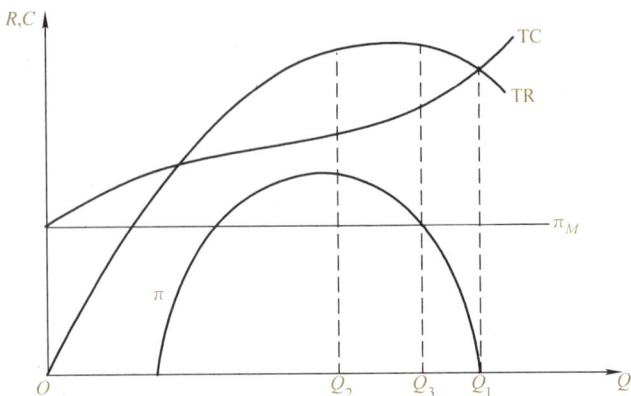

图 2-6　经理扩张动机论

线，TR 为总收益曲线，π_M 为股东可接受的利润线，π 为边际利润线。

从图 2-6 可以看出，利润最大化的产出点是 Q_2 点，这时该企业的边际利润处在最大值。但是由于处在该点的企业产量不够大，换言之，就是该企业的规模不够大，因而经理阶层的效用函数 U 并未达到最大值。Q_1 是该企业销售收益最大化的产出点，这时的 U 值处在极大化的位置，但此时的边际利润却低于股东可接受的利润 π_M，因而这也不是一个稳定的均衡解。一个既能使股东满意又能使经理阶层满意的稳定均衡解只能出现在边际利润 π 等于股东可接受利润 π_M 的 Q_3 点。当然，这还必须以市场规模不受限制为前提条件。

现在假定该企业的经理阶层和股东对于这样一个均衡点已经没有歧义，但是该企业所在国的国内市场却不够大，以致该企业的产出无法达到能使股东与经理阶层双方均满意的 Q_3 点。一旦出现这种情况，经理阶层就会通过对外直接投资来解决这一难题，以便借助于外部市场扩大规模来实现其效用函数的极大化。

换句话说，经理扩张动机论说明，如果国内市场小于 Q_3，则经理便具有向海外进行投资扩张的动机，以分别实现总收益 TR 和企业规模的次优和最优。

（二）直接投资竞争优势理论

直接投资竞争优势理论简称竞争优势理论，又称战略管理理论，是由美国哈佛大学商学院教授、著名企业战略专家迈克尔·波特（Michael E. Porter）于 1990 年提出的。[⊖]该理论的提出，对国际直接投资理论研究产生了重大影响。竞争优势理论研究的核心问题是国际竞争环境与跨国公司竞争战略和组织结构之间的动态调整及相互适应的过程。

迈克尔·波特认为，传统的比较优势理论难以解释许多国家的某一特定产业具有的明显优势。例如，瑞士是一个内陆国家，劳动力成本高，环境保护法严格，自然资源贫乏，并不生产可可豆，然而它的巧克力生产却闻名世界。

迈克尔·波特的理论模型可用图 2-7 来表示。

迈克尔·波特将图 2-7 称为国家竞争优势菱形图，构成竞争优势的这些因素彼此相互影响。"因素状况"即一个国家的基础条件，也就是国家资源、教育、基础设施转化为专业优势的能力。例如，荷兰的花卉居世界首位，并不是因为荷兰是热带气候，而是荷兰在花卉栽

⊖　来自 Michael E. Porter, *the Competitive Advantage of Nations*, Harvard Business Review, March-April, 1990。

公司战略、结构和竞争
1.在一个行业中公司的数目
2.竞争的激烈程度
3.政府所有还是私人所有

因素状况
1.自然状况
2.教育和技术
3.熟练程度

需求状况
1.市场的大小
2.消费者的精明程度
3.传播媒介对产品进行宣传

相关的支持性产业
供应商"群"的存在

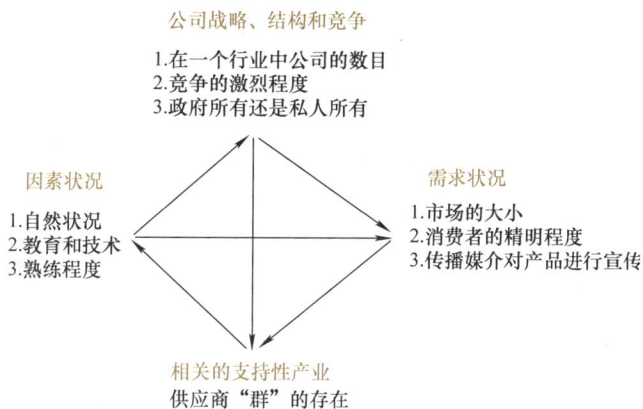

图 2-7　国家竞争优势菱形图

培、包装、运输方面有高度专业化的研究机构。"需求状况"即一个行业的产品和服务的国内消费者数量，而且最重要的是国内消费者的精明程度。例如，消费者的需求偏好、产品的可处理性、实用和价格合适的要求，使美国成为世界上大量生产和大量销售的国家。"相关的支持性产业"即与一个公司结伴的产业。迈克尔·波特认为，一个快速发展的行业需要一流的供应商，并从与自己经营领域相关的企业间的竞争中获益，这些企业与供应商形成一个有利于加速革新的行业"群"，美国的硅谷就是这样一个范例。"公司战略、结构和竞争"是决定一个国家的企业如何创立、组织管理以及开展国内竞争的条件。迈克尔·波特认为，日本公司之间展开的激烈国内竞争是日本获得成功的关键。

迈克尔·波特指出，只具有菱形图中的一两个优势往往是不能持久的，因为竞争对手能轻而易举地战胜这一优势。例如，韩国的建筑业通过雇用低成本的劳动力来完成不需要复杂工程技术的项目而迅速壮大，但当劳动力成本更低的印度也进入这一行业时，韩国便处于下风。迈克尔·波特进一步指出，建立在资源基础之上的优势往往都会面临同样的问题，而先进国家比较尖端的行业在四个因素上都是有利的。

这样，迈克尔·波特提出了对外直接投资新的发展模式。根据他的观点，竞争越激烈越有可能带来成功。他强调，一国要想在全球竞争中战胜对手，国内需要有激烈的竞争。这样的竞争，"一方面促使企业向海外发展直接投资，另一方面又为企业在国际竞争中获胜创造了条件"。

迈克尔·波特认为现代工业史的经历不是利用富足，而是创造富足；不是享受优势，而是克服劣势。在尖端产业取得了最广泛成功的日本，不但有四个因素的竞争优势，而且彼此增强。迈克尔·波特在研究日本的几乎所有产业中，发现取得国际性成功的每一项产业，国内竞争都是十分激烈的，而且在国内市场趋于成熟、饱和之后，出口、投资才会增加。在日本不属强项的产业中，如建筑、食品、农业、造纸等，几乎不存在国内竞争，这些产业在国际上也没有竞争优势，这种实证分析验证了迈克尔·波特理论的科学性。

迈克尔·波特的竞争优势理论是对外直接投资理论的新发展，他的关于竞争优势的菱形动态模式，指出了国际投资应"先内后外"的顺序，具有理论创新意义。他认为激烈的国内竞争导致对外投资的发生，而在激烈的竞争中获得的竞争优势确保了对外直接投资成功的观点具有一定的现实意义。然而，该理论是基于迈克尔·波特本人对日本企业状况研究而得出的，对其他国家的适用性还有待进一步观察。此外，在需求环境方面，迈克尔·波特指出，那些产业的国内需求能给予公司一个较清晰的购买者需求情况，那些苛求的购买者迫使公司更快创新或获得比国外竞争者更强的竞争优势。但事实上，许多市场的购买者并不苛求，也没有明确购买要求，但企业同样可以获得竞争优势，如一些快餐店。相反，在购买者需求明显多样，且购买者要求苛刻的市场，企业往往无法经营，这涉及各个因素的相互关联程度。在国家间竞争优势模型中，迈克尔·波特只是粗略地进行了归纳，并未对四个因素的相互关联情况做细致分析，这是直接投资竞争优势理论的主要不足。经济学家们在充分研究了国家间竞争优势模型后一致认为：国家竞争力与竞争优势如能分为国家竞争优势和企业竞争优势，那么该理论将对国家政策决策者和国际企业经营者做出有关全球投资与贸易决策都有重大益处。

第三章 ‖‖‖‖.

跨国公司的对外直接投资

对外直接投资是跨国公司实现国际化经营所采取的主要步骤之一，但不同跨国公司的对外直接投资有着不同的动因，而且跨国公司在做出对外直接投资决策之前，需要对目标国的投资环境进行分析和可行性论证，以最大限度地减少投资风险。此外，投资策略和投资方式的选择也是跨国公司对外直接投资时关心的主要内容。作为资本输入国，东道国的引资也会产生正反两个方面的效应。

第一节　跨国公司对外直接投资的动因

跨国公司既是企业对外直接投资的载体，又是对外直接投资的产物，对外直接投资与跨国公司密不可分。当前全球外国直接投资几乎都是由跨国公司来完成的。

2007 年，全球外国直接投资流入量 19790 亿美元，其中跨国公司的并购活动，尤其是发达国家之间并购活动的增加是主要推动力量。同时，亚洲国家跨国公司的海外扩张，特别是发展中国家跨国公司在外国子公司的利润增长，收益再投资约占外国直接投资总流入量的30%。2007 年，跨国并购交易额达 16370 亿美元，比 2000 年达到的最高纪录高出 21%。2018 年，受美国税改政策以及部分经济体加强外资投资审查影响，全球外国直接投资总额为 12970 亿美元，较 2017 年减少 13%，连续三年出现下滑。

对外直接投资（foreign direct investment，FDI）[⊖]是对外间接投资的对称，是指投资者以控制企业经营管理为核心、以获取利润为目的、在国外创立一个永久性企业（独资或合资）或取得当地一家现存企业（兼并或收购）的控制权的一种投资行为。其典型的形式有两种：一是在国外创办分公司及子公司，称为新建或绿地投资；二是在东道国取得对一家现存企业的控制权，称为跨国兼并或收购（并购）。

一、直接投资动因假说

相对于自己的母国来说，一个企业对外直接投资将面临更多的不确定因素。为什么一个企业不在本国扩大经营而要选择到外国去直接投资，进行生产经营？经济学家试图从投资企业相对于当地企业拥有的显著特定优势来解释跨国公司成功的海外生产经营活动的动机，下面分别介绍这些直接投资动因。

（一）特有优势说

特有优势说又称专有优势说，最初由海默在其博士论文《国内企业的国际经营：对外

⊖ foreign direct investment（FDI）有时译为"外国直接投资"，特指本国吸引的外资；为了区分，本国对他国的投资称为"对外直接投资"，英文为 outward foreign direct investment（OFDI）。本书对以上两种称谓未作区分。

直接投资》中首先提出的，经过金德尔伯格、凯夫斯（R. E. Caves）的完善和发展，又经维农的动态化表述，成为目前较为完整的理论体系。事实上，邓宁在后来提出的 OLI 模型也是部分地建立在这一理论基础之上的。

按凯夫斯的分类，特有优势主要由以下三部分构成：

1. 产品或工艺技术优势

一个企业选择对外直接投资，而不是对外出口或许可证生产，原因是这些对外投资厂商尤其是寡头厂商在专业性差异产品和新工艺生产方法等方面拥有优势性的技术资产。并且只有在以下两方面条件下，企业拥有的产品或工艺技术优势的运用，才能使其在国外直接采用母国的新工艺生产在母国开发出的新产品：一是投资企业所独有的这种技术资产形式在跨国转移时不存在或存在较低的流动成本，换言之，形成这种技术优势的最初专利性发明不含有不可流转的沉淀成本；二是国内外竞争者对这种专利性产品及工艺的技术优势，由于存在着诸如有效替代品的研究开发费用高昂和法律性的技术专利保护而极难模仿，或者说，这种技术优势必须仅属于厂商，并仅在跨国经营厂商内部才具有公共产品性质。

按凯夫斯的观点，技术优势在实质上只是源自于产品间的差异特征。这些差异包括不同的技术性能、品牌名称、款式风格、特别的服务方式以及广告等。

2. 经营管理优势

有的学者认为，在一些发达国家的大型企业内部，存在着过量的优秀管理资源存量，它们由于受市场规模发展的制约而得不到充分、有效的发挥。在母国，企业管理技能投入的边际收益小于零，但若将这一优势要素资源以直接投资方式注入东道国，则其边际收益不仅大于零，还有可能使海外企业的总要素投入的边际收益大大增加，至少是大于当地企业，于是对外直接投资就成为优势经营管理资源的海外延伸。

3. 多企业经营优势

这是指跨国公司在单个企业的规模已超出最佳效率规模上限的情况下，常常会通过增加企业数量来减少单位经营成本，从而获取多企业经营优势。当国内市场容量相对饱和，企业便自然会通过向外扩展（包括产品直接出口或对外直接投资）来开拓新的市场。对跨国公司而言，多企业经营优势主要来自以下几个方面：

（1）更大规模实现潜在市场的营销和广告规模经济。

（2）建立在国际自然资源基础上的投入产品的数量节约和质量提高。

（3）研究与开发活动的规模经济。

（4）协调的管理经济带来的成本节约、效率提高。

（5）生产经营范围的跨国化导致经营风险的分散。⊖

特有优势说实际上是一种静态的国际直接投资成因理论，一些统计结果和实证研究表明，它具有一定的现实价值，但它只说明了跨国公司拥有的既有优势以及特定时点所存在的经营效率差距，却并未说明这些优势的形成、对外投资决策的形成过程，特别是在厂商内、外部条件变化的情况下，优势的动态变化可能对企业投资存量、流量的变化，尤其是特有优势动态变化的影响。

（二）资本富裕说

资本富裕说源于国际贸易理论中的资源禀赋论，经济学家艾特肯（Aitken）首先将其运

⊖ 来自张纪康编写的《跨国公司与直接投资》，复旦大学出版社，2004。

用于解释国际直接投资的成因。艾特肯认为，直接投资的方向应当是从货币资本富裕的国家流向货币资本相对短缺的国家。但是，实证研究却很少有支持该学说的统计结果，相反，在资本利润率高的国家倒是有这样的资本流动。但问题是，资本利润率高的国家，如经济迅速发展的发展中国家，却未必是货币资本相对丰裕的国家。

该假说的不足表现在：混淆了对外直接投资和对外间接投资的区别；无法解释发展中国家相互之间以及发展中国家对发达国家投资的现象；忽视了资本的流向主要取决于预期投资收益率的高低这一事实。

（三）研究开发说

经济学家格鲁伯（W. Gruber）、梅塔（D. Mehta）以及维农等人利用研究与开发强度（R&D Intensity）的概念来解释跨国公司对外直接投资的动因。他们的研究发现，美国跨国公司分支机构在西欧市场所占的份额与其母公司所在行业的研究与开发强度高度相关：该行业的研究与开发支出份额越高，分支机构在西欧市场的份额也越大。其他研究结果也表明，不同产业的出口和国外直接投资量与这些产业的研究与开发支出额存在着正相关关系。

实际上，这里所说的"研究与开发"可以归并到特有优势中，因为相对于当地同行业企业来说，跨国公司具有明显的研究与开发优势，如果研发方面的高投入会导致较高质量和更多数量的新产品以及更高效率的生产工艺，则跨国直接投资企业就拥有该方面比较确定的特有优势。所以，可认为研究开发说是特有优势说的组成部分，是对特有优势说的补充和完善。

（四）"进入壁垒"说

按前面述及的特有优势学说，厂商在产品差异上的优势是实施对外直接投资的主要原因之一。但同时，产品差异又是产业市场进入，包括直接投资进入的主要壁垒之一。事实上，对外国直接投资构成进入壁垒的，主要有产品差异、专利获取过程、规模经济、多企业经营经济、绝对成本优势、起始资本筹措能力、较高的管理技能以及母公司资金充分变现能力和清偿能力等。

"进入壁垒"假说认为，相对于当地厂商，跨国经营厂商即使不拥有显著的特有优势，只要预期进入壁垒长期存在，它们也会选择直接投资进入。

（五）关税说

经济学家霍斯特（T. Horst）提出的关税说认为，对外直接投资的动因是厂商为绕过东道国的关税等贸易壁垒而直接选择在当地建立生产企业。关于关税说，经济学家们通过统计和计量模型进行了实证检验后认为：

（1）东道国关税率的高低的确与投资活动相关联，且关税率越高，对直接投资活动的影响作用越大。

（2）可能是由于东道国的关税结构及高关税的原因，使得跨国经营企业的分公司在东道国的生产经营成本高于母公司。

关税说下的投资进入实际上是建立在对对外直接投资的长期收益持乐观态度的基础之上的，关税的提高强化了这种预期。同时应该明确的是，关税的直接投资效应以投资生产的产品存在产品差异为基础，否则便不会有直接影响。

如果被关税保护的市场的劳动生产率和利润率较高，自然会吸引国外的直接投资。而且，高关税引致的直接投资进入会导致东道国的进口下降，对原出口厂商来说，因高关税在东道国的商品贸易份额的降低似乎由进一步的直接投资来补足，而且这种投资的收益预期应当是良好的，且税率增加得越高，利润预期水平也会越高。

另外，如果较高的关税是用来保护东道国的特殊产业，则利润率就未必会提高，关税的提高也就不一定必然导致外国直接投资的增加。

（六）低生产成本说

低生产成本学说是在比较成本优势理论的基础上提出的，其主要观点是厂商对外直接投资的目的在于通过将产业转移至国外，降低产品生产成本，获取所谓的"效率利润"（efficiency profits）。

低生产成本说提出后，一些学者也提出了质疑：一是既然东道国拥有显著的比较成本优势，那么当地的厂商为何不在外国厂商到来之前抢先利用这种优势？二是比较成本优势（低生产成本说的核心）和前面提及的特有优势的区别是什么？

对于第一个质疑，低生产成本说做出了如下解释：

（1）当地生产厂商融资成本较高，而跨国经营企业的分支机构却可凭借其母公司的资金实力达到低成本运营的目的。

（2）由于跨国经营企业投资生产的产品不但面向东道国市场，而且面向包括母国在内的世界市场，因此外商企业相对于当地企业来说更易获取规模效益。

（3）直接投资企业生产所需的相当一部分中间投入品来自母公司，而当地企业若要得到这种当地短缺的投入品，成本肯定高于跨国企业的分支机构。

（4）如前述的特有优势说，相对于当地厂商，投资企业拥有特有优势，甚至在比较成本差异的有效利用上都可能存在优势。

对于第二个质疑的解释则显得更加乏力。因为特有优势是指厂商由于拥有新产品和优良产品、技术上更有效率的生产方法、熟练的经营管理人员、营销和/或购买技能、多企业经营经济、较高的资产变现能力等，使其在东道国的经营建立在高效率、低成本的基础上，这是投资厂商自身所拥有的优势；而比较成本优势实际上是要素成本优势，是存在于东道国的、尚未被开发或开发程度还不够的资源禀赋条件。通过直接投资，前者的价值得以直接实现，实现的地点并不严格取决于东道国是发展中国家或是发达国家。而后者，在投资企业特有优势与东道国的禀赋条件实现充分结合之后，成本差异才会转化为微观上的更高投资回报率和宏观上的经济更快发展。

20世纪六七十年代的一些实践的实证结果表明，对外直接投资活动的动机较少是纯粹出于降低生产成本的目的。同样，该假说理论上也受到了维农等人的批评。维农认为，对外直接投资是厂商对出口国际经营方式的一种自然动态转换，生产地点的转移并非出于降低生产成本的考虑，而是为了使产品更适合于当地的市场需求，为当地消费者提供更好且服务成本有可能更低的售后服务。

（七）外国政府劝诱说

在通常情况下，东道国政府为吸引外国直接投资，往往制定各种外资优惠措施，如减免企业所得税、土地征用优惠等，这些政策措施的目的是试图降低国外投资者的当地生产经营成本。换句话说，东道国政府的优惠外资政策对跨国经营企业起到了"劝诱"作用。但是20世纪60年代，一些经济学家的统计、计量检验却显示出优惠政策措施对规模较大的跨国公司的投资决策影响是有限的。○研究表明，层次较高的跨国公司在直接投资论证前，往往更加注重投资的盈利前景，而并不突出东道国的优惠投资政策这些外生变量的重要性。

当然，除了上面介绍的几种直接投资动因学说外，经济界还有不少其他学说，它们都试图在传统经济学的研究方法之外为跨国公司的对外直接投资活动的动因寻求合理的解释。

二、跨国公司对外直接投资的基本动机

西方经济学家在 20 世纪 60 年代就开始对跨国公司对外直接投资的基本动机进行研究，综合起来，对外直接投资的基本动机体现在以下几个方面：

（1）开发和利用国外的自然资源。企业为寻求稳定的石油、矿产品等自然资源供应，可以在世界的任何地方进行投资，这类投资被称为自然资源导向型投资。无论过去、现在和将来，自然资源导向型投资在国际直接投资中均占有相当重要的地位，因为要开发自然资源，只能在存在着自然资源或具备自然资源禀赋的地方进行投资。

（2）突破贸易壁垒、保护原有的出口市场或开拓国外新市场。这类投资一般被统称为市场导向型投资。市场导向型投资可分为三种：第一种是突破贸易壁垒的投资。在这种情况下，投资企业是出口型企业，它在本国进行商品生产，通过出口进入国外市场，但由于东道国实行贸易限制，阻碍了企业的正常出口，因而企业转为进行对外直接投资，在当地设厂生产，以维持原有的市场份额；或者是转向没有出口限制的第三国投资生产，再出口到原有市场所在国。第二种是为稳定与扩大市场份额而进行的投资。企业在对出口市场的开辟达到一定程度之后，在当地直接投资进行生产和销售更为有利，因而导致企业的对外投资。第三种是为开拓新市场进行的投资。一般而言，技术上的优势和规模经济都会导致以开拓新市场为目的的直接投资。

（3）利用国外廉价的生产要素，降低企业生产成本。企业在具有廉价生产要素的国家或地区进行投资生产，可以达到降低生产成本、提高生产效率的目的。这种投资一般被称为生产效率导向型投资。在国际经营中，劳动力的移动受到许多因素的限制，而土地则是不可能移动的，投资者要想利用其他国家丰富而廉价的劳动力和土地资源，就必须到当地投资设厂，直接利用当地低成本的生产要素，提高企业的经营效果。这一动机不但存在于发达国家的对外直接投资中，也存在于发展中国家和地区的对外直接投资之中。

（4）取得和利用国外的先进技术和信息，促进技术研究和开发。为取得和利用国外先进的技术、生产工艺、新产品设计、管理知识、关键设备和零部件、新产品等进行的对外投资，可称为技术与研发导向型投资。这类投资多发生在发达国家之间，具有较强的趋向性，而且投资方式多为收购当地高技术企业，跨国公司战略联盟○形式下发生的直接投资多属于这种投资。

（5）充分利用企业现有的技术和设备。有些企业拥有相对过时的但在一定条件下仍具有使用价值的技术和设备，为了充分利用这些残存的价值，企业就可以把它们作为股本在经济更不发达的国家进行投资，从而给企业带来新的机会。在进行这种投资时，企业得以输出原本已没有市场的机器设备，而且这类投资往往可能带动相关原料或产品的出口，所以也被

○ 来自张纪康编写的《跨国公司与直接投资》，复旦大学出版社，2004。

○ 相关内容见第五章。

称为带动出口型投资。

（6）分散和减少企业的风险。实行国际分散化经营，可以减少风险，取得较为稳定的收益。如果把企业可用于生产和销售产品的资产看作一项组合，那么将其仅仅置于一国之内与分散于多个国家，对于企业的经营风险和收益则大不相同。企业仅在一国经营，无法回避一国经济周期波动以及其他政治经济突发事件的不利影响；企业涉足多个国家，由于各国经济周期不同，政治、经济环境等互有差异，就可以分散这类系统性风险，从而使企业全球范围内的净现金流量保持稳定。

（7）实现企业的全球发展战略，取得最佳经营效果。全球发展战略是跨国公司进行全球扩张的一种经营战略，当跨国公司建立起了自己的国际生产体系之后，开始以全球市场为目标，依据资源和市场的分布情况在世界范围内进行灵活、有效和统一的经营，有计划地安排投资、生产、销售和开发等业务活动，使有限的资源得到更有效的利用。一般而言，全球战略动机是国际投资发展到较高层次的体现，而对外直接投资是跨国公司实现其全球战略的手段。

任何对外直接投资的诱因都可归于上述几类基本动机。在此基础上还可以对这些动机做进一步剖析。首先，这些动机都同跨国公司的市场营销战略相关。无论出于何种动机，跨国公司都要通过对国外生产、技术来源地、产品销售地等三方面因素进行有效组合，实现其全球一体化战略，获得国外市场是对外直接投资的基本目标。其次，为实现股东财富最大化，所有动机背后都隐含着两个基本财务目标，即增加销售收入、降低生产经营成本。再次，投资动机有明显的行业倾向。而且，不同的动机及与此相联系的行业倾向，决定了个别投资者对东道国投资环境中的某一类因素特别敏感。再次，各类投资动机不是相互排斥而是相互补充的，某一投资项目往往是多种动机作用的结果，同时并存的机会越多，在投资得以完成之后对投资者的好处就越大。最后，对外直接投资的根本动机和目的是利润最大化。各类投资动机是追求利润最大化的不同途径与方式，在获取利润的问题上，有直接和间接、局部与整体、近期与远期之分，这也导致投资动机呈现出多样化。另外，不同企业在内外条件和所处环境之间存在着相当大的差异性，这也使企业在追求相同目标时采取了不同的手段。表3-1是对以上分析的一般性归纳。

表3-1 跨国公司对外直接投资基本动机的一般性归纳

动 机	财务目标	行业倾向	东道国投资环境的关键刺激因素
1. 开发市场及扩大需求	增加收入	制造业	市场规模大，成长快，开放度高
2. 利用生产要素	降低成本	劳动力及技术密集型产业	丰富而廉价的劳动力及土地资源等
3. 利用自然资源	降低成本	资源开发及利用型产业	丰富的自然资源且允许进入
4. 利用先进技术	增加收入降低成本	技术、知识密集型产业	当地信息、技术聚集，工业现代化程度高
5. 国际分散化经营	增加收入	制造业及服务业	政治稳定、经济富有活力

总之，尽管不同时期、不同国别、不同行业及不同产品的国际投资者，其具体动机可能是多种多样、互有差异的，但其基本诱因都离不开收入和成本目标驱使下的市场、生产要素、资源等因素，无论环境如何变化，它们总是构成跨国公司对外直接投资的最一般动机。这种基本动机的相对稳定性，为发展中国家有的放矢地制定和改善投资环境的长期战略提供了可能。只要东道国能够洞悉外来投资者的一般动机及其变化，并在立足本国国情及本国长远利益的基础上提供各种可将动机转变为现实的基本条件，国际资本就会源源不断地流入东道国。

三、跨国公司对外直接投资的特征

跨国公司对外直接投资的一个突出特征是：投资者对所投资的企业拥有有效控制权。这种有效控制权是指投资者拥有一定数量的股份，因而能行使表决权，并在企业的经营决策和管理决策中享有发言权。这种股权参与下取得的对企业的控制权有别于非股权参与的情况。如果没有这种股权参与，即使通过其他途径或方法对企业产生影响，也不构成直接投资。

在对外直接投资活动中，投资者对企业的控制权一般与投资者对企业股份的拥有权相适应，拥有的股份比例越高，控制权也就越大。但是对外直接投资所要求的有效控制权并不与股份拥有比例构成确定的数量关系，因为按照对外投资实践的通行原则，有效控制权是指投资者实际参与企业经营决策的能力和在企业经营管理中的实际地位。

目前，国际上对直接投资所需拥有的最低股权比例尚无统一的标准。国际货币基金组织（IMF）主张，外国投资占25%可以算作对外直接投资。许多国家的对外投资法或有关的法规也规定了构成直接投资所需拥有的最低股权比例，以区别于其他形式的投资，但具体的解释和标准却不尽相同。从当今世界大趋势来看，各国都日益重视对外投资和利用外资，对国际投资范畴的有效控制权规定的股权比例也相应减小，一般按国际惯例认为，超过企业10%股权的外国投资即认定为对外直接投资。

跨国公司对外直接投资的另一特征是：在资本移动的形式上，直接投资不是单纯货币形式的资本转移，它是货币资本、技术设备、经营管理知识和经验等经营资源在国际上的一揽子转移，也即企业生产和经营活动向国外的扩展。一旦企业的生产和经营活动打破了国家界限，把整个世界作为一个大市场来对待，就产生了对外直接投资。可以认为，对外直接投资是生产社会化走向生产国际化的必然形式，是生产分工扩大到国际范围的具体体现。

进行对外直接投资的企业一般称为母公司，它在国外投资的企业一般称为子公司，我国称为海外企业。第二次世界大战后随着国际经济技术合作方式的发展，合资经营和合作经营成为对外直接投资的主要方式。

第二节　跨国公司对外直接投资环境分析

跨国公司在做出对外直接投资决策之前，必须对投资环境进行分析，识别投资机会，选择风险最小、利润最大的最优投资方案。选择良好的投资环境，不仅是做出投资决策的重要依据，也是跨国公司根据全球战略在东道国的国际生产经营活动中取得最佳效益的必要条件。

一、对外直接投资环境

所谓投资环境，又称投资气候，是一个宽泛的综合性的概念。从广义上讲，投资环境是指在投资过程中影响国际资本运行的东道国的外部综合条件。投资环境可分为不同类型，通常从表现形态来划分，可分为物质环境和社会环境，物质环境又被称为硬环境，社会环境则被称为软环境。

物质环境是指与对外直接投资密切相关的外部物质条件，基本内容包括：

（1）城市和工业基础设施结构。这主要包括能源、交通、仓储、厂房、供水供电、原辅材料供应、金融服务、生活设施、文教卫生以及其他服务性设施等因素。

（2）自然地理条件。这主要包括自然资源、地理位置、环境气候以及自然风光等非人为因素。

社会环境是指能够对外国直接投资产生重大影响的政治、经济、社会、文化等方面的外部条件，基本内容包括以下五个方面：

（1）政治条件。这主要包括政治稳定性、社会安宁、对外政策稳定、涉外经济法律健全等因素。

（2）经济条件。这主要包括经济的稳定性、财政政策、货币政策、外汇管理、资金市场结构、市场规模及其开放程度、税收与关税政策、物价状况和生产要素组合等因素。

（3）社会文化条件。这主要包括社会各阶层之间的相互关系、处世哲学、人生观念与目标、社会对企业及其成就的态度以及企业与政府机构、教育机构、科研机构之间的关系等因素。

（4）管理条件。这主要包括东道国的政治与行政管理体制、经济管理体制、政府部门的管理水平及办事效率以及企业的管理水平及办事效率等因素。

（5）劳动者素质及其费用水平等。

物质环境和社会环境共同构成了对外直接投资环境，对外直接投资环境是一个多种因素的综合体，只对某一个因素或几个因素作一般的分析就做出的决定是不全面的，而各种因素是不断变化的，国际投资环境的形成是一个长期过程。跨国公司总是根据不同国别、不同因素组合进行综合分析，才做出对外直接投资决策的最后选择。

二、跨国公司对外直接投资环境的评估

投资环境的优劣影响跨国公司对外投资的流向和多寡。因此，认真分析和评估投资环境是跨国公司对外直接投资的一个重要步骤。跨国公司对外投资环境总的要求是：风险小、安全系数大；损失小、利润大。跨国公司评估投资环境的方法很多，各种行业各种公司评估方法也不尽相同，这里介绍几种常见的评估方法。

（一）对外直接投资环境多因素评分法

这种方法是1969年美国学者罗伯特·斯托夫（Robert Stobaugh）在《如何分析对外投资环境》（*How to Analyze Foreign Investment Climates*）中提出的[一]。他认为投资环境各个因素对企业投资的作用不同，不能等量看待，应根据各种因素作用的不同确定其等级评分（见

[一] 来自（美）罗伯特·斯托夫编写的《如何分析对外投资环境》，哈佛商业评论，9-10月，1969。

表3-2），最后把所有因素等级分数相加，作为投资环境的总体评分，总分越高表示投资环境越好，总分越少表示投资环境越差。

表3-2 多因素评分法

	投资环境因素	评　分
一	**资本抽回** 无限制 只有时间上的限制 对资本有限制 对资本和红利都有限制 限制繁多 禁止资本抽回	0～12分 12 8 6 4 2 0
二	**外商股权** 准许并欢迎全部外资股权 准许全部外资股权但不欢迎 准许外商占大部分股权 外资最多不得超过股权半数 只准外资占小部分股权 外资不得超过股权的三成 不准外资控制任何股权	0～12分 12 10 8 6 4 2 0
三	**对外商的管理制度** 对外商与本国企业一视同仁 对外商略有限制但无管制 对外商有少许管制 对外商有限制并有管制 对外商有限制并严加管制 对外商严格限制并严加管制 禁止外商投资	0～12分 12 10 8 6 4 2 0
四	**货币稳定性** 完全可自由兑换 黑市与官价差距小于一成 黑市与官价差距在一成至四成之间 黑市与官价差距在四成一倍之间 黑市与官价差距在一倍以上	4～20分 20 18 14 8 4
五	**政治稳定性** 长期稳定 稳定但因人而治 内部分裂但政府掌权 国内外有强大的反对力量 有政变和动荡的可能 不稳定，政变和动荡极有可能	0～12分 12 10 8 4 2 0

（续）

	投资环境因素	评　分
六	给予关税保护的意愿 给予充分保护 给予相当保护但以新工业为主 给予少数保护但以新工业为主 很少或不予保护	2～8分 8 6 4 2
七	当地资金的可供程度 成熟的资本市场，有公开的证券交易所 少许当地资本，有投机性的证券交易所 当地资本有限，外来的资本不多 短期资本极其有限 资金管制很严 高度的资本外流	0～10分 10 8 6 4 2 0
八	近五年的通货膨胀率 小于1% 1%～3% 3%～7% 7%～10% 10%～15% 15%～35% 35%以上	2～14分 14 12 10 8 6 4 2
总计		8～100分

（二）"冷热"国对比分析法

20世纪60年代末，美国学者伊西·利特瓦克和彼得·拜廷根据美国250家企业对世界投资的调查资料，提出通过七种因素对各国投资环境进行综合、统一尺度的比较分析，从而产生了投资环境冷热国对比分析法（也称为国别冷热比较法）。

"冷热"国对比分析是指对影响对外直接投资环境的重要因素"热"或"冷"分别加以评价对比。其中"热"因素是指有利于国际投资的环境因素，"冷"因素是指不利于国际投资的环境因素，因而"热"国投资环境优于"冷"国投资环境。根据两位学者的观点，这些重要因素的内容大致如下：

（1）政治稳定性。一国政治稳定是指政府由各阶层代表所组成，代表了民众的意愿，深得人心，具有长期的持续性，而且政府能关心私人企业，创造适宜工商企业经营的环境。一国的政治稳定性高，则为"热"因素。

（2）市场机会。市场机会大是指拥有众多的消费者，尤其是拥有对于本公司的产品或劳务尚未能满足的有效需求。市场机会大，则为"热"因素。

（3）经济成长和成就。一国经济发展水平、发展速度和稳定性，都是投资环境中的主要因素。经济成长和成就大时就为"热"因素。

（4）文化一元化。文化一元化是指国内各阶层民众拥有共同的文化传统，人们相互间的关系、人的观念、人生目标都由共同的文化所陶冶。文化一元化时，则为"热"因素。

（5）法令阻碍。法令阻碍是指一国的法令繁多且复杂，或在有意无意中限制或束缚了现有企业的活动，并对今后的经营产生不利的影响。法令阻碍大，则为"冷"因素。

（6）自然条件阻碍。自然条件阻碍是指一国的地理环境对有效经营产生的阻碍。自然条件阻碍大时，则为"冷"因素。

（7）地理及文化差距。地理及文化差距是指两国距离远，文化迥异，社会观念及语言文字的差别有碍思想交流。地理及文化差距大，则为"冷"因素。

在上述多种因素的制约下，一国的投资环境越好，即"热国"越热，外国投资者在该国的投资参与成分就越大；相反，若一国投资环境越差，即"冷国"越冷，则该国的外国投资成分就越小。

利特瓦克和拜廷对加拿大、英国等10国的投资环境进行了"冷热"对比分析，建立了直观形式的"冷热"对比表，见表3-3。

表3-3 美国学者观点中的10国投资"冷热"比较表[一]

国　别		政治稳定性	市场机会	经济成长和成就	文化一元化	法令阻碍	自然条件阻碍	地理及文化差距
加拿大	热	大	大	大		小		小
					中		中	
	冷							
英　国	热	大			大	小	小	小
			中	中				
	冷							
德　国	热	大	大	大	大	小		
							中	中
	冷							
日　本	热	大	大	大	大	小		
	冷					大		大
希　腊	热					小		
			中	中	中		大	大
	冷	小						
西班牙	热							
			中	中	中	中		
	冷	小					大	大
巴　西	热							
			中	中				
	冷	小		小		大	大	大

[一] 来自崔日明编写的《步入新世纪的跨国公司》，辽宁大学出版社，2001。

（续）

国 别		政治稳定性	市场机会	经济成长和成就	文化一元化	法令阻碍	自然条件阻碍	地理及文化差距
南 非	热							
			中	中		中		
	冷	小			小	大	大	
印 度	热							
			中	中		中		
	冷			小		大	大	大
埃 及	热							
						中		
	冷	小	小	小		大	大	大

（三）投资环境准数法

这种方法根据相关特性，将软、硬投资环境因素归纳为八大类，列出"投资环境因素评价分类表"（见表3-4），对各类因素分别评分，然后通过公式，将这些评分转换为投资环境准数值。准数值越高，投资环境越优越。[⊖]

八大因素与准数值"I"的关系，可用下式表示：

$$I = \frac{AE}{CF}(B+D+G+H) + X$$

式中　　　　　　　　　　I——准数值；

A、B、C、D、E、F、G、H——含义见表3-4；

　　　　　　　　　　X——其他机会性因素（不可预见性因素），其值可为正亦可为负。

运用这种方法，可以较便利地、定量地评判投资环境的优劣。投资环境准数值越高，投资环境越好，对外国资本的吸引力越大。

表3-4　投资环境因素评价分类表

项目要素	内 涵	评 分
1. 投资环境的激励系数（A）	政治经济稳定 资本自由汇出 投资完善程度 立法完备性 优惠政策 对外资兴趣度 币值稳定程度	0~10分

⊖ 来自崔日明编写的《步入新世纪的跨国公司》，辽宁大学出版社，2001。

（续）

项目要素	内　涵	评　分
2. 城市规划完善因子（B）	有整体经济发展战略 有利用外资中长期规划 总体布局配套性	0~1分
3. 税利因子（C）	税收标准 合理收费 金融市场	2~0.5分
4. 劳动生产力因子（D）	工人劳动素质 社会平均文化素质 熟练技术人员和技术工人的数量	0~1分
5. 地区基础因子（E）	基础设施 工业用地、制造业基地 科技水平 外汇资金充裕程度 第三产业水平 自然条件	1~10分
6. 效率因子（F）	政府机构管理科学化程度 涉外服务体系 咨询、信息及配套服务系统	2~2.5分
7. 市场因子（G）	市场规律 市场占有率 进出口限制 生产资料和劳动力开放度	0~2分
8. 管理权因子（H）	开放城市自主权范围 股权限额 外国投资者经营自主权程度	0~2分

运用投资环境准数法评判对外直接投资环境的主要原则和特点是：

（1）以国际资本动向、本地发展战略为主要依据。

（2）注意到各因素之间的动态性和有机关联性。

（3）决策者可以比较方便地利用准数，从全局高度考察各时期改善投资环境工作的重点。

（4）发展中国家和地区可扬长避短，充分通过改善投资环境和地区自然条件等优势，最大限度地提高准数值，达到吸引更多外国资本的目的。

（四）动态分析法

对外直接投资环境不仅因国别不同而异，即使在同一个国家也因不同时期而变化。所以在评价投资环境时，对这个综合体不但要看过去和现在，而且还要评估将来可能产生的变化。这对跨国公司对外直接投资来说也是十分重要的，因为一项投资至少5年、10年或15

年，有的期限甚至更长。美国陶氏化学公司（Dow Chemical）的环境动态分析法就属于这一种（见表3-5）。

表 3-5　对外直接投资环境动态分析法

企业业务条件	引起变化的主要压力	有利因素和假设的汇总	预测方案
评估以下因素： 1. 实际经济增长率 2. 能否获得当地资产 3. 价格控制 4. 基础设施 5. 利润汇出规定 6. 再投资自由 7. 劳动力技术水平 8. 劳动力稳定性 9. 投资刺激 10. 对外国人的态度 ⋮	评估以下因素： 1. 国际收支结构及趋势 2. 被外界冲击时易受损害的程度 3. 经济增长相对于预期 4. 舆论界领袖观点的变化趋势 5. 领导层的稳定性 6. 与邻国的关系 7. 恐怖主义骚乱 8. 经济和社会进步的平衡 9. 人口构成和人口趋势 10. 对外国人和外国投资的态度 ⋮	对前两项进行评价后，从中挑出8～10个在某个国家的某个项目能得成功的关键因素（这些关键因素将成为不断查核的指数或继续作为评估的基础）	提出4套国家/项目预测方案： 1. 未来7年中关键因素造成的"最可能"方案 2. 如果情况比预期的好，会好多少？ 3. 如果情况比预期的糟，会如何糟？ 4. 会使公司"遭难"的方案

（资料来源：国际贸易，1996年第3期，p25。）

表3-5中第1列是现有情况，第2列是评估社会、政治、经济事件对今后投资环境可能产生的变化（有利、不利或中性）。该公司分析以7年为期，因为该公司预期决策后的7年是盈利高峰年。这种动态分析最终要评估出未来7年中的环境变化，并由此制定出4套预测方案（第4列），供决策参考。

（五）抽样评估法

这种方法是对东道国的外商投资企业进行抽样调查，了解它们对东道国投资环境的看法。这种方法首先选定或随机抽样不同类型的外资企业，列出投资环境评估要素，然后由外商投资企业的高级管理人员进行评估，评估通常采取回答调查表的形式。

东道国政府常常通过这种形式了解本国投资环境对国外投资者的吸引程度如何，以便及时调整吸收外资的政策、法律和法规，不断改善本国的投资环境。同时，跨国公司也常把抽样评估的结果作为了解东道国投资环境的背景参考资料。

美国科艺国际管理咨询公司与我国原外经贸部国际贸易研究所于1987年3月对中国投资环境作抽样评估。调查对象是在中国投资的36家外资企业（包括合资企业）。评估结果是在36家外资企业中，只有17.9%的企业认为中国的投资环境"非常好"，32.8%的企业认为"良好"，34.1%的企业认为"一般"，15.2%的企业认为投资环境"不佳"。⊖

抽样评估法的最大优点是评估的项目比较具体，能使调查人员得到第一手信息资料，对潜在投资者具有直接参考价值。但由于评估项目不可能列举很多，因而可能不够全面，同时评估的结果常常带有评估人员的主观色彩。

⊖　来自崔日明编写的《步入新世纪的跨国公司》，辽宁大学出版社，2001。

（六）成本分析法

投资环境的分析与其他经济决策的选择一样，最后往往归结到成本和收益的分析。人们常把投资环境的分析折合为数字，作为成本的构成，然后通过反复比较，做出适合投资的决策。英国学者认为把各种投资环境因素作为成本构成，可能会出现三种不同情况。

假设：C 表示资本来源国国内生产正常成本，C' 表示东道国生产正常成本，M' 表示出口销售成本（包括运输、保险和关税等），A' 表示国外经营的附加成本，D' 表示各种风险成本（包括泄漏、仿制）：

（1）如果 $(C+M') < (C'+A')$，则企业选择出口贸易，因为出口贸易会比对外直接投资更有利；如果 $(C+M') < (C'+D')$，则企业选择出口贸易，因为出口比特许权转移有利。

（2）如果 $(C'+A') < (C'+M')$，则企业选择建立子公司，因为对外直接投资比出口贸易有利；如果 $(C'+A') < (C'+D')$，则企业同样选择建立子公司，因为对外直接投资比特许权转移有利。

（3）如果 $(D'+C') < (C'+A')$，则企业选择特许权转移，因为特许权转移比对外直接投资有利；如果 $(C'+D') < (C'+M')$，则企业同样选择特许权转移，因为转让许可证比出口贸易有利。

成本分析法不但综合了各种因素所造成的成本，而且把企业参与国际市场的三种形式结合起来分析比较。以上三种情况分析，只有第二种情况适合做出对外直接投资决策。

对外直接投资环境的评估方法还有很多，但所考虑的因素都比较有限，不同的评估方法，也只是所选择的因素侧重点不同而已。因此，在评估中要善于运用不同方法来识别和选择有利的投资环境和机会。不仅要对对外直接投资环境的各因素做综合分析，还要比较不同地区和国家、不同时期的投资环境，并在几种方案（对外直接投资、出口贸易和特许权转移）中做出权衡。以上几种方法有助于了解跨国公司对对外直接投资环境的要求，了解跨国公司的投资决策过程。

第三节　跨国公司对外直接投资策略

一、出口贸易、特许权转移和对外直接投资的选择

在国际经营活动中，相对于国外设厂生产，公司从事出口活动风险小，投入少，利润短期可获得。但公司长期局限于进出口贸易，会遇到许多障碍。一是同进口国利益相冲突。进口国从自身利益出发，会在贸易配额、产品质量、贸易制度安排等方面限制外国商品进入。二是随时间推移，出口商和进口商各自拥有的技术和要素会发生变化，各国具有相对优势的产品也常有变化，出口商原先占有的外国市场因而会被取代。三是难以从进口国寻找到关系稳定、能开拓市场、不断扩充销售的代理商。为了建立长期销售代理网点，要有很大的市场开发投入。因此，主要依赖直接出口开拓市场的公司，市场发展潜力不大。

从事出口有一定基础的国内公司，为保住和扩大已开拓的市场，开始将零部件运到国外去装配，或直接在国外制造产品，在当地市场就近销售，这就是出口带动的对外投资。当公

司权衡了母国和东道国之间的要素成本、运输成本、转移成本之后，认定在东道国设厂供应当地市场赚取的利润超过从母国出口的盈利时，公司就决定向国外投资。或者，即使国外生产不一定比从母国出口有更大利益，然而在国外设厂可以绕过贸易壁垒，维持公司的国外市场，通过国外设厂向邻近国家尤其是区域贸易集团的国家渗透，扩大市场份额，公司也会决定向国外投资。

公司开拓国际经营活动的另一途径是从事专利、专有技术、商标等技术转让，发放技术转让许可证的公司可以在领取许可证的企业取得股权利益。技术转让是进入国际市场的常用方式，好处是投入资金少，回报快，渗透容易。发放许可证往往作为建立国外生产设施的先行步骤。从事专利等技术贸易与出口一样，有市场发展的局限。特许权转移虽然在买卖双方之间有一定的协议，但专利的卖方常常不能控制协议的履行，也就难以较长时间保持对技术的控制。虽然卖方出售专利的酬金在增加，但也存在失去市场的潜在风险。因为特许权转移会导致在第三国市场形成竞争者，转移特许权厂商会损失未来的收入。买方会发展成为卖方的强大竞争者，以致排挤卖方。

公司开拓国际经营活动的另一途径是参与国际证券投资。证券投资不控制企业，不参与管理，以证券收益为目的。证券投资可能是公司不想直接卷入企业的管理，也可能是直接投资的前奏，或为了投资多样化搜集市场信息等。在国外从事证券投资，虽然能获得较稳定的收益，但在开发市场和更大获益方面，同样有局限性。局限一是证券投资是运用资金从事金融活动，不能发挥公司的技术、生产、管理的相对优势去开拓更广阔的市场。局限二是这种投资方式不能获得对被投资企业的控制和管理。总之，证券投资不能实现将本公司的优势和国外公司的优势相互结合带来巨大利益。

海外生产克服了出口缺陷，通过在国外制造，根据当地市场的发展，使其产品适应当地消费者偏好，并能提供全面的售后服务。因此，海外生产比出口能充分实现产品潜在的销售性，占有当地更大的市场份额。国外生产包括修理、加工、制造、装配和包装等一系列阶段，往往开始于最简单易行的阶段，通过后联，实现制造业活动一体化。

以日本佳能公司为例。20世纪60年代后半期之前，佳能公司一直靠出口开拓海外市场。1961年，佳能公司在美国同"贝尔—霍埃尔公司"建立销售合作关系。一直到1973年，佳能公司才以自己的专用商标在美国市场上独立销售。从70年代前半期开始，日元升值，贸易摩擦加剧，附加值相对低的中档照相机在日本国内生产和出口已经无利可图。佳能公司选中中国台湾建立海外生产基地，产品出口到美国、欧洲、东南亚，同时返销日本。以后，又在德国、法国建立子公司生产复印机，既避开了贸易摩擦，又利用了当地的精密技术和熟练工人。

图3-1表明了出口和国外生产的选择，横、纵轴分别表示产量 Q、成本价格 P。假定厂商的出口和国外生产面临同样的国外需求曲线 D 和边际收益曲线 MR，但存在不同的边际成本，对外出口的边际成本为 MC′，国外生产的边际成本为 MC。厂商将自身的技术和管理优势与国外区位优势相结合，使国外边际生产成本 MC 低于出口边际成本 MC′。梯形 *mnqh* 的面积是海外生产能约的成本，如果这个成本节约大于海外生产的额外管理成本，厂商便选择国外生产。

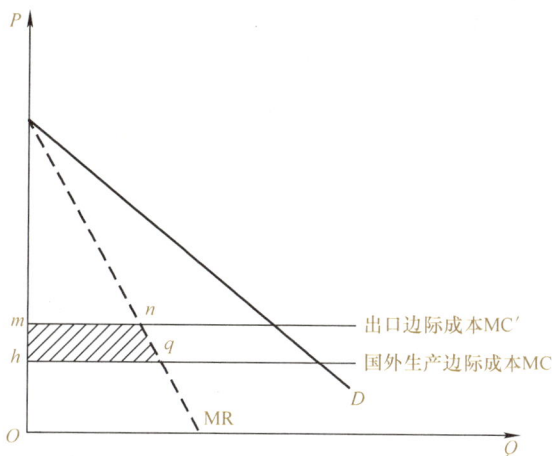

图 3-1　出口和国外生产的选择

二、对外直接投资策略

（一）跟随先行公司策略

在寡头垄断市场中，某些大型跨国公司在国外建立了子公司，如计算机、汽车、食品饮料、金融分支机构等海外公司。同一行业中其他垄断厂商面临着两种选择：或跟随先行厂商进入同一国家的同一行业投资，或不跟随。如选择后者，便放弃获得新市场或控制原材料生产的机会，本公司会被其他跟进厂商赶上，最终被挤出垄断行列。若选择前者采取跟随策略，与其他竞争者一起建立生产点和销售点，如获成功，可分享市场，取得竞争均势，巩固寡头垄断地位。

（二）防御性投资策略

这是跨国公司维持寡头垄断优势的另一种投资策略。公司的经营目的是维持市场占有率，若同行对手扩大经营，提高市场占有率，而本公司却持静观姿态，会从势均力敌状态沦为市场弱者，寡头市场失去平衡。为此，该公司被动增加投资，发展规模经济，使产品更新换代。因为已占领市场的厂商所花费的研发成本和转移成本要比新进入的竞争者低，从而能有效阻止新竞争者的进入，或维持市场上的寡头均衡局面。

（三）建立进入壁垒策略

已有企业通过设置市场进入壁垒，阻止潜在竞争对手进入已垄断的市场。进入壁垒是指已有企业的优势，或新进入企业的劣势。例如，已有企业的产品和商标早已为当地消费者熟悉和习惯使用；已有企业已建立了畅通的销售渠道；垄断了产品的专有技术及专利；形成了同市场规模相适应的生产规模经济；已有企业新开发出差异产品等，这些都形成新进入者的进入壁垒。

跨国公司拥有特有优势，如产品加工的专门技术、成功的差异产品、管理技能等，可形成阻止新公司进入的障碍。此外，规模经济及大规模投资要求的固定成本，也是阻止新公司进入的屏障，只有拥有特有优势的公司才能克服这些障碍。

公司建立的进入壁垒某种程度上也是其撤出的障碍。公司投资于耐用性和专门性的厂房、设备以及广告开支、专门化的生产过程，往往不可流动、不可复原或转让销售困难，构成公司撤出的巨大成本。

（四）国际专业化策略

20 世纪 70 年代末，跨国公司母公司与子公司的联系不再是单向联系，不再是母公司通过子公司开拓东道国市场。子公司的产品同时返销母国和向其他子公司供货，子公司与子公司之间不再是无联系的独立经营单位。母公司在全球范围内配置专业化工厂网点，各海外子公司制造专门部件，联合组装，定向销售。公司网络内国际专业化分工，增加了母公司与子公司、子公司与子公司间的部件、半成品及成品的往返运输和内部贸易。例如，日本松下电器公司在国内专门生产分离式空调器，在马来西亚设厂专门生产窗式空调，然后出口到各国，包括其母国日本。1977 年，松下又在新加坡建立了无线电公司，生产收音机、立体音响、收录机等音响及半导体产品，大部分供外销，从而建立了企业内的国际分工。

（五）交叉投资策略

一些跨国公司在东道国实行海外低成本定价战略，用母国市场的高价销售进行补贴，以倾销方式抢占东道国市场。东道国公司为对付国外公司这种低价抢占市场行为，也在对方市场进行投资。英国石油公司和法国铝业公司进入美国市场，形成销售能力，便是为了对付美国公司在英国和法国市场萧条时期向其倾销的行为。

（六）合资经营策略

合资经营策略是指两个或几个竞争性公司强强联合，共同经营。这种策略兴起时在原材料生产（钢、铁、石油、铝等）行业的寡头厂商中较盛行，厂商联盟能分散风险。20 世纪 70 年代以来，在化工、电器、电子、医药、电信、航空等行业，各国垄断巨头之间也盛行合资经营。美国通用汽车公司同日本的丰田汽车公司和五十铃公司、韩国的大宇公司等合作制造、销售汽车，同日本的 Fujitu Fanuc 制造、出售机器人；美国电话电报公司（AT&T）同意大利的 Olivetti 建立战略联盟关系开发和推出个人计算机等。

合资经营有以下几点好处：

（1）合资经营是各种技能和资源的结合、所有权的结合，能较快开拓新市场。20 世纪 80 年代初期，美国的阿莫科石油公司和日本的三菱公司组织合资厂，在日本出售和制造阿莫科石油公司的轻型塑料部件。对于阿莫科石油公司来说，这是进入日本市场的好途径；而对于三菱公司，这是得到美国公司工艺的好机会。

（2）跨国公司同当地厂商联合，可使母公司资本同当地资本结合，合资者之间的管理和工艺结合，加速产品开发和创新。美国厂商曾以出售工艺来换取进入日本和其他外国的市场。或者美国和日本厂商联合经营，将美国产品的革新同日本低成本设计和制造工艺相联系。例如，美国施乐公司利用同日本富士照相胶卷公司的长期合营，开发出低成本的复印机。

（3）确保原材料和训练有素的技术人员的来源。

（4）项目开发成本巨大，需要多国家的公司进行联合，合作生产和安排销售，取得满意的生产规模经济和综合销售渠道。

（5）有利于得到东道国政府的协助和税收优惠。

（6）减少民族情绪，降低政治风险。

合资经营方式也有不利的一面：在销售计划、分红政策、收入再投资、对第三国出口、转让价格、管理模式、资本借贷与偿还，乃至于工艺、销售等问题上，跨国公司、当地合资者和当地政府之间的利益冲突不时发生。

（七）水平联合策略及垂直联合策略

母公司和国外子公司之间常常实行水平联合或垂直联合策略，水平联合是生产相同产品（如饮料、电器）的不同厂商的联合，而从原料加工、中间产品到制成品等各生产阶段的厂商的联合是垂直联合。从成品生产后向扩展到控制原材料和中间产品的生产联合称为后向垂直联合，同组装和销售最终产品的厂商的联合称为前向垂直联合。跨国公司纷纷走上专业化与多样化结合的经营道路。一方面，制造业、采掘业、化工业、食品业等跨国公司在行业间相互渗透，兼营十几种行业的混合公司；另一方面，跨国公司在全球配置专业化生产和经营网点，分工生产零部件，集中组装定向销售。例如，全球最大的飞机制造公司——美国的波音公司生产的波音 747 客机上的超过 450 万个零部件，就是由包括美国在内的全球 60 多个国家和地区的 2.5 万家企业（包括中国的西安、成都的一些企业）共同协作生产完成的。

三、产业转移策略——对外投资周期

最先创新产品的厂商从本国出口具有特定优势的产品，取得贸易盈余。当创新产品进入成熟期，原先革新厂商的技术和成本优势逐步消失，众多厂商的模仿产品进入国际市场，最初的出口国的贸易盈余也逐步减少。产品进入衰老期，原先创新厂商放弃衰老产品的生产，从国外进口该产品到本国，最初的该产品的贸易盈余国成为该产品的贸易逆差国。国际贸易与对外投资周期的关系见图 3-2。

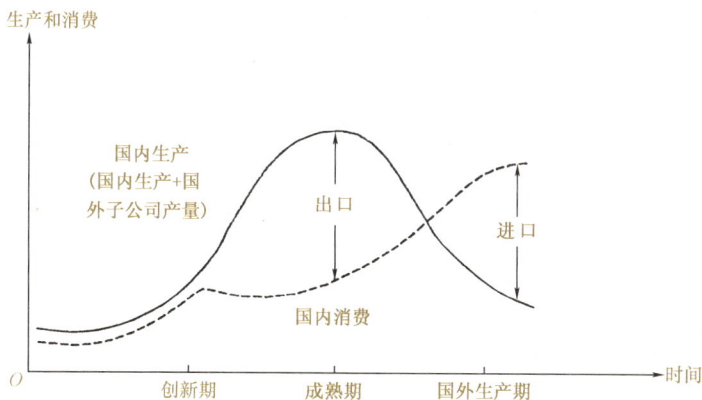

图 3-2 国际贸易与对外投资周期（产品创新）的关系

新产品率先在革新国研制开发，在国内市场取得成功，在此基础上厂商向外国出口。在这一阶段，对国外投资典型的还是出口活动的补充。例如，建立国外售后服务设施，是为了配合出口的成功。随着新产品在世界市场的扩大，国外的仿制产品开始普遍，产品技术标准化，此时，原出口厂商开始把成熟产品的生产转移到国外，替代国内的高成本生产。当国外生产取得优势，产品会由子公司返销回本国。此时，母公司继续向子公司出口零部件、劳务等。对外投资周期以比较成本为基础，而限制进口的贸易壁垒，以及国外的投资刺激，会加速公司从出口战略向国外建立生产性子公司战略的过渡。如果对外投资对母国有更强的贸易互补而不是贸易替代效果，更会鼓励厂商发展国外生产，供应本国市场。

处于产品生命周期不同阶段的跨国公司，往往采取以下不同的经营策略：

1. 产品开发期的跨国公司

处于产品开发期的跨国公司，对新产品的技术、质量保持领先和垄断，对外经营实行出口策略，对外投资以市场进入为目标。此类公司又称为创新性公司，研制新产品，改革老产品，或以战略性投资开辟市场，建立进入壁垒，以保持创新者地位。创新开始阶段，向相似收入国家和相似需求结构的国家出口。当国内外市场出现成熟产品和潜在竞争者，创新公司先发制人在国外市场生产，产品标准化时便转入价格竞争，公司以降低成本为主要策略，向低成本的发展中国家转移生产。

2. 成熟期的跨国公司

处于产品成熟期的跨国公司，如食品、饮料、石油、汽车等行业的一些跨国公司，产品基本标准化。此类公司利用老牌商标（如雀巢咖啡、可口可乐），或利用巨大广告投入和发达的销售网络，或利用已有的成熟生产线和运输能力（如美孚—埃克森石油公司的庞大船队，丰田、通用等汽车公司的高效生产线），来阻挡新的市场进入者；或利用学习曲线（learning curve）⊖降低成本，阻止新的参与者；或利用规模经济实行低价低利，以延长产业的垄断。处于产品成熟期的跨国公司多采用跟随先行公司策略、防御性投资策略，维持寡头地位。

日本企业从 1986 年以后，从海外生产基地向日本返销的产品急剧增加，本田汽车公司在美国俄亥俄州的工厂，从 1988 年起每年有 3000 辆汽车返销日本，1990 年返销了 3 万辆。东芝公司在美国田纳西州的工厂生产的大屏幕彩电，也部分返销日本。从日本市场看来，部分彩电、收录机、电风扇、中小型冰箱等附加价值不太高的产品，与其在日本工厂生产，还不如在东南亚海外工厂生产，再返销日本，成本更为低廉。

3. 衰老期的跨国公司

此时跨国公司在东道国的生产线和市场优势逐步消失，东道国的当地厂商与跨国公司在当地市场展开竞争。衰老期跨国公司的经营策略，一是开发差异产品，抛弃老产品；二是转移生产点，向低成本地区投资，利用已有的国际推销能力，重新布局，专门化生产。20 世纪 80 年代，美国、日本等国的一些跨国子公司从新加坡、中国台湾撤出，转移到泰国、马来西亚、菲律宾等国，以其低成本产品返销母国。跨国公司利用某些发展中国家实行进口替代的机会，在这些国家（如泰国、马来西亚、秘鲁、赞比亚等）设立分公司，建立食品、种植、罐头、饮料等生产线，或是执行产品的持续创新策略，否则，公司要被迫撤回"老家"。美国的轮胎工业一度称雄西欧，由于长期以来没有独特产品，法国新厂商进入轮胎市场后，美国公司不得不拍卖其生产线。

第四节　跨国公司对外直接投资形式

一、跨国公司对外直接投资方式

与出口贸易和特许权转移模式进入外国市场不同，跨国公司选择对外直接投资方式进入

⊖ 学习曲线（learning curve）是表示单位产品生产成本与所生产的产品总数量之间关系的一条曲线，也称为经验曲线。随着产品累计产量的增加，单位产品的成本会以一定的比例下降。学习曲线以图形的形式表示在一定时间内获得的技能或知识的速率，体现了熟能生巧。

国外市场，是指企业将管理、技术、营销、资金等资源以自己控制企业的形式转移到目标国家（地区），以便能够在目标市场更充分地发挥竞争优势。与出口方式相比，对外直接投资缩短了生产和销售的周期，减少了运输成本；可利用当地廉价的劳动力、原材料、能源等生产要素，降低制造成本；能随时获得当地市场信息和产品信息的反馈，从而可根据市场的需求来调整生产。此外，对外直接投资也使企业跨越东道国政府的各种贸易壁垒和非贸易壁垒，有时对外直接投资还能享受东道国提供的某种优惠。但是，对外直接投资需要大量的资金、管理和其他资源的投入，这就意味着风险更大，灵活性更差。

从事对外直接投资活动是跨国公司的重要业务之一。对外直接投资的企业类型主要有：独资企业、合资企业、合作企业和合作开发企业。跨国公司采用何种形式从事对外直接投资，取决于其自身条件和国际投资环境。

（一）独资企业

独资企业（外商独资经营企业），是根据有关法律规定而在东道国境内设立的全部资本由国外投资者提供的企业。大型跨国公司尤为喜欢以创立独资企业的形式进行对外直接投资。第二次世界大战以后，无论是发达国家还是发展中国家，独资企业都得到较大的发展，这是因为，采用独资经营，跨国公司可以实现垄断技术优势、实现价格转移，具有更大的灵活性和自主性。

（1）垄断技术优势。拥有先进技术是跨国公司最重要的垄断优势。独资企业实际上是跨国公司设立在国外的子公司，母公司对其拥有完全的控制权，高级技术人员由母公司直接选派，一般技术人员和工人则在东道国当地招聘，以便垄断技术，形成技术优势。其他形式（如合营等）往往会造成国外投资者与东道国投资者共享技术优势。因此，跨国公司通过对外直接投资的形式发挥垄断技术优势，常常偏向于选用独资经营的形式。

（2）实现价格转移。跨国公司采取独资形式对外直接投资就可以在其内部各子公司之间或母公司与子公司之间买卖原材料或产品，从而可以根据各国（或地区）税收制度的差异，实行内部价格[○]。如果采取合资形式，则必然要涉及投资者与当地企业的利益，双方难以达成一致协议，这也是跨国公司的重要策略之一。

跨国公司设立海外独资企业（亦即海外子公司）的途径主要有两条：

（1）在东道国新建投资项目。这是跨国公司进入国外市场的传统途径。其优越性是可以根据跨国公司总体发展策略，灵活选择投资方向、投资部门、生产规模和产品类型等；其缺点是新建一个项目要耗费较长时间。

（2）并购东道国公司。美国和欧洲各国的跨国公司更倾向于这种途径。其方法有二：一是通过收购该公司的股权达到控制该公司的目的；二是收购该公司的资产。前者是在收购人与股权持有者之间进行的，后者是在收购人与具有法人资格的公司之间进行的。

跨国公司设立海外独资企业有如下一些特点：

（1）法律地位独特。独资企业不是母国的企业和法人，而是东道国的企业和法人，所以从企业在东道国从事民事活动的法律地位来看，独资企业一方面可接受东道国的法律保护，另一方面也接受东道国政府对其实行的监督和管理，开展正常的生产经营活动。

（2）对独资企业掌握的尺度较严。一般东道国有关设立独资企业的法律和政策都有利

○ 见第六章第三节内容。

于本国国民经济的发展，往往要求独资企业采用本国尚未掌握的先进技术，要求独资企业的产品全部或部分出口。

（3）在管理权限上有充分的自主性。独资企业的组织形式、生产活动、销售活动、工资福利、职工聘任与解雇等，均由外国投资者根据东道国法律自行决定，东道国除行使必要的法律规定的管理职能外，一般不干涉独资企业的经营活动。

（二）合资企业

合资企业（合资经营企业）又称股权式合营企业，是指由两个或两个以上属于不同国家或地区的公司（企业）或其他经济组织，经东道国政府批准，在东道国境内设立的以合资方式组成的经济实体。合资企业已发展成为国际直接投资的主要形式之一，这种形式更适合中小型跨国公司。对于生产规模较小、技术水平不很高的中小型跨国公司来说，想进入东道国市场，采用此种直接投资方式可以获得东道国政府的支持。其途径有二：一是通过新建投资项目的方式设立，二是通过购买东道国企业股权的方式设立。

国外投资者购买东道国企业股权的行为，既可能是对外直接投资，又可能是对外间接投资，区别是看能否获得实际的控制权。美国学者认为，国外投资者购买东道国企业 10% 以上的股权就有一定的控制管理权，就可归属于对外直接投资的范畴，低于这一比例，则属于对外间接投资的范畴。

根据不同的标准和途径，合资企业可以划分为不同的类型：

（1）按东道国政府设立合资企业的目标可划分为外向型合资企业、内向型合资企业、开发型合资企业。外向型合资企业的产品主要用于出口，面向国际市场，发展中国家更倾向于采用这种合资类型；内向型合资企业的产品主要用于国内销售，满足国内市场需求，东道国对建立内向型合资企业控制较严；开发型合资企业经营的直接目的就是开发东道国资源丰足和偏远的落后地区。

（2）按合资企业的投资比例可划分为对等型合资企业、参与型合资企业、联合型合资企业。对等型合资企业的合资双方出资比例相等，双方投资者在资本、管理权限和责任上均处于对等的地位；参与型合资企业往往是东道国从法律上确定本国投资者在企业经营中的支配权，以防止外国资本对合资企业的控制，许多发展中国家规定本国一方的股份在合资企业中必须占有 51% 以上的比例；联合型合资企业是由两个或两个以上国家的公司共同投资联合设立的，由合资各方共同承担风险，合资各方的权利和义务是根据其投资的比例来确定的。

（3）按合资企业的经营范围可划分为工业生产型合资企业、工程承包型合资企业、服务型合资企业、农业生产型合资企业等。工业生产型合资企业主要从事工业生产经营活动；工程承包型合资企业主要经营建筑工程和装潢工程类业务；服务型合资企业主要经营商业、旅游业、饮食业等；农业生产型合资企业主要从事农业生产经营活动。

跨国公司设立合资企业具有如下一些特点：

（1）共同投资。合资企业是由合资各方共同投资设立的，其投入的股份可以是资金，也可以是实物、产权、专有技术等。

（2）共同管理。根据出资比例，合资各方共同组成董事会，并聘请总经理和副总经理，建立经营管理企业的体系。

（3）共担风险。合资各方共同享受企业的盈利，共同承担企业的风险，盈亏均按股份比例分担。

（4）自主经营。合资企业是在东道国境内设立的具有独立法人资格的经济实体，其生产经营活动具有充分的自主权。

（三）合作企业

合作企业又称契约式合营企业，是指国外企业依据东道国有关法律，与东道国企业共同签订合作经营合同，而在东道国境内设立的合作经济组织。就东道国而言，合作企业是许多发展中国家利用外资的一种简便有效的形式。

合作企业可以分为两种：一种是法人式，即合作企业有独立的财产权，法律上有起诉权、被起诉权，并以该法人的全部财产为限对其债务承担责任；另一种是非法人式，即合作企业没有独立的财产所有权，而只有使用权，合作企业的管理可以由合作各方派出代表组成联合管理机构，也可以委托一方或聘请第三方进行管理。

合作企业和合资企业都表现为国外投资者与东道国的投资者在东道国创办企业，合伙经营。两者既有联系，又有区别。从法律的角度来考察，合作企业是契约式合营企业，其基础是合资各方的股份。

与合资企业相比，合作企业有其自身明显的特点：

（1）经营方式。合作双方的权利和义务均由合同规定。合作双方可以组成法人，也可不组成法人。作为法人的合作企业应成立董事会这种最高权力机构，作为企业的代表；不组成法人的合作企业，不具有法人资格，可由合作各方的代表组成联合管理机构，负责管理经营，也可以由外方主要负责，进行管理（有些国家规定，合作经营期间由外方单独管理，东道国一方只为双方合作提供服务）。

（2）投资条件。在一般情况下，东道国一方提供场地、厂房、设施、土地使用权和劳动力等，投资国企业一方提供外汇资金、设备和技术等。

（3）收益分配。由于合作企业属于契约式合营企业，投资各方不按股份计算，所以也不按股份分配收益，而是按合同中商定的比例进行分配，而且不能变动。

（4）合作期满的财产归属。不同行业项目的合作期限不同，但是一般来说，合作期满后，合作企业的全部资产不再作价，而是无偿地、不附带任何条件地归东道国一方所有。

（四）合作开发企业

合作开发是指东道国（资源国）利用国外投资共同开发本国资源的一种经营合作形式，通常由东道国政府（或政府组织机构、国有企业等）与国外投资者共同勘探、开发自然资源，共同承担风险，分享利润。合作开发适用于大型自然资源（如石油、天然气、矿石、煤炭和森林等）的开发和生产项目。

合作开发具有两个明显特点：

（1）东道国管理较严。与其他吸收国外直接投资的形式相比较而言，由于合作开发涉及东道国自然资源的开发和利用，因而管理较严格。外国投资者与东道国企业进行合作开发，要由东道国政府批准，给予特许权，有关合作的区域面积以及合作对象、规则等，都是东道国政府有关主管部门审查的范围。

（2）投资多、风险大、利润高。由于大型自然资源开发项目一般投资规模大、技术水平要求高、投资资金量要求大，所以需要采取合作开发形式方能解决。正因为如此，伴随着的风险也大，往往由外国投资者承担风险，因为一旦勘探失败，东道国无须偿还勘探费用，由外国投资者自己承担费用；如果勘探成功，合作双方都可获得巨大利润。所以与合资企业、合作企业相比较，采用合作开发方式东道国可能享受更大的利益，而投资者则要承担更大的风险。

二、跨国公司的对外投资活动

跨国公司除了传统的建立子公司、购买外国企业股票等股权参与形式外，还采用许可证合同、管理合同、销售合同等非股权安排形式，这种投资方式的变化是跨国公司适应东道国政策变化的一种策略。

（一）跨国公司在国外的股权参与

1. 股权参与的含义

跨国公司的股权参与是指跨国公司在其国外设立的子公司中拥有股权的份额。其大小取决于投资者向企业投资数额的多少。一般地说，跨国公司向海外子公司投资数额越大，拥有股权的比例就越大，就越能对子公司实行有效控制。因此，跨国公司尽力拥有全部股权或拥有多数股权，从而把子公司完全纳入其全球经营体系，服从其整体利益。

2. 跨国公司的股权选择形式

跨国公司的股权选择有以下几种形式：①设立分公司或销售机构；②建立加工装配厂；③独资企业；④合资企业。其中，独资企业与合资企业是股权投资的两种基本形式。

设立独资企业便于跨国公司有效控制其海外子公司，维护公司的技术垄断、经营决策、产品质量和商标信誉，从而实现公司整体利益的最大化，所以主要发达国家经济实力雄厚、管理经验丰富的大型跨国公司，更倾向于采用设立独资企业这种股权方式建立海外子公司。而选择合资企业这种股权方式多数是出于发展中东道国的要求，以降低投资的政治风险。

3. 跨国公司股权选择的因素

跨国公司在哪一个国家设立子公司，选择什么样的股权形式，不能只考虑跨国公司自身情况，还必须考虑东道国的国情与法规等因素。只有这样，才能做出正确而切合实际的选择。影响跨国公司对外股权投资的因素，既包括公司内部的，也包括来自公司外部的。

（1）内部因素。内部因素主要有：

1）公司的产品、技术、管理以及销售等方面的优势。一般来说，优势越大，股东就越有发言权。

2）公司的产品策略。若经营的产品较集中，公司适宜采取独资经营；若经营的产品较分散且种类较多，公司宜采取合资经营。

3）总公司的财力及管理资源是否充裕。若不充裕，则采取合资企业形式，这样便于利用当地资源。

（2）外部因素。外部因素主要有：

1）东道国（资金接收国）对外资的政策与法律、东道国的合作能力与效率以及竞争者及竞争情况等。一般说来，发达国家政府控制较低，经营效率高，市场竞争强，资本可以相互渗透，相互利用。因此，跨国公司在发达国家投资，多半以全部股权拥有和多数股权拥有为主。而发展中国家一般对外来投资都采取鼓励与限制相结合的政策，在所有权转让、资源使用、外汇管理、关税与利润返还等方面制定了一系列政策、法律法规，有些国家在外来投资法中明确规定跨国公司拥有子公司股权的最高比例。因此，在发展中国家投资，跨国公司多数采用少数股权拥有和非股权安排的方式。

2）母国（资金流出国）政府对跨国公司海外业务的政策是鼓励还是限制。对海外业务采取过多的限制政策，不仅影响外国跨国公司的进入，也会影响本国跨国公司的对外投资。

（二）跨国公司在国外的非股权安排

1. 非股权安排的含义

非股权安排是20世纪70年代以来逐渐被广泛采用的形式，主要是指跨国公司在东道国不参与股份，而是通过与股权没有直接联系的技术、管理、销售等为东道国提供各种服务，与东道国公司保持着密切联系，并从中获取各种利益。

非股权安排主要是跨国公司针对发展中国家的国有化政策和外资逐步退出政策而相应采取的一种投资方式，也是跨国公司在发展中国家谋求继续保持原有地位的重要手段。采用这种投资方式，投资物不是资金，而主要是各种技术、专利、管理技能、销售技巧等无形资产。跨国公司通过非股权投资方式，既可减少风险，又可使其技术、管理和销售机制获取相应的利润；同时，还可以通过这些先进的技术、管理和销售渠道对当地企业施加影响。因此，跨国公司非股权安排的投资方式正在日益发展，在全世界范围内得到更广泛的运用。

2. 非股权安排的形式

非股权安排形式很多，并且仍在不断地发展。目前，许可证合同、管理合同、产品分成合同、协作生产合同、销售合同、联合投标合同、"交钥匙"合同、咨询服务合同等形式最为常用，下面分别予以介绍：

（1）许可证合同。许可证合同是指跨国公司与东道国公司就技术转让和使用问题所订立的合同。许可证合同具体可分为独占许可证合同、普通许可证合同、排他许可证合同、从属许可证合同等。独占许可证合同规定被许可方有使用某项技术的独占权，许可方和任何第三方不能使用该项技术。普通许可证合同也规定了被许可方有权使用某项技术的权利，但对许可方和任何第三方的使用权没有任何限制。排他许可证合同又称全权许可证合同，订立这种许可证合同后，被许可方有权使用许可方的技术，许可方仍保留使用权，但要排除任何第三方对技术的合作。从属许可证合同则赋予了被许可方可以使用许可方技术以及根据需要把技术的使用权转让给任何第三方的权利。

无论采用哪一种许可证合同，对技术价款的偿付都可采用总算偿付和提成偿付两种方式。采用总算偿付方式，对转让的技术要作价，然后由被许可方一次付清或分期付清，如果以产品偿付，那么产品也要作价；采用提成偿付时，转让的技术可以不作价，但要确定提成率和提成期，许可方根据被许可方在提成期内每年的产品产量或产品的销售价格，按确定的提成率提取提成费。有的合同还规定在合同有效期内，跨国公司有义务向许可证获得者提供改进和改善技术的情报，而被许可方也有义务向技术提供者进行技术反馈，跨国公司不参与东道国公司的股权，但可以对产品的产量和质量进行监督。

（2）管理合同。管理合同也称经营合同或经营管理合同，是指跨国公司通过合同在不涉及股权参与情况下，向东道国企业提供综合性服务，在合同有效期内按规定提供各项服务和收取相应的报酬。管理合同分为两大类：一类是全面经营管理合同，其范围较广泛，不但包括了技术管理，而且包括生产管理、销售管理和行政管理等。这类管理合同一般适用于新产品的开发、管理比较复杂或质量要求高的企业。另一类是技术管理合同，即企业的技术管理由跨国公司的技术人员或技术公司进行全权管理。管理合同的特点是不投资只管理。这样，跨国公司通过签订管理合同，参与并控制东道国企业的生产经营活动，在没有风险的情况下，增加公司的收益。

（3）产品分成合同。签订这种合同的跨国公司起着一个总承包商的作用，即东道国出钱，跨国公司替东道国公司购买设备和进行投资，并实施管理，跨国公司不占有股权，但要与东道国在一个预先商定的分配方案的基础上分享公司的产品，以作为这种非股权安排的报酬。

（4）协作生产合同。协作生产合同中规定，跨国公司提供各种产品的设计图样、技术和专利权，东道国公司提供厂房、机器设备、原材料和劳务，双方进行协作生产，跨国公司通过提取产品或销售利润的方法获得投资报酬。

（5）销售合同。销售合同中规定，一般由跨国公司提供技术，在东道国进行生产。生产的产品由跨国公司和东道国的公司共同销售，双方按销售业绩分享销售利润。

（6）联合投标合同。订立这种合同后，跨国公司和东道国的公司就要对某一大型项目进行共同投标。如果中标，双方就要共同负责项目的勘察、设计和施工。跨国公司主要提供专家和技术，从共同获得的收益中取得部分投资利润。进行联合投标的目的是扬长避短，发挥双方各自的优势。

（7）"交钥匙"合同。"交钥匙"合同指的是项目建造的全过程，从方案选择、规划、勘测、设计、施工、设备供应到安装调试和技术培训等由各国公司在协议范围内负责完成。保证企业能生产出符合质量标准的产品，使东道国在合同履行完毕后具备独立经营和管理企业的能力。这种合同方式是成套设备买卖与技术转让结合起来的合同。跨国公司则以取得项目的产品为报酬，对规模大、技术复杂、各环节要求配合严密的项目建设采用这种非股权安排形式。

（8）咨询服务合同。咨询服务合同由跨国公司与东道国企业签订。通常合同中规定，跨国公司负责解决东道国企业提出的技术课题，或提供各种技术服务，并以此获取技术咨询费作为技术投资的报酬。

在跨国公司非股权安排中，究竟哪一种形式最为合适，这要视双方的具体情况而定。跨国公司可根据对方的行业特点和需要以及自己的需要与可能，灵活地运用上述各种形式，以达到预期的目的和最好的投资效果。

第五节　对外直接投资对东道国的经济效应

尽管资本输出会对母国自身产生一定的影响，但对东道国来说，也许更值得引起关注，因为这不仅是一个有争议的并被广泛讨论的话题，更为重要的是，它使我们更加关注发展中国家的引资问题。概括地说，引进外资会对东道国产生正面的和负面的双重效应。

一、外资对东道国的正面效应

外国直接投资的流入可能会对东道国产生各种广泛的正面效应，这些正面效应主要表现在以下几个方面：

（1）增加产出。外资的流入使东道国国内整个资本存量增加，这个资本存量连同劳动力及其他资源一起投入生产能获得更大的总产出。

（2）提高工资。如果东道国的工资水平相对较低，则外资企业也可能会考虑在东道国进行投资。显然，如果生产过程是劳动力密集型的，则外资的进入会导致对东道国劳动力需求增加，从而导致工资水平上升。

（3）增加就业。如果接受外资的东道国是一个由于人口压力而导致劳动力过度供给的发展中国家，那么，这种作用就特别明显。

（4）增加出口。如果外国资本生产的商品具有出口的潜力，那么外资的引入就会使东道国创造出稀缺的外汇。从发展的角度看，增加的外汇可用于进口所需的资本设备或材料，以帮助该国实现其发展计划，当然外汇也可用于帮助该国偿还外债。

（5）增加税收收入。若东道国采取有效的税收措施，那么从外国直接投资项目中产生的利润和其他增加的收入，都能给该国提供新的税收源泉，以用于发展项目的建设。

（6）实现规模经济。外国企业可能会进入某个行业，使这一行业由于市场规模及技术特征实现规模经济。本国厂商也许不能创造出足够的资本来实现大规模生产带来的成本下降，如果外国投资者的生产实现了规模经济，则消费品的价格就有可能下降。

（7）为东道国提供技术、管理技能和新科技。许多经济学家认为这些管理技能是发展中国家最为稀缺的资源，当外国资本以管理者的形式引进关键的人力资本技能时，这一关键的瓶颈就会被打破。此外，新科技能够明显地提高东道国的劳动生产率。

（8）削弱国内的垄断势力。在外国资本流入之前，如果国内一家厂商或者少数几家厂商垄断着东道国的某一特定行业时，这种情况就可能发生。外资流入后，出现了新的竞争者，该行业的产出扩大而价格降低，从而削弱国内原有的垄断势力。

二、外资对东道国的负面效应

外国资本的流入对东道国来说有可能也会产生一定的负面影响，主要表现在：

（1）可能使东道国的贸易条件恶化。如果东道国在出口销售方面是一个大国，而外资进入该国的出口品生产领域，则出口的增加就会压低出口品相对于进口品的价格，从而恶化东道国的贸易条件。另外，跨国公司在东道国的转移价格也会导致东道国贸易条件恶化。关于转移价格的概念和效应将在本书第六章中介绍。

（2）国内储蓄的减少。从发展中国家的角度看，外国资本的流入可能导致本国政府放松其促进国内储蓄提高的努力，从而导致本国储蓄减少。

（3）国内投资的减少。在通常情况下，外国厂商可能会通过向东道国资本市场借贷资金的方式部分地筹集直接投资的资金。这样会导致东道国资本利率上升，并且通过"挤出"效应减少国内的投资。另外，发展中国家的资金供给者可能出于降低风险的角度将资金借给跨国公司而不是本国的企业。这主要是因为资金供给者认为跨国公司更有能力运营这笔资金，风险较小而收益更高。

（4）国际收支与汇率的不稳定性。当外国直接投资进入该国时，它通常会提供外汇，因此会改善东道国的国际收支或者提高本国货币在外汇市场上的价值。然而，当需要购买进口投入品或者要把利润汇回投资来源国时，就会对东道国的国际收支产生压力，然后东道国货币就会贬值。

（5）对国内政策控制的丧失。实力强大的外国投资者从自身利益的角度会以各种各样的方式对东道国的经济和政治施加影响或进行左右。

（6）失业的增加。外国厂商可能会将自身资本密集型的技术带入东道国，但这些技术可能并不适用于一个劳动力富余型的国家，结果是资本密集型技术将当地的竞争厂商淘汰出局，外国厂商雇用相对更少的工人而使部分工人失业。

（7）当地垄断的形成。这和外资会打破国内垄断的正面效应相反，由于一些特定的优势（如技术），大型的外国厂商可能会削价与当地有竞争力的企业抢市场，并将国内企业从该行业挤走。然后，外国企业以垄断者的身份出现，并产生垄断的所有不利后果。

三、外资对东道国的正、负效应总结

外国直接投资既可能给东道国带来正面效应，又可能带来负面效应，两个效应孰大孰小是难以衡量的，因此引进外资对东道国来说净福利效应是不确定的。[⊖]不管是发达国家还是发展中国家，通常都要制定相应的政策，以提高由外国资本流动产生的正面效应和负面效应之间的比率，主要策略是对外国厂商实行业绩要求，如规定本地雇员的最小比例、汇回母国的利润的最大比例以及用于出口创汇的产品的最小比例，还有厂商的生产可能必须服从投入品的本国成分要求，或禁止外国厂商聚集在特定的关键行业等。

⊖ 来自 Dennis R. Appleyard，Alfred J. Field，Jr. 编写的 *International Economics*，3rd edition. McGraw – Hill Companies，Inc。

第四章

跨国公司的战略调整

根据美国战略管理学家查尔斯·霍弗（Charles Hofer）和丹·申德尔（Dan Schendel）关于战略的定义：战略是企业目前的和计划的资源配置与环境相互作用的基本模式，该模式表明企业将如何实现自己的目标。跨国公司的经营战略通常被定义为企业在跨国经营活动中对自身所拥有的有限资源进行最优配置，以获取最佳整体利益和实现经营目标的选择。经营战略的制定是跨国公司最高决策层的主要任务，如果公司不能把它拥有的人才、技术、经营诀窍、资金等资源有效地协调组织起来，组成一个完整的全球经营的战略体系，就无法实现公司全球利润的最大化。

从 20 世纪 80 年代起，跨国公司的经营管理就进入了一个崭新的阶段，许多跨国公司的经营管理由战术经营走向战略经营，这些战略调整具体体现在发展战略的调整、投资战略的调整、研究与开发战略的调整、组织结构战略的调整等四个层面。

第一节　跨国公司发展战略的调整

21 世纪前后，跨国公司发展战略的调整主要体现在以下几个方面。

一、战略并购重组活跃但绿地投资比较稳定

20 世纪 90 年代初以前，跨国公司的海外发展还是以在东道国创办新企业（绿地投资）为主。例如，1950—1975 年，美国 180 家跨国公司的约 1.3 万家海外子公司的对外投资中，新建投资约占 56.6%；1993 年全球企业并购投资在世界投资总额中占比 36.51%，绿地投资占比超过六成。

20 世纪末，跨国公司的战略并购重组活动开始变得异常活跃。1998—2018 年全球并购交易额见图 4-1。

1998—2000 年，全球企业战略并购交易额分别为 2.2 万亿美元、3.1 万亿美元、3.2 万亿美元。这期间，企业的跨境并购也迅速成为全球外国直接投资的最主要方式，占比达 80% 以上。始于 20 世纪 90 年代中期的第五次全球并购浪潮，也在 2000 年达到高峰，创下 3.2 万亿美元全球并购交易额的历史纪录。

2001 年，受以美国为首的世界经济的衰退、西方主要发达国家股市不景气、反垄断与全球监管加强等多种因素影响，全球企业并购经过连续 8 年的增长后，开始步入衰退⊖，并购交易额仅为 1.6 万亿美元，与 2000 年相比，降幅高达 50%。2002 年，全球并购更是进一步降温，交易规模锐减。据统计，2002 年，全球并购案总计 1.7 万宗，同比减少 24%，并

⊖　来自朱允卫，2001 年全球企业并购新动向及其启示，世界经济研究，2002（3）：28 – 31。

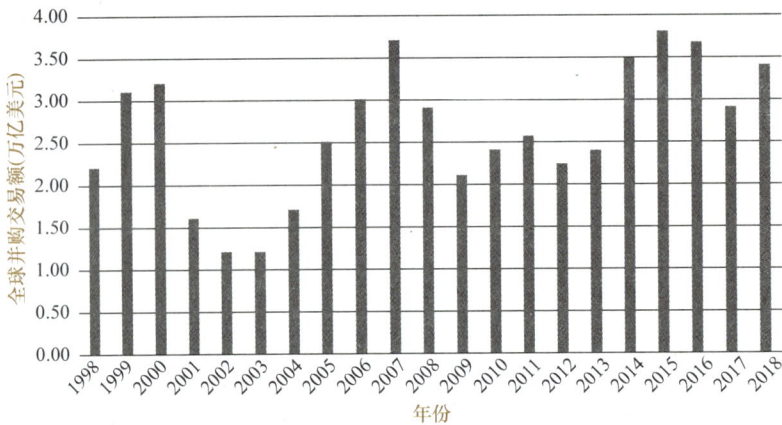

图 4-1　1998—2018 年全球并购交易额
（资料来源：根据《全球并购报告》各年数据整理而得。）

购交易额 1.2 万亿美元，同比下降 47%。2003 年，全球并购交易额仍维持在 1.2 万亿美元的低位，其中跨境并购交易额更是由 2002 年的 3700 亿美元降至 2970 亿美元，下降 19.6%，成为近 20 年来的最低水平，占全球外国直接投资流入量的比重由 2000 年的 81.06% 降至 53.03%。

2004 年，世界经济呈现出强劲复苏态势，尽管存在国际石油价格大幅上涨等不利因素，但世界经济增速仍是近 30 年来最快的，增长率达 4%，多数国家和地区经济增长都超出预期。2004—2006 年，全球并购交易额分别为 1.7 万亿美元、2.5 万亿美元、3.0 万亿美元，同期跨境并购交易额分别为 3810 亿美元、7160 亿美元、8800 亿美元，复苏迹象明显。

2007 年，受美国次贷危机影响，全球经济出现衰退，流动性困难导致企业融资成本上升，进而阻碍了企业并购活动的开展，全球并购速度也开始放缓，但全年并购交易额达 3.7 万亿美元，创历史最高纪录。

2008 年，全球企业并购交易额于 2007 年达到峰值后开始出现拐点，当年并购交易额 2.9 万亿美元，同比下降 21.6%，从而结束了长达 5 年的持续增长；2009 年更是降至 2.1 万亿美元的低位。与此同时，跨境并购额也从 2007 年的 16370 亿美元骤降至 2008 年的 6730 亿美元以及 2009 年的 2500 亿美元，占全球对外直接投资比重也从 2007 年的 82.72% 狂降至 2008 年的 39.65% 和 2009 年的 22.44%。

2011 年，发达国家主权债务危机不断蔓延，经济复苏乏力，而新兴经济体增长态势较好，在世界经济中的地位不断提升。在这种宏观经济形势的影响下，许多跨国企业为了生存和发展，或被动或主动地进行着战略调整，纷纷通过资产或股权的并购或转让等方式进行新的资产组合和产业布局。2011 年，全球宣布的并购交易额约为 2.56 万亿美元，比 2010 年增长 6.98%，交易数目为 40314 宗，比 2010 年降低 5.48%，单宗交易的平均规模达 0.64 亿美元，比 2010 年增加 14.29%。其中，跨境并购交易额增长 53%，达 5260 亿美元。绿地投资额已连续两年下滑，稳定在 9040 亿美元，对发展中经济体和转型期经济体的绿地投资价值仍超过总额的 2/3。

2012 年，世界经济复苏道路依旧坎坷，欧债危机恶化使本已脆弱的经济复苏态势更加不明朗。发达经济体的经济增长率持续下滑，新兴市场和发展中经济体也放缓了经济增速。2012 年，全球宣布的并购交易额约为 2.23 万亿美元，比 2011 年下降 7.85%，交易数目 27291 宗，比 2011 年减少 4.02%。与此同时，跨境并购交易额也下滑到了近年来的最低点，仅为 3320 亿美元，同比下降 40.28%。

2013 年，世界经济仍然处于各国政策刺激下的脆弱复苏阶段，总体形势相对稳定。2013 年，全球宣布的并购交易额约为 2.39 万亿美元，比 2012 年增长 7.17%，交易数目 36819 宗，比 2012 年增加 9528 宗。与此同时，跨境并购交易额也略有回升，为 3490 亿美元，同比增长 5.12%。

2014 年，全球经济还处在金融危机后的缓慢复苏中。当年全球宣布的并购交易额约为 3.48 万亿美元，较 2013 年增长 47.4%。2014 年全球并购交易数目为 40462 宗，比 2013 年增加 6.37%。2014 年全球并购交易额大幅增长有两个原因：一是巨型并购交易数目增加较多，二是跨境并购交易规模增长较快。2014 年，全球宣布的并购交易中，金额超过 50 亿美元的巨型并购交易数达 95 宗，交易金额超过 1.17 万亿美元；2014 年，全球跨境并购交易金额为 3990 亿美元，比 2013 年增长 14.32%。

2015 年，全球企业并购异常活跃，并购交易额 3.8 万亿美元，超过 2007 年的 3.7 万亿美元，再创全球企业并购新的年度记录。此次并购潮的一个突出特点是，大规模企业的行业内并购集中发力。2015 年，全球跨境并购交易额 7210 亿美元，已宣布的绿地投资额 7660 亿美元。2015 年，中国完成全球跨境并购交易资产总额约为 1 万亿美元，创过去 6 年最高纪录。过去 10 年来，中国企业已成为推动全球并购的重要驱动力量，并逐步从能源矿产企业向整个产业领域过渡。

2016 年，全球经济依然疲弱，并延续多年以来格局分化态势，全球已宣布并购交易额约 3.67 万亿美元，同比 2015 年下降 15.9%，但仍然是 1980 年有统计以来并购交易规模第三大的年份（仅次于 2005 年和 2007 年）。2016 年全球并购交易数目 46055 宗，比 2015 年增加 0.8%。

2017 年，许多行业都在进行大规模战略转变和进一步整合，全球并购交易额下降 21%，总额 2.9 万亿美元，其中部分原因是年度价值超过 100 亿美元的交易数量明显低于 2015 年和 2016 年。其中，跨境并购交易额 6940 亿美元，绿地投资交易 7200 亿美元，同比下降 14%。

2018 年，全球战略并购交易额为 3.4 万亿美元，较 2017 年的 2.9 万亿美元增长 17%。

二、对外直接投资战略从"一元"转向"多元"且动能不断转换

跟踪研究发现，几十年来跨国公司的对外直接投资在区域分布、行业分布、投资方式等方面都表现出多元化趋势，驱动动能也不断转换。

1987—1992 年，超过 97% 的国际直接投资流出量来源于发达经济体，其中又以欧盟、美国和日本的对外投资占绝对比重。

2000 年，全球外国直接投资流入量增长了 18%，增速超过世界产量（GDP）、资本形成和贸易等三项经济指标增速总和，达到创纪录的 14110 亿美元。发达经济体仍然是外国直接投资的首选目的地，其中欧盟、美国和日本三大经济体 2000 年占全球外资流入的 71% 以及

全球外资流出的 82%[⊖]。比较一下 2000 年和 1985 年的全球外资流向（区域分布）可以看出，2000 年，全球外国直接投资流向更加分散，50 多个国家（其中包含 24 个发展中经济体）得到了超过 100 亿美元的流入股份，而 1985 年流入额超过 100 亿美元的只有 17 个国家（其中仅 7 个为发展中经济体）。外国直接投资流出的情况也是如此，1985 年和 2000 年比较，拥有 100 亿美元以上的国家数目从 10 个增加到 33 个，发展中经济体的数目从 8 个增加到 12 个。世界上最大的 30 个东道国占据世界外国直接投资流入总量的 95% 和股份总额的 90%，以及外资流出总量和股份的 99% 左右，这些国家主要是工业化国家，这些公司有一半以上是从事电气和电子设备生产制造的。这一阶段，全球化和出口竞争力是跨国公司推动全球经济增长的主要动力，具体体现在三个方面：一是政策自由化；二是技术变革及其不断增加的成本和风险，使各公司要利用世界市场来分担其成本和风险；三是竞争的加剧。

2001—2006 年，全球外国直接投资在经历低谷后开始出现增长，这一轮增长的动能来源于服务业。

20 世纪 70 年代初期，服务业吸收的外资约占全球外国直接投资流入量的 1/4，1990 年这一比例也不足一半。2001—2002 年，服务业占外国直接投资总流入量的 2/3。由于母国和东道国服务部门的跨国程度落后于制造业，因此存在进一步转向服务业的需求空间。2004 年，由于流向发展中国家的外国直接投资强劲增长，全球外国直接投资流量在连续 3 年下滑之后略有回弹，发展中经济体在全球外国直接投资流量中所占的份额上升到 36%，是 1997 年以来的最高水平。这种增长是多种因素作用的结果，服务业尤其是金融服务的国际投资占据了绝大部分。在 2004 年跨国并购总值中，服务产业占 63%，而在这一产业的跨国并购中，金融服务又占了 1/3。2005 年全球对外直接投资的增长主要源自跨境并购，特别是发达经济体跨国公司的并购，跨境并购值在 2004 年增长了 88%，并购骤增的一个特点是集体投资基金的投资增多，主要是私人股权投资基金和相关基金。这期间，外国直接投资流入最多是依然是服务业，尤其是金融、电信和房地产业。2006 年，发达经济体的跨国公司仍是外国直接投资的最主要来源，占据了全球外资流量的 84%。服务业流入的外资仍占约 2/3，其次是制造业和采掘业，而后者在外国直接投资流入比例自第二次世界大战后曾一直处于下降态势。

2007—2010 年，发展中经济体和转型经济体受到了全球外国直接投资的青睐，投资的领域也开始由服务业转向农业和采掘业，同时低碳经济受到关注。

其中，全球外国直接投资流入量经过 4 年的连续增长，2007 年再增 30%，达到 19790 亿美元，远高于 2000 年创下的 1.41 万亿美元的历史最高水平。流入发达经济体的外资占 68.06%，其中流入欧盟、美国、日本的外资占当年全部外资流量的 57.8%。这一轮全球外国直接投资增长的驱动力有两个：一个是跨境并购达到破纪录水平，另一个是主权财富基金作为直接投资者出现。2007 年下半年起，美国次贷危机引发的全球金融危机改变了外国直接投资格局：2008 年，外资对发展中经济体和转型经济体的投资骤增，使两者占全球外国直接投资流量的比例上升到 43%，农业和采掘业对经济周期敏感度差，受危机的影响较小，成为这一轮投资的重要行业。2009 年，流入发展中经济体和转型经济体的外资额接近流入发达经济体的外资额。早在危机发生之前，全球直接外资的格局就出现了一些重大变化：首

⊖ 来自联合国贸易与发展会议（UNCTAD）2001 年《世界投资报告》。

先，发展中经济体和转型期经济体作为全球直接外资目的地和来源地的相对重要性不断上升。其次，与服务业和初级部门相比，制造业直接外资进一步减少，这一趋势短期内不太可能发生逆转。最后，尽管 2007—2008 年的金融危机严重影响到直接外资，但它并未使生产的日益国际化进程停顿。2009 年，低碳经济投资成为当年全球直接投资驱动动能，跨国公司既是碳排放大户，又是主要的低碳投资者。因此，它们既是气候变化问题的一部分，又是其解决办法的一部分。

2010—2014 年，发展中经济体和转型经济体吸引的外资额连续 5 年超过发达经济体，服务业在吸引外资中的地位不断下降，发展中经济体的跨国公司正越来越多地收购分布在其境内的发达国家的外国子公司，全球价值链成为这一阶段外资增长的动能。

其中，2010 年，发展中和转型经济体吸引的全球外资流量首次达到全球总流量的半数以上，两者占比 51.6%，而发达国家占比 48.4%。服务业尤其是金融业直接外资流入量大幅下跌，国有跨国公司日益成为重要的直接外资来源，非股权经营模式（如合约制造、服务外包、订单农业、特许经营、许可经营、管理合约等）受到关注。2011 年，流入发达经济体的直接外资增长了 21%，达 7770 亿美元，流入发展中经济体和转型经济体的直接外资分别增长了 11%、25%，总额分别为 6840 亿美元、920 亿美元。发展中经济体和转型经济体的绿地投资价值超过总额的 2/3，主权财富基金显示出投资发展的巨大潜力。2012 年，发展中经济体吸收的直接外资首次超过发达国家，占全球直接外资量的 52%，而发达经济体仅占全球外资流量的 42%，其他 6% 来自转型经济体。此外，将近 1/3 的全球直接外资流出量来自发展中经济体，因此它们延续着一种持续的上升趋势，而 38 个发达经济体中有 22 个经济体的直接外资流出量下降，降幅为 23%。2013 年，流入发达经济体的外资增长 9%，达 5660 亿美元，占全球流入量的 39%，而发展中经济体的流入量则占 54%。

2015 年，流入发达经济体的外资从 2014 年的占比 41% 增加到 55%，跨境并购的活跃导致外国直接投资的天平又摆回发达经济体一侧，全球跨境并购交易额 7210 亿美元，而绿地投资额 7660 亿美元。外资主要流向服务业和制造业，占当年外资存量的 64% 和 27%。

2016 年，发达经济体在全球外国直接投资流入量中所占的份额进一步扩大到了 59%。其中，国有跨国公司在全球经济中的作用日益扩大，数字经济是增长和发展的一种关键驱动力。

2017 年是第四次工业革命的开端，推动这场革命的是前沿技术和机器人技术的进步，它们前所未有地提升了生产的质量和速度，同时降低了成本。新技术预示着产业升级和跨越式发展的可能性。全球贸易中的外国附加值（即各国出口中包含的进口商品和服务）在经历了 20 年的持续增长之后于 2010—2012 年达到峰值。全球价值链减缓与外国直接投资的趋势存在明显的相关性，证实了外国直接投资趋势对全球贸易格局的影响。技术创新、包容性增长成为当年全球对外直接投资的"关键词"。

2018 年，受美国税改政策以及部分经济体加强外资投资审查影响，全球外国直接投资较 2017 年减少 13%，总额为 12970 亿美元。其中，流入发达经济体的外资下降 27%，总额为 5570 亿美元，跌至 2004 年以来新低；流入发展中经济体的外资保持稳定，总额为 7060 亿美元，增长 2%；流入转型经济体的外资仅为 340 亿美元，同比下降 28%。外资流出方面，来自发达经济体的跨国公司对外投资大幅下降 55%，约为 5580 亿美元，占全球外资流出量的比重连续 4 年下降；日本是发达经济体中外资流出最多的国家，当年流出额 1430 亿美元，中国 1300 亿美元，居第二位；来自发展中经济体的跨国公司对外投资下降 10%，为

4180 亿美元。

三、直接投资战略向契约化战略转化

20 世纪 80 年代以前，跨国公司占领国际市场的经营战略是直接投资、创办独资或合资企业。80 年代以后，随着区域性集团的蓬勃兴起和新贸易保护主义的抬头，跨国公司的直接投资战略遇到了诸多障碍。为了克服障碍，降低风险，跨国公司开始突破直接投资、收购当地企业、创办独资或合资企业这些传统模式，而较多地转向签订协议、合同等契约式经营战略。所谓契约式经营战略，就是跨国公司向海外协议方企业提供管理、技术、专门知识（技能）、商标或向协议方企业提供产品或企业形象设计，从而获得海外经营权的一种经营方式。契约式经营战略的核心是合作合同，其战略安排有多种可供选择的方式。其中，特许权转移、专有权转让和分包合同是最基本的形式，发展较快。可口可乐、麦当劳等是全世界转让专有技术或专营权的成功典型，美国耐克公司的鞋类和服装的生产分包给了 40 个不同的国家和地区。

四、竞争格局由单兵作战转向战略联盟

20 世纪 80 年代中期以来，随着市场经营环境的不断变化，企业越来越多地选择了各种股权或非股权结盟的战略行为，即战略联盟。战略联盟一般是指两个或两个以上独立的公司在产品、技术或市场等战略领域共同合作，规避各自的弱点，充分发挥自身优势，分享上述领域的联盟优势，并共同为维护这种优势做出努力。它们总的战略目标是一致的，都是为了发展一种战略优势能力，而在具体的经营能力上却互有长短，这样做才能达到取长补短的效果。

据统计，1986—1995 年期间，在美国，采用合资形式进行联盟的企业数目增长了 423%；1996—1999 年期间，收入大于 20 亿美元的美国公司，平均每家至少参与了 138 个战略联盟。全球的企业战略联盟数量，在 1987—1997 年间以每年 25% 的速度递增，至 2000 年时，联盟的数量"爆炸性"地达到了 1.02 万个。整个 20 世纪 90 年代，世界 2000 强企业中，战略联盟的年投资回报率高达 17%。本书将在第五章详细论述跨国公司的战略联盟。

五、跨国公司发展战略调整的原因

导致跨国公司发展战略调整的原因主要有如下几个方面。

1. 新科技革命带来的国际分工模式的转换是跨国公司发展战略调整的现实基础

第二次世界大战后发生的第三次科技革命是迄今人类历史上规模最大、影响最深远的一次革命。它将国际分工模式由垂直型分工转换为水平型分工，从而从四个方面对跨国公司的发展战略产生影响：

（1）从整个世界经济来看，新科技革命促使新产业在发达国家不断涌现，从而使传统产业的对外转移成为必要。新产品的国际分工使得具有全球战略眼光的跨国公司意识到，要想获得全球利益的最大化，必须调整发展战略，如把资本投向那些新兴的发展中国家或地区及那些具有发展潜力的产业。

（2）从产业层次看，新科技革命使得没有一家公司能够对某一产业具有独占性的控制权，较普遍的情况是由几家公司同时享有某种类型的优势，如产品特定优势和公司特定优

势。所以，产业内的双向投资对拥有某种所有权优势的跨国公司来说，不但可取得水平联合的优势，而且可以利用东道国公司的特定优势来扩大市场，提高竞争力。这正是 20 世纪 90 年代以来，发达国家之间跨境并购活动特别活跃且多发生在产业内部的根本原因所在。

（3）从产品层次看，新科技革命使现代工业产品日益复杂，许多产品不再单一由一个企业甚至一个国家来开发和生产，产品在零部件乃至工艺上进行合作已成为必然。针对这种情况，跨国公司变过去的竞争对手为建设性伙伴，从单枪匹马走向合作，组成"联合舰队"，结成战略性的国际联盟，共同进行新产品的研究与开发，共同承担风险和分享利益。

（4）从产业结构看，新科技革命促进了西方国家产业结构的优化与升级，服务业成为主导部门。这一方面改变着跨国公司的国际经营方向和投资方式，使商品交易在国际收支中的比重下降，无形贸易比重上升；另一方面还直接带动服务业的跨国经营，使国际直接投资的部门从制造业为主转向以服务业为主。

2. 世界经济区域集团化及其带来的世界经济格局的变化和国际竞争的加剧是跨国公司发展战略调整的外在压力

20 世纪 80 年代中期以来，世界经济区域集团化趋势日益明显，这是"冷战"结束后经济矛盾突出和竞争加剧的表现，同时又使得世界市场竞争变得更加激烈和艰难。面对这一严峻的形势，具有全球战略目标的跨国公司改变了其经营和发展战略，由以前的通过国际分工获取最大比较利益，变为绕过各区域经济集团设置的贸易壁垒建立基地，以分享集团化带来的经济利益。正是这一动机使日本、美国、欧洲国家之间的相互投资（主要是通过并购方式进行的）达到了巨大的规模。据统计，20 世纪 90 年代，流向发达经济体的外国直接投资总额占全球外资流入总额的 70% ~ 80% 。

3. 经济全球化为跨国公司发展战略调整提供了制度环境

经济全球化对跨国公司经营和发展战略的影响是全面而深刻的，突出表现在两个方面。

（1）经济全球化使世界经济运行有了共同的体制基础、共同的"游戏规则"。它一方面使得各国在整个世界经济领域中依其资源禀赋、原有基础、技术水平等确立自己在国际分工体系中的优势，也为跨国公司通过统一的世界市场利用各东道国的优势布置其生产和销售网络提供了现实基础。另一方面，统一"游戏规则"的形成促使国际经济协调进入新的更高层次和多边化阶段：首先，国际经济机构如世界贸易组织（WTO）、国际货币基金组织（IMF）在不断改革和完善之中，发挥着越来越重要的协调作用；其次，西方大国政府间的协调也进一步和实质性展开，在汇率、股市等政策上常常采取联合一致的行动；最后，区域性经济集团成为国际经济协调中的一种新的有效形式。在共同的"游戏规则"基础上形成的国际协调机制为解决国与国之间的经济利益冲突提供了有效手段，从而促进了生产要素特别是资本的国际流动，这为跨国公司实行全球战略提供了宽松的环境。

（2）广大发展中国家市场化改革以及贸易和投资自由化政策，为跨国公司清除了诸多市场进入障碍，使跨国公司在一些新兴的市场化国家和地区（如亚太地区）的投资迅猛上升，从而导致了跨国公司投资方式和结构的变化。

第二节　跨国公司投资战略的调整

近年来，随着世界经济的发展，跨国公司的投资战略发生了一系列引人注目的变化，主要表现在跨国公司在投资目标、投资地域、投资行业、投资方式、融资战略等方面的调整。

一、跨国公司投资目标的调整

由于国际经济领域的竞争日趋激烈，跨国公司逐渐改变了以前那种单纯以利用国外廉价资源、抢占国际市场、转移相对落后的污染型产能为目的的投资目标。跨国公司以全球为着眼点，分析国际经济环境给其自身带来的影响，进而制定出相应的跨国投资战略。其投资战略目标确定为：以提高公司核心竞争力为宗旨，努力实现投资战略的全球化、系统化及投融资方式的多样化、国际化。

当前，跨国公司在跨国投资时已不再局限于某一个别项目，而是重视跨国投资的全球市场整体性，按照其经营范围的相关性或各个经营环节进行系统投资。跨国投融资方式的多样化、国际化是指跨国公司根据实际需要选择恰当的投资方式，其资金来源已越来越依靠公司所在地金融市场和国际金融市场。具体而言，20 世纪 90 年代以来，跨国公司的投资动机出现了如下一些新特点：

（1）跨国公司在全球经营战略的指导下，通过跨国投资在全球范围内形成跨国公司的竞争优势。这种竞争优势主要包括资源与技术互补优势、垄断地位优势以及全球配置生产要素等优势。

（2）廉价的劳动力和自然资源对跨国公司的吸引力下降，跨国公司对投资项目的选择越来越注重东道国的科技水平和国民整体素质，以及东道国的国内市场容量。

（3）东道国的宏观经济状况对跨国公司投资的决定作用日益增强。从全球来看，富有效率且稳定的宏观经济环境是吸引外资的前提条件。同时，完善的基础设施和优惠政策也是影响跨国公司投资的重要因素。

二、跨国公司投资地域的调整

20 世纪 70 年代以前，全球外国直接投资的流向主要是从发达国家流向发展中国家，呈现出明显的单向流动态势。70 年代以后，不但经济发展水平较一致的发达国家间"水平式"投资又有迅速发展，而且出现了发展中国家跨国公司向发达国家投资的逆向流动。进入 90年代以后，由于世界各国的经济发展表现出极大的不平衡性，跨国公司根据新形势不断调整其跨国投资的地域流向。

（1）20 世纪 90 年代，由于美国经济呈现出持续增长态势，出现了低失业率和低通胀率同时并存的"新经济现象"，跨国公司大都对美国经济前景持乐观态度，为了更多地占领美国国内市场或获取先进技术等战略资产，它们纷纷在美国进行大量投资，因此美国长期保持着吸引全球外资的主导地位。

（2）20 世纪 90 年代，日本经济长期处于低迷状态，其股市、汇市持续不振，加之由此引发的日本政局动荡，增加了对其投资的风险性。而欧洲经济已走出低谷，呈现出回升态势。1998 年欧盟正式确定了 11 个首批实施欧元的国家，人们普遍认为欧元的问世必将进一步推动欧洲经济增长，使欧洲的整体经济实力达到与美国相当的水平。因此，跨国公司的投资战略必然会做出相应的调整，适当减少对日本的投资，增加对欧洲的投资。

（3）20 世纪 90 年代前半期，形成了对亚太地区的跨国投资热潮，跨国公司在亚太地区的投资达到其对整个发展中国家投资的 60%。跨国公司之所以看好亚太地区，一方面是由于这期间亚太地区各国经济增长率远远高于世界其他国家，成为世界经济新的增长点；另一方面是由于该地区投资环境的改善和开放政策的实施。

但是，1997 年的东南亚金融危机导致一些国家货币贬值、经济滑坡，这对跨国公司的投资战略产生重大影响：①金融危机使亚太地区多数国家经济持续动荡，从而增加了跨国投资的风险，跨国公司减少对其投资；②东南亚国家货币的大幅度贬值在很大程度上又有利于跨国投资，加之亚太地区固有的生产要素禀赋、市场及区位等优势，随着危机影响的减弱，跨国公司对亚太地区的投资逐步恢复；③尽管危机涉及范围较广，但中国经济一枝独秀、稳步增长，跨国公司从其全球战略考虑，把中国作为其投资的重点地区。

（4）从 20 世纪 90 年代开始，拉美经济明显好转、墨西哥加入北美自由贸易区、加勒比国家优先进入欧共体市场等有利因素会吸引更多的跨国公司前往投资，使之成为继中国之后另一个跨国公司的投资热点。

（5）进入 21 世纪以来，世界经济增长的不确定性因素增加，跨国公司的投资地域也在不断调整。2000—2010 年，跨国公司对发达经济体的投资仍占主导地位，对发展中经济体和转型经济体的投资出现了快速增长的态势。通过比较 2000 年和 1985 年的全球外资流向可以看出，1985 年，外资流入额超过 100 亿美元的经济体中，发达经济体占 10 个，发展中经济体占 7 个；2000 年，全球外资流向更加分散，50 多个国家（其中包含 24 个发展中经济体）得到了超过 100 亿美元的流入股份。

2000 年，流入发达经济体的外资约为 10000 亿美元，而流入发展中经济体的外资只有约 2400 亿美元，是发达经济体的约 1/4。

2001—2009 年，流入发达经济体与发展中经济体的外资差距逐渐缩小。其中，2009 年，流入发达经济体的外资额为 5660 亿美元，而流入发展中经济体和转型经济体的外资合计为 5480 亿美元，两者几乎持平。

2010—2014 年，流入发展中经济体和转型经济体的外国直接投资额连续 5 年超过发达经济体，发展中经济体的跨国公司正越来越多地并购分布在其境内的发达国家的外国子公司。

2015—2016 年，流入发达经济体的外资又开始增加，占全球外国直接投资的比重分别为 55% 和 59%。

2017—2018 年，流入发达经济体的外资分别为 7120 亿美元和 5570 亿美元，下降幅度明显，而流入发展中经济体外资分别为 6710 亿美元和 7060 亿美元。

观察近几年来的全球外国直接投资流入量和外资流向还可以看出，在外资流量增长从而世界经济较活跃的年份，跨国公司常常是扩大对发达经济体的投资，而在外资流量增长平稳从而世界经济增长乏力的年份，跨国公司往往会增加对发展中经济体和转型经济体的投资。

三、跨国公司投资行业的调整

从 20 世纪 70 年代起，第三产业和技术密集型产业在跨国投资的行业结构中呈上升趋势，而制造业则呈下降趋势。联合国跨国公司中心统计显示，在发达经济体的跨国投资中，第三产业已由 20 世纪 70 年代初的 50% 上升到 80 年代末的 60%，跨国公司的投资行业重点已由传统的资源开发业、初级产品加工业向新兴的高附加值产业和服务业转移，高科技产业和金融保险业以及服务业等第三产业正成为跨国公司的投资热点。进入 90 年代后，这种趋势不但没有改变，反而得到进一步强化。

随着经济全球化浪潮的兴起，许多国家都加大了吸引外资的深度和广度，创造条件努力吸引国外资本，尤其是技术密集型外资，并不断扩大金融、保险、商业等第三产业的开放范围。这在一定程度上减少了跨国公司对传统制造业的投资比重，同时相应增加了对第三产业和技术密集型产业的投资力度。

第三产业和技术密集型产业成为跨国公司投资重点的原因主要有以下几个方面。

（1）跨国公司投资行业的选择标准主要有两条，一是选择与东道国相比具有优势的行业进行跨国投资，二是选择能促进跨国公司内部产业结构升级的行业进行投资，而第三产业和技术密集型产业最符合上述要求。

（2）第三产业和技术密集型产业经营范围广，比传统产业风险小、投资回收期短，有利于获得更高的投资回报。

（3）随着新技术革命的不断深入，高新技术领域的国际竞争会更加激烈，跨国公司只有具备超前意识，加大在该领域的投资，才能在未来激烈的竞争中处于有利地位。

四、跨国公司投资方式的调整

选择适当的投资方式是跨国公司投资战略的重要组成部分，关系到跨国公司的投入规模、控制程度以及获利水平等方面，甚至影响到整个投资战略的成败。20世纪90年代以来，跨国公司的投资方式已从原来单一的股权安排方式，逐步向投资方式多元化转变。

跨国公司的投资方式主要包括：股权式合资、非股权安排、独资经营、跨国收购与兼并以及国际战略联盟等。股权式合资的优点是通过合资者的协助，了解和适应东道国环境，有利于进入目标市场，但会削弱母公司的控制权。非股权安排的优点是风险性小，缺点是合作双方一般具有短期行为的倾向。独资经营能保障母公司的绝对控制权，但也增大了经营风险。跨国收购与兼并以及国际战略联盟等方式可以集中各方的力量共同合作、共担风险，但其内部协调工作较为复杂。

20世纪90年代以来，由于发达国家的新贸易保护主义盛行，国际经济领域竞争日趋激烈，跨国公司以股权方式进行国际投资的成本和风险都不断增加，许多跨国公司更愿意以跨国并购的方式对发达国家的成熟市场进行投资。而对于发展中国家来说，跨国公司更趋向以非股权安排方式进行投资，这种方式能使跨国公司通过管理、销售、技术、转移价格等途径获得利润，能在减少投资风险的前提下绕过市场壁垒，从而抢占发展中国家市场。这种方式对发展中国家来说，既有利于引进资金、技术等短缺性生产要素，又能减少跨国公司的控制程度。因此，非股权安排方式发展迅速，已成为跨国公司对发展中国家投资的主要方式之一。

五、跨国公司融资战略的调整

随着跨国公司投资规模的不断扩大，跨国公司原有的内部融资已不能满足需要，在此基础上产生了跨国公司对外投资的外部融资环境。所谓内部融资，是指使用跨国公司未分配利润和折旧进行投资；而外部融资是指跨国公司可以从母国或东道国的金融市场融资，或通过国际资本市场获取投资资金。外部融资的优点在于，可以使跨国公司充分利用国内外资本市场，扩大融资规模，分散融资渠道，从而降低筹资成本并降低风险，这就要求跨国公司对不同国家的资本市场和相关法律有准确的了解。

发达国家的资本市场相对比较完善，通过证券市场融资较为有利，而且可以利用其完善的银行体系，更多地通过银行筹集长期资金。因此，跨国公司在对发达国家投资时，一般都降低自有资金投入比例，尽可能多地从母公司以外取得借贷资本。相反，跨国公司在对发展中国家进行投资时，由于发展中国家资本市场不发达且信贷管制较严，投资项目的国际信誉等级低，致使跨国公司的筹资成本较高，跨国公司更注重内部融资，相应提高自有资金所占比重。

第三节　跨国公司研究与开发战略的调整

20 世纪 80 年代以前，跨国公司出于防范知识外溢，维持垄断优势的考虑，很少进行研发（R&D）资源的海外转移，将 R&D 资源与活动集中于母国是这一时期跨国公司的共同守则。随着经济全球化的逐步推进，企业间竞争日趋激烈，利用海外创新资源来进行国际化的研发活动已经成为许多跨国公司的选择。近年来，跨国公司的研发战略做出了一些新的调整：一是研发趋于国际化且投入不断增加；二是在发达国家之外建立研发机构，而且超出了适应当地市场的范围；三是在一些发展中经济体和转型经济体，跨国公司的研发活动以全球市场为目标，并与跨国公司的核心创新努力结合为一体。

一、跨国公司研发趋于国际化且投入不断增加

跨国公司的国际化研发活动始于 20 世纪 60 年代，起初主要以发达国家的企业为主。20 世纪 80 年代，跨国公司的国际化研发活动进入快速发展时期，海外设立的研发机构及研发人员数量迅猛增长，海外研发投入额及其占总研发投入的比例不断上升。20 世纪 90 年代以来，不断加速的经济与科技全球化进程，继续推动着意图维持和扩大垄断竞争优势的跨国公司在世界范围内掀起了 R&D 资源转移浪潮。21 世纪以来，全球研发投入迅速增长，跨国公司占到了其中的近半数，同时占到了全球工商研发支出的至少 2/3，一些跨国公司的研发投入甚至高于许多国家的研发支出。以 2002 年为例，美国福特汽车公司在全球的研发支出为 72 亿美元，而同年西班牙的研发支出为 68 亿美元，俄罗斯研发支出为 43 亿美元，印度为 37 亿美元[⊖]。

据欧盟委员会发布的《2018 年欧盟工业研发投资排名》，在对全球 46 个国家和地区的 2500 家主要企业（多数为跨国企业）的 R&D 投入调查显示，2017 年三星电子位列榜首，总共投入 134.37 亿欧元研发经费，占营业额比重为 7.2%；谷歌母公司 Alphabet 以 133.88 亿欧元研发投资额排名第二，紧随其后的分别是德国大众（131.35 亿欧元）、美国微软（122.79 亿欧元）和中国华为（113.34 亿欧元）。在被调查的 2500 家企业中，美国和欧盟分别有 778 家和 577 家公司上榜，中国和日本分别有 438 家和 339 家公司榜上有名。

跨国公司 R&D 全球化的实质是在世界范围内配置 R&D 资源，以确立其基于全球 R&D 网络的竞争优势。

联合国贸易与发展会议（UNCTAD）研究显示，2005 年世界最大跨国公司——通用电气公司在印度的研发活动雇用人数为 2400 人，涉及领域之广包括飞机发动机、耐用消费品

⊖　来自联合国贸易与发展会议（UNCTAD）2005 年《世界投资报告》。

和医疗器械。阿斯利康公司（AstraZeneca）、礼来公司（Eli Lilly）、葛兰索史克公司（Glaxo Smith Kline）、诺华公司（Novartis）、辉瑞公司（Pfizer）、赛诺菲安万特公司（Sanofi – Aventis）等制药公司都在印度开展临床研究活动。东南亚和东亚 2002 年对全球半导体设计的贡献几乎达到 30%，而在 20 世纪 90 年代中期却几乎为零。意法半导体公司的一些半导体设计在摩洛哥的拉巴特完成。通用汽车公司的巴西分公司与在美国、欧洲和亚洲的其他通用汽车公司子公司争夺设计和制造新型汽车、为总公司开展其他核心活动的权利。

当然，发展中经济体和转型经济体中能够参与跨国公司研发国际化进程的也只是少数。以中国为例，跨国公司来华设立研发机构始于 20 世纪 90 年代初，为迅速适应中国的市场、降低成本、培育本土化人才、缩短开发周期，1991 年，加拿大北方电讯公司（Northern Telecom Limited）与北京邮电大学合作建立"北邮—北电研究开发中心"；1993 年，摩托罗拉在中国设立了第一个外资研发实验室——"摩托罗拉全球软件集团中国中心"。此后，微软、英特尔、朗讯、诺基亚、通用电气、西门子、飞利浦、本田、索尼等世界 500 强企业陆续在中国设立了研发机构。据中国商务部统计，1997 年，跨国公司在中国设立的研发机构不足 20 家；2000 年以前，世界 500 强在华设立的研发机构总数不到 100 家；2005 年底，中国内地的外资研发中心为 750 家，2010 年跨国公司在华设立的各类研发中心超过了 1250 家。其中，属于世界 500 强跨国公司的研发机构也高达 340 多家，并且数量还呈逐年递增趋势○。截至 2014 年底，跨国公司采取独资或合作方式在中国设立研发机构 2100 余家，拥有超过 16 万名研发人员，其在华 R&D 投资的规模逐年扩大。2015 年，跨国公司在中国的研发支出为 46.95 亿元人民币，主要集中在化学原料和化学制品制造业、汽车制造业、电气机械和器材制造业以及计算机、通信和其他电子设备制造业，上述四个行业 R&D 经费总支出占当年外商研发总支出的 71.57%○。

随着发展中国家跨国公司的崛起，这些国家的企业也开始了研发国际化的探索。还是以中国跨国公司为例，华为、中兴、方正、大连机床等一批中国跨国企业，或通过新建，或实施并购，逐步建立起自己的全球 R&D 网络。其中，华为公司作为我国优秀的民营通信企业，早在 1995 年就开始了研发国际化的探索，如今华为公司在全球拥有 16 个研发中心，36 个联合研发实验室，在全球范围内开展创新合作，与世界各地人才共同推动技术的进步○。2004 年，华为公司的研发投入尚排在全球 200 名之外，2016 年排名第 6，2017 年排名第 5，113 亿欧元的研发投入占当年总营收的 14.7%。

技术研究与开发的国际化趋势在一定程度上推动了世界各国在高技术领域内的交流与合作，对世界经济的发展和科学技术的进步都产生了极其重大而又深远的影响。众所周知，跨国公司一直是从事新产品的研究与开发、不断进行技术创新与发展的主要组织者和承担者，也是绝大多数现代化先进科学技术与生产工艺的采用者和垄断者。据估计，目前跨国公司垄断了世界上 70% 的技术转让和 80% 的新技术与新工艺。由此可见，近几十年来，跨国公司之所以能够迅速发展壮大并成为全球经济中最为活跃的角色之一，不仅仅是因为其自身所拥有的雄厚的资本实力、精湛的工艺设备和本国完善的科研基础设施等有形资产，更为重要的是跨国公司拥有技术研究与开发的能力以及专利技术、商标、组织管理和营销技能等多种无形资产。正是凭借着对以上两种资产所有权的垄断优势，跨国公司才得以在激烈的国际竞争中立于不败之地，而其中技术创新的能力对于跨国公司的生存和发展是至关重要的。因此，加强企业的技术研究与开发力度，不断开发出具有高技术含量、高附加值的创新产品，已成为垄断资本获取高额利润、争夺世界市场、提高竞争能力的重要手段。基于这一认识，许多大型跨国公司不但拥有自己独立的研究与开发机构，而且为了在竞争激烈的高技术领域内保持和扩大世界领先的技术优势，不惜投入巨资，进行以新产品、新工艺、新材料的研究为主要内容的技术创新活动。

二、跨国公司研发国际化的特征

跨国公司研发的国际化主要呈现出以下一些显著特征。

1. 跨国公司投资于国外子公司的科研经费在其研发费用总额中的比例不断上升

加大对国外研发的投入已成为近年来发达国家跨国公司实施全球经营战略的一个重要组成部分。柏林德国经济研究所（DIW，Berlin）的统计资料显示，1993 年，德国跨国公司用于国外子公司的技术研究与开发经费占母公司全部研发费用总额的 15%；美国跨国公司的该项支出也占其全部研发费用总额的 10%；相比之下，日本跨国企业仍以国内开发、海外生产为主，用于海外科研投入的经费较少，仅占其全部研发费用支出的 2%。此外，柏林德国经济研究所的统计资料还显示，从 20 世纪 70 年代以来，美国跨国公司不断增加国外技术研究与开发的投资额，用于国外子公司的科研经费一直呈上升趋势。1977 年美国跨国公司国外技术研究与开发的支出仅为 20.75 亿美元，1982 年增加到 36.47 亿美元，而到 20 世纪90 年代初期，尽管受到全球性经济衰退的不利影响，但这一科研投资仍然有增无减，1990年一跃而至 101.87 亿美元，1993 年略有提高，达 109.54 亿美元。由此可见，发达国家跨国公司为了适应经济全球化的发展趋势，越来越从长远发展战略出发，不断淡化以母国为研究开发基地的传统观念，逐渐实现包括研究与开发工作在内的整体业务的进一步国际化，这在一定程度上对于世界各国的经济发展和科技水平的提高将产生积极影响。

2. 在跨国公司投资的国外科研部门中从事研发工作的人数大大增加

跨国公司在进行跨国技术研发活动时，往往大量招聘东道国原有的高素质的技术人员、工程师、科学家以及经验丰富的管理人员来从事高新技术产品的开发以及企业的经营决策，因此，在其子公司科研部门中就业的本地科研人员和管理人员的数量大大增加，且增长的幅度已远远超出在传统产业部门中就业的雇员人数。以德国跨国公司的对外直接投资为例，20世纪 80 年代初期以来，在国外的制造业领域内，由德国跨国公司直接投资所创造的就业岗位一直在不断增加。1980 年，联邦德国跨国公司在国外制造业领域中创造的工作岗位占其整个公司全部就业人数的 17.1%；而到 1995 年，这一比例已经上升到 25.1%。其中，在非研究与开发部门中，1982 年，国外就业的人数占其全部就业人数的 9.6%；而到 1995 年，这一比例仅增加到 15.4%。与此相比，在研究与开发部门中，1982 年时，国外就业的人数已占其全部就业人数的 24.1%；而到 1995 年，这一比例又猛增到 32.8%。可见，其增长幅度已大大超过了在非研究与开发部门中就业人数所占的比例，这充分表明德国跨国公司技术研究与开发的国际化程度一直在不断提高。就跨国公司对德国的直接投资来看，也具有相同的发展趋势。例如，1995 年，在德国的外国工业企业中，将近 2/3 的德国雇员是在从事高新技术的研究与开发工作。显然，随着技术创新日益发展成为国际经济竞争中克敌制胜的关键因素，跨国公司将大大改变对外直接投资的产业结构和对东道国人才的需求结构。对发达国家投资的产业结构已呈明显的高级化趋势，而由对高技术人才需求递增而引发的外国跨国公司与东道国企业之间的人才争夺战也将愈演愈烈。因而，今后仅依靠成本低廉的非熟练劳动力已难以成为促使跨国公司实施投资结构升级换代的吸引力。如果仔细观察一下，就不难发现：即使在发达国家中，今天由传统工业部门创造的产值早已远远落后于由高新技术产业部门创造的产值，国民经济知识化的倾向已越来越明显，因此，加快本国知识型人才的开发、培养、管理与使用是当今世界各国所面临的一个共同主题。

3. 美国、日本和欧洲发达国家的跨国公司技术研发的国际化趋势较为明显，它们在高新技术领域内相互交叉投资的现象较为突出

技术研发的国际化主要集中在一些发达国家之中，科研投资的重点是尖端技术领域。由于发达国家工业基础力量雄厚，科研设备精良，科技人才荟萃，所以能够吸引国外的大量科研投资来从事新技术、新产品、新材料的研究与开发。例如，德国跨国公司在国外的技术研发活动主要集中于美国和其他一些欧洲国家。1994年，德国在美国的跨国企业用于研发的支出就高达24.5亿美元，如果按照购买力平价（PPP）计算，则相当于德国企业在国外的全部科研经费的一半左右，并占德国全部科研经费支出的1/10。1980—1994年，德国跨国企业在美国的研发费用支出实际上以每年将近10%的速度递增，而美国的跨国公司海外科研机构也大多设在日本、西欧和北美一些工业发达国家中，尤其是20世纪80年代以来，美国国外科研投资的重点目标是德国、英国、加拿大、法国和日本。据美国商务部的一项调查统计显示：1991年，在美国投资于国外研发的93.58亿美元费用之中，德国占26.7%，英国占17.2%，加拿大占11.1%，法国占9.3%，日本占6.4%。可见，对于美国的跨国公司而言，德国同样也是一个最理想、最重要的海外研发基地。20世纪80年代，美国跨国企业投资于国外的研发经费中，有将近1/4流入了联邦德国。[一]1994—2005年，美国跨国公司在海外的研发投资经费增长129%，而同期美国母公司的研发经费仅增长94%。1990—2005年，美国跨国公司研发投资主要集中在欧盟的德国、英国及加拿大等国，三国合计占全部研发支出的50%。2005年以来，美国跨国公司的研发开始转向日本、中国和新加坡等亚太地区国家。

就行业而言，跨国公司研发项目主要集中于电子、通信、制药、汽车制造、化工、航空航天等技术难度大、研制周期长的高新技术领域。例如，1995年，德国跨国企业在国外的研发支出中，有将近84亿德国马克的资金投于技术密集型的制造业领域，约占企业国外研发支出的95%，其中，45亿德国马克用于化工产品的研究与开发，这几乎占其国内母公司研发支出的50%；用于国外电子技术的研发投入也达到了13亿德国马克，相当于国内母公司研发支出总额的15%。美国跨国公司在德国的科研项目则大多以汽车制造、精密机械、生物工程、通信技术及办公自动化的研究和开发为主。

综合以上分析可以看出，发达国家的跨国公司在选择对外研发投资的目标国时，首先考虑的是东道国的科技人才资源、科研开发水平以及高新技术创新的能力。尽管东道国的人力资源成本有时相对较高，但这并不妨碍跨国公司的科研投资计划。此外，发达国家也同样重

⊖ 来自崔日明编写的《步入新世纪的跨国公司》，辽宁大学出版社，2001。

视目标国在某些传统和高新技术领域内的比较优势，在进行科研投资时特别强调项目研究的专业化方向。例如，美国跨国公司在德国主要从事汽车制造、精密机械、化工及生物工程的研究和开发；而在日本则集中于电子元件、计算机和通信技术领域；同样，德国跨国公司在美国也主要致力于微电子、计算机、制药、航空等高新技术的研究开发，这在很大程度上有助于实现双方技术优势要素的互补，促进科技资源在全球范围内的优化配置。

4. 跨国公司大多倾向于在科研政策宽松、服务设施完善、创新技术产品的市场销售潜力巨大的东道国从事研发

与跨国公司所从事的一般生产性的直接投资有所不同的是，以技术创新为主要目标进行的跨国研发投资，更多考虑的是东道国的科研环境和高新技术产品的市场销售前景问题。这一方面是因为高新技术研究开发的巨额投资只有在消费需求旺盛、消费潜力巨大的国际市场上才能获得可观的投资回报率；另一方面，东道国政府对高科技产业所采取的优惠政策可以提高跨国公司从事研发的积极性。而方便、高效的配套服务设施又有利于跨国公司及时获取必要的信息，提高科研效率。因而跨国公司在选择海外科研基地时，更加注重考察、评估东道国研发的总体环境和科研机构的运作效率。

目前，世界上许多国家为了吸引、鼓励高新技术研究，纷纷建立了以高新技术产业开发为主导的工业技术园区，以便聚集大批国内外的优秀企业和科研机构从事尖端技术的研究和开发，力求在当今世界高科技领域内占有一席之地。在这方面，发达国家已取得了一些成功的经验。以美国得克萨斯州的奥斯汀（Austin）市为例，2001—2013 年这个有着约 76 万人口的小城市科技领域就业人数增加了 54.7%，著名的跨国公司如戴尔（Dell）、IBM、思科（Cisco）、惠普（HP）、英特尔（Intel）等均在此设立了厂区。究其成功原因，除了先天的区位优势以及高素质人口优势外，政府的政策导向发挥了不可或缺的重要作用。从税收上说，得克萨斯州州立大学特许教授在外兼职，并开放实验室以供各大企业、公司使用。为了提高生活质量，州、市政府在郊区兴建了大规模的游乐设施和州立公园，又投资改善市内道路、交通等各项服务设施，并控制最高房价，以吸引更多的高科技人才。发达国家所采取的有利于高技术产业发展的种种举措为技术创新提供了一个良好的科研软、硬件环境，因而许多跨国公司竞相在这些国家的高技术工业开发区内投资从事科研活动，并大力促进高科技成果的产业化进程。加之发达国家居民的收入水平普遍较高，购买力十分活跃，有利于形成对高技术含量、高附加值产品的巨大消费需求，所以在这些国家进行技术和产品创新能够为跨国公司带来丰厚的利润。

值得一提的是，近年来新兴工业化国家和发展中国家也开始重视本国高新技术开发区的规划和建设，通过引进国外科研投资合作，开发某些具有广阔市场销售前景的高新技术产品，以推动本国产业结构的升级换代。中国、新加坡、印度等国已经兴建了一批配套设施完善的高新技术产业园区，大大优化了本国的科研环境，更新、改进了科研基地设施，提高了科研开发水平，为促进跨国研发和技术交流创造了必要的物质基础。

三、跨国公司研究与开发国际化的方式

跨国公司在组织跨国技术研究与开发时，通常主要采取以下几种方式：

1. 通过组建跨国战略联盟实现研发国际化

一般而言，大型跨国公司在参与国际市场竞争时，其产品往往具有技术和资金密集的特

征，这就使得技术产品的研制更多地依赖于跨国公司在技术、资金以及人才方面所拥有的垄断优势。但是，随着科学技术日新月异的发展和市场竞争的加剧，新产品、新技术的研制费用、难度和风险也相应增加；而产品标准化趋势不断加强，新产品的生命周期明显缩短，即使是实力雄厚、规模庞大的跨国公司也难以单独承担技术创新所需要的巨额资金以及由此所带来的巨大风险。因此，20世纪80年代以来，世界主要跨国公司为了保持和扩大生存与发展的空间，纷纷组建不同形式的跨国战略联盟，加强在高新技术中的交流与合作，从而推动跨国公司的研发日益走向国际化。由此可见，高新技术产品的研发是促成跨国战略联盟产生和发展的直接动因。所谓跨国战略联盟，是指两个或两个以上国家中相互竞争的企业之间，为实现某一战略目标，在平等互利的基础上通过签订协议的方式建立的一种合作伙伴关系。跨国战略联盟所涉及的领域大多是资本、技术和知识密集型产业，如汽车制造、电子、通信、航空航天等技术工业部门。引人瞩目的例子有：美国波音公司与日本三菱重工结成联盟，共同开发波音767宽体民用喷气客机；摩托罗拉与东芝达成协议，利用双方的专有技术制造微处理器；美国电话电报公司向日本电气公司提供计算机辅助设计（CAD）技术，而日本电气公司则向美国电话电报公司提供计算机芯片技术等。结盟的跨国企业大都是在全球性行业竞争中占据统治地位的国际垄断寡头，通过这种强强联合，可以相互交换彼此拥有的专利技术等优势要素，充分吸收和利用当今世界各国的先进科技成果，提高创新产品的技术含量，从而加大其他相关企业的技术模仿成本和难度，延长创新产品的生命周期，以稳获高额的投资回报率。同时，能够在分担新产品的开发成本和风险以及共同进入市场等问题上达成一致协议，提高技术创新的成功率，确保创新产品的市场销售份额，使结盟双方最终能够获得 $1+1>2$ 的投资效应。因此，跨国战略联盟是跨国公司实现技术研究与开发国际化的一条切实有效的途径。

2. 通过兼并与收购推动跨国公司技术水平和竞争实力的不断提高

由于并购可以使跨国公司减少投资成本，直接进入东道国市场实施高效扩张，所以近年来它越来越趋于替代创建新企业而在对外直接投资中占据重要地位。尤其是20世纪90年代以来，随着西方发达国家政府逐步放宽对企业并购的管制，欧美跨国企业的并购狂潮已经愈演愈烈，不少兼并和被兼并的企业都是国际上赫赫有名的大型企业。例如，1996年世界飞机制造业的两大巨头——波音公司和麦道公司宣布合并；1995年，美国沃特·迪士尼公司以190亿美元吞并了传媒业巨头之一的ABC公司；同年，德国赫希斯特制药公司以71亿美元的价格兼并了美国的马里恩—梅里尔—道公司。跨国公司在兼并或收购了东道国的现有企业之后，实际上也就牢牢控制和掌握了该企业原有的技术研发机构、科研人才设施和商品销售渠道，这不但为跨国公司提供了重新组织技术研究与开发的有利条件，而且使其可以直接获取他国相关产业的关键技术、科研成果和现存的生产能力以及稳定可靠的销售网络，从而推动跨国公司技术水平和竞争实力的不断提高。不仅如此，跨国公司还可以充分利用东道国的人才资源，直接招聘熟知本地居民消费偏好、消费水平的科技人员从事新产品的研发工作，这样就能够准确地为创新产品定位，及时开发出能够满足不同消费层次需求的适销产品，提高科研开发的成功率。所以说，收购与兼并是跨国公司从事国外技术研发活动的一种最为直接、重要的手段。

3. 通过建立海外的研发机构，提高跨国公司从事高技术研究的能力和水平

跨国企业在国外设立的研发机构大体上可分为两类：一类是附属于其国外子公司的，或实施并购后国外企业自身所拥有的科研机构，这类机构的科研活动主要与本企业的生产活动紧密相连，并服务于开拓本地消费市场的需要，因而偏重于应用研究。另一类则是独立于生产性企业之外的，以基础研究或跟踪东道国高新技术发展方向为主要目标的科研机构。这类机构在选址时往往有意靠近东道国著名的大学，尤其是工科大学以及某些高科技研究院所，或者直接建立在国外的高科技工业园区内。例如，日本和西欧的一些跨国公司纷纷在美国的"硅谷"设立研究和开发机构。据统计，仅在1993—1998年的6年时间里，日本在美国共设立了136个独立的研究中心，德国在美国也设有35个研究中心。由于高新技术产业和高科技具有"集聚效应"，所以跨国公司在东道国的高新技术工业区内设立研发机构，不但有助于企业把握当今高科技发展动向，及时调整自己的科研开发方向，而且可以与不同国家的科研人员进行多种多样的交流与合作，吸收借鉴相关企业的先进技术和科研成果，提高跨国公司从事高技术研究的能力和水平。东道国一些大学和科院所对外开放的科研设施（如实验室和仪器设备等），也为跨国企业的研究开发提供了一个良好的科研环境。地方政府的优惠政策和便利的交通、金融服务系统也有利于科研活动的顺利开展，并保证最终科研成果能够迅速转化为生产力，加快高科技产业化的步伐，从而形成一种有利于企业研发的良性循环。

近年来，随着经济全球化浪潮的蓬勃兴起，跨国公司技术研究与开发的国际化趋势已经引起世人的广泛关注，这一趋势的发展究竟会给投资国与东道国带来什么样的影响？众说纷纭。但有一点是可以肯定的，即技术研究与开发的国际化不但增进了发达国家之间在高新技术领域内的交流与合作，而且在一定程度上也带动了发展中国家技术水平的提高与科研环境的改善。

当前，在发达国家，随着跨国科研投资的不断发展，人们普遍存在这样一种担心：继本国跨国公司大量输出资本，加快对外经济扩张的步伐，将成千上万个生产领域内的工作岗位转移到了国外之后，技术的研究与开发也开始走向国际化，这有可能会削弱母国的科研力量，进而影响到研发领域内的就业状况，使母国在失去了生产基地之后，又面临着失去科研中心这一跨国公司"生命线"的严重威胁。应当说，这种担心不无道理。但是，从另一方面来看，研发的国际化目前还主要局限于经济实力雄厚、科技水平相当的发达国家之中，一国的跨国公司在实施对外科研投资、转移技术开发机构的同时，其母国也同样会成为另一国的跨国公司从事海外科研开发的理想基地，而一旦国外的跨国公司选中母国作为科研基地，对母国技术人员、工程师、科学家等知识型人才的需求会相应增加，从而减轻因科研机构外移而产生的失业压力。值得注意的是：技术研究与开发的国际化，实质上是不同国家之间的一种双向科技交流与合作。一家跨国公司在全球范围内选择技术创新的合作伙伴时，优先考虑的往往是那些规模庞大、资本雄厚、具有某些专业技术特长、处于创新活跃时期并在国际市场上占有一定垄断地位的大型企业。这样既可以保证研发的成功率，又不会发生自身权益（如专利技术、市场份额等）的过分转移，而发展中国家由于受经济发展水平低、科研能力差等不利因素的影响，很难成为发达国家跨国公司开发高新技术产品的理想合作伙伴，因而大多在一般性研究或中低技术领域内与发达国家开展科研合作，这在很大程度上有碍于发展中国家高新技术的更新、改造。因此，发展中国家应该建立自己的高新技术开发区，并在政策导向上予以大力扶持。同时，更要高度重视科研人才的培养和使用，加大对高科技产业的投资力度，积极调整科研开发的结构和布局，根据自身的实际情况在高科技领域内重点选择一两个突破点，构筑自己的具有国际竞争力的专业化优势。

第四节　跨国公司组织结构战略的调整

20 世纪 90 年代以来，西方跨国公司，尤其是大型工业型跨国公司纷纷加强了组织结构调整的力度，掀起了组织结构调整的又一轮热潮。

一、跨国公司组织结构及其特征

从 20 世纪 70 年代后期开始，西方主要工业国家的经济相继进入了衰退时期，经济的萧条使许多大型跨国公司经营受挫，很多公司出现了巨额亏损。在这种背景下，跨国公司纷纷开始了以"精减"为主题的组织结构调整，目的是降低公司运营成本，度过危机。80 年代初，一些有名的大公司进行了大规模的裁员。据估计，1980—1986 年间《财富》杂志所列的 500 家大企业就裁减了 280 万名员工。其中，美国通用电气公司一共解雇了 13 万名员工，占通用电气公司职工总数的 1/4。裁员措施虽然有助于企业提高竞争力，并在短期内取得成效，然而由于诸多公司并没有从根本上认识到经营环境的深刻变化，不能及时制订和实施战略性的组织结构调整计划，因而不少公司在经过了短暂的业绩回升后又陷入了衰退。以美国国际商用机器公司（IBM）为例，该公司于 1981 年开始了大幅度裁减人员和组织结构重组，此举在短期内取得了明显的效果。1984 年该公司就获得 65.8 亿美元的税后净收益，销售利润率高达 14%，为公司历史最好水平，但此后迅速走向衰退，1986 年亏损 28.6 亿美元，1992 年亏损 49.7 亿美元。持续衰退使许多跨国公司不得不面对现实，重新思考。从 1992 年、1993 年后相继推出了新的组织结构调整计划，掀起了一轮新的组织结构调整热潮。可以说，这次调整不是 20 世纪 80 年代开始的组织结构调整的简单延续，而具有明显的战略性，主要表现如下：

1. 许多公司组织结构调整的目标长远而且深刻，带有明显的战略性

20 世纪 80 年代开始的调整是以降低公司成本为目的的，而此次调整的目的是全面增强公司的灵活性和适应性，从而持续改进公司竞争力。

20 世纪 90 年代以来，发达国家经济的相继回升，给跨国公司带来了新的机遇与挑战。许多跨国公司已充分认识到，竞争优势的主要来源不再仅仅是不断研究变化中的环境以及相应的有效战略的能力，而是以不断变换的方法调动其资源以成功地实施战略的能力，即公司的组织管理能力。在今后的竞争中公司组织的灵活性和适应性将是公司成败的关键。因此，不但是业绩不好的公司，而且很多业绩优秀的大公司也在实施大规模的组织结构调整。例如，英荷壳牌石油公司，1994 年利润达到创纪录的 40 亿英镑，当年投资收益率为 10.4%，但公司却于 1995 年年初，将内部的职员人数由原来的 3900 名减少到 2700 名，裁员幅度近 30%，同时取消了四个州级地区总公司，精减了总部职能部门。日本电信电话公司当时计划从 1996 年起到 2000 年裁员 5 万~10 万人。美国通用电气公司在经营十分景气的情况下，却公布了公司的长期裁员计划。

2. 此次组织结构调整的深度和广度都大大超过 20 世纪 80 年代开始的组织结构调整

（1）裁员幅度大。1993 年美国大型跨国公司宣布裁员 60 万人，不但高出 1991 年的 25%，甚至比衰退年份的总裁员量还要高。

（2）裁员的对象有了质的变化。20 世纪 80 年代主要集中于裁减蓝领工人，而 90 年代以来的解雇职员中相当一部分是白领阶层。例如，福特汽车公司 1991 年管理方面的职员就裁减了 30% 以上。

（3）大幅度减少管理层次，重心由基层移向高层。据估计，1990—1995 年，美国《财富》杂志所列全球最大的 500 家企业，平均减少管理层次三个左右。美国通用电气公司总裁韦尔奇（Jack Welch）于 20 世纪 80 年代中期开始致力于减少组织层次，最初通过大规模的兼并和分解，重新组合公司以业务为中心的企业单位，随后逐步取消了部门经理这一层次，并于 1991 年取消了生产副董事长这一层次，规定 13 个主要企业的主管直接向他汇报工作。1993 年 IBM 将原有的七级管理层次压缩为四级。

（4）对传统的作业流程进行重新设计和安排，从过程的角度集成职能部门，从根本上改变现有组织结构。例如，英荷壳牌石油公司 1995 年的组织结构调整中，彻底打破了原来的矩阵组织结构，取消地区总公司，由过去地区和产品部门的多头管理转变为按业务范围进行直接管理，重组后的壳牌石油公司，按勘探开采、石油产品（炼油和销售）、化工、天然气和煤炭等几大主要业务建立五大产品业务集团，分别管理 120 个国家和地区的子公司。

（5）改变公司内部信息的传递与决策方式，向"合作网络"型组织模式转变。"合作网络"型组织是指通过庞大的通信系统将众多的部门和雇员联系起来，构成一个互相合作的"互联网络"，而各网络点均听从最高决策层的指挥。这种结构彻底改变了原来由上而下的纵向信息传递方式，大大加强了横向联系，使组织更具弹性和灵活性。1993 年 IBM 毅然废除了由 13 个事业部经理参加的经营委员会决策体制，高层主管通过公司内部电子邮件系统，并跨越组织等级链直接与项目负责人和低层人员沟通和协调，大大提高了组织决策效率。

3. 跨国公司组织中母、子公司之间的关系也正在发生实质性变化

众所周知，20 世纪 80 年代组织结构调整的一个明显趋势是"化大为小"，组建所谓"公司中的公司"，将公司总部分割成独立决策单位。而如今这一趋势已经产生实质变化，许多跨国公司只倾向于紧密控制最关键的功能公司，如研发以及市场营销等，而把生产活动从公司活动中彻底分离出去，以分包的形式借助于众多独立的生产供应商完成。在这种组织体系下，供应商与核心企业不属于同一个公司，但在共同的战略和政策体系下运营，形成一种具有一体化效应的虚拟组织。这种组织中产品的生产调整、规模的调整以及组织结构的调整都是通过对生产供应商的重新组合来完成，调整成本很低，而适应性又很强。例如，美国的耐克公司 1993 年年销售额近 40 亿美元，其商品生产 100% 实行分包。母公司仅雇用 9000 名员工，而设在不同国家的独立分包商却雇用 7.5 万人，母公司主要从事设计、开发、营销、管理等高附加值活动。

二、跨国公司组织结构战略调整的原因

20 世纪 90 年代以来，西方跨国公司组织结构调整之所以出现战略性转变，是多种因素共同作用的结果。

1. 科技进步特别是信息技术的日新月异，既是跨国公司组织结构战略调整的根本促动因素，又为其提供了必要的物质条件

大量的事实表明，第二次世界大战后科技革命有了迅猛发展，它对经济生活的影响远远超过了历史上前两次科技革命。这次科技革命不是个别科学理论、生产技术获得了突破，而

是以原子能、电子计算机、空间技术为基础遍及各学科和技术领域。特别是 20 世纪 70 年代以来，信息技术迅速发展和广为传播，以信息技术为中心的科技进步从深度和广度上把社会分工、市场需求、生产及产业组织推进到一个新的阶段，从而强烈地影响到企业经营的组织行为方式。从生产的角度来看，过去企业的产品生命周期长达几年甚至几十年，企业凭借同一产品大量生产的规模经济就可获得稳定的发展，因此，企业组织趋于大型化和稳定化。如今科技进步使产品生命周期越来越短，在一些发达国家里，一些高科技产品更新换代已经不是用年计算，而是以月、以天、以小时甚至以分钟计算。例如，世界钟表业中平均每 20 天就有一个新品种问世，而全球电子业中平均每 30 分钟就有一种新产品诞生。因此对某种产品来说，可能连准备大规模生产的时间都没有。在这样的市场环境下，灵敏和快捷自然成为企业组织的第一要求。长期以来，跨国公司为追求少品种、大量生产的规模经济而形成的庞大、复杂而又等级森严的组织形态显然不适应现代经营环境要求。从市场需求的角度看，科技进步导致了市场需求的多样化，而内容从狭义的有形商品扩展到劳务、技术、信息等无形商品，即使是同类商品，也在品质、技术含量、包装和服务等方面有差别。目前，不同的市场细分化程度越来越高，消费者需求偏好变化也越来越快，要求企业生产的产品必须具有特色。在这种条件下，适应性自然也成为企业组织的根本要求。

信息技术的进步以及通过各种技术的集成，正在建立全球性的电子信息高速公路，通过信息高速公路，交换信息的成本也正不断降低。例如，20 世纪 60 年代后期国际通信卫星组织的电话线路年成本超过 6 万美元，20 年后降为 9000 美元，而到 1994 年则低于 5000 美元。这些发展使得跨国公司能够在更广泛的地理分布上重新部署其经济活动，形成新的组织联系与控制方式，实现较低的交易与合作成本，从而为跨国公司在大规模经营的条件下，仍然能够建立具有高度灵活性和适应性的组织结构提供了物质基础。

2. 20 世纪 90 年代以来，世界经济环境的变化给跨国公司带来了新的挑战，这成为跨国公司组织结构调整的主要外部原因

从 20 世纪 80 年代起，特别是 90 年代以来，世界经济发展呈现出两大趋势，即经济全球化和区域经济一体化。全球范围内贸易、投资和金融的国际化、自由化和规范化程度不断提高，区域经济一体化以更多的区域经济集团的方式出现，以及区域内生产要素流动的自由化程度进一步提高，对跨国公司的经营行为的影响是广泛而深刻的。众所周知，西方大型跨国公司长期以来凭借自身强大的垄断优势而成功地进行跨国经营活动，而贸易壁垒与投资限制形成了不同程度的国际不完全竞争市场，这对于大企业的竞争是有利的，虽然会导致其海外经营的成本提高，但却能有效地限制许多中小竞争者的进入。随着贸易与投资自由化程度的提高，许多中小企业也逐渐具备了参与国际竞争的实力，并以其灵活、适应的优势在很多市场上对大型跨国公司形成了威胁。据 1995 年《世界投资报告》的统计，90 年代中期许多中小规模企业的跨国化程度比大型跨国公司的跨国化程度还要高。面临新的和更为激烈的竞争形势，大型跨国公司不得不调整战略和组织结构。

3. 大型跨国公司全球一体化战略的实施是其组织结构战略性调整的直接动因

跨国公司跨国经营的战略大致可分为三个层次，即独立战略、简单一体化和全球复合一体化（网络化）。联合国贸易与发展会议的《世界投资报告》认为：20 世纪 90 年代以来大型跨国公司已进入全球复合一体化的新阶段。这种战略的重要特征是不再只强调全球范围内生产的低成本（从而在全球范围内寻求低成本的生产区位为战略导向），取而代之的是不断强调公司产品的差别化。即在全球范围内通过新产品和不断改进每一产品，经常建立公司的局部优势，并对创新或成熟产品的服务不断增加其价值（设计特色、质量和服务）。同时强调公司内部以及外部的相关企业之间建立起灵活机动的"协同效应"优势，而不再是只强调公司整体优势。因此，大型跨国公司应在全球范围内重新定义其各种职能和业务过程，并根据不同的需要将不同的职能置于其最能发挥作用的地方。例如，把研发部门、市场营销部门和财务部门分别安排在不同的国家或地区，然后所有部门构成一个完整的体系。在这种情况下，"母公司与国外分、子公司"的说法将没有什么意义，公司的各个组成部分被明确定义为公司内的国际分工，而不再以哪个国家或哪个企业为主[⊖]。另外，公司的部分职能，如生产和销售，还可以采用更为灵活的分包和战略联盟等形式来安排，此时公司的组织结构更像一个网络，而不是层次结构。因此全球复合一体化战略从根本上要求大型跨国公司进行企业重建和企业业务流程再造（ERP），形成全新的组织结构模式。

⊖　联合国贸易与发展会议（UNCTAD）2016 年《世界投资报告》的主题是：投资者国籍：政策挑战。该《报告》指出，全世界超过40％的跨国公司的国外子公司都有着多本"护照"，这些子公司是复杂的所有权链条的一环，有多重跨境联系，平均涉及三个管辖区，外国子公司投资者和所有者的国籍日益变得模糊。跨国公司的规模越大，其内部所有权结构就越复杂。

第五章

跨国公司战略联盟

20 世纪 80 年代中期以来，伴随着市场经营环境的变化，跨国公司越来越多地选择了各种股权或非股权结盟的战略行为，即战略联盟。

第一节 跨国公司战略联盟概述

一、跨国公司战略联盟的含义

跨国公司战略联盟（strategic alliances of transnational corporation）简称跨国战略联盟，是指不同国家间两个或两个以上的企业为达到一个或几个战略目标，以签订长期或短期契约的方式而建立的局部性互相协作、互相补充的合伙、合作关系（联盟），从而实现彼此间的优势互补，共担风险、共享利润。跨国战略联盟又称为公司间协议或国际战略联盟，是一种自发的、非强制的联合，合作各方仍旧保持着本公司经营管理的独立性和完全自主的经营权，彼此之间通过达成的各种协议，结合成一个松散的联合体。

战略联盟的概念是由美国 DEC 公司总裁简·霍普兰德（J. Hopland）和管理学家罗杰·奈格尔（R. Nigel）首先提出的。由于战略联盟形式的多样性和战略联盟理论的复杂性，其定义也各有不同。交易费用理论认为战略联盟是介于完全市场和完全内部化公司之间的一种交易安排，如图 5-1 所示。战略管理理论则把战略联盟定义为：两个或多个合作伙伴，共同承诺为了实现一个共同的目标，汇集它们的资源和协调它们的行动。

无 ←—— 市场　非正式合作项目　正式合作项目　合资企业　多数股权参与　兼并　公司 ——→ 大

图 5-1 战略联盟

跨国战略联盟具有以下主要特征：

（1）战略联盟属于一种非资本参与型的国际经济方式，不同于内部化形成的各层次之间的明显的从属关系。

（2）战略联盟促进了企业组织结构创新。

（3）战略联盟充分整合了联盟企业各自分散的资源，既增加了联盟企业的利益，又降低了各自的风险。

（4）战略联盟的合作形式具有较强的灵活性。

（5）战略联盟实现了联盟各方的"柔性竞争"，避免狭路相逢，两败俱伤。

（6）战略联盟增强了联盟各方的技术交流，推动了各方的技术进步和技术创新。

二、跨国公司战略联盟的性质

1. 合作竞争性

战略联盟的产生使原来的单个企业之间的竞争转化为联合、合作企业之间的柔性竞争，这种竞争是建立在合作基础之上的竞争，参与合作竞争的企业从中获得了分工合作和分散风险的好处。

（1）分工合作性。对企业战略联盟来说，无论其规模大小、合作深浅，核心都是联盟中的每一个企业按专业分工从事自己最为擅长的领域，因为在合作基础上参与竞争要比单个企业参与竞争更有效率。

（2）共存竞争性。战略联盟的重要性质就是不排斥竞争，联合企业之间的竞争是一种合作型竞争。

2. 组织创新性

由于企业规模的不断扩大、管理层次的不断增加以及协调成本的不断上升，使得一些跨国公司的机构变得越来越庞大，官僚现象越来越严重，效率越来越低。而跨国公司战略联盟的组织创新性在于不涉及组织规模扩大和机构膨胀，避免带来企业组织的僵化，使企业保持灵活的经营机制和资源利用的高效率。战略联盟能够绕开关税和贸易保护主义，避开《反垄断法》对企业规模过大的制裁，从而为组织创新提供基础。

三、跨国公司战略联盟的类型

跨国战略联盟是一种非常复杂的企业战略决策，根据不同的划分标准可分为不同的类型。

（一）按联盟企业的主体地位差异划分

按联盟企业的主体地位差异来划分，跨国战略联盟分为互补型联盟、接受型联盟两种。

（1）互补型联盟。这类联盟大多是在西欧、北美和日本等市场经济发达国家的跨国公司之间结成的，是战略联盟的高级阶段，其形成基础在于跨国公司之间存在优势上的互补。它们为了应付全球性的竞争，而在技术设计、加工过程和营销服务方面进行技术、资金和人员等方面的互补和配合。例如，德国的戴姆勒—奔驰汽车公司和日本的松下公司结成跨国战略联盟，共同开发、制造和经营自动汽车，其主要目的是分摊产品开发与生产投资的成本，迅速而有效地进入各自在欧洲和日本的营销与分销网络。

（2）接受型联盟。这类联盟按经济体制和经济发展水平的不同，还可以进一步划分为东西方联盟和南北方联盟。东西方联盟是有体制性差异公司间的联盟。东西方联盟的案例，如苏联的斯塔契公司与美国的霍尼韦尔公司签订合同，达成利用美方的计算机控制系统，改进苏联100家化工厂生产工艺的协议。而南北方联盟是发展水平有一定差异经济体之间的公司之间形成的联盟。南北方联盟的案例，如印度尼西亚的一家飞机制造公司与西班牙的加沙公司结成跨国战略联盟，共同设计和生产适合印度尼西亚条件和运输特点的民用飞机 CN-135，合作双方各负担所需费用的一半。接受型联盟通常被认为是战略联盟的低级阶段。

（二）按联盟企业之间的相互依存程度划分

按联盟企业之间的相互依存程度来划分，跨国战略联盟可分为股权式联盟和契约式联盟两种。

（1）股权式联盟。股权式联盟是指涉及股权参与的企业间联盟。通常的情况是联盟成员通过购买彼此一定数量的股份而结成战略联盟，以巩固良好的合作关系。这种联盟方式与合资、合作或兼并不同的是，该方式不涉及设备和人员等要素的合并。

（2）契约式联盟。契约式联盟是指借助契约建立的、不涉及股权参与的合伙形式，如联合研究与开发、产业协调协议等。非股权经营模式，如合约制造、服务外包、订单农业、特许经营、许可经营、管理合约及其他类型的合约关系，跨国公司通过这些关系协调东道国公司的业务活动，而不拥有其股份。

（三）按联盟企业的产业合作方向划分

按联盟企业的产业合作方向来划分，跨国战略联盟可分为横向战略联盟、纵向战略联盟和混合战略联盟。

（1）横向战略联盟。横向战略联盟是指同属一个产业或行业部门，生产、销售同类产品企业之间的联盟，或者在同一市场上产品或服务互相竞争的企业之间的联盟。这种联盟是企业扩大经济规模、降低或分散风险、加快新技术的扩散、降低进入目标市场的壁垒、增强产品之间的兼容性以实现经济扩张的一种有效形式。横向战略联盟旨在降低经营成本。

（2）纵向战略联盟。纵向战略联盟是指分属于两个不同行业部门，但两者之间又有直接投入产出关系的企业间的联盟。纵向战略联盟旨在减少或防止因信息不对称所造成的劣势，有助于产业政策的实施。

（3）混合战略联盟。混合战略联盟是指两个或两个以上相互之间没有直接的投入产出关系和技术经济联系的企业的联盟，或是两个或两个以上产品与市场不存在任何关系的企业的联盟。混合战略联盟旨在改善企业自身结构、扩大经营能力、增强市场控制能力、实现多元化经营、提高市场占有率。

（四）按联盟企业的资产注入情况划分

按联盟企业的资产注入情况来划分，跨国战略联盟可分为合资型战略联盟和协作型战略联盟。

（1）合资型战略联盟。合资型战略联盟的联盟各方作为股东共同创立的独立企业，拥有独立的资产、人事和管理权限，但一般不包括各联盟方的核心业务。

（2）协作型战略联盟。当联盟各方的核心业务与联盟相同、合作伙伴又无法将其资产从核心业务中剥离出来置于同一企业时，或者为了实现更加灵活的收缩和扩张、合作伙伴不愿建立独立的合资公司时，就会产生协作型战略联盟。

（五）按战略联盟的性质划分

按战略联盟的性质来划分，跨国战略联盟可分为集中式战略联盟和综合式战略联盟。

（1）集中式战略联盟。集中式战略联盟是根据两个或多个企业之间的协议安排建立的，目标明确但受限制，联盟中一般只有一项主要活动或功能。

（2）综合式战略联盟。综合式战略联盟的合作业务内容可能包括合作伙伴价值链上的全部环节，成员之间合作范围十分广泛。

（六）按联盟企业所在价值链位置的不同划分

按照这种标准划分，跨国战略联盟分为资源补缺型战略联盟、市场营销型战略联盟、联合研制型战略联盟。

（1）资源补缺型战略联盟。资源补缺型战略联盟是指上游企业和下游企业结成的战略联盟。它又分为两种情况：一种是拥有独特技术的企业为了接近海外市场或利用对方的销售网络而结成的联盟；另一种是企业与用户的联合型战略联盟，企业借此将生产、消费、供给、需求直接联系起来。

（2）市场营销型战略联盟。此种类型的企业联盟多出现在汽车、食品等领域，重在互相利用各自价值体系中的下游环节，其目的在于提高市场营销效率和市场控制能力。

（3）联合研制型战略联盟。该种类型的合作领域侧重在生产和研究开发，参与联盟的企业充分利用联盟的综合优势，共享经营资源，相互协调，共同开发新产品和新技术。

（七）按组织接触程度和潜在竞争的高低划分

按这种标准划分，跨国战略联盟可分为亲竞争型联盟、非竞争型联盟、竞争型联盟和前竞争型联盟四种。

（1）亲竞争型联盟。亲竞争型联盟是指那些产业间和在价值链中有垂直关系的企业联盟，如生产商和供应商的联盟、生产商跟分销商的联盟。它们之间有利害休戚关系，它们的联盟能加强各自的竞争能力。

（2）非竞争型联盟。非竞争型联盟是指那些同一产业内部相互没有竞争关系的企业联盟。这种联盟的组织接触程度较高，但潜在的竞争较低。

（3）竞争型联盟。竞争型联盟的联盟者之间存在着直接的竞争关系。它们的组织接触程度较高，潜在的竞争也较大。

（4）前竞争型联盟。前竞争型联盟是指为了开发一种新的技术而在不同的、经常是互不关联的行业间的公司合作。这种合作意图非常明显，就是为了开发新技术。它们的组织接触程度较浅，但潜在的竞争风险较大。

第二节　战略联盟理论

一、战略联盟理论模型

战略联盟自产生之日起，就为企业普遍接受和采用。据统计，全球的企业战略联盟数量，1987—1997 年间，以每年 25% 的速度递增，到 2000 年，联盟的数量达到了 10200 个。对于战略联盟在世界范围内的迅速发展，学者们以各种理论为基础对其形成进行了多方面的理论研究和实证分析。其中管理大师彼得·德鲁克（P. Drucher）把联盟看作"从不协调中创造协调"的最灵活的手段，泰吉（T. T. Tyejee）等人则把联盟看作弥补战略缺口的手段。下面具体介绍各种战略联盟理论模型。

（一）"战略缺口"假说

关于战略联盟的理论成因，"战略缺口"（strategic gap）假说给出了很好的解释。根据泰吉和奥兰德（G. E. Osland）提出的"战略缺口"假说，20 世纪后 20 年里国际竞争环境的深刻变化对跨国公司的绩效目标造成了巨大压力，因而，当公司分析竞争环境和评估它们的自身竞争力与资源时，常常会发现，在竞争环境客观要求它们取得的战略绩效目标与它们依靠自身资源和能力所能达到的目标之间存在一个缺口，这个缺口被称为"战略缺口"。"战略缺口"在不同程度上限制了公司走一切依靠自身资源和能力自我发展的道路，在客观上要求跨国公司走战略联盟与合作的道路。因此，"战略缺口"是推动跨国公司在全球竞争中结成战略联盟的重要动力，公司的"战略缺口"越大，参与战略联盟的动力就越强。

（二）技术协调论

技术协调论的代表人物理查森（G. B. Richardson）认为，公司之间的战略联盟是出于它们各自所从事的职能不同而又彼此相互关联的经济活动需要加以协调的目的。在一个包含着各个生产环节的产业中，不同的企业依据各自的优势，采取专业化分工，从事特定的产业经济活动。这些企业因为在产业内较长时期的经营活动分别积累了各自的知识、经验、技能、专利。当这些企业在竞争性的市场上需要进行彼此间的合作时，尽管理论上讲企业之间可以通过长期合同约束合作者的市场行为，但因为可能存在的知识、意识及利益上的差距往往使市场机制的协调作用缺乏应有的效率。此时，技术性合作协调就显得尤其重要，而企业战略联盟正是有助于企业之间协调的一种在市场和企业之间的制度性安排。

（三）市场权力论

市场权力论认为，战略联盟不过是垄断企业相互勾结起来共同控制价格、谋取垄断租金的一种市场卡特尔。这种联盟性合作背后的驱动因素是大公司企图寻求操控市场的权力、限制竞争并形成市场位置的有序结构。

市场权力论暗含着合作各方皆为投机者的假设，主张建立严格的监督控制机制以对付这种经济机会主义行为。

（四）交易成本论

自从1937年经济学家科斯在《企业的性质》一文中提出交易成本（transaction costs）理论以来，许多学者对其进行了补充和发展，并尝试将其应用于多项领域的研究，对战略联盟的分析就是其中一例。广义地理解，交易成本是人与人打交道的成本，它是相对于人与自然打交道的生产成本而言的。为了得到交易所提供的经济利益，人们必须支付某种费用。交易成本理论的核心思想在于，一个组织如何确定它的合理边界范围，以最小化其生产成本和交易成本。1975—1985年，威廉姆森（O. E. Williamson）在其早期的文献中，根据影响治理结构选择的有限理性、机会主义、交易的数量、不确定性、复杂性和信息压缩等六个因素，将市场与科层（market and hierarchies）定义为组织的两种形式。后来，他在集中分析资产专用性和交易性质对治理结构选择的影响时，逐渐认识到关系合约与双边治理通常会导致混合性的治理结构，此种结构往往介于市场和科层（经济学中的"科层"是指企业内部的行政等级层次）之间，承认了组织间的形式对于市场和科层这两种组织方式的重要补充作用。继威廉姆森之后，许多学者都把交易成本理论用于对战略的分析。

技术协调论并没有解释内部化资源配置、外部化市场交易和企业间战略联盟三者之间的优劣，相反，以威廉姆森为代表的交易成本论指出，在竞争环境中，最佳管理机制或组织结构的选择是由最低成本管理交易的效率来决定的，企业战略联盟可以视为由一系列技术、组织机构及区位特定因素决定的有效交易方式选择之一。

交易成本论认为：一方面，知识资产的特殊性、业务的复杂性以及劳务的交换都偏爱于企业内部的交易机制，因为它在协调不同的经济活动时耗费的资源较少；另一方面，商品与服务的标准化及其大量生产与购买与外部的市场安排更为适应。跨国经营企业之间的战略正好介于内部化资源配置与外部化市场交易之间，在某种程度上恰好是一种折中。20世纪80年代的一些对高技术产业的研究表明，在某些交易成本十分敏感的行业，既不适合于实施内部化，又不能建立与分享研究与开发成果时的复杂性相适应的松散关系，于是，战略联盟就成为最佳方案。

（五）技术创新论

技术创新论是在抨击交易成本论的基础上产生的，该理论的提出者蒂斯（D. Teece）和安托奈里（C. Antonelli）等人认为：技术创新以及最大限度地获取创新利润的战略行动是跨国企业战略联盟产生的基础。按照技术创新论，战略联盟是公司借以直接接触那些共同专用的知识资产（co-specialized assets）的一种方式，这些资产对技术创新的有效市场化是至关重要的。为了获取创新利润，并且也由于技术诀窍交易市场具有的不完全性特点，公司倾向于通过创新进程的内部化来实现增长。但这种增长受到协调不同经济活动的复杂性及其成本的制约，于是企业战略联盟应运而生。

在高技术产业中，技术进步日新月异，层出不穷，因此该领域的企业更多地采取建立战略联盟的形式。首先，高技术产业的竞争优势在于知识增长的速度，而不是知识存量的绝对增加，只有联合攻关才能快速地积累和掌握新的知识；其次，研究与开发高技术的成本和风险非常大，各方迫切需要分享不同公司的资源优势；最后，产品生命周期日趋缩短，削弱了通过专利占有技术租金的能力，迫使竞争对手转变策略，为获取研发成果而合作，然后在传统的生产、销售领域进行竞争。

（六）资源基础论

资源基础论分为内生的资源基础论和外生的资源依附论两种。内生的资源基础论强调资源对企业的内生性，认为企业通过两种方式取得和维持其竞争优势：一是拥有持久的、非专用的、不能被完全转移或复制的资源；二是企业以一种很难或者几乎不可能复制的方式配置它所拥有的资源。企业的目标就是随着时间、竞争和环境的变化来调整和更新其所拥有的资源及其配置方式。战略联盟为企业获得其他企业的战略性资产提供有效、合法的途径，通过获得有价值的资源，企业能够追求利润最大化。

外生的资源依附论认为资源是外生的，强调资源必须从企业赖以生存和发展的外部环境中获得，企业是一个开放的体系结构，必须与它们所处的环境进行交换以获取资源。

（七）战略管理论

战略管理论对战略联盟的分类，依据战略联盟的动机与目标的不同，主要包括以下几种：一是市场力量导向型的战略联盟，联盟企业可以借助合作建立起进入壁垒或创造出垄断性的力量，加强对市场的影响和控制；二是战略资产获取导向型的战略联盟，联盟企业可以借助合作获得互补性的资源，维持和提升其竞争优势；三是效率导向型的战略联盟，联盟企业可以借助在研发、生产、营销等经营环节的合作，改善和提高某些经营环节或者整体的效率；四是产品差别导向型的战略联盟，该种类型的战略联盟可以为联盟伙伴提供差异化的产品或服务。

二、关于战略联盟产生与存在的种种解释

20 世纪 50 年代，跨国公司的跨国经营活动常常以独资经营为主要经营方式；60 年代以后这种经营方式转变为合资经营；70 年代中期以来，一些发达国家的跨国公司采取了更加灵活的经营方式，即更多地采用非股权经营方式；进入 20 世纪 80 年代，跨国战略联盟这一新的经营方式迅速兴起，并成为 90 年代及以后跨国经营的一种新的趋势。按产业经济学的有关理论，由于外部市场的不完全，使得企业内部市场在资源的协调、配置上处于优势地

位。企业之间的纵向并购或内部扩展正是解决产品价值链各环节分工、协作的有效途径。但是当企业的生产规模足够大，当一个企业纵向一体化程度所实现的生产成本节约不足以弥补内部纵向协调资源的经营管理成本时，企业之间寻求外部合作就成为内部控制和外部市场之间的一种行之有效的中间选择，这种中间选择就是企业战略联盟。

企业战略联盟是单个企业生产边界的有效扩展，理论界出现了各种对企业战略联盟产生和存在的解释。

（一）价值链的解释

企业的价值创造过程可以分解为设计、生产制造、营销以及组织管理等一系列过程互不相同而又彼此关联的增值活动，这个过程构成价值系统，其中的每一项经营管理活动即是总的价值系统中的价值链：供应商价值链、经营企业价值链、营销渠道价值链、买方价值链。

战略联盟在保持了各自企业独立性的基础上，实现了联盟者之间共同组织复杂商业交易和合理分配增加价值收益的目的。现代市场规模条件下，单个企业已经越来越难以跨越产品的整个价值链的所有环节，在这种情况下，企业在不同的价值链环节间形成战略性合作联盟，有可能比完全通过外部不完全市场单独完成价值链生产经营的全部过程要有利。这种联盟，可以通过市场机制形成各个企业间优势价值链的互补，比单个企业具有更大的灵活性，同时还降低了风险。

（二）网络理论的解释

该理论认为，企业战略联盟对于具有网络型组织结构效应的企业来说，可以增强企业组织的活力和形成企业之间的价值连锁。网络理论的核心是提倡将社会经济组织松散地结合起来，在保持生产经营活动组织充分灵活性的基础上，更好地适应产品和技术周期缩短以及竞争激烈导致的市场动态化发展的要求。

网络理论同时认为，由于两家以下的成员企业在合作空间上不能构成网络效应，因此提倡至少两家以上的企业形成战略联盟，主张企业簇群，这样才能通过有效地组织联盟内的资源，实现资源共享，从而保证从投入到产出全过程的"资源节省"。通过战略联盟，可以充分利用各个企业闲置的资源，同时可以弥补各自资源的不足，把资源利用边界扩大到整个世界市场，使资源利用效率得以提高。

（三）交易成本理论的解释

科斯在《企业的性质》一文中提出交易成本的理论是基于市场失灵的假设，即假设市场中存在不完全竞争、信息不对称、不确定性和机会主义行为。市场失灵导致了企业试图以内部组织替代市场制度，以行政安排替代市场交易来配置资源。科斯之后，威廉姆森提出"关系合约与双边治理通常会导致混合性的治理结构"，即企业联盟。继威廉姆森之后，许多学者都把交易成本理论用于战略联盟的分析。

对于交易成本理论来说，跨国战略联盟就是通过一体化企业和外部市场交易中间的一种制度安排来降低交易成本，纠正市场失灵，同时以较低的组织成本、管理成本来稳定企业的投入产出关系。换句话说，跨国战略联盟实质上是跨国公司在无法有效利用自有支配资源获取资产、优势而需要对外寻求市场资源情况下的一种有效降低外部交易成本的选择。

（四）战略管理论的解释

战略管理论认为，企业战略联盟的形成是为了增强其竞争力或市场力量，其中利润和成长是公司实施战略联盟行为的主要目标。按照战略管理论，当公司实施战略联盟的收益大于成本时，公司间就会形成战略联盟，以增强自己的竞争力或者获取更大的市场力量。

1972 年，海默把市场力量理论应用于战略领域的研究，将联盟区分为进攻性联盟与防御性联盟。其中，进攻性联盟是通过获得合作公司的竞争优势来降低其他竞争者的市场份额或提高其他竞争者的制造和销售成本，以此加强企业自身的战略地位；防御性联盟是合作公司通过联合建立起进入壁垒，以维持其战略地位和稳定所在产业。波特和富勒（Fuller）于 1986 年指出，当公司间联合实施某项活动比一个公司单独执行以及通过合约或者并购另一家公司更有利可图时，联盟就会产生。战略管理论试图表明，通过企业间的联合能够获取更大的市场力量，合作是一种能够比企业的自然成长或并购更迅速、成本更低地获取市场力量的方式。

（五）资源依附学说的解释

资源依附学说认为资源对企业来说是外生的，强调资源必须从企业生存和发展的外部环境中获得。根据资源依附学说的解释，企业之所以在其组织边界以外去寻求与其分享利润的战略联盟伙伴，原因是企业获取竞争优势或生存空间所需的某种稀缺资源被其他企业独占，资源的可获得性存在较大问题，或者由于企业本身的过度经营而将原来掌控的资源几乎消耗殆尽。既然企业所需的资源内部缺乏并且外部市场获取成本太高，那么寻求与拥有这些资源的企业建立战略性合作联盟就成为一种必然选择。

第三节　战略联盟的目标与动因

一、目标

企业战略联盟形成的主要原因是市场竞争、规避风险以及增强优势，因此其目标可归结为以下几个方面：

1. 拓展新市场

企业为了保持自己在激烈的市场竞争中立于不败之地，就必须不断地拓展新的市场。在经济全球化的进程中，在跨国经营与国家经济主权界限这对矛盾仍然相对突出的市场环境下，几乎没有一家企业能够完全利用自己的资源将其经营范围拓展到世界市场的每个角落。因此，充分利用外部企业的资源优势，在互惠互利的基础上共同开拓国际市场，对联盟各方来说无疑是节约有限资源、提高进入效率的明智战略选择。例如，全球著名的两大跨国企业——日本三菱公司与德国戴姆勒—克莱斯勒公司在汽车、宇航、集成电路等 11 个项目上达成战略联盟，就是为了在欧洲统一大市场的关税同盟之前抢先进入欧洲市场的一种战略性安排。

2. 优化生产要素组合

与常见的企业间的交易合作有所不同，跨国公司战略联盟各方所提供的资源通常是联盟各方自身所拥有的优势资源，如资金、技术、人力、土地等，而联盟对方却不具备这种优势资源，或处于相对劣势。所以资源的互补构成了跨国公司战略联盟合作的基础，而互补资源实现要素的优化组合则显然又是联盟企业各方所追求的主要目标。这种联盟的优越性在于，参与联盟的各方在生产过程中可以借助他人的力量来取得规模经济效应。

3. 分摊研发成本

技术创新和新产品开发过程中的绝大多数战略联盟都是为了降低研发成本和由此带来的风险。现代高科技产品的开发、研制、生产和形成规模往往需要巨额的资本投入，这对于任何一家跨国公司而言，不仅意味着为此承担巨大的资金压力，同时也要承担着巨大的风险。而通过跨国公司战略联盟的形式来分担资源、分摊研发成本，既可以避免企业自有优势资源缺乏的困境，减少跨国公司战略性资源的过多投入，又可以显著缩短企业研究与开发投入的投资回收周期，使基于企业的研究与开发的工艺及产品更新速度加快，周期缩短，避免自有资源的完全性"风险沉没"，以增强战略资源的周转效率。例如，美国通用电气公司和法国斯奈克玛公司（SNECMA）合作开发一种新型的飞机发动机，这项研究和开发约需10年时间，耗资10亿~20亿美元；另外，波音曾和实力强大的富士、三菱及川崎重工共同投资40亿美元联合开发波音777型喷气式客机，并且还耗资60亿美元同法国、德国、英国、西班牙四国飞机制造企业共同研制一种载客量达700多人的新型客机，这种巨额的研发投入是单个企业无法承担的。

4. 最大限度地消除无谓竞争

国际市场上大量不必要的竞争（即无谓竞争）使跨国公司消耗了大量的资源，这些无谓竞争没有给跨国公司带来直接利益，相反过度竞争还会损害跨国公司自身的利益，造成两败俱伤。通过战略联盟，既可以消除无谓竞争带来的负面影响，也有利于联盟各方重新配置有限资源以形成更大的优势。例如，新加坡航空公司、瑞士航空公司和美国德尔塔航空公司之间的战略联盟就使得三方得以有效协调航班、分配预订机座、共享分布全球的维修保养及地勤服务系统。

二、动因

促使企业建立战略联盟有许多直接的动因，根据近年来企业战略联盟的实践，可把企业建立战略联盟的主要动因归结为以下几个方面：

1. 有效绕过贸易壁垒，减少贸易摩擦

全球经济一体化过程中，区域经济一体化趋势加剧。为保护本国市场、削弱外来竞争，各国在降低关税的同时，设置了大量的非关税壁垒。特别是欧盟建立统一大市场以来，成员国对汽车和纺织品等采取统一的贸易保护政策，非成员国与欧盟的贸易摩擦不断出现。为了有效应对欧盟的贸易壁垒措施，美国和日本的跨国公司积极与西欧同行业的大公司结成战略联盟。例如，美国斯密特—凯恩公司与英国比彻姆集团结成国际战略联盟，从而使其绕过了欧盟所设立的种种贸易壁垒进入了欧盟市场。对欧美一些跨国企业来说，日本市场也是如此。20世纪80年代，摩托罗拉开始进入日本移动电话市场时，由于日本市场存在大量正式和非正式的贸易壁垒，使得摩托罗拉举步维艰。到1987年，摩托罗拉与东芝建立战略联盟，并由东芝提供市场营销帮助，最终克服了日本市场的进入壁垒，成功进入了日本移动电话市场。

2. 有利于促进技术创新

先进技术是企业提高竞争力的关键。新技术的突破，往往带动新产品、新工艺、新材料的全面发展，并可为企业开辟新的经营领域，提高企业现有的运营效率和经济效益。随着技

术创新和普及速度的不断加快，企业在充分利用和改进原有核心技术的同时，必须不断创新，拓展新的技术领域。同时，联盟战略还有利于缩短产品创新的时间。因此，企业之间结成战略联盟促进技术创新已成为一种新的经营模式。特别是在航空、电子、信息、自动化、汽车等高科技产品领域，这种企业战略联盟现象尤为引人注目。例如，美国的波音公司和日本企业财团结成战略联盟，联合研制开发民用 777 飞机；电子产业界，日本松下与美国摩托罗拉结成战略联盟开发新一代计算机产品；与此同时，欧洲企业为了与美、日企业抗衡，也纷纷结成战略联盟，如飞利浦公司与西门子公司结成联盟共同开发新一代半导体技术等。这些案例都是以战略联盟方式进行技术创新的例证，技术创新的需要使一些企业从激烈的竞争关系转变为既是对手又是伙伴的关系。

3. 实现资源互补

国际竞争环境的变化对公司的绩效目标造成巨大压力，使它们制定的战略绩效目标同它们依靠自身资源和能力所能达到的目标之间存在一个缺口，这个缺口就是"战略缺口"（见本章第二节相关论述）。

战略缺口在不同程度上限制了公司走一切依靠自身资源和能力而自我发展的道路，在客观上要求跨国公司走战略联盟与合作的道路。通常认为，资源在企业之间的配置总是不均衡的，在资源方面或拥有优势，或存在某种不足，通过战略联盟便可以达到资源共享、优势互补的效果。例如，美国福特汽车公司与日本马自达汽车公司通过建立战略联盟，使福特得以借助马自达的营销网络更便捷地进入日本乃至亚洲市场，并依靠马自达的生产能力在日本建立起小型车的供应基地；马自达也在和福特的联盟合作中进一步提高了其汽车发动机制造技术。此外，战略联盟还有利于企业在实现资源互补中分摊高昂的研发投入费用。

4. 实现强强联合，寻求更高资本收益

随着经济全球化趋势的加强，跨国公司面临的市场都是作为一个整体的全球市场，它们之间演绎的寡头间的竞争变得越来越激烈，企业传统的核心业务领域越来越多地面临着来自业内及业外激烈的竞争，技术革新速度的加快使得原来单挑独干的企业越来越感到力不从心。为了分散风险，通过资源和优势的互补来实现强强联合无疑是适应全球化竞争的重要战略。2000 年 9 月，戴姆勒—克莱斯勒公司宣布与日本三菱公司结成联盟，以组建一个年产量达 650 万辆汽车的全球第三大汽车制造集团。两大公司在一份联合声明中说，双方决定在客车和敞篷小型货车的设计、生产及销售等领域建立广泛联盟。根据联盟协议，戴姆勒—克莱斯勒公司出资 20 亿美元收购三菱 34% 的股份。戴姆勒—克莱斯勒公司通过控股三菱公司的行动不仅可以利用三菱公司的开发和生产能力，还可以进入三菱公司的传统销售市场，从而使戴姆勒—克莱斯勒公司在亚洲的汽车销售比例大大增加，进而提高其在世界汽车市场上的竞争能力。

2016 年 11 月，中国华为公司与飞利浦（中国）投资有限公司签署战略合作协议，双方在健康医疗和云服务市场结为产业联盟，在覆盖健康的生活方式以及疾病预防、诊断、治疗到家庭护理的"健康关护全程"开展全方位合作。对华为公司来说，组建战略联盟，实现单个企业无法企及的规模与协同效应，获得优势资源互补、市场开拓、成本降低、风险共担等效益，但也存在技术外泄、依附性增强、培养潜在竞争对手、文化与经营管理风格差异等

风险。

此外，一些跨国公司从追求更大规模的经济效益出发，积极开展跨国战略联盟，在获取经济利润的同时扩大自己的实力。

第四节　跨国公司战略联盟的发展

一、战略联盟的发展格局

典型的跨国企业战略联盟主要发生于美国、日本和欧盟三大发达经济体的企业之间。据研究，日本公司有55%的生产物资供应来自于公司外部合作网络，有40%来自于公司内部网络，仅有5%来自于非合作性交易。在美国，像IBM和通用电气公司（GE）这样的跨国企业，过去都以科层组织为基础，而今天它们的战略联盟数量已经达到数千个。另外，根据一项主要针对美国公司与其他国家跨国公司战略联盟抽样调查的结果，1988—1989两年内，建立的战略联盟数量是1986—1987年两年内建立的总数的3倍以上。1996—1998年期间，全球建立了大约32000个联盟关系，其中大约70%以上属于跨国性质。[⊖]

最早的跨国公司战略联盟出现在汽车行业。1979年，美国福特汽车公司和日本马自达汽车公司结成战略联盟。据福特公司估计，通过产品开发、采购、供应和其他活动全球化，该公司每年至少可以节省30亿美元。20世纪80年代，跨国企业成员之间的横向和纵向合作关系有相当部分迅速转变为跨国公司之间的关系，主要原因是这一时期公司的对外直接投资增速超过了同期货物贸易额的增速。与此同时，大多数发达国家的跨国公司开始纷纷制订其旨在开发知识密集型产品和服务的计划，它们通过建立战略联盟的方式来合作实施这些计划。联盟各方在产品的研发、生产制造、产品销售以及售后服务方面，以相互参股或联合的方式进行合作。一开始，这种合作并不稳定，但后来经过"磨合"逐渐走向稳定，最后形成长期稳定的合作关系。例如，美国通用汽车公司持有日本富士重工有限公司20%的股份，并持有日本铃木公司9.9%的股份；日本三菱公司持有韩国现代公司13%的股份。又如，荷兰的飞利浦电子公司是西欧最大的家用电器生产商，进入20世纪90年代以来，它与日本新日铁公司、日本化学工业公司合作，生产陶瓷电子元件用以改善照相机和磁带录音机等产品的性能；与德国西门子公司合作，设计出统一的电话系统；与瑞士威力、杜施达公司合作，研究开发密纹唱片等，都属于战略联盟。

应该说，进入20世纪90年代以来，跨国公司步入了一个崭新的发展时期，其数量、规模急剧扩大，跨国并购也再掀浪潮。这期间，跨国企业间的战略联盟也在广度和深度上有了较大的突破，领域主要集中于国际竞争异常激烈的半导体、信息技术、电子、生物工程、汽车制造、仪器仪表、食品饮料、航运和银行等资本密集型和技术密集型行业。

跨国公司之间缔结国际性战略联盟，意味着新的国际竞争形式的产生，对世界市场的竞争格局有着重大影响。

就跨国公司战略联盟的产业分布格局而言，经研究发现，大多数联盟协议都集中在高技术产业领域，其中汽车产业占23.7%，电气产业占13%，航空航天产业占19%，通信产业

⊖ 来自张小蒂等编写的《国际投资与跨国公司》，浙江大学出版社，2004。

占17.2%，计算机产业占14%，其他的行业则合占13%。

就战略联盟形式而言，最多的是单一环节的联盟协议。例如，联合产品开发占37.7%；联合生产占23.3%，联合营销占7.9%。除了单一环节的联盟协议外，涉及两个环节的战略联盟，如合作开发和生产占16.8%，合作开发和营销占2.9%，合作生产与营销占5%。此外，涉及三个环节的战略联盟则主要是开发、生产和营销合作，占6.4%。

就战略联盟的地区分布而言，美国、日本和欧盟三大经济体的跨国企业之间所建立的跨国战略联盟占主导地位，形成了三足鼎立之势。但三大经济体之间的分布也不均衡，其中美国和欧盟公司之间建立的联盟数量最多，其次是日本和欧盟企业之间的跨国公司联盟，美国和日本企业之间建立的战略联盟则数量相对较少。

二、跨国公司战略联盟的发展趋势

1. 从接受型战略联盟向互补型战略联盟转变

接受型战略联盟又分为东西方联盟和南北方联盟，其总的特点是联盟各方在经营能力、经营资源方面表现出显著的不均衡，一方为了有效地进入对方的市场，而另一方则为了获取自己短缺的资源或投资收益。合作内容多以技术型联盟为主，合作基础为资源互补，合作的实质是市场与利益，或者是关键要素资源交换。

2. 经济发展水平不同的国家之间建立的战略联盟比重呈增加趋势

战略联盟发展的另一个趋势是随着对外直接投资流入发展中国家的比重不断增加，作为对外直接投资主体的跨国公司与东道国的各种合资、合作企业的数量不断增加。

3. 技术联盟日趋活跃

20世纪90年代，世界经济发展的一个标志性特征就是知识与技术资本逐渐成为工业化经济时代影响财富增长的一个关键变量，技术要素已经成为影响跨国公司竞争优势最为重要的贡献者。

跨国公司的技术联盟，是指两个或者多个跨国公司以维持和提升技术水平为战略目标，组成的技术互补、共担风险和合并彼此技术要素的联盟形式。其中，包含了公司间知识的传递、共享、整合等方面的技术互动过程。特别是20世纪90年代以来，跨国公司战略联盟的目标，由一般性技术内容的合作越来越明显地指向了高新技术领域。据统计，1990年，美国、西欧和日本在信息技术产业的研究和开发合作协议达到了2364件，在生物工程产业的合作协议达到了876件，在新材料产业的合作协议达到了552件。事实上，在跨国公司战略联盟的诸多形式中，技术联盟属于一种最为本质的联盟，其他形式的联盟或多或少都与技术联盟有着直接或者间接的关系。

4. 知识与技术的流动从单向转为多向

跨国公司的战略联盟一开始由于南北方联盟较多，因此知识以及技术等的流向特征是在联盟中多从发达国家企业流向发展中国家企业。但近年来，随着跨国公司间联盟数量的增加，互补型战略联盟数量快速增长，使企业之间的知识、技术流向由单向转为多向，即企业之间的相互学习、相互交流越来越多。

第六章 跨国公司内部贸易与转移价格

传统意义上的国际贸易是指不同国家或地区之间货物或服务的交换活动，因此基本上属于政府或企业之间的贸易行为。随着跨国公司的发展，其经营活动扩展到全球市场，这促进了传统的国际贸易，同时还使国际贸易产生了新的内涵，即出现了跨国公司内部的国际贸易。为实现利润最大化，减轻公司在东道国的税收负担，跨国公司经常将利润从高税率国家转移到低税率国家，手段之一便是转移价格，跨国公司转移价格的主要方法便是进行公司内部国际贸易。

第一节 跨国公司内部贸易概述

一、跨国公司内部贸易的含义和特征

（一）跨国公司内部贸易的含义

跨国公司内部贸易（intrafirm trade），又称为跨国公司内部的国际贸易，或公司内贸易，是指跨国公司母公司与子公司之间，或子公司与子公司之间的产品、原材料、技术与服务在国际上的流动，主要表现为跨国公司的母公司与国外分支机构之间，以及处于不同国家的同一母公司下属的子公司之间产生的贸易关系。公司内部贸易是国际直接投资迅速发展在国际流通领域内形成的一种新的现象，是国际贸易和国际直接投资相结合的产物。

跨国公司内部贸易虽然导致货物或服务跨越国界流动，但是交易行为主体实质上是同一个所有者。它既具有国际贸易的特征，同时又具有公司内部商品调拨的特征，因此，它是一种特殊形式下的国际贸易。在当代国际贸易中，跨国公司内部贸易已占世界贸易额的1/3以上。随着跨国公司的发展，这种内部贸易在世界贸易中所占的比重将越来越大。

跨国公司内部贸易在贸易方式和贸易动机上，均与传统的国际贸易交换有着显著的不同。在贸易方式方面，跨国公司内部贸易依然是一种跨越国界的货物或服务的流通，是两个经济实体之间的交易，并且交易结果会影响两国的国际收支等。但贸易价格不是由国际市场供求关系所决定的，而是由公司内部根据需要自定的。在贸易动机方面，跨国公司内部贸易是在同一所有权企业内部进行的，它们所创造的是一个内部一体化的市场。在这一市场里，交易的动机主要是实现企业内部的经营与管理，使经营过程中各构成要素实现正常的运动。

（二）跨国公司内部贸易的特征

传统国际贸易中货物和服务的交换发生在不同国家的不同经济主体之间；跨国公司内部贸易是一种特殊形式的国际贸易，它是同一所有权企业内部的货物和服务的跨国界流通，具有以下几个特征：

1. 较强的隐蔽性

跨国公司实施内部贸易的目的之一就是为了避开外部市场，因而其信息的透明度很低。大部分跨国公司均视其内部贸易资料为公司的经营秘密，所以要获得详细而又准确的公司内部交易数据是比较困难的，就连海关也常常无法区分哪些属于公司的内部贸易，这在一定程度上使跨国公司内部贸易的定量分析变得困难，同时转移价格的存在使东道国的财政因信息不对称而遭受损失。

2. 内部贸易实行转移价格策略

传统国际贸易中的商品定价原则常常是以商品的生产成本为基础，并参照该种商品在国际市场上形成的价格水平以及结合市场实际需求做出的。而跨国公司内部贸易则一般采用转移价格的定价策略。转移价格作为一种内部贸易价格，与外部市场的正常交易价格即国际市场价格相比存在着较大的差异。内部价格可以不必等于生产成本，它可能远远低于或高于生产成本，在有些情况下它与生产成本甚至没有直接联系。据有关资料显示，95.8%的跨国公司采用了转移价格。

实行转移价格有助于克服公司内部分工的统一性与各部门利益不一致的矛盾。随着公司跨国经营业务的发展，其内部根据世界资源的地理划分而形成的国际分工也在不断深化。公司的专业化分工提高了劳动生产率，取得了规模经济效益，同时又能防止技术工艺的流失。然而，海外子公司采取的是多样化股权形式，使得母公司与各个子公司之间形成多样化、多层次的经济关系。这种经济利益的差异性必然导致跨国公司的总体利益与各子公司的局部利益之间产生矛盾和冲突。跨国公司实行转移价格正是为了克服这一矛盾，使整个公司的经营活动在全球统一战略目标指导下实现内部交换，并在协调的基础上使各自的利益得到满足。本章第三节将对跨国公司转移价格进行更为详细的介绍。

3. 内部贸易不转移商品或劳务的所有权

传统的国际贸易中，随着交易的完成，货物的所有权由卖方转移至买方。但在跨国公司内部贸易中，货物所有权只是在母公司与子公司或子公司之间进行内部移动，而没有超出跨国公司的体系。从公司的整体意义上说，内部贸易不会出现所有权的外向转移问题。

4. 内部贸易可保持跨国公司的技术优势

实行内部贸易通常与一个公司拥有的技术水平相关，技术水平越高，内部贸易的比重就越大。跨国公司的核心竞争力来自于其掌握的特有的技术优势，这种特有的技术优势产生于公司内部的研究与开发，并严防向外扩散，它只能在公司内部运用。因此，跨国公司的内部贸易可以保持其技术优势地位。

5. 内部贸易在跨国公司统一的计划性管理下进行

内部贸易受跨国公司全球战略的统筹规划，主要表现在内部贸易的商品数量、商品结构及地理流向等要受到跨国公司长期发展战略计划、生产投资计划、市场营销计划和利润分配计划的控制与调节。贸易过程中，子公司或分支机构很少掌握自主权，贸易的数量安排、销售方向、价格制度等，均控制在母公司手中。跨国公司实施内部贸易计划性管理的目的是，调节公司内部的资源配置，使之不断适应公司发展战略和外部环境变化的要求，以求在激烈的竞争环境中立于不败之地。

二、跨国公司内部贸易的分类

（一）按内部贸易主体分类

按内部贸易主体分类，跨国公司内部贸易包括：

（1）母公司向海外子公司的销售。

（2）海外子公司向母公司的销售。

（3）同一母公司控制下的子公司之间的交易。

尽管第二次世界大战后跨国公司得以迅速发展，但战后初期，跨国公司的业务范围还是相对有限，主要是为了开发与取得国外的自然资源，如石油和矿山的开采等，同时利用国外廉价的劳动力加工生产一些相对简单的最终产品或中间产品，这时跨国公司内部贸易主要表现为母公司和子公司之间单向或双向的流动。

伴随着跨国公司全球战略的实施，大量中间产品、资金、技术和无形资产的流动不仅发生在母公司和国外子公司之间，而且还越来越多地发生在国外子公司与子公司之间，使子公司间贸易占公司内部贸易的比重不断上升。

（二）按内部贸易性质分类

按内部贸易性质分类，跨国公司内部贸易可分为投资性内部贸易、经营性内部贸易和管理性内部贸易。

（1）投资性内部贸易。投资性内部贸易是指母公司专用技术和相关设备等被折价并以资本的形式注入海外分支机构进行项目投资。

（2）经营性内部贸易。经营性内部贸易是指出于满足跨国公司内部成员的日常经营活动需要而进行的贸易客体的跨越国界的流动。

（3）管理性内部贸易。管理性内部贸易是指跨国公司内部开展的有关跨越国界的会计、法律、宣传、服务、会议及督导控制等活动。

三、跨国公司内部贸易的动因

实行内部贸易是跨国公司适应现代国际经济发展的必然趋势。从外部环境看，当企业的规模扩展到世界范围时，客观存在的各国或区域贸易保护主义以及由此造成的国际贸易障碍和国际市场不完全，国际市场和国内市场的差异以及由此产生的经营中的不确定性和风险，都成为阻碍跨国公司谋求利润最大化的障碍。从内部环境看，随着企业跨国经营活动在规模上的不断扩大和跨国并购活动的开展，传统的企业间国际分工已经在相当大的程度上转化为企业内部分工。这样，外部环境和内部环境都促使跨国公司将相当一部分国际贸易转化为内部贸易。具体地说，跨国公司实施内部贸易的动因有以下几个方面：

（一）内部贸易可降低交易成本

国际贸易是一个复杂的过程，市场的不完全导致外部市场上企业之间贸易的成功运作需要一定的成本，如在市场交易中为寻找交易对象、获取价格信息而花费的"搜寻成本"；为达成一项交易而产生的"契约成本"；为保证合同的履行而产生的"履约成本"以及风险成本，还有由于责任方违约所引起的损失成本，甚至包括国际市场汇率变动的风险成本等，跨国公司内部贸易是在公司内部母公司和子公司以及子公司和子公司之间进行的，由母公司统一组织协调和管理,从而可以降低各种交易成本。

当然,内部贸易也会产生一些额外的成本,但只要这些成本低于外部交易成本,跨国公司的一些交易就会优先选择以内部贸易形式开展。

(二)内部贸易可消除外部市场的不确定性

公司的生产经营活动是一个连续而复杂的过程,通过市场媒介联系的公司之间的活动会使单个企业面临许多不确定性,如投入供应数量不确定,投入供应质量不确定,投入供应价格不确定,不同生产工序和零部件分别由独立企业承担,这在协调上又有可能出现问题。而且,有些中间投入是高度特定的,它们在质量、性能或规格上都有特殊要求,外部市场一般难以提供这种产品。只有把这类产品的生产纳入整个跨国公司内部的生产体系,才能确保供应,并消除外部市场的不确定性。

(三)内部贸易可提高交易效率

当外部市场的交易效率低于内部市场的交易效率时,企业就有可能实行纵向或横向结合,将原先由外部市场连接的分工转化为企业内部分工,将原来通过外部市场完成的国际贸易改由内部贸易来完成。

跨国公司内部贸易的效率高于外部市场的效率,表现在:

(1)内部贸易可以消除因所有权独立所造成的利益对立,避免了交易过程中因所有权交换引起的摩擦。

(2)信息传递在跨国公司组织内部更具有效率,避免了外部市场交易过程中的信息失真现象。

(3)跨国公司内部具有更强的应变能力和决策能力,从而减少因市场交易波动或中断造成的损失。

(四)内部贸易可防止技术优势的扩散

跨国公司对技术的研究与开发的投入所形成的技术价值,只有在市场交易实现价值后才能为公司创造财富。技术价值的实现可能通过两种方式:一是技术的外部转移和内部转移;二是生产高技术含量产品再出口,包括外部出口和内部出口。

在通常情况下,知识资产的外部转移不但效率低下,而且存在技术优势流失的可能。此外,由于技术具有容易扩散和使用上的排他性等特点,高技术含量的产品通过外部市场销售也很容易被仿制。因此,无论是技术优势的外部转移还是高技术产品的外部出口,都会恶化知识资产的外部转让条件。所以,只有通过内部转移和内部出口才可以使跨国公司继续保持其技术优势。

(五)内部贸易可充分利用转移价格获取高额利润

转移价格是跨国公司内部进行购买和销售的价格,它包括货物价格、劳务费、贷款利息、租金费、专利或其他知识产权的使用费及其支付方法。公司内部价格不必等于生产成本,它可能远远低于或高于生产成本,在某些情况下,它与生产成本甚至没有直接联系。

跨国公司利用内部贸易和转移价格通常会带来以下收益:

(1)减少税负。由于各国税收政策和税制不同,企业的所得税负会有很大的不同。在母公司和子公司所在国存在税负差异的情况下,高税率的子公司向低税率国家的子公司出口的价格要压低,进口价格则要抬高,以把利润从高税率国家转移到低税率国家,从而达到在总体上降低公司税负的目的。

关税方面，运用转移价格和内部贸易，高关税国家的子公司从其他子公司进口的价格要压低，而低关税国家的子公司的价格可抬高，以减少整个公司缴纳的关税。

（2）对知识型产品实行差别定价。科技的发展使得产品生命周期日益缩短，技术型产品中必需的前期研发支出，使得产品必须在被淘汰前就收回先期投入。利用内部贸易的差别定价法就既可以提前收回投资，又可在保持垄断的前提下获取更多的利润。

（3）其他目的。跨国公司利用内部贸易和转移价格通常还出于其他一些目的。例如，通过控制内部交易价格来影响子公司生产的成本或利润，母公司可通过向子公司低价供应零部件产品或由子公司高价向母公司出售零部件产品，减少子公司产品的成本，提高利润，加强子公司的竞争地位。当然，跨国公司也可以通过转移价格的应用以降低子公司利润来达到某种目的。转移价格使用范围越广，跨国公司获得的利润就越多。

（六）内部贸易可增强跨国公司在国际市场上的垄断地位，形成进入壁垒

跨国公司的母公司和子公司都处在同一所有权支配之下，为增强某一子公司的竞争优势，就可以统一调配资源达到这个目的。当子公司处于市场占领阶段以扩大市场份额时，可通过内部贸易以低价向这一子公司提供原材料、中间产品或最终产品，变相补贴来降低子公司的生产成本和销售价格，帮助该公司占领较大的当地市场份额。

在卖方或买方垄断的市场集中度相对较高的行业和部门，跨国公司通过公司内贸易，一方面依靠自身的综合生产营销实力，垄断上游产品的生产，制定较高的内部交易价格，从初级产品中获取高额利润；另一方面又提高了产品下游阶段的进入壁垒，有力地阻止了新竞争者的进入。

进入壁垒可以被认为是使市场进入成本更高或进入更困难的障碍，进入壁垒的重要性在于，它们也许可以允许现有的企业索取高于竞争水平的价格而不会吸引进入者。

四、跨国公司内部贸易对国际贸易的影响

跨国公司内部贸易使传统国际贸易买卖双方的利益关系变得模糊，既改变了国际收支状况的真实含义，同时加大了东道国制定对外贸易政策的难度。

1. 跨国公司内部贸易影响了传统的国际贸易顺差和逆差的含义

传统的国际贸易顺差是指一国一定时期（通常为一年）的商品或劳务的出口额大于进口额，逆差则表现为进口额大于出口额，是一国的国际收支的真实反映。跨国公司内部贸易则不同，同属一家跨国公司分设在不同国家的分支机构间的贸易往来，表现为国际贸易关系，而实际上交易双方同属一家公司，为同一所有者；同时，发达国家设立在世界各地的分支公司的贸易往来，都表现为东道国的进出口，而实际上却与东道国无关。因此，跨国公司内部贸易尽管也反映在各国的国际收支上，但常常因海关无法依据报关单分辨出哪些是跨国公司内部贸易，哪些是非跨国公司内部贸易数据，因而在一定程度上扭曲了国际收支顺差和逆差的真实含义。

2. 跨国公司内部贸易加大了东道国制定对外贸易政策的难度

跨国公司常常利用内部贸易来实现其逃避税收管理、实现利润转移等目的，使得东道国在制定对外贸易政策时左右为难：一方面为吸引外资和技术以发展本国经济，必须制定优惠的引资政策；另一方面为了减少跨国公司内部贸易对本国带来的负面影响，又不得不对外资加以限制。结果是东道国的贸易政策既有维护本国利益的一面，又有维护跨国公司利益的一

面，这种双边国际贸易政策的执行也使国际贸易利益关系更加模糊。

第二节　内部贸易理论

有关跨国公司的内部贸易，学术界形成了一些理论试图对该现象加以解释，主要有内部化理论、成本收益法以及内部化成本理论等。

一、内部化理论

1. 内部化的理论基础：内部化与市场的不完全

对跨国公司来说，内部化是指将原来在企业与企业之间的交易变为企业内部的交易，其目的是克服市场不完全性和降低交易成本。

在内部化理论中，市场不完全（market imperfection）是指由于市场失灵（market failure）以及某些产品的特殊性质或垄断因素的存在而导致企业参与市场交易的成本上升。市场的不完全主要表现在：政府对贸易的干预和限制，跨国公司拥有的知识资产和技术缺乏合理的定价机制，市场信息交流的不完全导致的市场联系的时滞及中间产品的供应不稳定等。市场的不完全导致外部市场上进行的贸易会引致许多附加成本，如寻找合适的贸易价格的成本、讨价还价成本、签约和履约成本、风险成本以及由于责任方违约所引起的损失成本，甚至包括国际市场汇率变动的风险成本等。

2. 内部化理论的主要内容

内部化最早出现于罗纳德·科斯（Ronald H. Coase）的《企业的性质》一文中，1937年科斯率先提出了"交易成本"的概念，其有关交易成本的理论被称为科斯定理。根据科斯定理，当企业的市场交易成本大于企业内部的协调成本时，企业就会实现交易的内部化。后来威廉姆森分别在1971年、1975年和1979年将科斯的理论进行了深化，并指出企业组织结构的革新（包括创立一个新的内部市场）能够在很大程度上减少企业内部控制的损失。

1976年，英国利兹大学（University of Leeds）学者彼得·巴克利（Peter J. Buckley）和里丁大学（University of Reading）学者马克·卡森（Mark Casson）在合著的《跨国公司的未来》（the Future of the Multinational Enterprise）一书中，系统地阐述了内部化理论，并用于解释对外直接投资和跨国公司，因此关于跨国公司内部化理论的代表人物当属巴克利和卡森。

较高的交易成本或市场失灵为企业进行内部化提供了动力。在对外直接投资领域，跨国公司正是按此逻辑，通过建立 FDI 的内部市场来取代外部市场。

内部化理论的另一个核心论点是强调中间品市场的不完全性。中间品是指那些不能直接满足消费者需求，而是被用来作为生产经营要素制造最终产品的物品。中间品虽然也包括一些有形的物品，如原材料、零部件、半成品等，但在国际直接投资中更重要的是那些无形的物品。卡森用"信息"一词来统称技术、专利、管理技能、品牌、商标、市场技能以及市场信息情报等无形的知识资产。这些无形的中间品具有一般商品无法比拟的特殊属性，如成本方面初始投入大、风险大、耗费时间长、费用高等特点，以及效益和价格的不确定性、知识产权的易逝性、知识产品市场的局限性等。"信息"产品及其市场的这些特点导致了该类产品具有较强的、潜在的外部性和较高的交易成本。内部化理论认为，大多数中间品作为技术和知识的物化形态具有特殊性，这些特殊性为不具有完全理性的市场交易主体的各种机会主义、投机行为提供了可行的条件，从而导致中间品市场的不完全和较高的交易成本。这样，就促使跨国公司通过对外直接投资去克服中间品市场的不完全和节约交易成本，从而获得跨国经营的内部化优势。

3. 内部化理论的前提

内部化理论有三个基本前提：一是企业面对的是不完全的市场，且企业的目标是利润最大化；二是当中间品市场不完全时，企业创建内部市场的动力就会产生；三是企业市场内部化的界限超越国界时就产生了跨国公司。

内部化理论回答了企业为什么要以内部市场取代外部市场，为什么要将自己拥有的技术优势或独占的信息在内部转让而不通过外部市场转让给其他企业，这样一些重要问题。但理论上企业也可以在国内的工厂企业体系内部运用该机制，获取内部化收益。所以，内部化理论未能充分说明企业为什么一定要到国外去投资生产，也不能有效地解释对外直接投资的区位选择等。

二、成本收益法

1979 年和1981 年，加拿大籍英国人、前里丁大学教授艾伦·拉格曼（Alan M. Rugman）在巴克利和卡森提出的内部化理论基础上，分别出版了《国际生产方式多样化和跨国公司》（*International Diversification and the Multinational Enterprise*）以及《跨国公司内部：内部市场经济学》（*Inside the Multinationals：The Economics of Internal Markets*）⊖，并建立了利用成本收益法进行国际生产方式选择的模型。

拉格曼在模型中用于对比的三种国际生产方式是出口贸易生产方式、许可证合同生产方式和跨国公司内部贸易方式。拉格曼认为，国际生产成本包括两个组成部分，一是正常生产成本，二是追加成本。三种生产方式的正常生产成本不存在太大差异，而追加成本则有不同体现。在出口贸易生产方式上追加成本体现为出口销售成本，因国际贸易中关税壁垒和各种非关税壁垒的增加而具有上升的趋势；在许可证合同生产方式上追加成本体现为母公司某种技术优势的流失，技术优势在竞争中的地位使得追加成本在许可证合同生产方式中的成本日益高昂；在跨国公司内部贸易中追加成本体现为额外的通信、管理等成本。与前两种成本相比较，跨国公司内部贸易的国际经营方式是国际生产方式中的最优选择。

拉格曼指出，内部化是企业在内部建立一个市场的过程，以企业内部市场取代外部市场……企业的内部价格（或计划价格）润滑着这一机构，使内部市场足以像潜在的（未能实现的）正常市场一样发挥作用。

三、内部化成本理论

尽管巴克利和卡森等人认为，只要 FDI 的内部化收益超过国际外部市场的交易成本和FDI 的内部化成本，则企业就拥有可从事跨国经营的内部化优势，但内部贸易也需支付代价，即内部化成本。这些内部化成本包括：

（1）激励成本。在外部市场交易中，交易双方作为独立的利益主体从事交易活动，成本

⊖ 来自 Rugman，A. M. ，*International Diversification and the Multinational Enterprise*，Lexington Book，1979；*Inside the Multinationals：The Economics of Internal Markets*，Columbia University Press，1981。

与收益由双方独立承担，这会使企业具有足够的动力提高经营业绩。但当某一子公司由于内部贸易转移价格而不断受到损害时，母公司就有必要对该子公司进行激励和重新评估。

（2）信息成本。为了实现对内部贸易的有效管理，跨国公司总部一方面要从子公司处收集足够的信息，另一方面又要向子公司发布各种规则和指令，这些协调和管理活动会导致信息成本提高。

（3）约束成本。内部贸易的约束是来自行政指挥的软约束，而不是来自外部市场的硬约束。相比之下，其约束效率就会低下。

（4）讨价还价成本。在内部贸易和转移价格制定的过程中，有时母公司要和子公司进行统一协调，但子公司的利益和母公司并非完全一致。因此，这种讨价还价的过程会直接产生各种成本。

总之，跨国公司内部贸易成本的存在，使内部贸易替代外部贸易存在一定的限度。也就是说，在一定限度内，内部贸易是相对有效的，但超出这一界限，外部贸易将会更加有效。

第三节　跨国公司转移价格概述

一、转移价格的定义与形成

（一）转移价格的定义

转移价格（transfer price）又称为转让价格、划拨价格、调拨价格等，是指跨国公司内部母公司与子公司之间，或子公司与子公司之间进行交易时所执行的价格，包括货物价格、劳务费、贷款利息、租金费、专利或其他知识产权的使用费及其支付方法。

在一般情况下，跨国公司内部贸易可以分为两大类。一类是以交易的货物或劳务的正常成本为基础来制定执行价格的内部贸易，该类内部贸易的价格称为清洁价格；另一类是以企业特定管理部门通过行政方式所确定的具有特定含义的企业内部划拨价格作为执行价格的内部贸易，这类贸易的价格就是转移价格。

由于跨国公司受利润最大化经营动机的驱使，加上国际监管体系尚不十分完善，相对清洁价格来说，实践中转移价格的使用更为普遍。

（二）转移价格的形成

转移价格的形成有两种途径：一种是母公司和子公司之间的资产交易；另一种是子公司和子公司之间的资产交易。

跨国公司运用转移价格的目的通常有以下几个方面：

（1）为了便于集中购买，同时降低单位生产成本。

（2）以尽可能低的价格提供原料，增加产品竞争力，扩大子公司的市场份额。

（3）出于弥补母公司因跨国投资经营而产生的附加成本的需要。

（4）为进行研究与开发工作筹集资金的需要。

（5）为使母公司的利润最大化，包括规避东道国的政策限制、转移利润等。

二、转移价格的确定方法

据一份针对加拿大境内的大型跨国公司的调查表明，85%的公司承认运用了转移价格，

并且转移价格决定的依据分别是：57%由成本决定；30%由市场决定；7%由协商决定；6%由其他方法决定。[⊖]

跨国公司内部对不同类型的商品，采用不同的转移定价方法。

（一）有形商品转移价格的确定

有形商品的转移定价，通常采用两种定价体系：一种是内部成本加调高（或调低）的转移价格的定价体系；另一种是外部市场价格加调高（或调低）的转移价格的定价体系。

1. 内部成本加调高（或调低）的转移价格的定价体系

根据不同内部成本的确定方法，转移定价又分为：在一个以成本为中心的垂直化企业里，则以成本为基础确定转移定价；在一个以利润为中心的垂直化企业里，则以成本加一定百分比的利润作为定价基础；在生产同类产品的各生产单位之间，则以成本加管理费作为横向转移定价的基础。

2. 外部市场价格加调高（或调低）的转移价格的定价体系

这种定价体系里，又有两种确定市场价格的方法：若存在国际市场价格的商品，则按国际市场价格作为定价基础；若不存在国际市场价格，则按成本加成的方法作为定价的基础。

在通常情况下，跨国公司根据自己不同的转移价格的目标，采用不同的定价方法。美国的一份调查报告显示，有2/3的跨国公司采用成本加调高（或调低）的转移价格的定价方法；其中又有一半以上同时使用以外部市场价格加调高（或调低）的转移价格的定价方法。

（二）无形商品转移价格的确定

无形商品的转移定价，如子公司付给母公司技术使用费、贷款利息、商品使用费、佣金及管理费等的作价，由于无形商品的价格可比性差，没有可靠的定价基础，其价格的制定主要取决于对市场信息情况的掌握和谈判中讨价还价的能力。

三、跨国公司转移价格的动因

转移价格是跨国公司的一种战略性价格，是跨国公司经营一体化，特别是垂直一体化的产物。跨国公司利用转移价格一方面可影响内部贸易，以实现全球战略目标，另一方面可促成对子公司经营上的激励和对其业绩的考评。具体地说，跨国公司转移价格具有如下几方面动因：

1. 减少税负

减少税负是跨国公司制定转移价格时所考虑的主要因素之一，减少税负主要包括减少企业所得税和减少进口关税及其他税费等。

（1）减少企业所得税。世界各国的企业所得税率是存在差别的，跨国公司可以利用转移价格把盈利所得从位于高税率国家的公司转移到低税率国家的公司，以减少向所在国政府缴纳的企业所得税额，从而减少整个公司的纳税总额。常用的企业所得税规避方式有直接的和间接的两种。

直接的企业所得税规避方式是跨国公司利用不同国家（地区）税率上的差异，降低处于高税率国家的公司的货物售价出口至处于低税率国家的公司，同时压低各种收费标准，这样把一部分应在高税率国家实现并纳税的利润转移到低税率国家，从而减轻整个公司的税

⊖ 来自张纪康编写的《跨国公司与直接投资》，复旦大学出版社，2004。

负，增加公司整体的税后净收益。

间接的企业所得税规避方式是跨国公司通过制定转移价格将海外子公司经营利润转移到"避税港"或低税区来保存，而不直接汇回母国，这样做使纳税人间接达到转移利润、逃避税收的目的。

（2）减少进口关税及其他税费。在通常情况下，跨国公司可利用转移价格将出口国子公司商品的价格定得较低，这样可以降低完税价格，最终降低进口国子公司应付的进口关税以及增值税、消费税等其他税费。

减少进口关税及其他税费的另一种途径是利用区域性关税同盟或成员间有关税收的优惠协定。例如，欧盟规定，如果商品是在欧盟外生产制造，由一成员国运往另一成员国时，须补缴关税。但如果该商品价值的一半以上是在成员国中增加的，则在欧盟运输销售可免于交税。因此，如果一家美国跨国公司要把一批半成品运往其设在德国的子公司，制成成品后欲在欧盟销售，美国的母公司就采取调低转移定价，人为降低半成品的售价，使其在德国制成成品后的价值一半以上是在德国增值的，这样该商品在运销到欧盟其他成员国时就不用缴纳关税了。

20世纪80年代中期以前，跨国公司转移价格的动机主要是避税，即规避东道国的税收政策，主要是企业所得税和进口关税等。但20世纪80年代中期以后，跨国公司转移价格的非税务动机越来越明显，并成为跨国公司采取转移价格的主要动因。其原因是，世界各国的税收制度有趋同的趋势，税率差别越来越小，这样从根本上削弱了跨国公司转移价格的税务动机，此外，各国政策普遍加强了对跨国公司转移价格的监管力度，跨国公司通过采取转移价格来避税的成本越来越高，这也大大削弱了跨国公司转移价格的税务动机。

2. 规避管制，调拨资金

在通常情况下，跨国公司在其跨国经营中需要在整个公司体系内统筹调拨资金，以提高资金的使用效率。另外，跨国公司对外直接投资，大都希望能够尽早收回投资。但东道国，尤其是发展中国家都对资金的调出加以种种限制，如限制利润汇回、严格的外汇管制等。因此，跨国公司往往利用转移价格在公司内部配置资金来规避这些管制。

若母公司欲从一子公司所在东道国移出资金，母公司可以提高售往该子公司的货物价格，或者以高利借贷的方式将资金以利息的形式调出。由于大多数发展中国家对外商投资利润的汇出实行一定的限制，而对国际贸易中的外汇支付则限制较少，因此，跨国公司较多地在内部贸易中运用转移价格的方法来避开东道国的外汇管制，从而实现资金调拨。

3. 规避各种风险

跨国公司在全球化经营过程中，通常会遇到各种风险，包括各国汇率随时可能波动所导致的外汇风险、东道国通货膨胀所带来的收益缩水以及东道国可能的政治动荡导致的跨国公司资产被国有化或没收的风险。

在规避外汇风险方面，当预期某东道国的货币将贬值时，母公司就可设法让其在该国的子公司增加当地的债务，同时提前向母公司或位于货币相对坚挺国家的其他子公司支付货款；反之，则设法让该子公司减少当地的债务，同时推迟向母公司或位于货币相对疲软国家的其他子公司支付货款。

在规避通货膨胀风险方面，通过把位于通货膨胀较严重国家的子公司的产品和劳务转移价格提高，尽可能把这些子公司的现金转移出来，以保持最低限度的净货币性资产，可以帮助跨国公司抵御通货膨胀风险。

在规避政治风险方面，通常采取压低子公司出口价格、提高子公司进口价格等方法，将该子公司的资产转移到其他国家的关联公司，达到从政治风险较大的东道国抽走资本的目的。

4. 增强子公司的市场竞争能力

当跨国公司的子公司在某一东道国尚未立稳脚跟，生产经营尚处于不成熟阶段，其竞争力相对较弱，或在当地市场上遇到强有力的竞争对手时，跨国公司往往能充分发挥整体优势，集中力量，以转移价格的方式向子公司低价提供原材料、中间产品或服务，或高价收购制成品，或收取较低的特许权使用费，以增强子公司的市场竞争能力，帮助子公司开拓新的市场或扩大原有的市场份额。

5. 调整子公司的账面利润水平

跨国公司子公司在东道国过高的利润可能会引起东道国政府的注意和反感，并导致新的竞争者加入。这时母公司通过转移价格来人为地调整子公司的账面利润水平，这也是跨国公司的一种常见经营策略。

当然，跨国公司转移价格也可能出于其他动机，如提高当地子公司的出口转移价格，可以获取更多的出口补贴、出口退税或享受其他优惠政策。有时跨国公司为了使其在某国新建的子公司在竞争中具有较高的资信水平，易于在当地出售股票与债券或获得信贷，往往通过调整转移价格使该公司显示出较高的利润率。

四、各国政府对转移价格的管理

跨国公司的避税行为不但严重侵蚀东道国的税收收入、扰乱经济秩序，而且对东道国的外汇收支平衡也产生消极影响，造成企业间的不公平竞争。与此同时，由于转移利润造成国外投资者到东道国投资亏损的假象，影响了不明真相的投资者投资的积极性，不利于东道国的吸收外资，因此各国政府都对跨国公司的转移价格进行了监督和管理。

一些发达国家早在20世纪五六十年代就已经注意到这个问题，并采取了各种积极措施，积累了大量反规避的经验。例如美国于1954年就制定了《国内税收法》（*Internal Revenue Code*），其中第482节对管制公司内部转移价格做了较严格规定。1968年，美国财政部正式确定了国际定价管制措施。根据该措施，如果有关部门发现母公司和子公司之间的定价低于母公司应收取的价格，税务部门可按"独立竞争"的"局外价格"增加母公司企业所得税，从而提高其纳税金额。由于采取这一措施，美国当年政府额外收回税额7亿美元。

20世纪八九十年代，许多发达国家，如英国、法国、日本和加拿大等也都修改或实施了新的转移价格管理规定。1990年6月，欧盟国家财政部长会议就在欧洲内部直接税的一致化建议上达成协议，随后又提出了针对转移价格仲裁的草案，以解决成员国间就转移价格问题的争执。

美国大力推行的"预约定价制"、经济合作与发展组织（简称经合组织，OECD）于1995年公布的《转移价格新准则》以及欧盟仲裁协议，大体可以体现试图解决转移价格问题的几个主要措施。美国自1991年开始推行"预约定价制"，规定由纳税人将联属企业转移价格的做法事先向税务主管报告，经征、纳税双方协商认可后签订协议执行。这就把事后审计调整改为事先协商，有利于消除征纳税双方的争议和大量烦琐事务，减少人力、财力与时间消耗，征纳税双方均可受益。之后，澳大利亚、加拿大、德国、日本、西班牙和英国先后开始实行，新西兰和韩国于 1997 年开始实行。OECD 经多年调查研究，于 1995 年 7 月公布的《转移价格新准则》也是预约定价制的一种体现。《转移价格新准则》在重申坚持公平、独立原则的前提下，要求加强全球合作与理解，防止在转移价格问题上产生经济冲突与重复征税。因此跨国公司的一些不正当转移价格行为因为在一些发达国家面临极高的违规成本而有所收敛。

　　跨国公司在发展中国家的转移价格策略也常常会给东道国造成巨大的税收流失。以我国为例。我国政府对跨国公司转移定价问题的关注是从 20 世纪 80 年代开始的，当时一些外资在我国政府对跨国公司转移定价问题认识不足、监控管理措施不完善的情况下，大肆利用与关联企业之间的交易将商品和劳务高价转入、低价转出，从而将境内获得的利润大量转出。这不仅损害了合资中方的利益，同时造成我国税收收入大量流失。到 20 世纪 90 年代初，跨国公司开始大规模进入我国，外商投资企业的数量和规模不断扩大，这些跨国公司在我国境内设立的子公司或分支机构的生产经营和销售服从跨国公司全球范围内一体化经营的需要，与世界范围内的关联公司发生了大量的内部交易，转移定价问题变得越来越突出。

　　国家统计局 2001 年公布的第三次全国工业普查表明，全国 41% 的三资企业出现经营亏损，天津市 2003 年有 62% 的三资企业出现亏损。如此大面积的亏损，而同时大量外资又不断涌入，其中的原因发人深省！应该指出，除了税收流失外，国有资产的流失同样是个严重问题。据报道，苏州一家企业在与外方合资的 7 年中，每年亏损将近 1 亿元人民币，结果中方不但一分钱没有赚到，还由于被迫出售公司股权以减少损失最终导致所持股权几乎全部被外方占有⊖。

　　另据中国商务部统计，2004 年 1～12 月，全国实际使用外资金额 606.30 亿美元，同比增长 13.32%；新设外商投资企业 43664 家，同比增长 6.29%；合同外资金额 1534.79 亿美元，同比增长近 33.38%。但与此同时，外商投资企业的亏损面却高达 55%。其中的奥秘就在于外商投资企业大量使用转移价格策略，从而导致"假亏损，真避税"。据国家税务总局有关人士称：2004 我国有 48 万家外企，每年亏损金额在 1200 亿元人民币以上，由此造成的税收流失超过人民币 300 多亿元。另据报道，仅福建省福州市每年外商转移的利润就达 10 亿元，而广州著名的跨国企业宝洁公司曾一次避税达 8149 万元。

　　事实上，早在 20 世纪 90 年代初，国家税务总局就认识到跨国公司通过关联交易转移定价避税的问题，并在深圳、青岛、上海等沿海数十个城市开展了系列调查。据估计，当时 30% 在华跨国公司从未缴纳过企业所得税，80% 的跨国公司存在逃漏税行为，40% 的亏损外资企业虚亏实盈。

　　避税是影响世界各国财政收入的重要因素，所以反避税一直是世界大多数国家研究的主要课题。

　　2004 年 10 月，历时 1 年多的国家税务总局《关联企业间业务往来预约定价实施规则》（advance pricing arrangement，APA）正式出台，APA 的实施表明我国对外企大规模反避税核查工作的开始。

　　2008 年出台的企业所得税法前瞻性地建立起了比较先进的反避税法律框架，加强反避

⊖　来自石华，外企流失数百亿税收，环球时报，2004-7-7。

税督察力度，使反避税对税收的直接贡献从2005年的4.6亿元人民币上升至2013年的469亿元人民币。

2013年，我国反避税调查立案159件，同年我国反避税工作对税收增收的贡献近469亿元人民币，较上一年346亿元人民币增加了123亿元人民币。

2014年我国反避税工作取得新突破，各级税务部门全年通过管理、调查和服务等三个环节，对反避税调查立案272件，结案257件，补税入库79亿元，平均个案补税金额3068万元，全年对税收增收贡献523亿元，同比增长11.5%。

"十二五"期间，我国"管理、服务、调查"三位一体的反避税防控体系发挥了重要作用，反避税调查1203件，结案1048件，增加税收2187亿元，年反避税收入由2011年的239亿元增长到2015年的610亿元，增长了1.55倍，年均增长26.4%。[⊖]。

2018年7月，江苏省昆山市地税局一税务官员发现辖区内一外商投资企业有重大避税嫌疑，随展开调查，经过几轮艰难谈判与紧张较量，这家外企最终承认存在关联交易行为，并配合调整纳税金额，补缴税款2000多万元。

目前，我国国际税收职能定位更加清晰，管理体系更加科学，国际税收法规体系更新、完善的步伐明显加快，已形成涵盖转让定价、预约定价、成本分摊协议、资本弱化、受控外国企业和一般反避税管理要措施的反避税管理体系。

⊖ 来自崔荣春，2016年国际税收管理重点要干这些大事，中国税务报，2016 – 02 – 19。

第七章

跨国公司的跨国并购

如前所述，跨国公司的对外直接投资分为新建投资（又称绿地投资）和跨国（境）并购。20世纪80年代中期以前，跨国公司的对外直接投资以绿地投资为主要方式，80年代中期至2007年全球金融危机前，跨国并购占主导地位。其中1995年，跨国并购占全球对外直接投资的57%，2000年，这一比重上升到81.06%，2007年跨国并购占当年对外直接投资的82.72%。2008年以后，受金融危机影响，全球经济进入衰退，跨国并购在全球对外直接投资中比重又有所下降。据联合国贸易与发展会议（UNCTAD）资料统计，2008—2018年，跨境并购占全球外国直接投资的比重均不足50%。其中2008年，跨境并购额占比骤降至39.65%。2009—2014年，跨国并购占全球外国直接投资的比重均不足40%；2015—2018年，跨国并购活动开始活跃，但与2007年比较仍存在较大差距，占全球外国直接投资的比重分别为40.92%、49.77%、48.53%、62.91%。

第一节　跨国并购的含义与特征

一、跨国并购的含义

跨国并购（cross – border mergers and acquisitions，M&As）是跨国兼并和跨国收购的总称，是指一国企业（又称并购企业）为了达到某种目标，通过一定的渠道和支付手段，将另一国企业（又称目标企业）的所有资产或足以行使经营控制权的股份收买下来。其中，跨国兼并是指在当地或国外企业的资产或运营活动被融入一个新的实体或并入已经存在的企业；跨国收购是指在已经存在的当地和外国附属企业获得占有控制权的份额。跨国兼并的结果是两个或两个以上的法人合并为一个法人，而跨国收购的最终结果不是改变法人的数量，而是改变被收购企业的产权归属或经营管理权归属。不同类型的跨国并购的结构见图7-1。

具体地说，跨国兼并又分为跨国合并和跨国吸收兼并两种类型。跨国合并（cross-border consolidation）又叫跨国平等合并，是指两个公司并为一体，并购后，双方的法律实体地位都不存在，而是以新的名称取而代之。该种方式的并购一般采用换股收购的方式进行。例如1998年，德国的戴姆勒—奔驰公司和美国的克莱斯勒公司实现平等并购后，双方的法律实体地位都不存在了，合并后的公司名称为戴姆勒—克莱斯勒公司。该种形式的合并多出现在规模大且实力相当的两家公司中。跨国吸收兼并则是兼并方公司兼并了被并方公司，从而使被并方公司实质上丧失了法律上的实体地位，而成为兼并方的一个分公司。这种兼并方式多出现在实力相差悬殊的公司之间的并购交易中，如1999年日本烟草公司兼并雷诺国际等。

跨国收购包括收购东道国的外国附属企业和收购东道国的本地企业。前者是指在已经存在的外国合资企业中，外方的母公司通过增加资本来缩减另一方的股权比例，从而获得更大

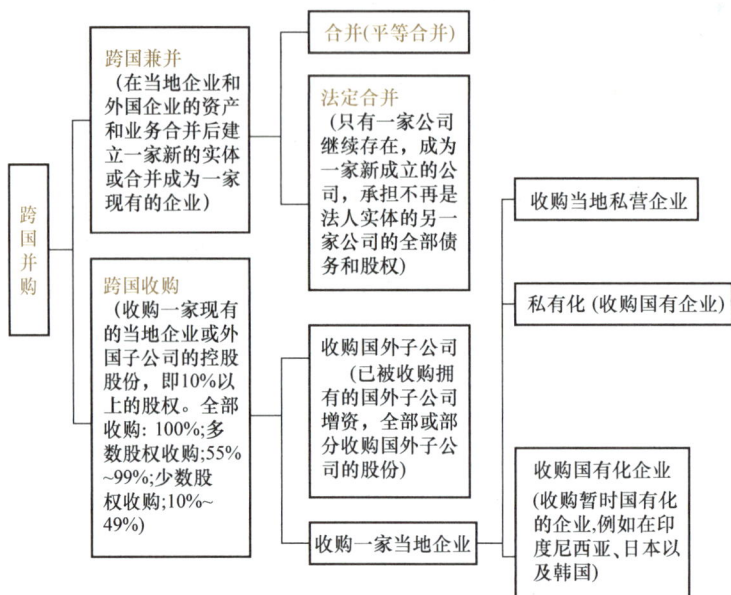

图 7-1　跨国并购

的控制权；后者则通过购买股权的方式收购当地的私人企业，有时是一些私有化项目或已经国有化的项目。

对跨国收购来说，获得部分的控制权也可以说是获得了控制权，因此有时获得了 10% 以上的股权就被认为是跨国收购，这正符合联合国关于跨国并购的解释。

联合国贸易与发展会议关于跨国并购是这样定义的，跨国并购包括：①外国企业与境内企业合并；②收购境内企业的股权达 10% 以上，使境内企业的资产和控制权转移到外国企业。

跨国并购是跨国公司全球化发展的最高层次活动，是跨国公司实现企业外部经营内部化的一种基本方式，是企业国际化经营的一种有效手段。随着跨国公司的迅猛发展，跨国并购日益成为跨国公司向国外发展的重要形式，并成为全球外国直接投资的主要推动力量。

二、跨国并购的特征

实施跨国并购，可以利用各方的互补性资源，减少研发领域的重复投资，通过管理和财务的协同效应获得战略优势，能够有效地降低进入新行业的壁垒，大幅降低企业发展中的风险和成本，并充分利用被并购企业原有的销售网络，迅速占领东道国市场。20 世纪 80 年代中期以来，跨国并购呈现出如下一些特征：

1. 跨国公司赖以生存的全球经济环境发生了重大变化

技术变革的迅猛发展加剧了跨国公司的生存压力，它们意识到，只有通过与其他具有互补性的跨国公司进行合并，企业之间才能够分享创新带来的成本节约，获得新的技术资源，增强各自的竞争力。同时，随着各国对外直接投资的限制有所放松，跨国并购的国际生产体系得到进一步扩散和深化。贸易自由化和区域一体化为更加激烈的竞争提供了广阔舞台，促进了地区企业的重组和整合，有力地推动了跨国并购的发展。反过来，资本市场自由化和新的并购融资方式的迅速增加使跨国并购变得更加容易。最后，关于买卖企业的全球企业市场的观点越来越得到认可。总之，全球在技术、规制框架和资本市场等层面发生的深刻变化，为企业进行跨国并购提供了新的商业机遇，当然也面临更多风险，它们是一种互动关系。

2. 并购企业以美国、欧盟、日本等发达国家为主，但发展中国家的并购增长迅速

联合国贸易与发展会议（UNCTAD）2000 年《世界投资报告》指出，1980—1999 年，全球（跨国公司和国内）所有并购案的总数量以年均 42% 的速度增长，全部并购案的金额占世界 GDP 的份额从 1980 年的 0.3% 增长到 1999 年的 8%。全球完成的跨境并购购买额从 1987 年的不足 1000 亿美元发展到 1999 年的 7201 亿美元。其中，1999 年，跨境并购增长了 35%，并购交易量 6000 多件。2000 年全球跨境并购额更是高达 11438 亿美元，与全球外国直接投资流量的比率为 81.06%，跨境并购是推动全球外国直接投资增长的重要刺激。

研究显示，跨境并购活动主要集中在美国、欧盟、日本等发达国家。1994 年发达国家跨国企业并购额为 1630.1 亿美元，比 1993 年的 1348.95 亿美元增长了 21%。

2009 年，全球跨境并购大约 90%（包括交易金额超过 10 亿美元的 109 件大型交易）均发生在发达国家。

美国一直是全球跨境并购的主导力量。美国跨国公司的并购活动无论从数量还是从金额上，都占世界并购的半壁江山。从 20 世纪 80 年代初期开始，在美国的外国子公司的并购支出占其在美投资总额的比重就逐渐升高，1999 年美国并购销售额为 2330 亿美元，成为最大的单一目标国家；为收购外国企业支出了 1124 亿美元，见表 7-1。2000 年，美国的跨国并购外资总额 3244 亿美元。与欧盟、日本等企业的跨国并购有所不同，美国企业的跨国并购标的超过 10% 涉及发展中国家企业；而且美国参与全球跨国并购的另一个显著特征是，外国企业并购美国企业的数量大于美国企业并购外国企业的数量！因此多年来，美国一直是世界上吸引并购外资最多的国家。

表 7-1 1990—1999 年各地区的跨境并购：销售和购买

地区/经济	销售（10 亿美元）					购买（10 亿美元）				
	1990 年	1995 年	1997 年	1998 年	1999 年	1990 年	1995 年	1997 年	1998 年	1999 年
发达国家	134.2	164.6	234.7	445.1	644.6	143.2	173.7	272.0	511.4	677.3
其中：欧盟	62.1	75.1	114.6	187.9	344.5	86.5	81.4	142.1	284.4	497.7
美国	54.7	53.2	81.7	209.5	233.0	27.6	57.3	80.9	137.4	112.4
日本	0.1	0.5	3.1	4	15.9	14.0	3.9	2.7	1.3	9.8
发展中国家	16.1	15.9	64.3	80.7	63.4	7.0	12.8	32.4	19.2	41.2
其中：非洲	0.5	0.2	1.7	0.7	0.6	—	0.1	0	0.2	0.4
拉美和加勒比地区	11.5	8.8	41.1	63.9	37.2	1.6	4.0	10.7	12.6	24.9
欧洲	—	—	—	—	0.3	—	—	0	—	—
亚洲	4.1	6.9	21.3	16.1	25.3	5.4	8.8	21.7	6.4	15.9
太平洋	—	0.1	0.3	—	0.1	—	—	—	—	—
中东欧	0.3	6.0	5.8	5.1	10.3	—	0.1	0.3	1.0	1.6
世界	150.6	186.6	304.8	531.6	720.1	150.6	186.6	304.8	531.6	720.1

（资料来源：UNCTAD2000 年《世界投资报告》。）

欧盟在全球跨境并购中的比重增长迅速，从 1987 年不足 20% 攀升至 1992 年统一大市场形成时的大约 65%，并从那时起一直保持在 50% 左右的水平。1999 年，欧盟企业积极参与了跨境并购，销售总额达 3445 亿美元，购买总额达 4977 亿美元；2000 年为欧盟的跨境并购购买额达 5865 亿美元，比 1999 年增长了 17.7%，约占全球跨境并购总额的 69.11%。

与此同时，日本的跨境并购销售额和购买额也迅猛增长，从1998年的40亿美元、13亿美元分别增长到1999年的159亿美元和98亿美元。

尽管在发达国家，跨国并购已经成为一种重要的吸收外国直接投资的方式，然而在发展中国家，外国直接投资仍占主导地位。

发展中国家一开始对跨国并购持怀疑态度，他们认为，跨国并购往往"引起发展中国家对于就业、所有权和市场结构的忧虑"，直到20世纪90年代末，发展中国家才在跨国并购中占据了比较重要的地位。其并购交易量从1987年占世界跨国并购的5%上升到90年代末期的19%。发展中国家的公司进行的跨国并购购买额从1987年的30亿美元上升到1999年的412亿美元。

3. 现金交易在跨国并购中仍占据主要地位，但换股方式发展迅速

现金交易一直是跨国并购交易的主要方式。研究发现，1988—1990年期间的跨国并购主要是借助于传统的银行贷款，寻求短期的金融利益所推动的。1997年前，采用现金交易方式的跨国并购项目数和金额均在90%以上。此后，97%以上的跨国兼并项目虽然仍采用现金交易方式，但交易值却不断下降。据联合国贸易与发展会议资料显示，1997年现金交易值占跨国并购总金额的89.4%，1998年降为73.5%，1999年却只占63.7%。出现明显下降的主要原因是：跨国并购规模的急剧扩大使得现金支付发生实际困难，另外是随着金融服务自由化的发展，使得新的融资机制（如发行普通股、互换股票和公司债券等）得以应用，并推动了1995—1999年期间跨国并购的发展。除此之外，风险投资也是一种重要的融资手段，它使许多新兴企业或中小型企业（SMEs）能够参与到跨国并购中来。

股票互换是指并购方采用增发新股的形式换取被并购企业的旧股。和现金并购方式相比，换股方式不涉及巨额现金的国际流动，可节约交易成本，并且不会对一国的国际收支造成冲击，因此日益成为大型跨国并购主要融资方式之一。据统计，1990年换股交易在全球跨国并购总金额中占1/4，到1998年已占到2/3以上。

4. 跨国并购的部门和行业越来越集中

按行业分类，跨国并购交易的变动呈现出明显的特征，即第三产业的并购呈增长态势，第二产业的比重趋于下降，而第一产业所占比重较小。在1999年全球跨国并购交易总额中，初级产业、制造业和服务业三个部门分别占1.3%、38.2%和60.5%。

三大产业中各行业发展也十分不均衡。制造业中跨国并购水平最高的三个行业及其比重分别是：化学和化学制品占全球跨国并购交易总额的12%，电气与电子设备占5.3%，石油产品业占4.1%；在服务业领先的三个行业是：电信、金融和商业服务业，分别占全球跨国并购总额的23.3%、15.5%和6.6%，上述6个行业合计占总额的66.8%。可以看出，跨国并购的部门和行业变得越来越集中。

5. 横向并购的比重不断增加，成为跨国并购的主流

近年来，横向并购的重要性不断提高，成为跨国并购的主要形式（将在下一节介绍横向并购、纵向并购和混合并购的概念）。1999年，跨国并购价值的70%是横向并购，而在1989年这一比重仅不足60%。纵向并购自20世纪90年代中期以来一直增长，但比重仍低于10%。在20世纪80年代末期的并购高潮中，混合并购较为普遍，但由于企业越来越倾向于关注核心业务以应付日益激烈的国际竞争，其重要性已经降低。混合并购已从1991年的42%降至1999年的27%。

6. 政府加强监管影响到企业的跨国并购

2012 年，全球至少有 53 个国家和经济体通过了 86 项影响外国投资的政策措施，使与直接投资相关的政策规章和限制措施的比重增至 25%。各国政府更多地利用产业政策，调整之前的投资自由化措施，收紧了筛选和监测程序，并严格审查跨境并购。对于采掘业等具有战略意义的产业特别实施了限制性投资政策。根据联合国贸易与发展会议发布的 2013 年《世界投资报告》，2008—2012 年撤销的规模最大的跨境并购交易中的 211 笔交易，其中每笔交易价值都不低于 5 亿美元。在多数情况下，并购计划出于商业原因而中止，但也有相当多的并购计划由于竞争问题、经济效益检验标准和国家安全审查等监管上的关切或政治上反对而撤销，2012 年这类交易的总价值约 2650 亿美元，在 2012 年撤销的所有跨境并购中所占比例约为 22%，而在 2010 年曾一度达到 30% 的峰值。由于监管顾虑或政治反对而撤销的并购交易主要以采掘业为主。

《世界投资报告》显示，2017 年，有 65 个国家和经济体至少通过了 126 项影响外国投资的政策措施，是过去 10 年里国家数目和政策变化数量最多的一次。在这些措施中，有 93 项涉及投资自由化和投资促进，18 项引入了限制或监管措施，其余 15 项措施属于中性。从 2017 年 10 月至 2018 年 4 月，新出台的投资措施中有 30% 为限制性或监管性措施。一些国家对外国收购采取了更为严苛的立场，特别是当这些收购涉及国家安全事务或涉及出售战略性国有资产和技术公司时，说明对外国收购的审查趋于收紧。

第二节 跨国并购的类型

企业之间的跨国并购往往出于不同的动因，有的是为了增强企业的市场势力，有的是为了降低交易成本，有的则是为了实现多样化经营。出于不同的并购动机，跨国并购的方式也有所不同。根据不同的划分方式，跨国并购有不同的类型。

一、按并购双方从事业务的关联程度划分

按并购方和被并购方所从事业务的关联程度，即功能进行划分，跨国并购相应地分为横向并购、纵向并购和混合并购三类。

1. 横向并购

横向并购（horizontal M&A）又称水平式并购，是指处于同一行业内的企业间的并购活动。跨国公司的横向并购是指生产相同或类似产品的不同国家厂商之间的兼并收购。横向并购是最基本的并购类型，在并购案例中占有很大比重。1999 年，从并购金额上看，大约 70% 的跨国并购是横向并购。从并购数量上看，横向并购占约 50%，但纵向并购在数量上有增加的趋势。通过资源整合，进行合并的企业旨在获得协同效果，有时是为了获得利润最大化，有时则是为了增强市场势力，以最大限度地提高其长远获利能力。

横向并购多发生在汽车制造、制药、石油等行业，并发展到一些服务业。横向并购能够提高市场集中度，而市场的适度集中有利于企业发挥规模经济的作用，但是过度集中又会产生企业垄断，进而制约竞争。因此，在一些国家，横向并购被认为是削弱竞争的一种市场行为而受到关注和限制。

横向并购的目的是为了迅速扩大生产经营规模、提高规模效益和市场占有率。但从福利

经济学的角度讲，一方面，横向并购扩大了企业生产规模，降低了单位产品成本，提高了效率，形成了规模经济；另一方面，横向并购形成卖方集中，增加了卖方施加市场势力的机会，造成了一定程度的垄断，导致福利损失。

2. 纵向并购

纵向并购（vertical M&A）又称垂直式并购，是指企业与供应厂商或客户的合并，即优势企业将同本企业生产紧密相关的生产、营销企业并购过来，以形成纵向生产一体化。换句话说，跨国公司的纵向并购是两个以上国家（地区）生产同一产品或相似产品但又各自处于不同生产阶段的企业之间的并购活动。

企业进行跨国纵向并购的主要目的是寻求降低生产链前向和后向关联的不确定性与交易成本以及获得规模经济的收益。

一般地说，企业通过纵向并购可获得如下收益：①降低企业的交易成本；②增强企业的垄断力量；③确保投入品的稳定供应；④可将外部经济内部化从而纠正因外部性引起的市场失灵；⑤处于市场垄断势力被动位置的企业通过纵向一体化抵消垄断势力。

当然，企业通过纵向一体化也可能承担如下成本：①并购后企业规模扩大，管理的难度增大、成本增加；②企业在进行纵向一体化的过程中要花费大量的费用。

3. 混合并购

混合并购（conglomerate M&A）又称复合式并购，是指从事不相关业务类型的企业间的并购。换言之，进行混合并购的双方企业处于不同的产业部门，且这些产业部门的产品没有密切的替代关系，也没有显著的投入产出关系。

混合并购的主要目的是寻求业务多元化，或分散风险，或深化规模经济。根据企业关联度的不同，混合并购分为：

（1）产品扩张型并购。产品扩张型并购是指具有相关生产的企业之间的并购，其作用是拓宽企业的生产线。

（2）市场扩张型并购。市场扩张型并购是指在不重叠的地理区域上从事经营活动的企业之间的并购。

（3）纯粹混合并购。纯粹混合并购是指所涉及的并购企业之间没有任何生产或经营上的联系。

二、按并购的支付方式划分

按照并购的支付方式，可将跨国并购分为现金并购、股票并购和其他方式的并购。

1. 现金并购

现金并购是指以现金（包括票据）作为支付方式进行的并购。现金并购的购买方一旦支付了议定的现金后即取得目标公司的所有权，而目标公司的股东一旦得到其所持有股份的现金，就失去原公司的所有权。

具体来讲，现金并购又可以分为现金购买资产（cash for assets）和现金购买股份（cash for stock）两种。现金购买资产是指并购方以现金购买目标公司的全部或部分资产，将其并入并购方或者对目标企业实施经营管理控制权。现金购买股份是指并购方以现金的形式购买目标公司的全部或部分股份，达到控制目标公司的目的。

2. 股票并购

股票并购又称股票互换，是指并购方增发新股换取被并购企业的旧股。其特点是目标公司股东并不因此失去其对原公司的所有权。较现金并购来说，股票并购可节约交易成本，达到合理避税的目的，并且不会对并购相关国家的国际收支产生直接影响。

股票并购可分为股票购买资产（stock for assets）和股票交换股票（stock for stock）两种。股票购买资产是指并购方以自身的股票或股权来交换目标公司的全部或者部分资产的并购方式。股票交换股票又称换股并购，是指并购方用自身的股票或股权来交换目标公司的股票或股权。

3. 其他方式的并购

其他方式的并购是指除了上述现金并购和股票并购以外的并购方式，如杠杆并购、企业剥离等。

杠杆并购是指并购企业在银行贷款或在金融市场融资的情况下所进行的企业并购行为。因为它以企业少量的自有资金"撬动"企业并购，故称之为杠杆并购。据统计2004—2006年，全球杠杆并购交易急剧增多。仅2006年1月，全球就有63起杠杆资本重组案例，涉及资金达250亿美元。企业剥离是企业资产结构重组战略的重要组成部分，通过剥离资产，无论是并购方还是被并购方都能够增强其核心竞争力，企业剥离是潜在的被并购企业对付并购企业敌意并购的一种重要策略。

三、按并购方进行并购的态度划分

按照并购方进行并购的态度，可将跨国并购划分为善意并购和敌意并购两种。

善意并购（friendly M&A）是指并购方开出合理的并购价格，与目标公司股东和经营者协商并购条件，在征得其理解与配合后进行的并购，协议收购多为善意并购。

敌意并购（hostile M&A）是指并购方在事先未取得目标公司股东或经营管理者的同意或配合的情况下，不顾被并购方的意愿而强行收购目标企业，并夺取其控制权的并购行为。

目前大部分跨国并购都不是敌意的，1999年敌意并购在总金额和总数量上分别占不到5%和0.2%。

第三节　跨国并购的理论基础及动因

一、跨国并购的理论基础

自20世纪60年代海默、金德尔伯格的垄断优势理论问世以来，关于跨国公司对外直接投资理论的研究基本上遵循两条路线：一条是以产业组织理论为基础，以不完全竞争为假设条件的路线，包括垄断优势理论、内部化理论、寡占均势论等；另一条是以国际贸易理论为基础，以完全竞争为假设条件的研究路线，包括产品生命周期理论、比较优势理论等。关于跨国并购的理论基础，也是由两部分组成，一部分是国际直接投资理论，该部分的理论知识已在本书第二章做了介绍；另一部分是企业并购的理论，包括马克思的资本集中理论、并购效率理论以及邓宁关于跨国并购的折衷理论等。

（一）资本集中理论

资本集中理论来源于马克思的《资本论》。尽管马克思在写作《资本论》时，资本主义世界还不存在大规模的并购活动，但是，马克思通过对资本主义生产方式产生和发展规律的深入分析，抓住了资本集中这一重大问题，提出了资本集中理论。概括地说，马克思的资本集中理论主要包括两个方面的内容，即资本集中的原因和资本集中的机制。

1. 资本集中的原因

马克思是最早对资本集中问题进行深入分析研究的理论家，他首先区分了资本积累和资本集中两个概念。他指出，资本积累是指由圆形运动变为螺旋型运动的再生产所引起的资产的逐渐增大，同仅仅要求改变社会资本各组成部分的量的组合集中比较起来，是一个极其缓慢的过程，资本积累是剩余价值的资本化。资本集中是指个别资本通过现有资本的相互结合而引起的量的增大。资本集中的根本原因是资本对剩余价值和利润的追逐。换言之，资本为了追逐更大的利润，要么扩大生产规模，要么提高劳动生产率，从而降低生产成本，引起资本集中，这就是规模经济。

2. 资本集中的机制

资本集中的机制是指单个资本是通过什么方式形成大规模资本的。马克思认为，资本集中的机制，包括竞争机制、公司制度、信用制度和股票市场制度四个方面。马克思通过研究发现，竞争是通过使商品便宜来进行的，在其他条件不变时，商品的价格取决于劳动生产率，而劳动生产率又取决于生产规模。马克思不仅强调了市场经济中竞争机制对劳动生产率，进而对生产规模和资本集中的决定作用，同时还强调了信用制度对实现资本集中的重要意义。即使在今天看来，马克思关于资本集中机制的理论论述也仍然是研究资本流动、重组乃至集中的最重要的理论。

随着市场经济活动的广泛开展，经济学家在马克思的资本集中理论的基础上提出了许多新的并购理论。

（二）并购效率理论

并购效率理论是从并购后对企业效率改进的角度来考察的，认为并购和其他形式的资产重组活动有着潜在的社会效益。这种潜在的社会效益包括管理层业绩的提高或某种形式的协同效应。并购效率理论有许多理论分支，如管理协同效应理论（又称差别效率理论）、经营协同效应理论、财务协同效应理论等，每一理论分支都可以用来解释某些特定类型的并购活动。

1. 差别效率理论

关于并购的最一般性理论是差别效率理论，又称管理协同效应理论。管理协同效应是指企业并购后，因管理效率的提高而带来的收益。通俗地说，如果 A 公司的管理比 B 公司的管理更有效率，在 A 公司并购 B 公司后，B 公司的管理效率便提高到 A 公司的水平，则这种并购达到了提高效率的目的，即产生了管理协同效应。一般来说，如果一个企业有一支高效率的管理队伍，这种高质量的管理通常只能通过集体协作才能发挥作用，那么当管理能力超出管理该企业的需要时，企业就可以通过收购一家管理绩效较低的公司来使其额外的管理资源得到充分利用。这样既扩大了企业规模，又利用这支管理队伍提高整体效率水平从而获得更多收益。

2. 经营协同效应理论

经营协同效应是指企业并购后其生产经营活动在效率方面带来的变化及效率的提高所产生的效益。建立在经营协同效应基础上的理论假定在行业中存在着规模经济，并且在并购之前没有在规模经济的水平上运行。规模经济主要由某种不可分性而产生，通过并购，企业原有的有形资产和无形资产可在更大的范围内共享，企业的研发费用、营销费用等要素投入也可分摊到较多的产出上，这样可降低单位投入成本，增大单位投入的收益，从而实现专业化分工与协作，提高企业整体经济效益。

3. 财务协同效应理论

财务协同效应是指并购企业在财务方面带来的收益，主要是由于税法、会计处理惯例以及证券交易等内在规律的作用而产生的一种效益。如果并购的企业之间在投资机会和内部现金流量方面存在着互补性，则这种方式的并购就可以产生财务协同效应。具体地说，如果一家企业正处于衰退期，由于缺乏有吸引力的投资，企业内部闲置大量的现金流量，而此时另一家企业正处于成长阶段，由于有利的投资机会太多而恰恰缺少足够的现金流量。那么，这两种类型的企业如果进行了较为规范的并购，就会使财务协同效应充分发挥出来。可见，该种类型的并购能够节约大量的交易费用，降低资金运营成本，使企业从边际利润较低的生产向边际利润较高的生产转移，最大限度地提高企业资本的配置效率。

财务协同效应也可表现在合理避税上。由于许多国家在税法和会计制度上存在差异，使一些具有不同纳税义务的企业仅仅通过并购便可获利。例如一家亏损企业和一家盈利企业之间的并购，就可使盈利企业的利润由两家企业共同分享，从而大大减少纳税义务。

并购效率理论认为，尽管合并有时损害竞争，但一般说来却在自由企业经济中发挥重要作用。合并可以惩罚无效的企业管理者、提高投资资本的有效流动和重新配置既有的生产资源。

（三）跨国并购的折衷理论

跨国并购的折衷理论是建立在对外直接投资理论体系基础之上的一种跨国并购理论。跨国并购作为企业对外直接投资的一种新趋势，现有的投资理论难以完整地解释这一现象。英国里丁大学教授约翰·邓宁（John. H. Dunning）在已有研究成果的基础上提出了具有广泛影响的折衷范式（eclectic paradigm），又称为 OLI 范式[一]。该理论认为跨国公司对外直接投资的具体形态和发展程度取决于三方面优势的整合结果：①进行对外直接投资的企业必须拥有某些特定的所有权优势（ownership advanges），而且这些优势必须足以弥补国外生产经营的附加成本；②企业在对其所拥有的资产优势进行跨国性转移时，必须考虑内部组织与外部市场两种转移途径，只有当内部化优势（internalization advan tages）带来的资产所有权收益大于后者时，对外直接投资才有可能发生；③企业所选择的对外投资区位要能够与他们的拥有优势结合为区位优势（location advantages）。简言之，跨国公司的对外直接投资活动是由三种优势共同决定的。该范式运用整体的观点去考察跨国公司的对外直接投资活动，成为解释对外直接投资的通用理论。同样，OLI 范式也为分析跨国并购提供了一个理论框架，只要把其中包含的三种优势要素与跨国并购的具体方式结合起来，就可以得到一个有关跨国并购的分析范式。具体内容见表7-2。

〇　OLI 是指 ownership（所有权）、location（区位）以及 internalization（内部化）的缩写。

表 7-2 OLI 范式与跨国并购

类型		横向并购	纵向并购	混合并购
合并		O：双方都拥有在规模、协同、财务或市场势力方面互补的 O 优势 L：在两家跨国公司合并其全球生产体系的场合，标准的区位因素是无关的 I：合并双方试图使共同的优势内部化，以获得规模经济。合并提供了利用对方优势的更为迅速的途径	O：合并双方都拥有在生产链各个工序具有互补关系的 O 优势 L：与新建 FDI 一样，但也能看到类似于水平合并的特征 I：并购企业都想获得安全、信息、财务或市场势力，并降低交易成本	O：双方在不相关的领域都拥有 O 优势，在这些领域中可能存在范围经济，但没有技术上的互补。合并可能仅仅涉及融资渠道，而不是基于通常意义上的 O 优势 L：主要是市场规模和增长或资本增值的前景，而不是 OLI 范式中的区位优势 I：合并企业寻求一种更大的资本基础或者范围经济，而不是使它们的 O 资产内部化来降低交易成本
收购		O：收购者通常要比被收购企业拥有更强的 O 优势，或是为了寻求特定的新 O 优势（技术、各类联系等） L：如同新建 FDI 一样，不同的是许多 L 优势内含在被收购企业中 I：如同新建 FDI 一样，收购者通过内部化强化其竞争地位	O：收购者拥有较强的财务或管理基础，这使得它们能够收购国外纵向关联企业 L：如同横向收购 I：如同新建 FDI，收购者通过内部化来强化其竞争地位	O：收购者拥有较强的财务和管理资源，而不是通常意义上的所有权优势 L：主要是市场规模和增长或资本增值的前景，而不是区位优势 I：收购者寻求获得多样化或范围经济，而不是 OLI 范式中的内部化

（资料来源：联合国贸易与发展会议 2000 年《世界投资报告》。）

可以看出，以 OLI 范式为核心的对外直接投资理论，基本满足了对跨国并购现象一个较全面的分析，但 OLI 范式仍然是一种静态的均衡分析，其研究的重心在于跨国并购的起因，即跨国并购为什么存在的问题，因此，在解释复杂多变的国际经营环境中跨国公司行为的动态性方面具有一定的局限性。

二、跨国并购的动因

不同跨国公司之间的并购往往出于不同的动因，归结起来主要包括如下几个方面：

1. 效率动因

效率动因是从并购后企业效率改进的角度来研究跨国并购的，主要体现在并购后产生的协同效应上。这些协同效应包括管理协同效应、经营协同效应以及财务协同效应，这部分内容在前面的并购效率理论中已经做了介绍。

2. 经济动因

不同类型的企业并购常常有不同的动因。经济动因与并购企业之间所从事业务的关联程度相关。具体地说，经济动因主要是考察横向并购、纵向并购和混合并购对企业绩效产生的主要影响。

经济动因认为，横向并购的主要动因是通过实现规模经济来提高行业集中度，以增强企业在同行业市场中的市场势力；纵向并购的主要动因是降低交易费用；混合并购的主要动因是为分散经营风险而实现多样化经营。

3. 其他动因

其他动因是指除了效率动因和经济动因之外的其他并购动机，包括利益驱动动因、投机动因、快速进入市场动因等。

（1）利益驱动动因。利益驱动动因是指企业管理层（经理）受利益驱动而扩张企业规模，以使自己的薪金、津贴和地位随企业规模的扩大而提高，详细内容请参阅本书第二章第三节的经理扩张动机论。

（2）投机动因。投机动因是 1969 年美国经济学家戈特（Michael Gort）在其经济失调并购论中提出的[一]。戈特认为，通过投机可以从高涨的并购市场上获得巨额的资本收益。

（3）快速进入市场动因。跨国并购的一个重要动机就是谋求快速地进入东道国的市场，降低进入新行业的壁垒，并可能导致时间收益。因为抢先于竞争对手，并购企业不但能够相对优先地获得当地资源，而且还能够谋取在东道国的市场结构效应收益。

当然，在市场经济条件下，促使企业进行并购的动因还有许多外在因素，如产业结构变动、经济周期变化、政府的行政干预等，但无论从哪种角度来分析并购的动因，激发企业并购行为发生的内在根本原因还是企业追逐利润最大化的动机，这是企业并购的原始动力。

第四节　跨国并购的历史演进

正如跨国公司诞生于西方发达国家一样，全球企业并购也同样源于 19 世纪末的美国。企业间的跨国并购伴随着资本主义的原始积累阶段到自由竞争阶段以及垄断阶段而不断发展。从 19 世纪末到 21 世纪以来的 100 多年间，全球经济经历了六次大规模的企业并购浪潮。

第一次并购浪潮发生于 1893 年"大萧条"之后约 1897—1903 年，期间共发生了企业并购 2864 起，特征是以横向并购为重点（横向并购占 78.3%、纵向并购占 12%、混合并购占 9.7%）。本次并购将分散的中小企业合并为大型企业，并形成了行业的垄断。这次并购使得西方国家的工业结构得以调整，现代工业结构逐步形成。

18 世纪的产业革命将世界带入了大机器时代，19 世纪下半叶的第二次产业革命又进一步将世界带入到电气化时代。先进的机器设备和社会化大生产的要求，凸显企业的小规模生产和自我积累发展模式不能适应经济发展，通过企业并购来实现资本的积累就成为企业发展的必然产物。

科学技术取得巨大进步，电力的发明和广泛应用大大促进了社会生产力的发展，为以铁路、冶金、石化、机械等为代表的行业大规模并购创造了条件，各个行业中的许多企业通过资本集中组成了规模巨大的垄断公司。在 1899 年美国并购高峰时期，公司并购达到 1208 起，是 1896 年的 46 倍，并购的资产额达到 22.6 亿美元。1895—1904 年的并购高潮期间，美国并购资产总额 59 亿美元，有 3/4 的公司因被并购而消失。在工业革命发源地——英国，并购活动也大幅增长，在 1897—1903 年间，共有 665 家中小型企业通过兼并组成了 74 家大型企业，垄断着主要的工业部门。后起的资本主义国家德国的工业革命完成比较晚，但企业并购重组的发展也很快。1875 年，德国出现了第一个卡特尔，通过大规模的并购活动，到 1911 年德国卡特尔数量就增加到 550 多个，控制了德国国民经济的主要部门。在这股并购浪潮中，大企业在各行各业的市场份额迅速提升，形成了大规模的行业垄断。

　　[一]　来自 Michael Gort，*An Economic Disturbance Theory of Mergers*，Oxford University Press，1969。

第二次并购浪潮发生在1926—1930年，期间共发生企业并购4600起，特征是以纵向并购为主，具有行业垄断规模的大公司将各个生产环节进行合并，形成统一运行的联合体。

20世纪20年代，那些在第一次并购浪潮中形成的大型企业继续进行并购，进一步增强经济实力，扩大对市场的垄断地位。这一时期并购的典型特征是纵向并购为主，即把一个部门的各个生产环节统一在一个企业联合体内部，形成纵向托拉斯（trust，垄断组织的高级形式之一，一般是由生产同类产品或相关产品的企业联合组成的一种股份公司）组织，行业结构转向寡头垄断。第二次并购浪潮中约有85%的企业并购属于纵向并购。通过并购，主要工业国家普遍形成了主要经济部门的市场被一家或几家企业（寡头）垄断的局面，第二次并购浪潮最终被美国历史上最严重的1929年"大萧条"打断。

第三次并购浪潮发生在20世纪五六十年代，本次并购浪潮兼具了前两次并购浪潮的特点，并购规模大、速度快，以混合并购为特征。

第二次世界大战后，世界各国经济经过20世纪40年代后期和50年代初的逐步恢复，在60年代迎来了经济发展的黄金时期，主要发达国家都进行了大规模的固定资产投资。随着第三次科技革命的兴起，一系列新的科技成就得到广泛应用，社会生产力得以迅猛发展。在这一时期，以混合并购为特征的第三次并购浪潮来临，其规模、速度均超过了前两次并购浪潮。据统计，1960—1970年间共发生并购事件25598起，并且以混合并购即跨行业并购、多元产业发展代替了横向并购和纵向并购。

其中，美国在1960—1970年间共发生企业并购2598起，其中工业企业占了一半以上。与此同时，欧洲也掀起了企业并购浪潮。在1972年，英国发生的企业并购数量达1210起，并购资产总额达25.3亿英镑，其中大多数并购事件均是在大企业之间进行的。法国由于历史原因，企业规模较小，所以在前两次全球并购浪潮中表现较为稳健，但到了1963年，由于政府进行了国家干预，修正了《反垄断法》以放宽并购限制，故1960—1970年间，法国的企业并购数量也高达1850家。日本20世纪60年代起，伴随经济的迅猛发展而出现企业并购高潮。1969年，日本并购企业数目达1163起。以钢铁为例，日本两家最大的钢铁公司——八幡制铁和富士制铁，在1970年进行了并购，组成了新日本制铁公司（新日铁），新日铁的钢铁产量占日本钢铁总产量的43%，是日本最大的钢铁公司，也是世界大型钢铁公司之一。

第四次并购浪潮发生于20世纪70年代到80年代，特征是以金融杠杆融资筹款进行兼并，并购金额巨大。

20世纪70年代兴起的第四次并购浪潮的显著特点是以融资并购为主，规模巨大，数量繁多。1980—1988年间企业并购总数达到20000起，1985年达到顶峰。多元化的相关产品间的"战略驱动"并购取代了"混合并购"，不再像第三次并购浪潮那样进行单纯的无相关产品的并购。此次并购的特征一是企业并购以融资并购为主，交易规模空前；二是并购企业范围扩展到国外企业；三是出现了小企业并购大企业的现象；四是金融界为并购提供了方便。其中，1985年为并购的高峰期。1989年，全世界共发生企业并购7700起，并购总值达3550亿美元。这次并购规模空前，几乎遍及所有西方发达国家[⊖]。

　⊖　来自Samuel C. Weaver, J. Fred Weston, *Mergers and Acquisitions*, McGraw – Hill Companies, Inc., 2001。

第五次并购浪潮发生在 1994—2000 年，跨国并购涌现是本次并购最为明显的特征。第五次并购浪潮影响范围非常广泛，尤其是亚洲国家纷纷加入并购发展大潮，在并购的规模和金额上都超过前几次，形成了超大型的并购。

进入 20 世纪 90 年代以来，经济全球化、一体化进程不断加快。在此背景下，跨国并购作为对外直接投资（FDI）的方式之一逐渐取代绿地投资，成为全球外国直接投资的主要方式。从统计数据看，1987 年全球跨国并购仅有 745 亿美元，1990 年达到 1510 亿美元。1999 年全球跨境并购比 1998 年增加了 35%，涉及金额达 7200 亿美元，占全球外国直接投资流入量（8650 亿美元）的 83.23%；2000 年全球跨境并购总额高达 11438 亿美元，比 1999 年又增长了 50% 多，占全球 FDI（14110 亿美元）的比重为 81.06%。

第五次并购浪潮的另一显著特征是融资手段的变化，主要表现为发行普通股、互换股票以及风险投资基金和公司债券运用等。

第六次并购浪潮出现在 2005 年并持续至今，2007 年达到历史峰值，在这次全球并购浪潮中，中国市场已经成为并购活动的生力军。

2004 年，全球外国直接投资经历了三年的大幅下降之后，开始出现强劲反弹。2005—2006 年，全球跨国并购异常繁荣，并购总值分别为 7160 亿美元、8800 亿美元，同比分别增长 88.2%、22.9%。在经历了 5 年漫长的积聚后，第六次并购浪潮终于席卷而来。2007 年，全球跨国并购再掀高潮，当年交易额 16370 亿美元，占当年全球外国直接投资流入量的 82.72%，创历史最高纪录。

受 2007 年下半年的美国次贷危机以及之后全球金融危机的影响，2008 年起全球跨国并购出现大幅下降，2009 年更是降到新低，全年跨境交易额仅 2500 亿美元。

2010—2018 年，全球跨国并购呈现出波动性增长趋势。其中 2016 年并购额 8690 亿美元，接近 2006 年水平。

从六次并购浪潮可以看出，全球跨国并购浪潮往往兴起于经济复苏期，并在经济增长到达顶峰之前就进入高潮，而当经济繁荣尚在维持之时，并购活动就开始降温，在达到冰点之后，经济衰退才接踵而至，这说明跨国并购对世界经济的影响是正相关的。

有观点认为，从 2015 年起，全球跨国并购开始出现第七次并购浪潮，跨国并购交易接近全球并购交易额的 40%[一]。另有观点认为，全球第七次并购浪潮始于 2012 年，并已于 2017 年趋于结束[二]。还有观点认为，全球第七次并购浪潮出现于 2018 年[三]。

第五节　跨国并购的反垄断规制

如果我们生活在一个按照完全竞争方式运行的世界里，那就很少需要反垄断政策和其他的管制行为，所有的市场都将由大量的产品销售者组成，消费者也将具备关于产品的完备信息，而且这种理想化的经济中不存在外部性，因为所有的影响都被特定产品的买卖双方内部

[一] 来自搜狐网，全球第七次并购浪潮正在发生，2017 – 08 – 06。

[二] 来自帕特里克·福利斯（Patrick Foulis），挥别并购潮：三原因使第七次并购浪潮将在 2017 年结束，转引自凤凰财经网，2017 – 02 – 11。

[三] 来自财经新闻网，2018 年将迎来全球的第七次并购浪潮，2018 – 04 – 12。

化了。[○]

不幸的是，现实经济很少会符合教科书中的完全竞争模型。

政府在纠正这种对完全竞争模型的偏离时有两种机制；第一种机制是价格激励；第二种机制是直接控制经济行为。

跨国并购行为对参与并购各国经济的影响是深远的，并受到各国政府的广泛关注和相关法律的约束。按照并购方进行并购的态度不同，可将并购划分为善意并购和敌意并购两种。基于有效竞争和其他善意动机的善意并购对一国的经济发展是有利的，而基于垄断市场或投机动机的敌意并购则会对一国经济产生消极影响。因此，各国对待跨国并购的态度也不尽相同。

一、跨国并购的反垄断规制理论及其评价

对跨国并购进行反垄断规制的研究是建立在竞争理论基础之上的，在市场经济中，竞争处于中心地位，具有激励和优化资源配置的功能。竞争如何才能发挥其激励和配置资源的功能？

古典经济学派的自由竞争理论认为，市场竞争是一只"看不见的手"，当每个人自私自利地追求其个人利益时，这只手能引导并实现公众最好的福利，并且私人利益和公共利益是可以相互协调的，但该学派并没有指出竞争在协调个人利益和社会公共利益时应具备的条件。

新自由主义经济学派的完全竞争理论认为，在完全竞争的市场结构下，产品价格会达到平均成本的最低水平，从而实现最优化的市场供给和资源配置。但完全竞争模式由于其过于严格的假设而与现实相背离。

1933年，美国经济学家张伯伦（Edward H. Chamberlin）和英国经济学家罗宾逊（Joan Robinson）夫人提出了不完全竞争理论模型[○]，认为现实的市场结构是一种介于完全竞争和完全垄断之间的一种市场形态，即不完全竞争。应该说，这一理论更接近于现实，但对竞争理论的发展贡献不大。

1940年6月，美国经济学家克拉克（John M. Clark）提出了有效竞争理论（the theory of workable competition）[○]，认为如果一种竞争在经济上是有益的，而且根据市场条件又是可以实现的，则这种竞争就是有效的竞争，但有效竞争理论在如何判断有效竞争的标准方面没有给出明确的结论。

哈佛学派以"结构—行为—绩效"理论为基础，将优化资源配置、有效分配收入和维护市场的竞争作为《反垄断法》的根本目的，认为市场结构决定市场行为，市场行为又决定市场绩效，强调严格控制超大规模企业的产生。

芝加哥学派则不承认市场结构、市场行为和市场绩效之间存在着某种联系，反对政府对

○ 来自 W. Kip Viscusi, John M. Vernon Joseph E. Harrington, Jr., *Economics of Regulation and Antitrust*, 3rd edition, Massachusetts Institute of Technology., P3。

○ 1933年，美国经济学家 Edward H. Chamberlin 出版了他的著作《垄断竞争理论》（*the Theory of Monopolistic Competition*），同年英国经济学家 Joan Robinson 也出版了她的著作《不完全竞争经济学》（*the Economics of Imperfect Competition*），两人被认为是有关现代不完全竞争理论研究的先驱。

○ 来自 J. M. Clark（1940），*Toward a Concept of Workable Competition*, American Economic Review, 241-256。

企业并购进行规模上的干预，该学派认为《反垄断法》的重点是促进经济效率，因此应当对促进经济效率的并购持宽容态度。

客观地说，跨国并购对于市场竞争的影响是双重的：一方面，并购可以壮大跨国企业的综合实力，提高企业的市场竞争力，对企业的发展起积极作用；另一方面，跨国并购会引起产业力量的集中，给其他厂商或消费者造成福利损失，而且过度的跨国并购会形成垄断，垄断会阻碍市场的自由竞争，这样会造成整个世界福利净损失。

二、美国的跨国并购管制

1. 反垄断法

反垄断法是各国维护正常市场经济秩序的基本法律之一。美国的反垄断法律、政策主要表现为国会通过的反托拉斯法和司法部订立的兼并准则。

1890 年《谢尔曼法》的第一部分禁止妨碍正常商业活动的合同、企业合并或协作；第二部分禁止已在进行或正在计划中的垄断。根据这一法律，法庭有权命令解散已在某一行业或地区形成垄断的公司。

1914 年《联邦贸易委员会法》制定的主要目的在于防止"商业中的不公平竞争和不公正的欺骗的行为"。根据该法案成立了联邦贸易委员会（FTC），负责执行《联邦贸易委员会法》和《克莱顿法》。联邦贸易委员会有权调查不公正的商业行为，提供实施法令的程序，并具体决定哪些商业行为是合法的，哪些是不合法的。

1914 年和 1950 年的《克莱顿法》比较详细地解释了《谢尔曼法》所没有表述的细节，其着眼点在于防止垄断力量的形成和积聚。对兼并而言，该法第 7 条规定，任何公司之间的任何兼并，如果"效果可能使竞争大大削弱"或"可能导致垄断"，则都是非法的。该法后来经过《罗宾逊—帕特曼法》和《塞勒—凯弗维尔反兼并法》及 1980 年的修正，成为美国政府管制兼并活动最主要的法令。

1936 年《罗宾逊—帕特曼法》对《克莱顿法》第 2 条进行了修正，主旨在于反对价格歧视，即反对同样的产品对不同的顾客收取不同的价格。

1950 年《塞勒—凯弗维尔反兼并法》对《克莱顿法》第 7 条进行了修正，规定若任何公司购买其他公司的股票或资产可能导致竞争大为削弱或产生垄断，则该购买行为是违法的。

1976 年《哈特—斯科特—罗德尼法》规定大规模结合需经过申报、暂停与审核三个阶段才能实施。

为便于执行反垄断法，美国司法部每隔数年就颁布一次兼并准则，用来衡量什么样的兼并可能被批准，什么样的兼并得不到批准。

2. 证券交易法

除了反垄断法外，美国还利用证券交易法对企业并购，包括跨国并购进行约束。这些法律一般对证券交易及公司并购的程度、强制性义务有规定，如持股量、强制披露与报告、强制收购要约等均有规定，收购方一旦在强制性义务方面有疏忽，很有可能因违反法律而导致收购失败。特别是当敌意收购发生时，此类法律往往成为目标公司求助的对象。

1934 年的《美国证券交易法》对于公开收购要约没有加以规定，致使一般目标公司股东无从知悉收购公司的计划、目的，甚至不知道收购公司的真实身份，从而导致被收购公司经济损失。

1968 年《威廉斯法案》不但规范了以现金向目标公司提出公司收购要约的行为，而且规范了在公司公开市场中直接收购目标公司股份的行为。这些相关的法律都为目标公司在遭到突然收购时可以求助的法律支持，目的是提高收购者的收购成本，降低收购者的收购收益或增加收购者风险。

三、对跨国并购反垄断规制的简要评述

跨国并购中，特别当跨国并购会给一国经济带来风险或者由于并购造成垄断而产生负面影响时，国家的政策措施及管制手段就显得尤其重要。其中竞争政策是诸多政策中最为重要的，这是由于跨国并购能够对竞争造成威胁，不论是在并购的当时，还是在跨国并购完成后相当长的一段时间内，企业的经济行为的一个主要特征是追求日益扩大的市场份额和在市场上占据垄断地位。

随着全球范围内对外直接投资的日益自由化，各种有关并购的限制日趋减少，各国政府改变了对投资实施控制的政策，而把协调性竞争政策作为一种手段来评估和处理跨国并购对东道国的影响。

对发达国家的调查研究表明，包括跨国并购在内的绝大多数的并购对集中率没有什么副作用。1999 年，美国 4679 件申报的并购交易中，只有 1.6% 受到调查，大约只有 1% 被要求采取行动。在欧洲，同期 292 起交易中只有 14 起进入了第二阶段调查，说明大部分并购并没有违反反托拉斯法。

还有，竞争政策是不能仅仅通过国家政策来进行有效实施的，这意味着制定竞争政策的政府需要在多边、双边和地区层面上，强化其协调机制，以便对这些影响国家利益的反竞争行为和跨国并购做出有效的反应。

第八章

跨国公司的技术转让

技术的创新与进步是世界经济增长的重要源泉，先进技术在生产中的应用常常会带来巨大的经济效益，并日益成为国际竞争的主要动力，技术优势成为跨国公司保持垄断优势的重要部分。由于跨国公司强大的经济实力及其在研发上的大量投资，跨国公司对世界技术的进步和发展具有举足轻重的推动作用。跨国公司不但是先进技术的主要发源地，而且在高精尖技术上占有垄断地位。世界上先进的生产技术绝大多数都是由跨国公司开发、拥有和控制的；世界最大500家跨国公司垄断和控制了世界技术贸易的90%；[⊖]美国目前的技术转让收入中有逾八成来自本国跨国公司向海外子公司的技术转让。因此，跨国公司被称为是国际技术转让的"重量级选手"。

第一节 技术转让概述

一、技术转让的含义

技术转让（technology transfer）是指技术供应方通过某种方式把某项技术以及与该项技术有关的权利转让给技术接受方的行为。

根据世界知识产权组织（WIPO）的定义，技术是指制造一种产品或提供一项服务的系统的知识。联合国贸易与发展会议（UNCTAD）则对与技术转让相关的技术给出了更为广义的定义：技术转让涉及物质产品（如资本品）的转让和默认知识的转让，后者正变得更为重要并涉及获得新的技能以及新的技术和组织能力。

从自然科学的角度看，技术是指运用电和机械的力量来扩大人类与自然界较量的能力。经济学意义上的技术，即加工制造某种商品，运用某种工艺或提供某项服务的系统知识。其表现形态有两种，一种是有形形态，如语言文字、数据、公式、图表、配方等；另一种是专门技术、实际经验、操作手艺和思维观念等无形形态。[⊖]

技术不是独立的有形物体，它既不能储存在仓库里，也不能像包裹那样由供方运往需方。技术是一种通过学习过程来转让的知识体，当技术由一国转让到另一国时，情况可能更复杂：费时间，价格昂贵；甚至在一个跨国公司内部的技术转让也会出现类似情况。

技术已成为现代经济增长的主要动力。在新技术不断涌现、技术进步和技术更新速度不断加快的知识经济时代，谁首先拥有和应用新技术，谁就拥有强大的竞争力并占据主动。

⊖ 来自张纪康编写的《跨国公司与直接投资》，复旦大学出版社，2004。

⊖ 来自 Stefen H. Robch and Kenneth Simmonds, *Interntional Business and Multinational Enterprises*, 4th ed, Homewood, Richard D, Irwin, 1989。

国际技术转让（international technology transfer），指的是将三种技术要素，即技能、工艺和知识，从一国转移到另一国，或从一个企业转移到另一个企业。这种转移可以通过技术援助、技术贸易以及技术人员的流动与共同研发等途径进行。技术转让的行为，从技术供应方角度来看，是技术的输出；从技术接受方角度讲，是技术的引进。技术的传播可以是无偿的，也可以是有偿的，通常以经济利益为动机的技术转让属于有偿转让。国际技术贸易的加速发展表明，技术的有偿转让在当今世界的技术传播中起着越来越重要的作用。

随着科学技术的迅速发展，科技开发费用日益昂贵，技术创新难度加大，这就决定了任何一个企业、一个部门、一个国家，都不可能发明和创造出经济发展需要的全部技术，客观上需要通过技术转让来获得新技术；另外，在技术本身存在生命周期的情况下，技术的发明和拥有者为了获取最大利润，总是要把技术投向市场；同时，世界各国知识产权制度的确立和专利制度的实施，又为技术转让提供了法律保证，这些都大大促进了国际技术转让的速度。

技术的国际流动不是完全自由的，各国政府均设有政策限制。一是技术转让要受母国政策的影响。任何国家为了保证自己的某些技术在世界上的领先地位，总是对先进技术的输出制定种种限制性规定；二是技术转让也要受东道国政策的约束。任何国家都会根据自己的国情，制定对技术引进的引导或限制政策。

二、技术转让的特点

跨国公司有着强大的经济实力和雄厚的技术基础。跨国公司在向外扩大商品输出的同时，利用其资金和技术优势，大力开展对外直接投资和技术转让。其技术转让的特点有以下几个方面：

1. 技术转让的先进程度与股权投资成正比，技术使用的限制性条款与股权投资成反比

跨国公司拥有的先进或垄断性技术的对外传播，主要是通过直接投资方式实现的。对外投资规模越大，在企业中占有股权份额越多，跨国公司提供的技术就越先进。[⊖]跨国公司主要考虑的是向当地转让的技术是否符合国际专业化分工和能否带来最大的或长远的利润机会。因此，提供技术的先进程度是以公司的利益为标准，而不是以当地经济的需求为标准。跨国公司可以利用诸如技术分割转让、技术专利、超经济的限制性使用条款，甚至技术欺骗等手段，把技术进口国置于从属地位。当跨国公司国外投资占有的股权比例较小，甚至在非股权参与形式下，公司利用其技术垄断地位，用超经济的力量，严格限制关键技术的使用和防止技术的扩散。这种技术限制性条款主要包括限制技术使用的保密条款、单方面的技术反馈条款、束缚性的购买与搭销条款以及限制出口的条款等。

2. 采取特别技术战略以加强企业内部技术转让的控制

跨国公司的技术转让战略是，在全球范围比较生产成本，选择最佳生产基地以确保高额利润。公司的绝大部分技术转让活动在公司内部进行，实行公司内部技术转让纵向形式。首先，在母公司研制新技术和新工艺，并将其专利成果应用于母国的国内生产。若干年后，再将新技术转让给设在其他发达国家的子公司。再过若干年后，再向发展中国家的子公司转让技术，到那时，母公司又有了新一代的技术。在这种纵向转让形式下，母公司是唯一的技术

⊖ 来自林康编写的《跨国公司与跨国经营》，对外经济贸易大学出版社，2000。

供应者，子公司的研究工作主要是使技术适应当地市场条件，并且必须将使用技术的信息反馈于母公司，形成一套技术传输、消化、应用和反馈机制。跨国公司这种分期分批的技术转让战略，无疑可以延长技术独占时间。同时，子公司多次间接转让，便可获得多次技术转让费。

3. 技术转让条件的严格控制

跨国公司对外技术转让条件包括：技术的使用范围、技术的管理与扩散、技术的改进以及产品的销售方向等。跨国公司作为技术的卖方，对技术高度垄断。它们控制着技术转让的主动权，关键技术只发生空间上的转移，而不能成为当地经济的有机构成要素并推动当地经济技术迅速地"起飞"。东道国对先进技术的需求并没有削弱跨国公司的垄断优势，反而为其延伸和维持垄断提供了市场。

参与这种国际技术转让的政府与私人团体、受国内专利法和国际公约与条约支持的国家级专利机构及国际标准化组织，都受到转让程序的严格控制。⊖

4. 各种技术保护主义的因素成为技术转让的制约条件

跨国公司以技术作为商品向外传播，技术转让的层次以考虑自身利益为主，但是也会受到各种技术保护主义因素的制约。技术保护主义因素主要来自母国政府的制约、大公司之间的相互技术封锁以及对社会主义国家的非经济因素的限制。1983年日本"东芝事件"便是一个例证⊖。另外，跨国公司之间由于竞争利益冲突，相互采取技术封锁，唯恐技术的传播产生"飞镖效应"（boomerang effects），给自己树立竞争对手。目前技术保护主义结构严谨，已形成完整体系，并影响着国际技术转让在更大规模和更高层次上的展开。

三、影响跨国公司技术转让的因素

跨国公司是国际技术转让最重要的主体。跨国公司技术转让中的技术可分为三大类：第一类是工业产权的技术。工业产权亦称为产业产权，是一种无形的财产权，也是一种商品。工业产权的持有人，有权自行使用它，也有权把它出售给他人或转让给他人使用，从中取得利益和报酬。工业产权包括发明专利、实用新型专利、外观设计专利和商标专利权等。第二类是非工业产权的技术。非工业产权主要是技术诀窍，也称为专有技术。其内容包括设计方案、设计图样、技术说明书、技术示范和具体指导等。第三类是提供技术服务。

跨国公司在进行国际技术转让中，更偏好技术在公司内部转让，而把技术的对外转让作为次优选择。

影响跨国公司技术转让的主要因素有如下几个方面：

1. 被转让技术所处的竞争地位和其成熟程度对跨国公司技术转让形式的选择起着决定性影响

（1）从技术所处的地位考察。不同技术所处的竞争地位可分为五类：支配地位、优势地位、有利地位、维持地位以及微弱地位。处于前两类地位的技术，跨国公司不愿意以技术

⊖ 来自 Stefen H. Robck 和 Kenneth Simmonds, *Interntional Business and Multinational Enterprises*, 4th ed, Homewood, Richard D, Irwin, 1989。

⊖ 1983年，日本东芝公司在巨大的商业利益驱使下，将"五轴联动数控机床"这一高技术产品出售给了苏联，后者将其用于核潜艇推进螺旋桨的制造与改进。由于加工精度提高，使得螺旋桨在水中转动时噪声大为下降，以至于美国的声呐无法侦测到苏联核潜艇的动向。

许可形式对外转让。

（2）在技术生命周期中，当技术处于创新阶段时，公司基本上不愿对外转让新技术；当技术处于发展阶段时，那些不会影响公司竞争力的外围技术可以适度对外转让。

2. 企业规模大小影响着技术转让形式的选择

大型跨国公司比中小企业选择余地大，中小企业选择对外直接投资能力差，有时只能选择技术许可形式，而大型跨国公司把技术交叉许可贸易作为分割销售市场和进行产品竞争的一种寡头合作战略。

3. 近30年来，技术转让已成为跨国公司对外拓展的重要形式

技术转让已成为跨国公司对外拓展的重要形式，原因主要有以下几个方面：①跨国公司需要转让那些不能被公司直接使用的新技术；②对外技术转让可能帮助跨国公司获取潜在的销售市场；③借助技术促进，跨国公司与竞争者之间可以建立良好的合作关系；④东道国限制建立子公司时，可以以技术形式进入对方市场。

第二节　跨国公司技术转让理论

技术转让可以发生在一国范围内，也可以发生在不同国家之间。一般来说，跨越国界的技术转让被称为国际技术转让。

关于跨国公司国际技术转让的相关理论，目前主要存在以下四个方面：技术差距论与技术势差、基于垄断优势理论的技术转让理论、周期动态理论和内部化理论，下面分别予以介绍。

一、技术差距论与技术势差

（一）技术差距论

技术差距论（technology gap theory）的代表人物是英国剑桥大学经济学家迈克尔·波斯纳（Michael Vivian Posner）。1961年，波斯纳在其"国际贸易与技术变化"（*International Trade and Technical Change*）一文中提出，技术实际上是一种生产要素，且在各个国家的发展水平不一样，这种技术上的差距可以使技术领先的国家具有技术上的比较优势，从而出口技术密集型产品。随着该技术被进口国模仿，这种比较优势消失，由此引起的贸易也就结束了[⊖]。

克鲁格曼（Paul Krugman）、多拉（Mochel Dollar）、詹森（Jensen）和菲斯比（Thursby）、西莫利（Cimoli）和萨特（Soete）等人相继对该理论进行了完善和发展。技术差距论包括以下七个要点：[⊖]。

（1）发达国家（北方）与发展中国家（南方）之间客观上存在技术差距，这种技术差距表现为北方在产品（技术）开发上的绝对优势。技术差距决定了劳动分工，技术水平和

⊖　来自 Posner, Michael V. , *International Trade and Technical Change*, in: Oxford Economic Papers, Jahrgang 13, Nr. 3, 1961, S. 323-341。

⊖　来自沈越、鱼金涛编写的《国际技术转移理论》，中国财政经济出版社，1989；童书兴编写的《科技、外贸、国际市场拓展》，中国对外经济贸易出版社，1995；曾德聪、仲光荣编写的《技术转移学》，福建科学技术出版社，1997；张纪康编写的《跨国公司与直接投资》，复旦大学出版社，2004。

创新能力上的差距是造成各国之间出口、进口、收入水平及趋势差别的基本因素。

（2）产品可被分为创新产品和模仿产品两大类，北方占据产品创新，总是出口创新产品，获取垄断利润；南方总是出口模仿产品。由于技术逐渐被模仿，当创新的技术优势所形成的利润逐渐消失时，技术就以不同方式被转移到南方，这又迫使北方凭借技术优势继续创新产品，以继续获取新的利润来源。

（3）技术变化影响世界收入在南北之间的分配，各地区收益多少依赖于其技术创新（对北方而言）和技术转移（对南方而言）的增长速度。

（4）若北方加速技术创新，出口创新产品，其结果使南北双方均受益，但北方的利益会大于南方，因此会加大南北差距。

（5）南方通过加快技术转让来加速技术进步，加快新产品变为老产品的速度，使北方创新产品的垄断地位被侵蚀，收入分配将有利于南方，这又迫使北方加速创新。

（6）当南方的技术模仿速度超过北方的技术创新速度时，会发生两种不同影响：一方面会使南方工资提高，另一方面有利于整个世界劳动生产率的提高。这种现象在政策上也表现为双重性：一方面北方对南方加速模仿担心，另一方面南方则以技术转让有利于世界经济整体均衡发展为由而反对北方的技术保护。

（7）北方在南方加速技术进步的情况下实行保护政策，这既不利于南方也不利于北方。

（二）技术势差

技术势差泛指人类在发展科学技术并将其应用于实践过程中，某种技术在同一时点上、不同领域、不同行业、不同地域、不同单位之间存在着技术水平上的差异。[⊖]由于科技、经济实力的差异，不同国家、地区、部门之间的技术势差是客观存在的。技术势差可以导致技术扩散，其特征主要表现在六个方面：

（1）高密集度。具备势能的技术一定是知识、人才、资金、信息等多种有形和无形资源的一体化组合。

（2）高组织化。技术势能所集中体现的技术开发系统内部组织与管理水平达到了一种可实现协调效益、协同效应的高组织状态，这种组织既体现它的高度紧密性，又表现为组织体制上的充分创新性。

（3）高技术性。系统应当能够吸收或生成具有高技术特征的各类应用成果，它与系统的高密集度、高组织化紧密相连。

（4）强渗透性。具备先进且势差优势明显的技术往往具有很强的渗透性。尽管现代技术的专门化程度越来越高，但现代技术的应用范围也越来越广，这使得许多先进技术的跨部门应用和推广比以往更广泛，也即技术具有更强的渗透性。

（5）自我增值性。技术势能的积聚在一定条件下会推进系统的技术创新，而技术创新又加剧系统技术势能的积聚，在现代条件下这种自我增值的速度往往随着技术势能的提高而提高。

（6）可变性。由于科技发展的日新月异，不同系统之间的技术势差是相对的、可变的，一个系统只有通过技术创新或创新技术的扩散不断吸收技术能量，才能保证较高的技术势

⊖ 来自沈越、鱼金涛编写的《国际技术转移理论》，中国财政经济出版社，1989。

能，或缩小与其他高技术系统之间的技术势差。

二、基于垄断优势理论的技术转让理论

（一）理论的产生背景

1. 海默的基本观点

加拿大经济学家史蒂芬·海默（Stephen Hymer）认为，到国外从事生产的跨国公司与当地竞争对手相比，面临一定的附加成本。这些成本可能是由于文化、法律、制度和语言差别以及缺少当地市场知识引起的，也可能是远距离经营活动所带来的通信开支和误解增加所造成的。因此，要确保跨国公司的投资有利可图，从外国进入的企业必须具备当地竞争者所没有的优势，这是所有对外直接投资和跨国公司理论的出发点。

2. 金德尔伯格观点

作为海默的博士论文导师，美国麻省理工学院资深教授查尔斯·金德尔伯格（Charles P. Kindleberger）认为，仅仅强调国外利润高或国外劳动力成本低并不足以解释对外直接投资发生的原因，关键是要解释在东道国的生产为什么不由当地企业进行而是由外国（如美国）企业进行的原因。他用收入流量资本化的公式 $C=I/R$（式中 C 表示资产额，I 表示该资产获得的利润，R 表示利率）来说明垄断优势理论的精髓。金德尔伯格指出，证券流动是利率差异作用的结果，而直接投资则是利润差异的反应。但只有在美国企业能够获得高于当地企业的利润时，直接投资才可能发生。利润是竞争能力的反映，一般说来，当地企业由于熟悉本国消费者嗜好，了解当地经营的法律与制度，市场信息灵通，决策反应迅速，因而具备有利的竞争条件。美国企业则要承担在国外远距离经营的各种成本，以及对当地市场了解发生偏差等引起的额外成本。但是，由于美国企业拥有各种垄断优势，因此可以抵消在海外经营中的不利因素，压倒当地竞争对手，取得高于当地企业的利润。

金德尔伯格详细列举了跨国公司所拥有的各种垄断优势。重点指出技术优势是跨国公司的基本优势，其他优势只是起补充和加强这一基本优势的作用。跨国公司的技术作用不但在于这是它们优势的主要来源，而且这有可能是东道国最渴望得到的。技术优势具有十分广泛的内容，包括生产秘密、管理组织技能和市场技能等。

垄断优势理论试图解释美国企业选择直接投资，而不是出口许可证贸易的原因。海默认为，美国企业从事直接投资的原因，一是东道国关税壁垒阻碍企业通过出口扩大市场，因此企业必须以直接投资的方式绕过关税壁垒，维持并扩大市场；二是技术等资产不能像其他商品那样通过销售获得全部收益，而直接投资可以保证企业对国外经营及技术运用的控制，从而可以获得技术资产的全部收益。因此，美国企业海外直接投资要以独资经营为主，从而技术转移可以在内部实现，技术转移的收益也因此有望尽可能地最大化。

（二）理论的发展与完善

1. 希尔施选择模型

20世纪六七十年代，西方学者主要沿着海默等人的理论，进一步补充发展并完善了垄断优势理论。其中的一个重要方面，就是论证跨国公司在出口、特许权转移（主要就是技术贸易）和对外直接投资这三种国际技术转移方式选择的依据和条件。

1976年，以色列经济学家希尔施（Seev Hirsch）从成本方面提出了一个选择模型。他认为，跨国公司国际经营成本可以分成两类：基本生产成本和特别生产成本。基本生产成本

表现为生产过程中劳动力、资本、技术以及其他要素投入的价值，它是跨国公司的边际成本，随着产量变动而变化。无论跨国公司在母国还是在东道国经营，这类成本总要发生。基本成本又可分为两种：一是跨国公司在母国的基本生产成本，以 C 表示；二是跨国公司在东道国的基本生产成本，以 C' 表示。特别生产成本是指跨国公司分别采取这三种国际技术转移方式所发生的三种成本，包括：①出口销售成本 M'，这包括邮电、保险、运输、关税等费用支出；②转移成本 A'，这是指跨国公司在东道国生产而引起的额外支出，如由于母国与东道国的文化差异而导致的东道国市场信息成本，第一次进行海外投资时，要支付全部的转移成本，再增加投资时，要支付的转移成本相应减少；③对外转让技术的耗散费用 D'，这是指跨国公司为了保护它的技术所有权和防止被许可方利用得到的技术同跨国公司竞争而付出的代价。

跨国公司的成本与利润之间的关系可以通过下列公式表示出来：

$$利润 = 销售收入 - 基本生产成本 - 特别生产成本$$

当销售收入不变时，利润大小实际上取决于基本生产成本和特别生产成本，因此，跨国公司通过成本的比较来选择一种最佳的技术转移方式。

当跨国公司的销售对象是外国市场时，它就涉及三种成本：出口成本（$C + M'$），对外直接投资成本（$C' + A'$）和特许权转移成本（$C' + D'$）。希尔施模型的基本命题是：

如果 $(C + M') < (C' + A')$ 且 $(C + M') < (C' + D')$，则选择出口。

如果 $(C' + A') < (C + M')$ 且 $(C' + A') < (C' + D')$，则选择对外直接投资。

如果 $(C' + D') < (C' + A')$ 且 $(C' + D') < (C + M')$，则选择特许权转移。

2. 模型的评价

希尔施选择模型提出后，有些学者指出，该模型仅考虑到成本之间的比较，忽略了风险等因素，因而具有一定的局限性。

3. 理论的完善与发展

对希尔施模型提出批评的学者指出，一般来说，对外直接投资的风险远高于出口方式，两者的差距越大，跨国公司越有可能选择出口方式，而不进行直接投资。因此，这些学者主张在选择时还应考虑风险因素。

1978 年，富兰克林·鲁特（Franklin R. Root）说明了跨国公司在直接投资与特许权转移之间的选择。他认为，公司的知识资产中有些可通过特许权转移转让给外国公司，如专利技术、诀窍和商标等。但公司的技术创新能力、管理及销售技能则难以转让。对于跨国公司来说，由于技术与管理等技能的协同作用，公司在一揽子利用其知识资产中所获得的垄断优势，显然超过了个别利用知识资产某个部分所具有的垄断优势。因此，跨国公司总是倾向于通过直接投资来转移它的知识资产。但是在不具备长期投资的条件下，转让技术从而收取使用费仍是跨国公司利用其知识资产的一种方式。

事实上，早在 1974 年，美国宾夕法尼亚大学教授爱德温·曼斯菲尔德（Edwin Mansfield）就在其"国际技术转让的经济影响"（*Economic Impact of International Technology Transfer*）一文中提出了对外直接投资与技术转让的选择理论。他认为，跨国公司进行对外直接投资的原因很大程度上是为了保持其技术领先的垄断优势，因为特许权转移存在着技术泄密的风险而技术一旦泄露，国外生产者很快就会成为有力的竞争对手。企业对外直接投资遇到障碍时才会迫不得已选择技术转让，即国外市场容量太小，无法实现投资收益的最大化，或者对方缺乏直接投资的必要条件等。

同样，在 1974 年，经济学家凯夫斯（Richard E. Caves）就跨国公司在对外直接投资和技术转让之间进行选择的依据提出了具有概括性的看法⊖。他总结了跨国公司进行选择时考虑的种种因素。选择技术转让的原因一是对外直接投资存在障碍，如市场容量小，缺乏规模经济；二是缺乏对外直接投资的基本条件，如知识存量不足，对国外市场不了解，投资成本太高；三是技术创新的周期太短；四是风险考虑，因为技术转让不用在国外放置大量固定资产从而可以避免政治风险。但是，当技术转让可能使技术泄露给竞争对手时，又会阻碍技术转让。不选择技术转让的原因一是技术转让交易成本过高，如谈判时讨价还价、因商品质量问题影响声誉、可能泄密等；二是跨国公司内部的技术转让成本大大低于企业之间转让。

垄断优势理论把国际技术转让方式的选择看成是出口、技术转让和对外直接投资相互替代的结果，跨国公司必须比较和权衡这三种方式下的成本和收益，从中选择最优的方式，而不涉及选择的时间顺序，这是该理论最主要的特点。

三、周期动态理论

目前，理论界以周期动态理论来解释国际技术转让方式的选择，主要体现在以下三种理论模型：

（一）雷蒙德·维农的产品生命周期理论

1. 理论的提出及主要内容

1966 年，美国哈佛大学教授雷蒙德·维农（Raymond Vernon）用产品生命周期的变更来解释美国企业第二次世界大战后对外直接投资的动机、时机和区位选择，他的理论通常被称为产品生命周期理论。维农指出，随着产品由创新阶段到成熟阶段，进而达到标准化阶段，出口逐渐被对外直接投资所替代。

在维农看来，企业对外直接投资是对出口方式的替代，是企业由于技术垄断地位被削弱、国内外竞争条件变化而采取的防御行为。他的理论为当时的跨国公司理论增添了动态分析的方法以及时间因素。该理论与垄断优势理论不同，认为企业的技术垄断优势伴随着产品周期的动态变化过程而发生变化，并相应分析了技术优势对企业对外直接投资决策的影响。事实上，该理论是将垄断因素和区位因素结合起来的动态分析。维农力图将贸易理论与直接投资理论统一起来，这些对以后的理论，特别是邓宁的国际生产折衷理论产生了很大影响。

根据雷蒙德·维农的观点，一项产品技术要经历导入、成长、成熟和衰退四个阶段。在技术的最初两个阶段，跨国公司为保护其技术秘密，垄断该项技术，一般仅将该技术运用于国内进行新产品的生产。随着新技术的逐渐普及和其他国家在市场上对该产品需求的急剧增长，跨国公司转而采取对外直接投资的形式将该项新技术转移至国外，以更好地结合东道国的区位优势进行生产。在技术的衰退期，跨国公司则乐意采取技术特许权转移形式将该技术向国外转让，从而收回部分技术开发费用。

2. 理论的评价

产品周期理论基本上反映了 20 世纪五六十年代美国制造业对外直接投资的情况，如纺

⊖ 来自 Caves, Richard E, *Multinational firms, competition, and productivity in host - country markets*, Economica（1974）：176-193。

织、石油化工、半导体和计算机等产业。但如果将这一理论与此后的跨国公司行为相对照，就暴露出一定的局限性。一是很多产品不是由母国扩散到海外，而是一开始就在海外设计、研制并销售的。二是很多跨国公司一方面在国外大量投资，另一方面仍继续保持母国的技术垄断优势，并不是因为技术垄断优势的消失才转移到国外。特别是到了 20 世纪 70 年代，非股权安排方式如特许权转移的迅速增长，使产品生命周期理论显得更加苍白无力。尽管后来维农引入了国际寡占理论对其学说进行了修正和补充，但仍没能从根本上扭转该理论的命运。

（二）小岛清的产业转移周期理论

1. 理论的提出及主要内容

1973 年和 1974 年，日本一桥大学教授小岛清（Kiyoshi Kojima）研究了日本企业对外直接投资的特点，提出了关于对外直接投资的看法，他的理论被称为"小岛清理论"。又因为他的理论是站在宏观经济的角度，所以也被称为"宏观经济学派"。其基本思想是：对外直接投资应该从本国已经处于或即将处于比较劣势的产业（亦称边际产业）依次进行（见本书第二章内容）。

根据他的建议，一国应对比较优势的产业实行专业化，出口该产品；同时收缩比较劣势产业，并通过对外直接投资将其转移到国外，然后再由东道国将产品出口到母国。这样，贸易是按既定成本进行的。

2. 理论的评价

该理论在解释 20 世纪 70 年代日本的对外直接投资方面发挥了作用，但不具备普遍的解释力。特别是进入 80 年代以来，这一理论与全球范围内的对外直接投资实践相去甚远。因此，该理论是特定历史阶段的、带有狭隘民族情结的过渡性理论。

（三）斋藤优的 NR 关系假说与技术转移周期理论

1. NR 关系假说

NR 关系假说是日本中央大学教授斋藤优于 1979 年在其专著《技术转移论》中提出来的。他认为一个国家的经济发展及对外经济活动，受国民需求（need）与资源（resources）关系（即 NR 关系）的制约。这里的资源是广义的，包括技术、资本、劳动力、原材料、机器设备等。资源能否满足国民需求是一个非常重要的问题，如果有足够的资源满足需求，那么 NR 关系是不成问题的，企业就没有必要取得新技术，进行技术创新。但一旦资源不能满足国民需求，就会形成"瓶颈"制约，NR 关系便成了关键问题。这时就会产生企业技术创新的内在要求的动力，新技术的出现可以节约资本、劳动和原材料等。这样由于技术创新便可使 NR 关系变得平衡，从而解决 NR "瓶颈"制约。此外，NR 关系不相适应也是技术转让的原因。由于 NR 关系不相适应促使企业技术创新产生新技术，企业不会因此而轻率地废弃原有的技术，企业会把它转让到需要该项技术的国家的企业中。这类情况不仅可以发生在发达国家与发展中国家的企业之间，也可以发生在发达国家的企业之间或发展中国家的企业之间。经过一段时间之后，NR 关系又会发生"瓶颈"制约，从而形成新一轮的技术创新与技术转让，这就使得技术创新和技术转让总是处于一种循环上升趋势。

根据斋藤优的观点，发展中国家 NR 关系"瓶颈"是普遍存在的。由美国经济学家钱纳里和以色列经济学家布鲁诺建立的"双缺口"理论（见本书第二章内容）认为，发展中国家普遍存在的储蓄约束、外汇约束、技术约束，实际上就是 NR "瓶颈"约束。从 NR 关系理论看，前面的两种约束可视为资本"约束"，后一种约束即为技术"瓶颈"。因此，斋藤优认为 NR 关系在发展中国家是不适应的，但 NR 关系假说关系的不适应却又成为促进技术创新的动力，同时也是引起国际技术转让的原因。因为技术可以节约资源，并且可以开发出新资源，同时技术作为一种特殊资源在国际上流动同样受 NR 关系支配。

斋藤优认为，一国的 NR 关系与他国的 NR 关系若能互相协调，技术转移才能顺利开展。当"北方"（发达国家）的先进技术能够顺利转移到"南方"（发展中国家）并帮助它们解决发展经济的问题时，南北问题也就可能不那么尖锐了。⊖

2. 技术转移周期理论

该理论也是由斋藤优在 1979 年提出的。他认为拥有新技术的企业为了谋求最大利益，其对外战略不外乎三种：①运用新技术生产新产品对外出口，即商品输出；②就地运用该项新技术生产和销售商品，即对外直接投资；③把技术直接转让给对方使用，即技术转让。这三者之间相互联系并按一定周期循环。拥有新技术的企业总是先输出商品，在出口过程中，该产品在当地的市场不断扩大，利润率由低到高；当该产品逐渐适应了当地条件，运用当地生产要素也能生产出该产品时，利润率就会下降，企业便由出口商品转为对外直接投资，从而使利润率回升；由于产品在当地产销，很快提高了当地该技术的水平，且当地企业能模仿该产品并投入市场，此时企业对外直接投资的利润率由上升变为下降，企业由对外直接投资转向技术转让。

斋藤优的理论以周期理论揭示了技术转让是一项新技术问世后的最后归宿，他把企业谋利和技术的生命周期有机地结合起来，从而解释了技术转让形成的机制。

总的来说，周期动态理论均认为跨国公司对三种国际技术转让方式的选择是按照一定的周期性规律顺序进行的，尽管上述三种理论所持的理由和看待问题的角度并不一致。

四、内部化理论

（一）理论的主要内容

内部化理论的主要代表人物是英国利兹大学学者巴克利、里丁大学学者卡森和加拿大学者拉格曼，他们原来用内部化理论分析跨国公司的内部市场结构，后来又进一步把内部化理论扩展运用到跨国公司内部交易市场和技术转让的分析中（见本书第二章内容）。

内部化理论源于科斯和威廉姆森（Oliver Eaton Williamson）等创立的交易成本理论。该理论认为，市场交易是有成本的，包括寻找交易对象的成本、签订合同和监督合同履行的成本。交易成本的存在，意味着只要能在企业内部交易并能比通过市场交易花较少的成本，企业就会自己来从事这些交易并使之内部化。

内部化理论与产业组织理论的区别在于，内部化并不是指给予企业拥有特殊优势的特有资产本身（如技术），而是指这种资产的内部化过程（相对于市场交易）给予企业以特殊优势。内部化理论特别强调，中间品的市场不完全性阻碍了资源在国际市场上的顺利让渡。通过建立跨国界的内部化组织，资源可以在跨国公司全球经营网络中实现内部转让，从而克服中间品市场的不完全性。中间品不仅包括半加工的原材料和零部件，更重要的还包括各种技术、专利、管理技能以及市场信息等。由于知识形态的中间品具有整体性、专有性、共享

⊖ 来自鱼金涛、郝跃英. 斋藤优的新著《国际技术转移政治经济学》，外国经济与管理，1987（08）：44。

性、质量不确定性和不可检验性等特征，从而决定了它在市场上不可能像普通商品一样产生自由竞争，相应地会产生较高的外部市场交易成本。知识形态的中间品市场的不完全性，必然产生技术转让的内部化倾向。

（二）少数行业技术交易内部化的原因

巴克利和卡森认为有两种产业的内部化动力最强：一是具有规模报酬递增的工业或资本密集型工业；二是信息产业（包括一切知识资产）。他们尤其分析了为何信息产业的企业内部化动力很强的现象，所得出的结论主要包括：

（1）信息产业的研究与开发耗时长、费用大，它要求详细的长期评估和慎重的短期协调，在缺乏期货市场时，有效的计划就要求市场的内部化。

（2）信息产业本身在一定时间内就具有自然垄断的性质，最好是通过有区别的定价来加以利用，许可证制度通常不能按照能满足有区别的标准来设计，所以内部化又一次显示其适宜性。

（3）知识的潜在购买者和占有者一般在市场上都是垄断者，双方在讨价还价时的剑拔弩张可能要求用共同所有权的形式加以解决。

（4）专利制度的不完善和外部市场条件的不完善造成买方的不确定性以及技术被泄露和模仿的风险，这也产生了内部化的要求。信息实行内部化之后，局外人无法接触，从而保证了信息所有者的垄断利益。

（5）由于知识难以定价，内部化就为价格转移打下了良好的基础。他们还深入分析了促进信息内部化的各种因素。由于现行专利制度不尽合理，只保护技术专有权而忽略其他非"技术"但也具有经济价值的信息技术，如经营管理技术、营销技术等，致使信息技术内部化。同时，转移技术时容易发生所谓"溢出效应"，致使信息专有人应得到的利益无形中受到损失。技术转移的外部市场条件常常使专有人无法转让所拥有的技术，如技术接受方往往不愿按某项技术所包含的所有信息的价值付款。所有这些因素都促使跨国公司只把技术转让给子公司，从而形成技术转移的跨国内部化。

（三）拉格曼选择模型

1981年，拉格曼在跨国公司内部化分析的基础上，提出了一个在出口、对外直接投资和技术转让三者之间选择的模型。拉格曼认为对外直接投资对企业最有利，因为采取对外直接投资方式，能使跨国公司持续进行研究与开发，且研究与开发的成果——专有知识不致"泄露"，而是控制在跨国公司母子公司内部，这样就使企业在世界范围内利用其技术优势，维持其垄断地位从而获得最大利润。相反，出口商品就会遇到种种壁垒和阻碍而无法顺利进行；专利制度的不完善又会使企业拥有的技术和产品有被抄袭和模仿的风险。因此，在拉格曼看来，只有采取技术在公司内部转移的方式，即在母子公司间转移技术，才不会对公司造成威胁。

第三节　跨国公司技术转让的定价和支付

技术的价格和支付方式的确定是技术转让的核心问题，同时也是技术贸易、技术转让谈判的焦点，因为它们关系到出让方和受让方经济利润的分配。

一、技术转让定价

技术是一种特殊的商品，技术转让的定价原则与一般商品的定价原则不同，技术转让一方面受价格成本、需求和利润的影响，同时还受到技术自身特殊性的影响。

（一）技术转让中的成本和费用

跨国公司常常把技术转让作为获取利润的一个基本途径，从而谋求技术转让价格高于所转让中的技术的成本。必须考虑的有关技术转让的成本与费用有以下五种：

1. 研究与开发成本

研究与开发（R&D）是技术的生产过程。跨国公司在技术的研发中，需投入人力、物力和财力进行科学试验、调查研究、理论论证、设计与优选、试制与鉴定等必要工作，于是形成了一项技术的研究与开发成本。

在技术转让价格的制定过程中对研究与开发成本的计算，严格地说，必须考虑技术转让的可能次数。次数多，每次分摊的研发成本就可少些。然而，一项技术究竟可能被转让多少次是一个不确定的因素，它增加了在技术转让价格制定中准确计算研发成本的难度。

2. 技术转让税

跨国公司技术转让通常是要纳税的。一般地，东道国政府对跨国公司取得的技术转让费要征收一定的所得税，而跨国公司母公司在收到这笔收入时也可能需要向母国政府缴纳所得税，如法国的母公司就是这样。在这种情况下，跨国公司通常会把这部分税负转嫁到技术受让方身上。

3. 交易费用

技术转让过程本身也是要付出代价的，这大体包括联络沟通、项目设计和准备技术资料等方面的费用。一部分交易费用是由技术出让方支付的，随着技术出让方责任的增加，这部分交易费用也会增加。

4. 产权保护费用

技术转让中最大的风险就是产权得不到保护，如专利技术被盗用、商标被假冒、专有技术被泄密，这些都会削弱跨国公司的技术优势。为此，跨国公司要设法进行产权保护，如在多个国家申请专利和注册商标、广泛收集信息并检查是否存在侵权现象、在技术转让过程中强调保密条款等，为此需付出一定的产权保护费用。

5. 市场机会成本

技术转让大多在同一行业内进行。跨国公司向东道国企业转让技术，实际上要让出部分市场给对方，并可能把对方培养成强劲的竞争对手。因此，跨国公司要计算出让市场的机会成本。

（二）技术作价原则

技术转让价格实质上是技术受让方从应用技术而获得的新增利润中分配给技术出让方的份额，技术受让方在购买时准备付多高的价格，取决于预期新增利润的高低。引进后应用技术获得的新增利润越强，意味着技术的适用性和先进性越强，技术受让方愿意支付的价格也越高。当然，技术受让方与出让方要围绕价格展开谈判，结果只能是两者对新增利润的分配。

由于信息的不完全性，准确评估技术的价值是困难的。因此，在国际上，认为应采用利润分成原则来制定技术的转让价格，即技术的价格应当来自于对应用技术而新增的利润的分成。利润分成原则，国际上称为 LSLP（licensor′s share of licensee′s profit）原则，即技术价格是技术受让方使用技术后所得利润的一定份额，核心是确定利润分成率。其计算公式为

$$利润分成率 = \frac{出让方得到的费用}{受让方得到的增值利润} \times 100\%$$

$$技术价格 = 受让方的利润总额 \times 利润分成率$$

据联合国工业发展组织（UNIDO）对印度等发展中国家引进技术价格的分析结论，利润分成率在 16% ~27% 比较合适。但不同国家、不同行业以及不同适用性和先进性的技术，采用的利润分成率不尽相同。

二、技术转让支付

按照国际惯例，对专利和专有技术的使用费，目前主要采用一次总付、提成支付、入门费加提成三种支付方式。

（一）一次总付

一次总付（lump – sum）是指在许可协议中规定技术转让的一切费用，在签订合同时一次算清，然后一次支付或分期支付。采取这种方式支付的转让费，除了注明总金额外，还要写明各种费用所包括的细目。该办法对于技术供求双方各有利弊，对于出让方，在规定的时间内获得全部收益，不承担日后风险，但将来受让方无论获得多大利益，均不能再分享额外收益。一次总付法对于受让方弊多利少，转让费支付一般发生在技术产生效果之前，出让方不关心转让技术的日后收益，受让方承担的技术风险和市场风险较大。但在这种支付方式下支付的转让费绝对值要低于其他方式，同时，转让费不会随产品销售量增加和价格上涨而增加。一般来讲，技术受让方如有能力吸收、利用全部技术，不需要出让方提供技术协助和服务，且有资金实力，采用一次总付方式比较好。

（二）提成支付

提成支付（royalty）是按受让方应用技术后在某一时期内获得收益的比例来计算和支付这一时期的技术使用费。其特点可归纳为八个字："事后计算，按期偿付"。提成支付金额的计算主要涉及提成基价和提成率两个因素。

1. 提成基价

提成基价指的是以什么为基础计算提成费。国际上普遍采取按销售价格提成的做法，也有按产品数量或利润提成的。

（1）按销售价格提成。按销售价格提成又称从价提成，是按所引进技术生产的产品销售收入的一定百分比计算提成费。这是一种滑动计价法，提成费会随着销售量和市场价格而上下波动，包含了可能的通货膨胀因素，同时又忽略了产品成本因素。这种计价法既可以保障技术出让方的利益，又能鼓励受让方多销售产品，尽可能降低成本，因而比较公平、合理。

（2）按产品数量提成。按产品数量提成属于固定提成，提成额不随成本、价格和币值的变化而变化，只要技术受让方生产产品，就可按产量提成。

（3）按利润提成。按利润提成即按技术受让方应用所引进技术获得的新增利润分成。由于计算新增利润的资料多且难于收集，技术出让方一般不愿采用这种提成方式。

2. 提成率

提成率即按提成基价的多大比率来计算提成费。提成率的计算公式如下：

$$提成率 = \frac{技术许可利润（提成费）}{产品销售价（提成基价）} \times 100\%$$

国际上使用的提成率有两种：一种是固定提成率，即在整个合同期间，每期提成支付的比率是一个不变量，一般不超过净销售价的5%；另一种是滑动提成率（又称递减提成率），即在合同执行期间内，每期提成支付的比率随着生产数量或销售额的变动而变动，滑动提成率随着生产或销售额的增加而逐步降低。

提成支付的最大好处是技术引进风险较小。因为提成费是按技术使用后产生的实际经济效益来计算的，技术使用无效就没有提成可言。整个协议执行期间，转让双方的利益和风险都捆绑在一起，因而可约束技术出让方尽心尽责地传授技术，帮助受让方迅速进入正常生产阶段。

（三）入门费加提成

入门费（initial payment）又称初付费，是指出让方为约束受让方严格履行合同收取的定金，也是对出让方提供资料、披露技术机密、传授技术的报酬。入门费加提成支付方式是指受让方在所签订的技术转让合同正式生效以后，或确认出让方已开始执行合同后，先向出让方支付一笔入门费，待项目投产后再按商定的办法逐年支付提成费，该方式实际上是前两种方式的折中。

入门费一般占技术转让价格的15%左右。一方面将补偿技术出让方做出转让准备工作的开支；另一方面也可作为出让方提供资料、披露技术秘密或传授技术的报酬。

在入门费加提成的方式中，提成率相对较低，但可约束技术出让方共担风险，并设法促进提高项目的实际经济效果，保证技术受让方的效益。

第四节 跨国公司技术转让策略

跨国公司技术转让策略包括技术转让内容的策略、技术转让方式的策略以及技术转让时间的策略。

一、技术转让内容的策略选择

跨国公司向海外子公司或其他企业转让的技术，从与母公司所使用技术的关系来看，可大体分为四类：尚未使用但准备使用的技术；尚未使用亦不准备使用的技术；正在使用且会继续使用的技术；正在使用但即将放弃使用的技术。

（一）转让尚未使用但准备使用的技术

一种新技术是由若干子技术构成的系统。跨国公司要想独立完成全套的子技术会面临两大难题：一是研究与开发成本很高，风险很大；二是研究与开发周期长。这意味着短期内跨国公司自己研发几项子技术是可能的，但若想完成全套技术的研发，仅依靠自身力量是有困难的，也是有风险的。为了分摊研发成本与风险，加快研发过程，以便早日投入商业化生产，一些跨国公司联合起来共同进行技术研发。通常的做法是将整套新技术进行分解，各公司研发其中一项或几项子技术，然后通过交叉许可，互相转让技术，使每个公司能够运用整套新技术。

（二）转让尚未使用亦不准备使用的技术

一家企业在技术研发过程中通常会取得各种性质的成果，其中有一些是企业所追求并有能力应用的；也有一些是企业不想要的，或者无条件应用的，这些成果就可以作为技术商品转让给其他企业。

经常看到跨国公司专门为其他企业进行产品设计或技术开发的情况，这些成果并没有打算在该公司中应用。一种原因是这种研究是受其他企业的委托进行的，另一种原因是跨国公司计划利用这些技术成果巩固原料供应渠道，或者利用这些技术扩展中间产品购买市场。通过提供这些技术，跨国公司的生产经营就有了稳定的原料供应或稳定的产品销路，从而能进一步发挥其优势，扩大业务规模，获得来自比较优势增长的好处。

（三）转让正在使用且会继续使用的技术

跨国公司向海外其他企业转让的大多为正在使用的技术。因为正在使用的技术，其应用效果已经有实践资料证明，技术受让方容易接受；技术出让方因已取得该技术的收益，技术水平也已得到提高，转让该技术的机会成本和风险较小，因此只要能更多地获得来自该技术的收益，也愿意转让。

有些国家出于国家安全的考虑，或为了扶植民族工业，在某些部门和领域只愿引进技术而不欢迎外商投资。跨国公司为了跨越政治障碍而进入该国市场，往往采取技术转让的方式，而这些技术基本上都是跨国公司正在使用并且会继续使用的技术。

（四）转让正在使用但即将放弃使用的技术

跨国公司向其他企业转让的大多数技术是它们正在使用但即将放弃使用的技术。对于这一点，雷蒙德·维农的产品生命周期理论已做过解释。按照这一理论，跨国公司转让其正在使用但即将放弃的技术，是伴随产品生命周期临近终点阶段的国际生产行为的一部分。随着产品生命周期过程接近终点，产品就要冲破国内市场的限制向全球扩散，并引进生产地点和技术使用权的国际转移和重新配置。维农提出产品生命周期理论的实践基础，是美国跨国公司对外直接投资与技术转让的传统做法。

一国对某种产品市场的限制因素是不断变动的，消费者偏好或需求结构的变化导致市场的变动，而市场的变动往往是引起产业结构调整的主要原因，包括引起该产品生产的国际化和国际分工格局的调整。在此过程中，跨国公司向海外企业转让其正在使用但即将放弃使用的技术，是一种理智的选择。

二、技术转让方式的策略选择

跨国公司进行国际技术转让的主要目的是尽快收回技术开发中的投资，并以技术换市场，赚取更多的超额利润。因此，在进行技术转让方式的策略问题上，跨国公司根据实际情况，通常采用以下三种策略方式：

（一）技术转让的优先方案是技术投资和建立子公司

对于已有的技术优势，跨国公司既要设法充分地加以利用，使之为公司带来更多的超额利润，也要尽力加以保护。因此，跨国公司的技术转让，相当一部分是以对外直接投资形式来进行的。通过直接投资，跨国公司可绕过对方关税等贸易壁垒进入该国市场，也可实现技术转让内部化，即只向子公司转移其优势技术。

跨国公司的内部技术转让大量采用纵向垂直形式，即母公司投入大量资金从事研发，发明新技术，除自己使用外，也转让给子公司。子公司只是技术的接受方，其薄弱的科研活动仅仅是为了将引进的技术吸收、消化，适用于当地的市场环境。这样就形成了具有技术产生、传递、应用、反馈、调整等多重机制的一体化内部技术转移系统，并且使资金运动、技术运动和管理运动三者高度一体化。

在不同类型的直接投资中，跨国公司转让技术的方式是有区别的。对于拥有全部股权的子公司，实行无偿或低价提供系统性技术，以提高其利润率；对于与东道国合营的企业，所提供的技术往往折算成股权投资，或索取较高的使用费。在一般情况下，母公司拥有合资企业的股份越多，就越愿意转让其先进的、系统的技术。

（二）技术转让的区位选择

跨国公司对发达国家主要采取互换许可策略转让先进技术。随着当今世界范围内高技术的迅速发展和高技术产业的兴起，发达国家为保持自己在高技术方面的优势，对一些尖端技术和高新技术实行保护性措施。一国的跨国公司为从某个发达国家处获得先进技术，就采取交叉许可策略，以先进技术换先进技术，由此可使发达国家继续保持技术领先地位。

对于发展中国家，跨国公司则着重转让其成熟的技术或过剩技术。这种策略所利用的是各国经济、技术发展不平衡等条件。一种技术在发达国家进入到成熟期时，它在发展中国家可能还处于创新期。这一技术生命周期差异现象及由此形成的技术梯度，可使跨国公司获得"双周期""多周期"的技术生命，为跨国公司延长其技术寿命、继续从中获利创造条件。

（三）技术资本密集产业中的技术转让主要采取成套设备转让形式

成套设备的交易不但包括巨额产品的出口，而且包括数额颇丰的技术转让费。跨国公司40%以上的销售额集中在化学工业、机器制造、电子工业和运输设备四大资本技术密集部门，业务集中度如此高的原因之一是这些部门中成套设备交易量大。在许多新兴工业部门，资本技术密集化程度都很高，大多采用"整个工厂"或"整个实验室"的技术转让方式，除了成套设备外，还包括人员培训、试生产等许多项目，即所谓的"交钥匙"项目。

三、技术转让时间的策略选择

一项技术的产生和发展，有其自身的规律性。一些学者根据产品生命周期的创新、发展、成熟和衰老4个阶段，结合企业在竞争过程中所处的支配、优势、有利、维持、微弱五种地位，说明跨国公司技术转让的时间选择策略（见表8-1）。

表8-1　跨国公司技术转让时间的策略选择

竞争地位		技术生命周期			
		创新阶段	发展阶段	成熟阶段	衰老阶段
支配地位	战略姿态	全力以赴扩大市场份额，保住地位	保住地位，保住市场份额	保住地位，与行业同速度增长	保住地位
	投资策略	投资速度稍超前于市场发展速度	为维持增长需要而投资，同时为压倒新加入者而投资	根据必要情况进行投资	根据必要情况进行投资
	技术转让策略	不转让	不转让	经过严格审查，在地区、市场、对象上有选择性地转让技术，条件苛刻	有选择地转让技术

（续）

竞争地位		技术生命周期			
		创新阶段	发展阶段	成熟阶段	衰老阶段
优势地位	战略姿态	试图改进地位，全力以赴扩大市场份额	试图改进地位，扩大市场份额	保住地位，与行为同速度成长	保住地位，坐收现成市场之利
	投资策略	根据市场发展速度决定投资	为加快成长速度，改进地位进行投资	根据必须情况进行投资	最低水平投资，或维持原来状态
	技术转让策略	不转让	不转让	一般比较愿意转让技术，但对地区、市场和对象有一定的考虑	愿意转让技术
有利地位	战略姿态	全力以赴或有针对性地扩大市场份额，试图有选择地改进地位	试图改进地位，有选择地扩大市场份额	维护已有地位，寻找市场缝隙，自身保护	坐收现成市场之利或准备撤退
	投资策略	选择性投资	为改进地位有选择性地扩大市场份额	最低水平或有选择性地投资	最低水平或为维持现状进行投资或不投资
	技术转让策略	不转让	有可能考虑通过适当的办法转让技术	愿意转让技术，挑剔条件较少	主动寻找买方企业，积极转让技术
维持地位	战略姿态	有选择地扩大市场份额	寻找市场缝隙，全力保护	寻找市场缝隙，采取守势，准备撤退	准备撤退或根本放弃
	投资策略	非常有选择地投资	有选择地投资	最低水平投资或不进行投资	不投资或根本撤出
	技术转让策略	不转让	开始考虑技术转让，希望另外开辟技术贸易市场	主动寻找机会转让技术，只要有利可图即可	急切转让技术，不讲究条件
微弱地位	战略姿态	有选择地扩大市场份额	寻找市场缝隙，自身保护	寻找市场缝隙，采取守势，准备撤退	准备撤退或根本放弃
	投资策略	投资或资本撤出	投资或资本撤出	有选择地投资或不投资	资本撤出
	技术转让策略	不转让	主动寻找机会转让技术	急切寻找机会转让技术，不讲究条件	急切地转让技术，不讲究条件

（一）选择中的市场竞争地位因素

跨国公司的竞争地位分为五类：

（1）支配地位，即企业在经营中能左右其他竞争者的活动，在同行业中处于支配地位。

（2）优势地位，即企业不受竞争对手行为的影响，可以长期保持稳定地位。

（3）有利地位，即有较多的机会改进本企业所处的地位，在个别环节上还具有一些优势。

（4）维持地位，即有足够满意的经营业绩，有一定的机会来改进自己所处的地位。

（5）微弱地位，即目前经营业绩不够满意，但也还存在改进机会。

处于不同竞争地位的跨国公司在产品生命周期的不同阶段，所采取的市场战略姿态、投资策略以及技术转让策略是不相同的。当技术处在创新阶段时，无论是处于支配地位还是处于微弱地位的企业，一般都不转让技术；对于处在发展阶段的技术，处于支配地位和优势地位的企业原则上不转让，而处于有利地位的企业则考虑适当转让，处于维持地位和微弱地位的企业则考虑转让；对于成熟阶段的技术，居支配地位的企业考虑有选择地转让，但转让条件苛刻，而居优势地位的企业比较愿意转让，居维持地位和微弱地位的企业则主动寻找转让机会；对于衰老阶段的产品，居支配地位和优势地位的企业分别采取有选择转让和愿意转让的态度，处于有利地位的企业则主动寻找机会转让，处于维持地位和微弱地位的企业则急于寻找机会转让。

（二）选择中的非市场竞争地位因素

尽管多数企业按照上述时间选择策略转让技术，但也有少数企业的技术转让不尽相同。形成这种情况的因素有：

（1）少数技术开发能力较强的大企业，由于其技术研制面广，成果多，且不能都在本企业形成新产品，也转让创新和发展阶段的新技术。

（2）一些依靠专利和专有技术获得收益的中小企业，由于资本实力薄弱，生产能力受限制，市场开发不足，也会在产品技术早期转让该技术。

（3）少数人组织的风险企业，尽管拥有先进的技术专利，但无力进行投资和市场开发，往往倾向于通过签订许可证合同来获得较多的利益。

第九章

跨国公司的市场营销策略

营销（marketing）是公司创造价值，建立牢固的客户关系以便从客户身上获得价值的过程[一]。市场营销策略（marketing strategy）是指企业为实现持续竞争优势目标，根据自身内部条件和外部竞争环境所制订的关于选择和占领目标市场的长远的具有前瞻性的战略规划。通过目标市场选择和定位、确定产品策略、价格策略、渠道策略和促销策略（4Ps），实现公司营销目标。跨国公司制定市场营销策略的目的在于充分发挥自身比较优势，提升竞争能力，更好地适应营销环境的变化，以较少的营销投入获取最大的经营效益。

第一节　目标市场的选择和定位

以全球市场为目标的跨国公司，往往要面向世界市场做出自己的生产和营销决策。据估计，跨国公司有20%～50%的利润来自国际市场[二]。相对于国内市场而言，国际市场更为复杂，东道国可能存在政府不稳定和汇率频繁变动、严格的政府政策和管制、关税和非关税贸易壁垒、腐败和官僚主义等因素。因此，跨国公司在决定进行国际市场营销之前，必须要考察国际贸易体系及国际营销环境以决定是否进行国际化，决定进入哪些市场并进行目标市场营销调研，决定如何进入这些市场并制定相应的营销策略。

一、考察国际贸易体系及国际营销环境

跨国公司在决定是否进行国际化经营之前，必须透彻了解国际贸易体系及国际营销环境，后者包括经济环境、政治和法律环境、文化环境等。

（一）国际贸易体系

当向其他国家进行销售时，跨国公司面临着各种各样的贸易限制，其中最常见的是关税以及配额、外汇管制、限制性的产品标准等非关税措施。公司必须了解以世界贸易组织（WTO）为代表的多边主义以及以各种区域贸易协定（如欧盟、东盟等）为代表的区域主义会如何影响公司的营销决策。

（二）国际市场营销环境

国际市场营销环境包括经济环境、政治和法律环境、文化环境等。

（1）经济环境。经济环境体现了一个国家市场的吸引力，主要体现在两个层面：一是一国的产业结构状况。一国是自给自足型经济、原料出口型经济、工业化进程中的经济还是工业化经济？各个国家的产业结构塑造了其产品和服务的需求、收入的阶层、就业的层次。

[一]　来自菲利普·科特勒（Philip Kotler）等编写的《市场营销原理》，李季等译，机械工业出版社，2014。
[二]　来自林康编写的《跨国公司与跨国经营》，对外经济贸易大学出版社，2000。

二是该国的收入分配状况。工业化国家中有低等、中等和高等收入家庭，而在一些自给自足型国家中，几乎所有家庭的收入都比较低。国家和地区的经济环境将会影响国际营销人员关于进入哪些市场和如何进入市场等决策的制定。

（2）政治和法律环境。各国在政治环境和法律环境上的差异往往非常大，在决定是否在一个特定的国家进行经营时，公司要考虑一些因素，如该国对国际贸易的态度、政府的官僚主义、政治稳定性以及货币管制等。

（3）文化环境。每个国家都有其自身的社会习俗、规范以及禁忌。跨国公司在制定全球战略时，必须了解全球市场上每个国家的文化将如何影响消费者。相应地，公司也必须了解自身的战略将如何影响当地的文化。

二、决定是否进行国际化

跨国公司选择进行国际化经营的原因有三：一是公司的本土市场可能会停滞不前或者萎缩，而外国市场则有更高的销售额和更多的机会；二是公司的客户希望能够扩张到国外，享受国际产品和服务；三是国际化的市场可能会提供更好的成长机会。

在迈出国门之前，公司必须仔细考虑各种风险以及关于全球运营能力的一些问题。公司是否能够了解其他国家消费者的偏好和购买行为？公司能否提供有竞争力和吸引力的产品？公司能否适应其他国家的商业文化并同国外伙伴一起有效经营生意？公司的经理人员是否拥有必要的国际经验？管理层是否已经考虑到了其他国家的管制问题和政治环境的影响等？

三、决定进入哪些市场

跨国公司在进入国际市场前，通常要对国际市场进行市场细分，其目的就是为了选择要进入的目标市场。

（一）市场细分

所谓市场细分（marketing segmentation），是指根据消费者的不同需求、特征或行为方式把整个市场划分为更小的群体，每个群体都追求特定的产品和营销组合。市场由各种各样的买方构成，其购买需求、购买能力、地理位置、购买态度和行为各不相同。通过市场细分，跨国公司可以把巨大的、异质的市场分解为小型的细分市场，从而使产品或服务更快捷、更有效地满足客户的独特需求。

不同的国家，即使地理位置上相邻，经济环境、文化环境和政治结构也可能迥然不同。因此，跨国公司常常根据地理位置、经济环境、政治环境、文化环境和其他因素来细分国际市场。

（二）跨国公司选择目标市场应考虑的因素

目标市场（marketing targeting）是指跨国公司决定为之服务的、具有相同需求或特征的购买者群体。跨国公司究竟应当选择哪种营销策略进入目标市场呢？这通常要对公司内部和外部相关因素进行充分考量，其中主要因素有：企业自身规模、产品的同质性、国际市场的差异性、产品生命周期和竞争对手策略等。

（1）企业自身规模。规模较大的跨国公司拥有相对雄厚的经济实力，在选择差异化营销策略或无差异营销策略时就占有优势；而小企业由于管理能力和销售力量较弱，一般宜采用集中营销策略。

（2）产品的同质性。根据产品差异程度的大小，采取适当的市场营销策略。对差异性较小的产品（同质产品），可采取无差异营销策略，如钢铁、软饮料、农产品等；而对于差异性较大的产品，如设计上变化很大的产品，则适合采用差异化营销策略或集中营销策略，如照相机、汽车、电器产品等。

（3）国际市场的差异性。对政治环境、经济环境和社会文化环境大体相同或相近的不同国家或地区的市场，购买者的需求特性也基本一致，可视为相同市场，宜采取无差异营销策略；而对于差异程度较大的市场，一般采用差异化营销策略或集中营销策略。

（4）产品生命周期。当产品处于导入期或成长期，一般宜采取无差异营销策略，因为这时公司的目的在于探测市场。当产品处于成熟期或衰退期时，宜采取差异化营销策略，以扩大销售量；或采用集中营销策略，以维持和延长产品在某一市场的生命周期。

（5）竞争对手策略。国际市场上竞争对手采取何种营销策略，也是影响跨国公司如何进行国际市场营销策略选择的一个重要因素。假如竞争对手在目标市场上采用无差异营销策略，则本公司采用差异化营销策略就比较容易成功；假如竞争对手采用差异化营销策略，而本公司采用无差异营销策略则将处于不利的竞争地位。

此外，跨国公司还应该考虑目标市场的人口统计特征（包括教育状况、人口规模和增长率、年龄结构）、地理特征（包括气候条件、国土面积、人口分布、交通设施和市场可达性）、经济因素（包括 GDP 规模和增长率、收入分配、工业结构、自然资源、金融和人力资源）、社会文化因素（包括消费者生活方式、价值观和信仰、商业规范和运营方式、文化与社会规范、语言）、政策和法律因素（包括政治稳定性、政府对国际贸易的态度、政府的官僚制度、汇率管制及贸易规则）等，以确定每个市场的潜力。

四、目标市场营销调研

营销调研（marketing research）是指系统地设计、搜集、分析和提交关于一个组织的具体营销情况的数据报告。营销调研可以帮助公司营销者理解消费者的满意度和购买行为；预测市场潜力和市场份额；评估定价、产品、分销和促销行为的效果。

国际市场复杂多变，从事国际营销的跨国公司对信息的需求无论在数量上、质量上、范围上，都比在国内营销的背景下更大、更多、更广泛。在信息技术异常发达的今天，参与国际营销的跨国公司只有重视国际市场上的营销调研，才能及时掌握足够的、必要的信息，才能保证营销决策准确和及时。

（一）营销调研的内容与要求

国际市场营销调研的内容主要包括对目标市场微观与宏观环境的分析、营销调研的分类等。

1. 目标市场微观与宏观环境分析

一个公司的营销环境（marketing environment）由营销以外的那些能够影响与目标顾客建立和维持成功关系的营销管理能力的参与者和各种力量组成。营销环境由微观环境（microenvironment）和宏观环境（macroenvironment）组成。微观环境包括与公司关系紧密、能够影响公司服务客户能力的参与者——公司、供应商、营销中介、顾客、竞争者和公众。宏观环境包括影响微观环境的更大的社会力量——人口统计学、经济、自然、技术、政治和文化力量[⊖]。

　　跨国公司对目标市场微观环境的分析，体现"知己知彼，百战不殆"。公司只有在了解自身的人、财、物等条件，分析自己在东道国的市场份额及销售潜力，并且明确自己的产品在目标市场上的具体地位（如所处生命周期的阶段、产品的形象等）的基础上，才能将有限的企业资源合理地配置到相应的国际营销决策之中，获取最优的经济效益，不断提高自身的竞争力。

　　公司对目标市场微观分析中，应注意竞争者来自哪些国家，其经营范围及经营策略是什么；竞争者所占的市场份额及其未来发展趋势是什么；东道国在市场竞争和公平交易方面的有关法律法规等。具体内容应包括以下几个方面：国际市场产品信息、国际市场价格信息、国际市场分销渠道信息以及国际市场促销信息等。

　　跨国公司对目标市场的宏观环境分析，直接关系到目标市场选择、产品定位及新产品开发方向确定、分销渠道及促销方式安排、定价方案决定等一系列营销战略和战术决策。目标市场宏观环境分析的主要内容如下：有关的政治法律制度、外资与外贸政策、宏观经济状况、人口状况、自然环境、科学技术水平、社会文化等。

2. 营销调研的具体要求

　　营销调研的基本出发点是为决策者提供准确信息，减少营销决策方面的失误，因此，科学、系统、客观的营销调研能给营销决策提供科学依据，改善决策质量。为此，营销调研应具有真实性、完整性、可比性、适时性等特征。

　　（1）真实性。真实性是指调研的信息应该是真实、可靠和有效的，应该能够准确地反映客观世界的真实情况。因此，在市场调研过程中，对调查资料的分析必须实事求是，对市场活动的环境、条件、因果关系、各种因素的制约和影响程度的描述都应准确无误、真实可靠。要筛选、整理搜集到的资料、情报和信息，调研人员分析之后得出调研结论，供企业决策之用。

　　（2）完整性。完整性主要体现为应该全方位地搜集营销决策所需要的各方面信息。企业的营销决策受到企业内部和外部诸多因素的影响和制约，因此，为了对影响企业营销决策的关键因素做出正确判断，就必须对该因素所涉及的营销环境的各个侧面进行全面、系统的了解和分析。既然营销调研的目的是辅助营销决策，调研过程所处理的信息就应首先能够适合决策者的需要，完整性强的信息就可以很好地解决决策者所面临的具体问题。

　　（3）可比性。国际营销调研大多涉及几个国家的比较，而从各国搜集来的情报资料，在时间的基期、专有名词、指标的含义和统计口径等方面往往并不一致，从而缺乏可比性。要使来自不同国家的信息有实际价值，就要有较好的可比性，一个比较可行的办法就是从一些国际性组织（如联合国的下属机构、世界银行等）索取情报。尽管这些报告也来源于世界各国，但它们设有专门机构负责情报搜集工作，对各国的原始数据进行了分类、整理、加工、处理，使其具有较好的可比性。

　　（4）适时性。商场如战场，过时的市场情报可能会导致决策失误，只有最新的信息资料，才能反映国际市场的现实情况，成为企业制定国际市场营销策略的客观依据。市场调查的局限性就表现为应及时捕捉和抓住市场上任何有用的情报、信息，及时分析、及时反馈，

　　⊖　来自菲利普·科特勒（Philip Kotler）等编写的《市场营销原理》，李季等译，机械工业出版社，2014.

为企业在营销过程中及时制定和调整策略创造良好条件。

（二）营销调研的目标类型

营销调研的目的主要是为了减少决策风险，市场调研人员在调研之前就应该明确界定问题和调研目标。一个营销调研计划可以包含以下三种类型调研目标中的一种：

（1）探索性调研。探索性调研（exploratory research）通常是一种非正式的定性分析，常用于企业对需要调研的问题尚不十分清楚，因而无法确定应调查哪些内容的情况。探索性调研的目标是搜集原始数据，这些数据有利于定义问题和提出假设，以启发思路，找出症结所在，确立今后调研的目的和方向。

（2）描述性调研。描述性调研（descriptive research）的目标是为了更好地描述市场营销的问题，比如一个产品的市场潜力或消费者的人口统计学特征或产品购买者的态度。

（3）因果调研。因果调研（causal research）的目标是用来检验因果关系假定。比如，某一产品价格下降10%会导致需求量一定程度增加，增加的需求带来的收益能否抵消价格下降的损失呢？这种调研通常是采取定量分析方法，其目的是揭示有关影响变量间的因果关系，以寻找某一问题产生的原因。

一般来说，探索性调研所要回答的问题主要是"是什么"；描述性调研所要回答的问题主要是"何时""何地""如何""谁"等；而因果分析调研所要回答的问题主要是"为什么""能否""多大程度"等。通常的调研程序是先进行探索性调研以确立调研目标，然后再开展详细的描述性调研或因果调研。

（三）营销调研的具体步骤

营销调研工作通常经过确定调研目标、制定调研方案、收集处理数据和撰写调研报告等四个步骤。

1. 确定调研目标

营销决策者和市场调研人员共同研究公司营销现状，明确调研意图，然后由市场调研人员进行初步的、小规模试点调研，对大量纷繁复杂的营销信息进行分析，从中找出问题所在，最终确定调研目标。

2. 制定调研方案

在明确了调研问题、确定了调研目标之后，就要制订调研方案。调研方案是对调研任务本身的过程进行的设计和安排，包括调研的目的和对象，调研的地区和范围，调研资料的来源以及收集所需资料的具体方法等。一个完善的调研方案能够提高调研工作的效率，一般来说，调研方案主要涉及以下三个方面的内容。

（1）明确信息来源。信息来源可以是现成的统计资料和有关的书面材料（即二手数据，secondary data），也可以是由调研员发放问卷、亲自面谈等形式收集的一手资料（原始数据，primary data）。

（2）确定资料收集方法。多数情况下，跨国公司需要搜集原始数据，必须确信原始数据是可靠、准确、及时和无偏的。搜集原始数据的研究方法包括观察法、调查法和实验法。观察法（observational research）是通过观察相关人员、行为、状况来搜集原始数据。调查法（survey research）是搜集原始数据最普遍的方法，也是对于搜集描述性信息最适合的方法。观察法最适合探索性调研，调查法最适合描述性调研，而实验法（experimental research）最适合搜集因果调研信息。

（3）设计抽样方案。营销调研经常是通过对消费者的整体样本进行相对小数量的抽样，得出关于整体样本预测的结论。样本（sample）指的是在营销调研中，从抽样群体中选择、用于代表整个群体的部分对象。调研人员要确定抽样规模，选用概率抽样或非概率抽样。如果使用概率抽样，总体中的每个元素都有被抽中的概率，且这个概率值是非零的和可计算得知的；而如果采用非概率抽样，则具体样本单位的选择完全是建立在调研人员个人对调研背景、调研任务和调研过程判断的基础之上的。

3. 搜集、处理、分析信息

调研方案确立之后，调研人员下一步是把营销计划转变为行动，包括搜集、处理、分析信息，这是一个实施调研计划的过程。

4. 撰写调研报告

营销调研的最后一项工作，就是由熟悉数据搜集和处理过程的调研人员，同了解企业面临的营销问题的管理人员一起，共同对调研结果做出解释和说明，得出结论并撰写调研报告。调研人员应该提交那些能对管理者的主要决策制定提供帮助的重要的结论性信息。

五、决定如何进入这些市场

公司一旦决定要在某个国外市场进行销售，则必须考虑最佳的进入方式。一般的选择有：出口、建立合资企业以及直接投资。

1. 出口

出口（exporting）是进入一个外国市场最便捷的方法。出口有间接出口和直接出口两种方式，间接出口是通过独立的国际营销中间商来出口，所需的投资额通常较少，同时风险也比较小。直接出口可以通过设立一个海外销售分支机构来对其产品进行销售、分销甚至促销，也可以定期将本土销售人员派驻海外去开发新的商机，还可以通过国外的分销商或者通过国外的中介机构来销售产品。

2. 合资企业

合资企业（joint venturing）是指同国外企业联合生产和销售产品与服务。合资企业与出口的不同之处在于公司要同东道国的企业进行合资，以在国外进行生产和销售；与直接投资也不同，公司要与国外的某些人和企业达成联合。合资企业有四种类型：许可证经营、合同制造、管理合同、联合所有权。

（1）许可证经营（licensing）。许可证经营是一个制造商进入国际市场最简单的合资方式，是指公司同国外市场上的被许可方达成协议以进入国外市场。被许可方支付一笔费用或者提成，从而获权使用公司的生产流程、商标、专利、商业机密以及其他有价值的项目。许可证经营的缺点是，与公司本身的企业比较，公司对于特许的企业控制较少。如果许可证经营特别成功，那么意味着公司放弃了这些利润，而且当合同终止时，公司会发现自己培养了一个强有力的竞争对手。

（2）合同制造（contract manufacturing）。合同制造是指公司与国外的制造商签订合同，让它们为自己生产产品或者服务。

（3）管理合同（management contracting）。管理合同是指本土企业为那些提供资金的国外企业提供管理的专业知识。本土企业出口的不是产品，而是管理服务。管理合同是一种低风险的进入国外市场的方式，而且在一开始就能产生收益。

（4）联合所有权（joint ownership）。联合所有权是指公司同一个外国投资者共同建立一个本土企业，共同拥有企业的所有权和控制权。一家公司可能购买当地企业的一部分股份，或者二者共同出资组建一个新的合资公司，建立联合所有权的合资企业可能是出于经济或者政治上的原因。

3. 直接投资

最大规模的参与国外市场的方式是直接投资（direct investment），即设立以国外为基础的组装或制造厂。如果公司从出口中获得了足够的经验并且国外的市场足够大，那么在国外直接投资设厂将会有许多优势。公司可以获得更便宜的劳动力和原材料，从而降低成本，获得外国政府的投资优惠并且节省运费。公司对于在国外的投资拥有全部的控制权，从而可以制定更符合公司长期国际目标的生产和营销策略。

六、目标市场营销策略

跨国公司选择目标市场的营销策略主要有：无差异营销策略、差异化营销策略、集中营销策略和微观营销策略等四种。

（1）无差异营销策略。选择无差异营销（undifferentiated marketing）策略或大众营销（mass – marketing）策略时，公司不考虑细分市场间的区别，仅推出一种产品来服务整个市场。

在经过市场细分之后，跨国公司虽然认识到市场有差异，但这种差异并不大，即市场上共性胜于个性。因此跨国公司决定以同样的产品、同样的销售渠道、统一的促销措施和价格向全球广泛推销。如可口可乐公司多年来在世界各地使用相同的瓶子、相同的口味、同样的广告。这种策略最大的优点是可以降低生产和营销成本，但在国际市场竞争日益加剧的形势下，除经营农矿初级产品和规格统一的原料性工业产品的专业跨国公司还使用无差异营销策略外，其他跨国公司已基本不再使用这种营销策略。

（2）差异化营销策略。采用差异化营销（differentiated marketing）策略或细分营销（segmented marketing）策略时，公司同时为几个细分市场服务，并为每个市场设计不同的产品。

通过向细分市场提供不同的产品和营销方案，跨国公司希望能提高销售额并在每一个细分市场上占有更强势的地位。例如，丰田为不同的细分市场设计了各种类型的汽车，雅力士和威驰是为第一辆汽车购买者设计的小型汽车品牌，紧凑型轿车卡罗拉是为家庭用户准备的，而中型汽车凯美瑞的目标群体是高级官员和企业高管等，雷克萨斯代表了丰田的高端品牌。差异化营销策略的好处是分市场较多，能提高总销量，同时，也可以避免过分依赖某一市场；缺点是会增加经营的成本，针对不同的细分市场制订不同的营销计划需要额外的市场调研、预测、销售分析、促销计划和渠道管理，同时会增加促销成本。

（3）集中营销策略。采用集中营销（concentrated marketing）策略或缝隙营销（niche marketing）策略时，公司在市场细分的基础上，只选择一个或几个性质基本相同的分市场，作为本公司一系列或某品种商品的目标市场。当公司资源有限的时候，集中营销策略具有一定吸引力。集中营销策略不去追求一个大市场的小份额，而去追求一个或少数小细分市场的份额。采用集中营销策略时容易获取高盈利，但同时也有很高的风险。

（4）微观营销策略。微观营销（micromarketing）策略是指定制产品和营销方案，使之迎合每个个体和地区的需求。微观营销策略关注的是每个消费者的每一个性需求，而不是每个个体消费者，它包括本地化营销策略和个别化营销策略。本地化营销（local marketing）策略包括量身定做品牌和促销，使之符合本地顾客群的需求。个别化营销（individual marketing）策略是根据每位顾客的需求和偏好来定制产品和营销方案。

第二节　市场营销产品策略

1960 年，美国圣母大学（University of Notre Dame）市场营销学教授埃德蒙·杰罗姆·麦卡锡（Edmund Jerome McCarthy）在他的著作 *Basic Marketing：A Managerial Approach* 中给出了市场营销组合的 4P 理论（4Ps marketing mix），即 products（产品）、prices（价格）、place（渠道）和 promotion（促销）⊖。

后来，4Ps 市场营销组合被扩展为 7Ps，即在 4Ps 基础上，增加了 process（营销过程）、people（人员）和 physical evidence（有形展示）；再后来又被扩展为 8Ps，即在 7Ps 基础上，又增加了 performance（运行），以用于服务业市场营销。

4Ps 营销组合中的产品（product）是向市场提供的，能够引起关注、获得、使用或消费，并可以满足需要或欲望的东西。广义地讲，产品包括物理形体、服务、事件、人物、地点、组织、创意或上述实体的组合。服务（service）是这样一种形式的产品，即它包括本质上是无形的且不会带来任何所有权转移的可供出售的活动、利益或是满意度⊖。产品策略是 4Ps 营销策略中最基本、最首要的策略，包括产品和服务的分类，产品的国际市场定位等。

一、产品和服务的分类

根据使用产品和服务的消费者类型，产品和服务被分为两大类：消费品和工业品。

1. 消费品

消费品（consumer product）是由最终消费者购买用于个人消费的产品和服务。消费品包括便利产品、选购型产品、特制型产品和非渴求产品。

便利产品（convenience product）是消费者经常、即时购买的产品和服务，而且购买时几乎不做什么比较，也不费什么精力，如香皂、糖果、报纸以及快餐等。便利产品通常定价较低，且营销人员将它们放在很多销售点出售，这样顾客一旦有需要就能立刻找到。

选购型产品（shopping product）是购买频率较低的消费品和服务，消费者仔细地比较适用性、质量、价格和样式，如家具、时装、二手车、大型家电以及住宿服务和航空服务。

⊖ 来自 McCarthy, Jerome E.（1960），*Basic Marketing：A Managerial Approach*. Homewood，IL：Irwin。事实上，有关 4Ps 市场营销组合最早可追溯到 20 世纪 40 年代末期。1948 年，美国哈佛大学 James Culliton 教授在其 *The Management of Marketing Costs* 一文中把市场营销描述为 "mixers of ingredients"；数年后，Culliton 的同事，Neil Borden 教授则声称，他也在 20 世纪 40 年代末期使用了 "marketing mix" 这一营销术语。但通常认为，现代形式的 4Ps 营销组合是麦卡锡首先提出的，这一营销组合涵盖了市场分析（analysis）、消费者行为（consumer behavior）、市场调研（market research）、市场细分（market segmentation）以及项目管理规划（planning）等内容。后来，美国西北大学教授菲利普·科特勒（Philip Kotler）出于对麦卡锡的管理方法的兴趣，帮助其对 4Ps 模型进行了传播，从此 4Ps 模型被市场营销学学者和从业人员广泛采纳。

⊖ 来自菲利普·科特勒（Philip Kotler）等编写的《市场营销原理》，李季等译，机械工业出版社，2014。

特制型产品（specialty product）是具有独特的个性或品牌识别的消费品和服务，有相当一部分购买者愿意为购买这种特殊的产品而特别花费精力，如特定品牌和款式的汽车、昂贵的摄影器材、设计师量身定做的服装以及医学或法律专家的服务等。

非渴求产品（unsought product）是消费者不知道或者知道但是不曾想过购买的产品。大多数新发明在消费者通过广告了解它们之前都是非渴求的，如人寿保险等。非渴求产品的特定本性，决定了它需要大量的广告、人员推销和其他营销努力。

2. 工业品

工业品（industrial product）是用于进一步加工或用于商业运营的产品。消费品和工业品的区别在于购买产品的目的。如果一个消费者购买照相机是在家里使用的，那么这个照相机就是消费品；如果该消费者购买相同的照相机是在摄影业务中使用，那么它就是一个工业品。

二、产品的市场定位

产品定位（product's position）是指消费者在一些重要属性上对某一特定产品的定义，这些重要属性正是特定产品相对于竞争产品在消费者心中的地位。

以汽车市场为例，本田飞度车型定位于经济，奔驰定位于豪华，宝马定位于性能卓越，沃尔沃定位于极高的安全性，而丰田定位于节能等。

如果跨国公司对目标市场分析的结果表明：公司必须发展新目标或维持原有目标的话，则公司必须对产品进行市场定位，并据此确定本企业产品与竞争者产品在市场分布上的相对关系。对产品进行市场定位，必须了解消费者对产品的需求及追求的利益是什么，在这些需求中哪些是最关键的因素，在此基础上研究竞争者和本企业产品在市场上所处的相对位置，以便最快最优地树立起本企业产品在市场中的地位和形象。

假定某跨国公司选定某国的消费者使用的 64 英寸[一]彩色电视机市场为其进入的目标市场。经调研发现，顾客们关心的主要是产品质量和价格高低。目标市场上竞争者所提供产品的情况如图 9-1 所示。

图中 A、B、C、D 四个圆圈代表目标市场上四个竞争者。圆圈面积大小表示这四个竞争者的销售额大小。竞争者 A 生产和出售高质量、高价格的彩电；竞争者 B 生产和出售中等质量、中等价格的彩电；竞争者 C 生产和出售低质量、低价格的彩电；竞争者 D 生产和出售低质量、高价格的彩电。

图 9-1 目标市场竞争者产品情况

在这种情况下，这家企业的产品应当定在什么位置上呢？这家公司可能有以下两种选择：

（1）选择把本企业的产品定位在竞争者 A 的附近，与 A 争夺顾客。这家公司这样定位必须具备以下条件：

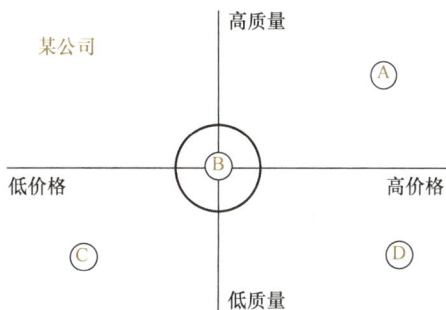

[一] 1 英寸 = 0.0254 米（m）。

1）本企业能比 A 生产出更好的产品。

2）市场本身容量很大，足以吸纳这两个竞争者所生产的产品。

3）本公司比 A 有更多的资源。

4）定位与本公司的信誉和特长相适应。

（2）选择把本企业的产品定位于图中所示的左上角的空白处，即决定生产和出售高质量、低价格的 64 英寸彩电，这种产品目前还没有人提供。公司这样做，固然可以在这个市场上立即取得领导地位，但必须具备以下条件：

1）本公司有制造高质量彩电的技术。

2）本公司以低价格出售高质量的彩电，仍能获利。

3）通过各种促销手段能使消费者相信本公司的产品质量比得上 A 的产品质量。

第三节　市场营销价格策略

价格是顾客为享受产品或服务带来的效用所付出的对价。在营销组合中，价格是唯一产生收入的要素，而其他要素都表现为成本。价格是营销组合中最为灵活的要素，与产品特征和分销渠道承诺不同，价格可以迅速调整。

一、定价目标的选择

跨国公司在确定目标市场产品销售价格时，一般以营销目标为依据，按照公司的利润目标、市场目标、竞争目标来确定其产品的价格。

（1）利润最大化目标。跨国公司的利润最大化是指公司在较长的时间内谋求整体目标的最大利润，而不是指公司短期内在每个产品上尽可能获得最大利润。因此，公司为了保证长远的、整体的最佳利润，不惜在短期或个别产品上少获利或暂时亏损。如在产品的组合方面，日本佳能公司宁愿在复印机上制定较低的市场价格，获得少量利润，而趁机扩大复印纸和油墨等附属产品的销售量，以合理的定价赚取较高的利润，从而保证公司总体的最大利润。

（2）争取预定的投资利润率。跨国公司目标投资利润率是公司根据自己的发展目标而制定的利润与投资总额的比率，通常目标投资利润率要高于一般利润率。这种定价目标一般被用于行业中处于领导地位的公司，或公司中那些受专利保护、暂时没有竞争压力的系列产品。这种定价方法比较简单，公司只要以产品的生产成本为基准，带入产品的销量便可计算出相应的市场售价。

（3）巩固和扩大市场占有率。当跨国公司产品打入了目标市场，公司的营销战略目标和价格目标的重点在于维护和扩大市场份额，使公司的产品在目标市场上占有优势地位，从而通过扩大市场份额增加利润。此时公司扩大市场占有率的途径一般是建立产品声誉，扩大销量。

（4）始终盯住竞争对手的价格。以全球市场为其经营目标的跨国公司，无疑会遇到竞争对手的价格竞争，为此，跨国公司在做市场定价前，应综合考虑公司与竞争者的实力较量，如生产规模、产品成本、产品质量、产品信誉等。如果综合实力超过对手，出价可高于竞争者；如果综合实力不如竞争者，出价应低于对手。

（5）限制竞争，稳定价格。在竞争激烈的世界市场上，一些大型跨国公司为了避免在竞争中两败俱伤，往往通过协商，组成各种卡特尔，实行价格领导制限制竞争，稳定价格。

二、定价方法的选择

在通常情况下，消费者对产品价值的评估为该产品的价格设定了上限，如果顾客认为产品的价格高于价值，就不会购买产品；而产品的生产成本为产品价格设定了下限，如果公司对产品的定价低于成本，公司就会出现亏损。在这两个极端之间定价时，企业还必须考虑很多其他的内部因素和外部因素，包括公司的总体营销策略和营销组合、市场和需求的性质以及竞争者的策略和价格[⊖]。

1. 基于顾客价值定价

基于顾客价值定价又称为需求导向定价法。价格策略和其他营销组合一样，必须以顾客价值为起点。有效的以顾客价值为导向的定价策略，需要了解消费者认为从产品中获得的利益有多少价值，并据此设定能获取此价值的价格。

基于顾客价值定价是将消费者对价值的感知而非商家的成本作为定价的关键。基于顾客价值定价意味着商家不能先设计产品和营销计划，然后制定价格，而应该在制订营销计划之前，把价格与其他营销组合变量一起考虑。公司基于顾客对产品价值的感知制定一个目标价格，这个目标价值和价格引导产品设计的思路，并决定成本的规模。

2. 基于成本定价

这种方法也称为成本导向定价法。顾客的价值感知设定了价格的上限，而产品的生产成本给出了公司制定价格的下限。基于成本定价（cost – based pricing）方法所制定的价格，不但能够弥补生产、分销和促销产品的全部成本，还能带来适当的利润，以回报公司所做出的努力和承担的风险。公司降低成本就能降低价格，从而提高销量和利润。

企业的成本可分为固定成本和可变成本两种。固定成本（fixed cost）是不随产量或者销量变动的成本，可变成本（variable cost）则随着产出水平的变动而变动。总成本（total cost）是在一定产出水平的固定成本和可变成本的总和。基于成本定价所制定的产品的价格，起码要能够弥补一定生产水平下的总生产成本。

3. 基于竞争定价

基于竞争定价（competition – based pricing）又称为竞争导向定价法，包括基于竞争者的策略、成本、价格和市场服务等设定价格。消费者会依靠竞争者为相似产品的定价而做出对产品的价值判断，如考虑购买佳能牌数码相机的消费者会评估佳能的消费者价值和价格，并与尼康、索尼等可比产品的价值和价格做比较。

4. 其他影响定价决策的内外部因素

消费者的价值感知设定了产品价格的上限，而生产成本设定了价格的下限，考虑到这些限制，公司在定价时还必须考虑一系列其他的内部因素和外部因素。其中，内部影响因素包括公司的总体营销策略、营销目标和营销组合，还有其他的组织因素；外部因素包括市场特征和需求、竞争者的营销策略和价格以及其他环境因素。

三、处于产品生命周期不同阶段的产品定价

产品的价格策略往往随着产品生命周期的不同阶段而相应调整。按照美国哈佛大学教授

⊖ 来自菲利普·科特勒（Philip Kotler）等编写的《市场营销原理》，李季等译，机械工业出版社，2014。

雷蒙德·维农（Raymond Vernon）提出的产品营销生命周期理论，针对产品的不同生命周期阶段，有不同的定价方法。

（一）新产品定价策略

处于产品导入期的新产品定价策略包括市场撇脂定价策略和市场渗透定价策略两种。市场撇脂定价（market-skimming pricing）策略是指公司为新产品制定很高的价格，以便从市场中一层一层地撇取利润。例如，当苹果公司刚刚推出 iPhone 时，最初价格高达 599 美元，只有真正想要最尖端新产品并且能承担这一高价的消费者才会购买。6 个月后，苹果将价格降低到 8GB 版本 399 美元，16GB 版本 499 美元以吸引新的客户。不到一年，价格又分别降至 199 美元和 299 美元。再后来，8GB 的版本售价只有 99 美元。采用这种方式，苹果公司从不同的细分市场中撇取了最大限度的利润。

使用市场撇脂定价策略必须具备三个条件，一是产品的质量、形象能够支持其高价位，并且有足够多的顾客愿意以这样的高价位购买产品；二是较低生产数量的产品成本不能高于高定价产品获得的收入；三是竞争者不能轻易进入该市场，对该高价格产生威胁。

市场渗透定价（market-penetration pricing）策略是指新产品进入市场时定价较低，目的是能够迅速而广泛地渗透市场——迅速吸引大量购买者，获得较高的市场份额。

使用市场渗透定价策略必须具备三个条件：一是市场对价格高度敏感，因此低价能促进市场的高速发展；二是生产和分销费用必须能够随着销售量的增加而降低；三是低价必须能够抵制竞争，并且渗透定价的厂商能一直保持自己的低价定位，否则渗透定价只能获得暂时的优势。

简单地说，市场撇脂定价策略适用于那些缺少价格弹性的产品，其价格定位于比垄断更高的价格，从而在短时期里获取高额利润。市场渗透定价则适用于那些富有弹性的产品，其价格定位较低，从而在短时期内可迅速占领市场。

（二）处于成长阶段的产品定价策略

由于产品定型，需求日增，生产扩大，这时国内和国外出现了模仿者，这标志着产品进入成长期，趋于成熟。在产品市场的成长阶段（growth stage），潜在竞争者仿制品已进入市场，这时跨国公司主要根据市场上的竞争情况来决定自己的产品定价，以便保持并扩大市场份额，降低成本，实现规模效益。

在这一阶段，已形成寡头垄断的市场条件，少数几家跨国公司垄断了市场，占据了大部分市场份额。由于价格刚性，其定价策略是按照折拗的需求曲线（kinked demand curve）进行的（见图9-2）。

图9-2中，横轴表示销售量 Q，纵轴表示价格 P。若市场价格为 P_1，公司产品销售量为 Q_1，DA 线是该公司产品面对的需求曲线。如该公司提高产品价格至 P_2，其他寡头为了趁机扩大市场份额，一般不提价，或提价幅度小于 P_2，因此该公司产品的销量就会在 Q_2 的基础上下降到 Q_3，市场份额大幅下降，得到另一条偏离 DA 的需求曲线 AT。而当公司降价时，其他寡头也会相应降价，以保持市场份额不变。为了避免引起价格战，价格下降幅度一般与本公

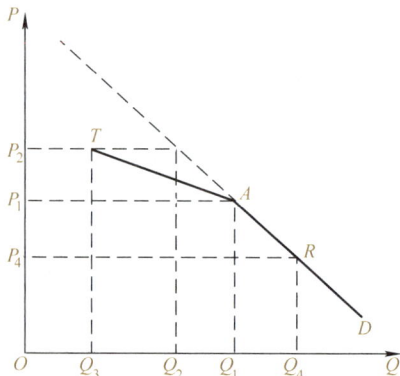

图 9-2 折拗的需求曲线

司产品价格下降的幅度相适应，所以本公司需求曲线沿 *AD* 右下方进行。

图 9-2 表明了竞争对手作用的重要性，只有仔细研究分析竞争者的定价策略和对价格变化的应变能力，跨国公司才能制定出更为合理的市场价格。

（三）标准化阶段产品的定价策略

在产品的标准化阶段（standardized stage），产品的新颖性正在减退，市场销量接近饱和，增长停滞，产品趋于成熟阶段，同一产品在市场上竞争者众多，出现了替代品，形成了垄断竞争的市场条件。此时，跨国公司仍按边际成本与边际收益相等的原则进行定价。公司应慎重定价，若定价过高会造成市场份额减少；若定价过低，又可能引发价格战，导致两败俱伤。

（四）由盛至衰阶段产品的定价策略

产品在市场上由盛至衰阶段（declining stage），市场上有无数的竞争者存在，产品已经毫无新颖性可言，产品的进入或退出变得很容易，这种情况类似于完全竞争的条件。为了争取消费者、保持市场份额，跨国公司对产品的定价应尽可能地低，有时为了等待新产品的出现，产品价格甚至低于生产成本。

第四节　市场营销渠道策略

营销渠道（marketing channel）又叫作分销渠道（distribution channel），即 4Ps 营销组合中的 place。大多数生产者都通过中间商将产品推向市场，而很少直接向客户销售。跨国公司的渠道策略直接影响其他营销策略，公司的定价策略取决于公司是通过折扣店、高品质的专卖店还是通过互联网直接出售后消费者。公司的人员推销和传播沟通决策取决于渠道伙伴需要多大的说服力、培训、激励以及支持；公司是否开发或者收购一种新产品，可能取决于这种产品在多大程度上与公司的渠道伙伴的能力相匹配。

生产商为什么会将一部分销售工作转给渠道成员呢？毕竟这意味着要在产品的销售对象和销售方式上放弃部分控制权。原来，生产商应用中间商是因为后者可以更加有效地将产品推向目标市场，在将产品和服务提供给顾客的过程中，中间商通过弥合产品和服务与其使用者之间在空间、时间和所有权上的缺口而增加了价值。

一、营销渠道的分类

产品从生产商到达消费者手中可以通过两种渠道。一种渠道是由生产商直接向顾客进行销售，称之为直接营销渠道（direct marketing channel），比如安利通过家庭和办公室的销售人员以及网络进行门到门的销售。另一种渠道是生产商通过批发商或零售商将产品销售给消费者，称之为间接营销渠道（indirect marketing channel）。

二、渠道设计决策

渠道系统经常是随着市场机会和条件的变化而变化的。当市场很小时，公司可能直接面对零售商销售；当市场较大时，则可能通过分销商来销售。在某一个区域内，销售可能是通过独家特许经营店来进行的，但是在另一个区域内，则可能是通过所有的终端店面进行集中销售，公司还可能通过网上销售店来直接向那些不容易接触到的客户进行销售。

设计营销渠道（marketing channel design）是指公司进行顾客需求分析、渠道目标设定、主要可供选择渠道的识别，然后对这些渠道进行评估。

（一）分析顾客需求

设计营销渠道一开始就应该确定消费者需要从营销渠道得到什么，他们是希望从更近一点的地方购买商品还是希望到远一点的但商业更为集中的地方购买商品？他们更愿意通过销售人员购买商品还是通过电话、电子邮件或者互联网购买商品？他们更喜欢有很多类产品可以选择还是喜欢更加专门化的产品？送货的速度越快、商品的种类越多、提供的服务越周全，渠道的服务层级就越完善。

当然，提供更高层次的服务会导致更高的渠道成本，对消费者而言，意味着更高的价格。公司不仅要权衡满足顾客需求的可行性和满足这些需求的成本，同时也要考虑顾客的价格偏好。折扣零售商的成功，说明了消费者通常更愿意放弃一些服务而选择较低价格水平的产品。

（二）设定渠道目标

公司应当根据目标消费者的期望服务水平来确定渠道目标。渠道目标的设定受到公司的性质、产品、营销中间商、公司的竞争对手以及环境的影响。同时，经济状况、法律约束等环境方面的因素也会影响到渠道的目标和设计。

（三）识别主要的渠道选择方案

当公司确定了渠道的目标后，接下来就要用中间商类型、中间商数量和渠道成员的责任这三个因素来确定主要的渠道选择方案。

1. 中间商类型

公司应该识别出能够承担其渠道任务的可供选择的渠道成员的类型：一种是公司有自己的销售人员以扩大公司的直接销售力量；另一种是建立制造商代理或产业分销商代理。

2. 中间商数量

公司还必须决定在每个渠道层级上的成员的数量。通常有三种战略可供选择：密集性分销、专营性分销和选择性分销。

（1）密集性分销（intensive distribution）是指生产商会选择尽可能多的门店或终端（terminal）销售其产品，它要求当顾客有需求时，产品应该随时随地可以获得，通常便利店和普通原材料的制造商会选择这种分销方式。

（2）专营性分销（exclusive distribution）有时称独家分销，是指生产者仅仅给予数量有限的经销商在该区域对产品的专营权利。

（3）选择性分销（selective distribution）是介于密集性分销和专营性分销之间的一种分销模式，是指生产商利用一家以上，但又不是所有有意愿的中间商来销售本公司的产品。

3. 渠道成员的责任

公司和中间商必须就每个渠道成员的权利和责任达成共识，它们应该在价格政策、销售条件、区域权利以及各方应该提供的具体服务等方面取得一致。

（四）评估主要渠道方案

每一种渠道选择方案都需要用经济性、可控性和适应性三个标准来进行评估。采用经济性标准，公司将就可能的销售、成本和利润率在选择方案之间进行比较：每一种渠道选择方案需要的投资额度是多少？分别会带来什么回报？公司同时还要考虑控制的问题：引入中间商通常意味着在产品的营销上放弃一定的控制权力，而某些中间商则要求更大的控制权力。最后，公司还要考虑适应性的标准。

三、渠道管理决策

一旦经过评估，确定了最佳的渠道设计方案，公司就必须实施渠道决策并对选定的渠道进行管理。渠道管理包括选择、管理和激励渠道成员，并随着时间的变化，不断地对它们进行评估。

（1）选择渠道成员。选择中间商时，公司必须决定要用什么特征来区别他们。公司将会评估每个中间商经营时间的长短、经销过的其他产品、成长和利润记录、合作情况以及声誉。如果是销售代理，公司则应该评价其经销过的其他产品的数量和特性，以及销售部门的规模和能力。如果是一家希望获得专营性或者选择性分销的零售店，公司评价的标准则应该是该商店的顾客、店面的地点以及未来发展的潜力。

（2）管理和激励渠道成员。一旦选定渠道成员，公司就应该对他们进行持续的管理与激励，以保证他们处于最佳的工作状态。如宝洁和沃尔玛一起合作，为最终的消费者创造了极大的价值，他们共同制定销售目标和战略、存货水平、广告和促销计划等。在中国市场上，宝洁召集并帮助发展起了一大批新的分销商，并就销售目标和战略、存货水平、广告和促销计划等对这些新的分销商进行培训。

（3）评估渠道成员。制造商必须定期对渠道成员的销售定额、平均存货水平、客户交付速度、损毁及丢失产品的处理、对公司促销和培训项目的配合以及售后服务等方面进行检查，以确定他们在这些方面符合标准。公司应该定期重新按照标准对中间商进行评估，并剔除其中表现较弱的企业。

第五节　市场营销促销策略

跨国公司的促销组合（promotion mix），也称营销传播组合（marketing communications mix），由广告、人员销售、销售促进、公共关系以及直销等工具组成。

一、广告

广告（advertising）由特定的赞助商付款，对理念、产品和服务进行非人员的展示和促销。广告形式包括广播、印刷品、互联网、户外广告以及其他形式。广告的优点有四个：一是能以较低的单位展示成本将信息传达给地理上分散的广大潜在消费者；二是销售方能够将一条信息重复多次；三是顾客倾向于认为广告更加合法；四是表现性强，使得公司的产品引人瞩目。广告的缺点是沟通是单向的，有时可能成本高昂。

在制订广告方案时，营销管理人员必须做出四个重要决策：设定广告目标、确定广告预算、制定广告策略、评价广告效果。

（一）设定广告目标

广告目标（advertising objective）是指在特定时间内向特定目标群体交流、传播信息。广告目标可以基于其主要作用来进行分类，分为通知、说服或是提醒。通知性广告主要用于新产品的开拓阶段，其目的在于建立初级需求。说服性广告属于对比性广告的范畴，公司直接或间接地把自己的品牌跟其他品牌相比较。提醒性广告在产品的成熟阶段十分重要，它帮助维持顾客关系并让消费者记住这种产品。

（二）确定广告预算

明确了广告目标之后，公司可以着手为每个产品制定广告预算（advertising budget）。一个品牌的广告预算通常取决于其产品所处的生命周期阶段，新产品通常需要大量的广告预算来提高品牌的知晓度和说服消费者试用，而成熟的品牌所需的预算在销售额中的比例通常比较低。市场份额也会影响所需的广告预算，因为建立市场或者从竞争者的手中夺取市场比保持现有市场份额需要更多的广告费用。市场份额低的公司，其广告预算在销售额中所占的比重较高。

（三）制定广告策略

广告策略（advertising strategy）包括两个主要因素：创造广告信息和选择广告媒体。无论广告预算有多少，只有商业广告赢得了消费者的关注并得到了很好的传播，广告才算取得成功。在广告费用昂贵且广告干扰因素很多的今天，好的广告创意非常重要。

选择广告媒体（advertising media）的主要步骤有：

1. 确定触及面、影响和频率

触及面是指在一定时期内，广告活动能触及目标市场上的人员比例。频率是指在一定时期内，目标市场上平均每人见到广告信息的次数。此外，媒体的影响力，即通过某一媒体展露信息的质量价值也是广告人看重的。

2. 在主要媒体类型中进行选择

媒体策划人员必须了解各种主要媒体在触及面、频率和影响力方面所具备的能力。媒体类型包括电视、报纸、直接邮寄品、杂志、广播、户外广告和互联网，每种媒体都有自己的优点和局限性。媒体策略人员在选择媒体时，要考虑很多因素。他们希望选择的媒体能将广告信息切实、高效地传递给目标消费者，因此，需要考虑媒体影响力、信息有效性和成本。

3. 选择具体的媒介载体

媒体策划人员要选择一个最好的媒介载体——在主要的媒体类型中选择具体的媒介，他们就必须要考虑为不同的媒体设计广告的成本。在选择媒介载体时，媒体策划者必须平衡媒体成本和媒体影响力因素之间的关系。

4. 决定媒体时间安排

广告人必须决定如何安排全年的广告，根据旺季、淡季等季节变化来调整广告的时间安排，也可以反季节安排广告，或者对广告进行无差异化安排。同时，广告策划人员要选择广告的模式，是连续性的（在一定时期内均匀地安排广告）还是节奏性的（在一定时期内不均匀地安排展露）。节奏性广告背后的理念是，在极短时间内密集做广告，建立的知晓度可以持续到下一个广告阶段。

（四）评估广告效果

评估广告效果和广告投资回报率（return on advertising investment）是广告策划人员和公司高层管理人员都非常关注的。广告人员应该定期评估广告的两种效果：传播效果及销售和利润效果。传播效果的衡量告诉人们广告或媒体有没有很好地传播广告信息，广告人往往很容易评估广告的传播效果，但广告的销售和利润效果通常难以衡量。例如，如果某个广告活动使品牌的知晓度提高了20%，品牌的偏好度增加了10%，那么公司将会增加多少销售额和利润呢？除了广告之外，销售额还受到很多其他因素的影响，比如产品特色、价格和可获得性。

衡量广告销售和利润效果的一种方式是把以前的销售额和利润同以前的广告费用相比较，另一种方式是实验法。例如，为了衡量不同的广告支出水平的效果，可口可乐公司在不同的市场上广告支出不同，然后衡量由此导致的销售额和利润的差异。公司也可以设计更复杂的、包括其他变量的实验，如广告差异和媒体差异。

二、人员销售

人员销售（personal selling）是一种人际营销传播工具，销售人员同客户进行互动，从而建立关系并实现销售。

（一）人员销售的性质

人员销售是一种传统的销售方式，从事销售职业的人员有多种称谓：销售人员、销售代表、销售经理、地区经理、客户经理、销售顾问等。不同于广告这种单向、非人员的沟通交流，人员销售是在销售人员和个体顾客之间建立起双向的人际交流和沟通——无论是面对面、电话、影音或网络会议，或者其他方式，人员销售在面对更为复杂的销售情况时往往比广告更有效。

销售人员是公司同其客户之间的重要纽带。对于客户，他们是公司的代表。他们寻找并开发新的客户，与客户就公司的产品和服务进行沟通；他们不断接触客户、推介产品、咨询答疑，就价格和产品进行谈判并完成销售。此外，销售人员还为客户提供服务并进行市场调研和情报收集工作。与此同时，销售人员对于公司来说又代表着客户。在公司内部维护消费者的利益并管理买卖双方的关系。销售人员接收到顾客的想法并将这些想法反馈给公司内部可以处理这些问题的人，他们了解客户的需求并同公司内部的其他相关人员一起工作，以开发更大的顾客价值。

（二）销售队伍管理

销售队伍管理（sales force management）是指对销售人员活动进行分析、计划、实施和控制的过程，包括设计销售队伍的战略和结构，对公司的销售人员进行招聘、筛选、培训、付酬、督导、激励和评估等。

（三）人员销售的过程

销售过程（selling process）包括销售人员必须掌握的几个步骤，主要目的在于关注并开发新的客户，从他们那里获得订单。

1. 销售过程步骤

销售过程包括七个主要步骤：寻找客户并确定其资格、准备工作、接触客户、演示与说明、处理疑义、达成交易、跟进与维持。

（1）寻找客户并确定其资格。寻找潜在客户是销售过程的第一步，销售人员为了达成交易需要接触大量的潜在客户，并确定客户的资格，弄清哪些是优质客户，哪些客户需要剔除掉。

（2）准备工作。在正式接触客户之前，销售人员就应尽可能多地了解其潜在客户和采购人员，这个步骤被称为接触前的准备工作（preapproach）。通过参考一些标准的行业与在线资料和信息，向熟人或其他人了解该公司的情况，确定接触目标。同时选择最佳的接触方式——人员拜访、电话还是邮件等。

（3）接触客户。在接触客户（approach）过程中，销售人员应该知道如何约见和问候客户，如何使双方的关系有一个良好的开端，包括销售人员的衣着、开场白以及后续讨论的问题。在销售过程的所有阶段，保持对客户的积极倾听是十分重要的。

（4）演示与说明。在演示（presentation）这一步骤中，销售人员向客户讲解产品的"故事"，说明购买产品给客户带来的利益以及说明购买产品将如何解决客户的问题。在销售人员给顾客提供解决方案之前，他们必须寻找到解决办法，这需要良好的倾听和解决问题的技能。采购者不喜欢那些咄咄逼人、喜欢迟到、经常骗人、毫无准备或者没有条理的销售人员，他们认为对于销售人员而言，最重要的特质就是富有同情心、善于倾听、忠诚可靠、有始有终。伟大的销售人员不仅仅知道如何销售，更重要的是，他们知道如何倾听以及如何建立紧密的客户关系。当然，销售人员还需要呈现自己的独特演示技能。

（5）处理疑义。在演示说明或者要求订购的过程中，客户总是会有这样或那样的问题和疑义，有逻辑上的，也有心理上的。在处理疑义（handling objections）过程中，销售人员应该用一些正面的方法来找出这些疑义的所在，应该使客户将反对意见清楚地表达出来，将这些疑义看作提供更多信息的机会，并且将其转化为顾客购买的原因。

（6）达成交易。在成功处理了潜在客户的疑义后，销售人员就要尽力达成交易。销售人员必须懂得如何从客户那里识别可以达成交易的信号，包括客户的动作、语言、评论或者提出的问题。

（7）跟进与维持。如果销售人员希望达到客户满意和重复购买的目标，那么销售过程的最后一个步骤——跟进与维持（follow – up）就是必不可少的。当第一单货物交付以后，销售人员就应该安排第一次跟进拜访以便保证产品的正确安装，并对客户提供适时的指导和帮助。这样的拜访还可以揭示出一些潜在的问题，可以使客户相信销售人员关心他们，并打消购买者在销售过程中可能产生的顾虑。

2. 人员销售和客户关系管理

多数情况下，公司追求的不仅仅是销售额，其目标是锁定一个交易可能性极大并可能长期维护的主要客户，公司想要表明拥有长期为该客户提供服务的能力并会建立一种互利的关系。

三、销售促进

销售促进（sales promotion）包括鼓励消费者购买产品或者服务的短期刺激工具，由一系列用来刺激更早的或者更强的市场反应的促销工具组成。如果广告提供了购买一项产品或服务的理由，销售促进则提供了马上购买的理由。例如，在一家超市购物，结账时获得一张会员积分优惠券，商家承诺在未来一定时间内，只要购物满399元，就立减100元。

（一）销售促进的目标

销售促进的目标差异很大，厂商可能利用消费者促销来提高短期销售额，或者建立长期的市场份额。交易促销的目标包括使零售商购进新产品或增加存货，让他们提前购买，让他们宣传产品或为产品腾出更多的货架空间；对于销售队伍而言，目标包括获得更多的销售力量支持现有产品或新产品，或者获得更多的销售人员参与宣传。

销售促进通常和广告、人员销售和其他促销组合工具一起使用。消费者促销通常进行宣传，增加广告的刺激和拉力。

　　总体来看，销售促进应该有助于加强产品的定位和建立长期的顾客关系，而不是仅仅创造出短期的销售额或者暂时的品牌转移。如果设计得当，每一种促销工具都可以既建立起短期的刺激又建立起长期的客户关系。

（二）主要的销售促进工具

实现销售促进的工具主要有消费者促销工具、交易促销工具以及商业促销工具。

1. 消费者促销工具

　　主要的消费者促销工具（consumer promotion tools）包括样品、优惠券、现金折扣、特价包、赠品、广告礼品、光顾奖励、焦点陈列、竞赛、抽奖和游戏。

2. 交易促销工具

　　交易促销工具（trade promotion tools）可以说服一个中间商支持一个品牌、留出货架空间、在广告中促销该品牌，说服消费者去购买。

　　制造商采用几种交易促销工具，其中很多与用于消费者促销的工具相同，包括竞赛、发放赠品和演示，或者制造商可以在某段规定时间内，对每次购物都给予中间商价格折扣，以此作为对零售商以某种方式突出宣传自己产品的回报。广告补贴用于补偿零售商为制造商的产品的广告，而陈列补贴用来补偿对产品进行特别陈列。

　　制造商还可以向购买数量达到一定程度，或者有特色的，或者规模大的中间商赠送免费商品。

3. 商业促销工具

　　商业促销工具（business promotion tool）常常用于下列目的：收集业务线索、刺激购买、回报顾客和激励销售人员。

（三）销售促进方案的制定

　　除了选择促销类型，营销人员还必须在制订完整的销售促进方案的其他几个方面做出决策：首先，营销人员必须决定奖励的规模，要想促销取得成功，最低限度的奖励是必不可少的，较高的奖励会产生较高的销售反应。其次，营销人员还必须设定参与的条件，奖励可向任何人或者有选择地向某些群体提供。再次，营销人员必须考虑促销方案本身应该如何去促销和分销。最后，评估销售促进方案的效果也很重要，营销人员需要衡量促销投入的回报率。最常用的评估方法是比较促销前、促销中和促销后的销售额。

　　为了更好地运用销售促进，营销人员必须制定销售促进的目标，选择最好的工具，设计销售促进方案，执行方案并评估结果。

四、公共关系

　　公共关系（public relations）也是一个主要的大众促销工具，它通过吸引消费者的正面注意，树立良好的公司形象，处理或消除不利的传言、事件等，与公司利益相关者建立良好的关系。公共关系部门主要履行如下一些职能：正确处理与媒体的关系，用最有价值的信息去吸引公众对一个人、产品或服务的注意；为特定的产品做公共宣传；建立和保持与本地社区和组织的关系；通过与立法者和政府官员建立和保持关系，从而影响立法和规定；与财务方面的利益相关者和其他人员保持良好的关系；与捐赠者或者非营利组织的成员保持公共关系，从而获得财务或志愿者方面的支持。

公司通过公共关系与消费者、投资者、媒体和行业团体建立良好关系。

（一）公共关系的地位和影响力

公共关系能以较低的成本在公众知晓度上产生极大的影响力，这是广告不可比拟的。如果公司有一个比较有趣的故事，好几家媒体都会加以报道，这相当于价值数百万元的广告，而且这种宣传比广告的可信度还要高。

（二）主要的公共关系工具

公共关系工具主要包括：新闻、演讲、特殊事件、书面资料、视听资料、公司形象识别资料、公共服务活动等。

新闻有时是自然发生的，有时公关人员可以建议一些可以创造新闻的事件或活动。演讲也可以创造产品和公司的公共宣传性，公司领导人即席回答媒体的提问或在贸易协会中或在销售会议上发表即席演讲，这些事件既可塑造一个品牌也可损害一个品牌。特殊事件也是一个常见的公共关系工具，从新闻会议、媒体专访行程、盛大的开幕式、烟花会、激光镭射秀，到热气球升空、多媒体演讲、明星荟萃、教育活动，这些事件设计用于触及和吸引观众。除此之外，公共关系人员还应该准备书面资料来触及和影响目标市场，包括年度报告、宣传册子、文章、公司的报纸和杂志等。一些视听资料，如电影、在线视频，都被公司越来越普遍地用于传播工具。公司形象识别资料可以创造出公众能够立即辨认的公司形象，如标识、文具、小册子、招牌、企业模型、业务名片、建筑物、制服、公司的汽车或卡车，当这些成为有吸引力、差异化和可记忆的标志时，它们就可成为营销工具。

五、直销

直接营销（直销，direct marketing）是一种不包括中间商的营销渠道，是指同精确细分的个体消费者进行直接联系，这种联系是在一对一、互动的基础上同客户进行直接的沟通。早期的直销是通过邮件和电话来收集客户的姓名并销售产品的，如今，快速先进的数据库技术和新的营销媒介（尤其是互联网和手机）正使直销发生着剧烈的变革。

（一）直销的优势和发展

无论是作为一种全新的商业模式，还是仅仅作为整个大众营销组合的一个补充，直销为买卖双方都可带来许多好处。

1. 直销对买方的好处

（1）对于买方来说，直销更加方便、简单和隐秘。直销能让购买者接触更多的产品。由于不受物理边界的约束，直销可以向世界任何地方的消费者提供几乎无限的选择。例如，通过按订单定制和直销，戴尔公司可以向消费者提供数以千种自行设计的个人电脑配置，而其竞争对手却只能在零售店销售预先配置的个人电脑。因此，戴尔公司提供的选择范围是竞争者的很多倍。

（2）直销渠道为购买者提供了丰富的关于公司、产品和竞争者的比较信息。

（3）直销是互动、即时的——消费者可以通过电话或卖方的网站进行互动，提出他们想要的信息、产品或服务的确切配置，然后当场订购。

（4）直销使消费者有更多的控制权，消费者可自行决定自己想要浏览的网站和产品目录。

2. 直销对卖方的好处

（1）直销是建立客户关系的有力工具。应用数据库营销，营销人员可以将目标确定在极小的细分市场或者个人消费者上，然后通过定制化的沟通方式进行促销活动。

（2）直销可以给卖方一个低成本的和更有效的接触目标市场的选择。

（3）直销方式更加灵活，使营销人员能够不断调整其价格和计划。

（4）直销能让卖方接触到那些通过其他渠道接触不到的购买者。

有效的直销始于一个好的客户数据库。客户数据库（customer database）是关于个体客户和预期客户的综合性信息的有序集合，包括地理、人口统计、消费心态和关于行为的数据。公司通过数据库来识别优质的潜在顾客，从而产生销售机会，还可以通过挖掘其数据库对客户进行详细了解，然后根据目标市场或个人的特殊偏好和行为来调整其市场供给。数据库营销同样需要一些特别的投资，如计算机硬件、数据库软件、分析程序、传播渠道和专业人员培训等。

（二）直销的形式

直销的形式主要包括人员推销、直接邮寄营销、电话营销、电视营销、在线营销，此外还有目录营销以及新的数字直接营销技术等。人员推销又叫作人员销售，前面已经提及，下面将讨论直销的其他形式：

（1）直接邮寄营销。直接邮寄营销（direct–mail marketing）是指向特定地址的人群发送产品、通知、提示或其他物品，适合直接的、一对一的传播。

（2）电话营销。电话营销（telephone marketing）是通过电话直接向消费者和企业客户进行销售。营销人员通过打电话对消费者和企业进行直接销售，同时还使用免费电话接收来自电视、广告、直接邮寄以及目录营销的订单。

（3）电视营销。电视直销（direct–response television marketing）主要有两种形式：一种是直接响应广告。直销商买下电视时段，通常是 $60\sim120s$，然后在这段时间里播放电视广告对其产品进行有说服力的描述，同时提供免费电话或网站接受消费者的订购。另一种是家庭购物频道，它可能是一个电视节目或者是整个频道都用于销售产品和服务。

（4）在线营销。在线营销（online marketing）是发展最快的直接营销方式，基于互联网技术，一方面从根本上改变了消费者对便利、速度、价格、产品信息和服务的看法，另一方面为商家提供了一个全新的创造价值、建立顾客关系的平台，在线营销领域包括 B2C、B2B、C2C 以及 C2B 等。

（5）目录营销。目录营销（catalog marketing）包括印刷目录营销和网络目录营销，越来越多的目录走向了数字化。基于网络的目录营销比印刷目录营销有更多优点，它可以节约制作、印刷以及邮寄成本，可以提供几乎无限的商品数量。

（6）新的数字直接营销技术。新的数字直销技术包括手机营销、音频播客（podcast）、视频播客（vodcast）以及互动电视（iTV）等。

第十章

发展中国家（地区）的跨国经营

20世纪80年代以前，发展中国家对跨国公司基本上持否定态度，它们认为跨国公司是发达国家对弱小国家进行掠夺的工具。概括地说，这一时期，发展中国家排斥跨国公司的主要原因有以下三个层面：第一是顾虑国家主权的丧失。主要是跨国公司利用自己强大的经济实力对作为东道国的发展中国家的政治体制进行干预，对发展中国家的经济、政策、方针、路线等或明或暗地进行干涉。第二是竞争问题。主要有两方面，一是国内企业是否有能力和跨国公司竞争，二是跨国公司是否会利用垄断优势以及其他不正当竞争手段和国内企业竞争。第三是利益分配问题。包括发展中国家和跨国公司之间的利益分配以及发展中国家各阶层之间的利益分配。

直到20世纪80年代，特别是90年代，发展中国家对跨国公司的态度才发生了根本性的变化，开始从否定转向肯定出台一系列鼓励招商引资的政策。不仅如此，发展中国家一改传统对外直接投资理论中发达国家为资本输出国而发展中国家为资本输入国的常态，转变成为对外直接投资（投资对象为发展中国家或发达国家）的资本输出国。

第一节　发展中国家（地区）的对外直接投资

实际上，从20世纪60年代开始，发展中国家的对外直接投资（FDI）就有了初步的发展，经过80年代和90年代的迅速成长期，发展中国家的FDI已经具备了相当的规模和竞争力。

一、发展中国家（地区）对外直接投资的发展历程和特点

（一）发展历程

一般来说，发展中国家和地区的政治、经济情况较为复杂，相互之间经济发展水平悬殊。在跨国公司发展的初期，囿于较低的生产力发展水平，发展中国家和地区在跨国经营活动中一直扮演着被动的角色，充当纯粹的资本输入国。当时，只有少数发展中国家和地区的跨国公司从事自主的跨国经营活动。其中较早的发展中国家跨国直接投资可以追溯到20世纪20年代。1928年，阿根廷一家名为"美洲工业机械公司"的油泵制造企业在巴西开设了一家子公司，同时在智利和乌拉圭也设立了工厂，并在纽约和伦敦设立了贸易机构。⊖自20世纪60年代开始，亚洲的印度、韩国、新加坡、菲律宾和中国台湾，拉丁美洲的巴西、墨西哥和委内瑞拉等国家和地区也相继开始对外直接投资。70年代后期开始，中东石油输出国组织的一些成员国也加入了跨国直接投资的行列。但直到70年代末，发展中国家和地区

⊖　来自 Tamir Agmon, Charles P Kindleberger, *Multinationals from Small Countries*. Cambridge, Mass.：MIT Press, 1977。

对外直接投资的规模仍非常小。据有关资料显示 1970 年，发展中国家和地区的对外直接投资流出量仅占全球对外直接投资流出量的 0.4% [一]。1970~1979 年，发展中国家和地区对外直接投资的总额为 3.04 亿美元，仅占同期全球对外直接投资总额的 1% 。[一]

20 世纪 80 年代以来，随着发展中国家和地区，特别是一些新兴工业化国家和地区经济实力的不断提升，国内和区内产业结构的不断调整和升级以及经济全球化的有力推动，发展中国家和地区的跨国直接投资有了很大的发展，占世界直接投资的比重也日益上升。亚洲"四小龙"（新加坡、韩国、中国香港地区和中国台湾地区）是最早开展对外直接投资的发展中国家（地区），其历史可追溯到 20 世纪五六十年代。进入 20 世纪 80 年代以后，以"四小龙"为代表的发展中经济体进入了对外直接投资高速增长时期。其中，1976—1989 年，新加坡对外直接投资额增长了 5.5 倍，年平均增长率 13.9%。80 年代中期至 1990 年，中国台湾对外直接投资上升了 62 倍，每年平均以 12.4 倍的速度增长。同时，韩国的对外直接投资增加了 3.6 倍，年均增长率达 35.7%。截至 1989 年底，中国香港在亚洲各地的投资累计达 260 亿美元，占亚洲外来总投资的 1/4~2/7 [二]。另据有关资料显示，1980—1984 年，发展中经济体对外直接投资占全球外国直接投资流出量的比重平均为 5%，1985—1989 年平均为 6%。1989—1994 年，发展中经济体外资流出量平均为 249 亿美元，占全球外国直接投资流出量的 10.91%。1995—1997 年，发展中经济体外国直接投资流出量出现快速增长势头，分别为 490 亿美元、576 亿美元、657 亿美元，占当年全球外国直接投资流出量的 13.81%、14.75%、14.20%。受 1997 年亚洲金融危机影响，投资不确定性因素增加，1998—2000 年，发展中经济体外资流出量骤减并长期低迷，其中 1998 年发展中经济体外资流出量占比仅为 5.31%，2000 年占比提升至 8.68%。

如果把对外直接投资的发展中国家和地区进行粗略分类，可分为如下三类：第一类是自然资源丰富的国家和地区，主要是石油输出国，如墨西哥、委内瑞拉、印度尼西亚、科威特和伊朗等。这些国家并不一定都是新兴工业化国家，但从 20 世纪 70 年代起，由于石油价格的上涨，这些国家凭借其自身丰富的石油资源获得了惊人的外汇收入，并通过有价证券及直接投资的方式进行对外投资，从而逐步成为巨大的资本输出国。第二类是以亚洲"四小龙"为代表的劳动力丰富、工业化进程迅速的国家和地区。这些国家和地区自然资源有限，但劳动力资源丰富而且素质较高。由于本国或本地区市场狭小，国内和区内企业在取得一定规模后，便开始致力于对外投资，以相对竞争优势获取更为广阔的市场空间。第三类是内部市场广阔、资源丰富、工业化速度亦较快的国家和地区，如巴西、阿根廷和土耳其等。这些国家主要是以国内市场为基础，凭借已有的实力和经验，从事跨国生产经营活动。

总之，尽管发展中国家和地区的跨国公司的数目和规模与发达国家相比还存在较大差距，但是它们对发达国家的跨国公司而言无疑是一个强劲的挑战，打破了国际直接投资领域发达国家一统天下的局面。

（二）特点

由于自身的基础和面临的发展环境不同，对于多数发展中经济体的公司来说，并不像发

⊖ 来自李国正、陈雷、高波，发展中国家（地区）对外直接投资的新特征与思考，湖南科学院学院学报，2014（2）。

⊜ 来自鲁桐编写的《WTO 与中国企业国际化》，中共中央党校出版社，2000。

⊝ 来自马少波，亚洲"四小龙"：对外投资与对华投资，长江论坛，1996（3）。

达经济体跨国公司那样可利用自身在技术、品牌和知识产权等方面拥有的垄断优势对外直接投资，它们需要找到一个最适合自己的对外投资方式完成资本的对外输出。相对发达经济体来说，发展中经济体的经济发展水平较为落后、资本积累的时间较短、对外投资经验不足、面临的环境更加复杂，这就使得发展中经济体在对外直接投资的道路上不得不走出一条属于自己的路，这就形成了自身独特的发展模式：一是利用相对优势到其他发展中经济体进行投资；二是通过到发达经济体进行投资来学习和获取先进的技术、知识、品牌、设备和人才。总体来说，发展中经济体对外直接投资在投资规模、投资领域、投资方式、投资目的等方面，都表现出与发达经济体不同的特征。

1. 投资规模相对较小

从投资规模看，许多研究资料表明，发展中国家和地区跨国公司对外直接投资的规模一般都比较小，特别是在其投资发展初期，对外投资的目标大多以中小企业为主，单个项目的平均投资额也都比较小。例如，印度在 20 世纪 70 年代末批准的 200 个对外投资合同项目，总投资额为 8500 万美元，平均每个项目投资为 42.5 万美元。

发展中国家和地区对外直接投资规模较小的主要原因在于：企业规模小，相对比较灵活，有利于初期在海外市场上熟悉环境和适应当地市场的变化；发展中国家和地区跨国公司多数缺乏跨国经营的经验，还未形成系统的海外投资战略规划，多数投资尚处于试探性质。

2. 投资流向集中

从投资区域看，发展中国家和地区跨国公司的投资流向主要集中在发展中国家和地区（即所谓的平行投资），而且大多数集中于周边且比母公司所在国经济发展程度更低的国家和地区，从而构成了低一层次的发展中国家和地区间的纵向直接投资，形成了新的不公平生产分工及价值体系。例如，1988 年中国香港、新加坡、泰国的对外直接投资中分别有 88%、66% 和 75% 流向附近的东南亚国家和地区；到 1990 年这一趋势依然没有改变，其比例分别为 82%、66% 和 53%。同期，哥伦比亚和秘鲁也有近 80% 的对外直接投资流向邻近的南美各国。世界银行有关数据显示，1995—2003 年期间，发展中国家和地区相互之间的对外直接投资实现了 3 倍的增长，从 1995 年的 140 亿美元上升到 2003 年 470 亿美元。当然，随着一些发展中国家和地区跨国公司竞争力的不断增强，不少企业也开始纷纷进军发达国家。例如，20 世纪 80 年代以来，中国、印度尼西亚、韩国、委内瑞拉等国家对发达国家的直接投资已占其对外直接投资总额的近一半。

发展中国家和地区投资流向出现上述特点的原因主要有三点：一是发展中国家和地区对外投资的主要目的之一在于巩固和扩大在东道国当地的市场份额，而由于历史上便利频繁的交往，周边国家和地区通常是其制造业产品的主要市场。因此，对外投资主要流向邻国。二是周边的国家和地区经过历史上长期、频繁的交流，无论是在生产方式、经济和技术水平上，还是在文化和消费习惯上都较为接近，因此熟悉投资环境，也有利于打开市场。三是发展中国家和地区跨国企业把资本投向与本国（地区）经济发展水平相当或低于本国（地区）经济发展水平的其他发展中国家和地区，符合全球产业结构梯度转移的规律，能够更充分地体现其自身的相对优势。

3. 在产权结构上以合资方式为主

以合资企业为主的组织形式主要是由投资流向决定的。发达国家与发展中国家对待外来直接投资的态度有很大的不同。发达国家自身资本雄厚、技术先进、市场庞大，发展中国家的企业在技术和产品上并不具备全面的竞争优势，不会对发达国家国内企业造成太大的冲击，加之发达国家普遍实行资本自由化政策，因此，外来资本在其投资的发达国家企业中多数都拥有超过半数的股权，即处于控股地位。发展中国家和地区由于自身资本存量少、技术落后，一方面急需引进外国的资本与技术，另一方面又对外资在国民经济中的地位和作用存在颇多顾虑，并从政策上加以限制，因此对外来投资的股权比例有较为严格的限制。

4. 以劳动密集型产业为主

从投资的行业选择看，发展中国家和地区跨国公司的海外投资一般侧重于劳动密集型产业。因为这一产业领域对劳动力技能要求不高，发展中国家和地区的跨国公司有自己的优势，相对较为熟悉。

当然，随着资本、技术及经营经验的不断积累，发展中国家和地区跨国公司对外直接投资的行业也呈现出由低到高渐次升级的特征。发展中国家和地区跨国公司的行业分布主要集中在炼油和采矿、电子、建筑、化学和制药以及食品和饮料等行业。

5. 以低价策略开发市场

发达国家跨国公司在营销上一般凭借其垄断的专利权和知名品牌，通过高薪雇用专业人才组建一整套复杂的管理系统，并在广告投入、新产品研发领域耗费巨资，以此来拓展市场，与东道国及其他跨国企业进行竞争。与此不同的是，发展中国家和地区的国外子公司除个别拥有一些专利权和驰名商标外，大多没有什么专有技术，大量采用的是国际通行的标准技术，因此，侧重于采用低价策略来推销其商品，并以此来保持和扩展其市场份额。其产品低价的来源主要是低廉的劳动力成本、较低的广告成本和较低的研发投入。

二、发展中国家（地区）对外直接投资的发展趋势

21世纪以来的近20年里，随着经济全球化进程的不断加快，发展中国家和地区的跨国公司得到迅猛发展。对外投资能力不断增强，规模不断扩大，占全球外国直接投资的比重不断增加；从发展中经济体相互之间的投资开始转向对发达经济体进行投资；投资方式也从最初的绿地投资向跨国并购转变。

（一）对外投资能力不断增强，占全球外国直接投资比重不断增加

发展中国家（地区）跨国公司的发展前景取决于其经济发展水平以及技术水平，同时也取决于全球投资环境。随着经济实力和技术水平的不断提升，一些发展中国家和地区具备了进行跨国经营的能力，也就是说具备了包括所有权优势（O）、区位优势（L）以及内部化优势（I）在内的相对竞争优势。发展中经济体跨国公司要获得持续发展，更为关键的是要拥有技术优势，这就要求发展中经济体跨国公司同发达经济体跨国公司一样进行相应的、不断的技术积累与创新。20世纪60年代以后，一些新兴经济体的经济发展达到了一个相对较高的水平，具备了投资增长的基础。此时，无论是对内投资还是对外投资，都在经济中起着重要作用。加之政策鼓励导致投资在高水平上双向流动。良好的区位优势对寻找有效和低成本基地的跨国公司很有吸引力，所有权优势因进行专业化活动及面向国际市场而得到提高。为了培育产品的竞争力，对教育、技术和生产进行的投资就易受比较优势的刺激。中国香港、中国台湾、新加坡、马来西亚、泰国、墨西哥等新兴经济体的经济发展就率先达到了这一阶段。它们在经济上实行合理的专业化和国际生产一体化，工业化取得了一定进展，许多生产部门已积累了生产经验，形成了自己的技术能力。随着经济结构的调整，国际竞争力

进一步提高，对外投资能力进一步加强。

进入21世纪后，受1997年亚洲金融危机影响，发展中经济体对外直接投资连续多年出现低迷。2001—2003年，发展中经济体对外直接投资占全球对外直接投资比重不足10%。2004年，发展中经济体外资流出开始增加，到2005年，发展中经济体外资流出量首次突破1000亿美元，规模达1175亿美元，较1995年增长了2.4倍，占全球外国直接投资流出量的15.38%。之后，发展中经济体对外直接投资步伐加快，占全球外国直接投资流出量的比重不断增加。

2010年，发展中经济体外资流出量创造了历史最高水平，达3280亿美元，而发达经济体为9350亿美元。2012年，发展中经济体的直接外资流出量达到4260亿美元，创纪录地占到世界流出总量的31%。

2013—2014年，发展中经济体对外直接投资流出量分别达4540亿美元和4460亿美元，占全球对外直接投资流出量的34.63%和35.76%。

2015—2017年，发展中经济体外资流出量出现调整，占全球外国直接投资流出量比重分别为26.18%、26.84%、27.59%。

需要说明的是，2016年中国的对外直接投资大幅增长44%，达到1961亿美元，创历史新高，使中国首次成为全球第二大对外直接投资国。在中国企业跨境并购交易的驱动下，发展中的亚洲经济体的外国直接投资流出量增加了7%，达到3630亿美元。

2018年，来自发展中经济体的跨国公司对外投资下降10%，为4180亿美元，见图10-1。来自发达经济体的跨国公司对外投资（外资流出）大幅下降55%，约为5580亿美元，占全球外资流出量的比重连续4年下降。日本是发达经济体中外资流出最多的国家，当年流出额1430亿美元，中国1300亿美元，居第二位。

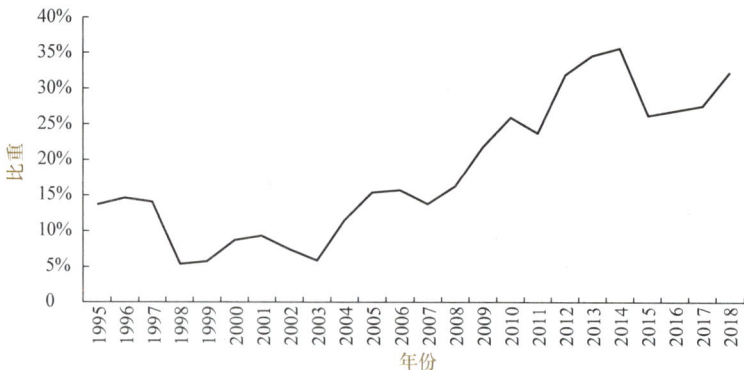

图 10-1　1995—2018 年发展中经济体占全球外资流出量比重

（资料来源：根据联合国贸易与发展会议（UNCTAD）《世界投资报告》历年统计数据整理制得。）

（二）对发达经济体投资不断增加

20世纪末期，在以亚洲"四小龙"（新加坡、韩国、中国香港地区和中国台湾地区）为代表的发展中经济体的对外直接投资中，发展中经济体相互之间的投资占据重要地位，这是因为发展中经济体的经济发展阶段、需求结构、投资环境、企业竞争力有着一定的相似性。1988年起，中国台湾对外直接投资流出量超过流入量，成为资本净输出地区，同时也是亚洲"四小龙"中对外投资增长最快的地区。1989、1990年的对外投资额均超过历年对外投资之和。1994—1995 年，中国台湾成为印度尼西亚、越南最大投资来源地区。1979—1993 年，中国香港对内地的投资存量达 386 亿美元，居中国内地境外投资者的首位。1994 年，新加坡成为越南的第三大投资国，泰国的第四大投资国，马来西亚的第五大投资国和缅甸的第一大投资国。韩国的对外投资表现出不同特点，对美国等发达国家投资比重较大，表现出全球化视野。1993 年底，中国香港地区累计在中国内地投资 386 亿美元，中国台湾地区累计 50.6 亿美元，新加坡累计 8.9 亿美元，韩国累计 5.6 亿美元，分别成为中国内地的第一、第四、第五、第八投资来源地，亚洲"四小龙"投资占中国内地吸引境外投资者直接投资总量的 77%[⊖]。

再以印度为例，1983 年，对发展中经济体的直接投资占印度对外直接投资总额的 97.4%，印度在发展中经济体开设的合资企业占其在国外开设企业总数的 81.4%[⊖]。

2000 年，发达经济体和发展经济体的外国直接投资流出量分别为 10463 亿美元和 995 亿美元，占当年全球外国直接投资流出量的 86.53% 和 8.65%。其中，亚洲发展中经济体对外直接投资 850 亿美元，中国香港就占据了 630 亿美元，这些投资中，有一半左右投向了中国内地。这再次印证，至 20 世纪末，发展中经济体对外直接投资一是规模偏小，二是主要流向了发展中经济体。

进入 21 世纪以来，发展中经济体对发达经济体的"逆向投资"（upstream investment）开始逐渐增加。2007 年，得益于亚洲跨国公司的海外扩张，发展中经济体外国直接投资流出量达 2531 亿美元，占全球外国直接投资流量的 12.7%。其中南亚、东亚和东南亚的外国直接投资流出量也创下 1500 亿美元的新高，说明发展中国家和地区已成为越来越重要的对外投资者。西亚的外国直接投资流出量连续第四年增长，达到 440 亿美元，约为 2004 年的 6 倍。拉丁美洲和加勒比地区的外国直接投资流出量下降了 17%，降至 520 亿美元，主要反映了巴西对外投资回到较"正常"水平。2007 年，流入发达国家的外国直接投资增长了 33%，达 12480 亿美元，再创新高。美国仍然是全球最大的外国直接投资接受国；欧盟全部外国直接投资流入量增长了 43%，达到 8040 亿美元，几乎占发达国家总流入量的 2/3，日本的外国直接投资流入量自 20 世纪 90 年代末以来首次大幅增长[⊜]。在发达国家吸引的外资中，有相当一部分来自发展中国家的跨国公司，且主要是通过跨国并购的方式进行投资的。

2015 年，中国对外投资增长 4%，达到 1276 亿美元。在大规模海外并购浪潮的推动下，中国成为一部分发达国家的主要外资来源国。同时，随着"一带一路"和国际产能合作的推进，中国在发展中国家的投资也继续保持高速增长。

2018 年，流入发达国家的投资额减少 40%，减至 4510 亿美元，流入发展中国家的投资额增长 3%，增至 6940 亿美元。其中美国实际利用外资下降了 18.4%，总额约 2260 亿美元，流入欧洲的投资额暴跌 73%。中国对美国投资下降了 83%，中国对加拿大投资上升了 80%。

（三）从绿地投资转向跨国并购

在发展中经济体跨国公司的对外直接投资中，对发展中经济体的投资主要是以绿地投资方式为主，而对发达经济体的投资则以跨国并购为主。

⊖ 来自马少波，亚洲"四小龙"：对外投资与对华投资，长江论坛，1996（3）。

⊖ 来自杨一平，发展中国家和地区对外直接投资的特点、类型与发展趋势，上海大学学报（社科版），1990（5）。

⊜ 来自联合国贸易与发展会议（UNCTAD）2008 年《世界投资报告》。

20 世纪 90 年代，发展中经济体对外投资多以较为初级的绿地投资方式为主，且投资对象也主要是发展中经济体，换句话说，发展中经济体之间的相互投资占大多数。到 20 世纪 90 年代末，发展中经济体才在跨国并购中占据了比较重要的地位，其海外并购交易量从 1987 年占世界跨国并购的 5% 上升到 90 年代末期的 19%；发展中经济体公司进行的跨国并购交易额从 1987 年的 30 亿美元上升到 1999 年的 410 亿美元⊖。

21 世纪以来，发展中经济体通过跨国并购向海外进军的步伐明显加快，它们不仅到发展中国家进行并购，同时也到发达国家进行并购，2008 年东南亚金融危机以来，这一趋势更加显著。

发展中国家的跨国并购主要是由亚洲发展中经济体以及"金砖五国"等发展中大国引领的。从并购金额上看，来自发展中经济体跨国公司的跨国并购交易额从 1990 年的不到 100 亿美元上升到 2006 年的 1200 亿美元⊜。

第二节　发展中国家（地区）对外直接投资理论的发展

20 世纪 60 年代以来的主流对外直接投资理论，从海默—金德尔伯格的垄断优势理论、巴克利和卡森的内部化理论直到邓宁的 OLI 范式，均以发达国家跨国公司的对外直接投资为研究对象。但 20 世纪 80 年代以来，迅速崛起的发展中国家和地区对外直接投资已成为全球对外直接投资的重要组成部分。就整体来说，发展中国家和地区跨国公司在规模、技术、营销网络等各个方面都与发达国家存在一定差距，并不具备主流对外直接投资理论所强调的垄断优势，因此主流的对外直接投资理论对此难以做出令人信服的阐释。一些学者试图对此加以解释，但至今尚未形成一个系统、完整的理论体系，归纳起来，有如下几种观点。

一、小规模技术理论

20 世纪 70 年代后期，伴随着发展中国家和地区跨国公司的长足发展，美国哈佛商学院教授刘易斯 T. 威尔斯（Louis T. Wells）于 1977 年发表了题为 La Internacionalizacion de Firmas de los Paises en Desarrollo 的西班牙语论文⊜（英文为 *The Internationalization of Firms from Developing Countries*（即《发展中国家企业的国际化》），该文经 Tamir Agmon 和 Charles P. Kindleberger 编辑后，收录在 *Multinationals from Small Countries* 一书中⊗。威尔斯教授对发展中国家和地区跨国公司的行为特征进行了分析和总结，并进行了相应的解释，在 1983 年出版的专著《第三世界跨国企业》中威尔斯对此做出了更为详细的论述，提出了发展中国家和地区对外直接投资的小规模技术理论⊕。

威尔斯认为，发展中国家和地区跨国公司主要有三个方面的优势特征：

⊖ 来自徐龙华，从 2000 年世界投资报告看跨国并购和投资，浙江金融，2001（1）。

⊜ 来自王跃生，发展中国家对外直接投资：新特征与新思考，中国市场，2010（9）。

⊜ 来自 Wells, Louis T., Jr, *La Internacionalizacion de Firmas de los Paises en Desarrollo*, Integración latinoamericana 2, no. 14（June 1977）。

⊗ 来自 Wells, L. T., Jr, *The Internationalization of Firms from Developing Countries*, In Multinationals from Small Countries, edited by Tamir Agmon and Charles P. Kindleberger. Cambridge, MA: MIT Press, 1977。

⊕ 来自 Wells, L. T., Jr., *Third World Multinationals*, Cambridge, MA: MIT Press, 1983.

1. 拥有为小市场需要提供服务的小规模生产技术

由于大多数发展中国家和地区国内（区内）市场容量较小（中国和印度等少数几个大国经济体除外），在此基础上发展起来的技术也往往只适合于小规模生产。正因如此，这种小规模生产的技术在国内市场同样较小的其他发展中国家却具有一定的竞争优势。因为这些国家和地区国内（区内）市场所要求的生产规模甚至远远小于发达国家跨国公司在一国生产所需达到的最小最佳经济规模，发达国家大规模生产技术无法从这种小市场需求中获得规模收益。这恰恰给发展中国家和地区小规模技术存留了一定的生存和发展空间，也是那些技术不够先进、生产规模不够大的发展中国家和地区中小企业对外投资的经济动力和优势特征所在。这种小规模技术，不但填补了这些国家的市场缝隙，从而获得自身发展的空间，而且往往具有更高的利用效率。研究表明，在泰国，发达国家跨国公司平均只利用生产设备能力的26%，而发展中国家和地区跨国公司的生产设备能力利用率则达48%。[一]

2. 发展中国家和地区在民族产品的海外生产上具有优势

发展中国家和地区对外直接投资的特征之一表现在鲜明的民族文化特点上，这些海外投资主要是为服务于海外某一种团体的需要而建立的。一个突出的例子是华人社团在食品加工、餐饮、新闻出版等方面的需求，带动了一部分东亚、东南亚国家和地区的海外投资。

发展中国家和地区跨国公司的对外直接投资，更多地投资于地理位置或生产条件与母国相近的地区，在获得生产要素、适应当地市场方面具有一定的优势。特别是民族产品，在海外生产具有较为明显的成本优势。因此，这也称为接近市场优势。

3. 低价格优势

与发达国家的跨国公司相比，发展中国家和地区跨国公司更倾向于节约广告、营销等费用的开支，采取低价营销策略，获得价格优势。相关调查也证实，发展中国家和地区跨国公司推销产品的广告费用大大低于发达国家的同行业公司。在被调查的产业中，96%的发展中国家和地区公司广告费用占其销售额的比例低于1%，而在同行业的发达国家公司中，21%的公司广告费用占其销售额的比例超过3%。[二]

威尔斯的小规模技术理论被西方理论界认为是研究发展中国家和地区对外直接投资的具有代表性的理论之一。该理论把发展中国家和地区跨国企业竞争优势与这些国家和地区自身的市场特征结合起来，在理论上给后来的研究提供了一个充分的分析空间。即使对于那些技术不够先进、经营范围和生产规模不够大的小企业，参与国际竞争仍有很强的动力。这不仅有利于实现企业的经营战略和长期发展目标，而且企业的创新活动大大增加了发展中国家和地区企业参与国际竞争的可能性。

此外，威尔斯的小规模技术理论不仅可以用来解释发展中国家和地区对发展中国家的直接投资（即平行投资）行为，而且可用来解释发展中国家和地区对发达国家直接投资（即上行投资或逆行投资）的动因。这类投资主要表现在以东道国中的侨民为消费对象，生产的特殊产品常常是反映母国消费者偏好的产品。正是由于发展中国家和地区的产品具备特殊

　　[一]　来自张小蒂、王焕祥编写的《国际投资与跨国公司》，浙江大学出版社，2004。

　　[二]　来自张纪康编写的《跨国公司与直接投资》，复旦大学出版社，2004。

优势，使发展中国家和地区在发达国家的直接投资也具备独特的优势。

二、投资发展阶段理论

投资发展阶段理论又叫作投资发展周期理论，是英国经济学家约翰·邓宁教授的国际生产折衷理论在发展中国家和地区的运用和延伸，意在从动态的角度解释一国的经济发展水平与国际直接投资之间的关系。按照西方发达国家对外直接投资的实践，一个国家只有在资本积累及其经济增长达到一定水平时，大规模的对外直接投资才会发生，邓宁的实证研究证明了这一点。1981年，邓宁在《用折衷范式解释发展中国家对外直接投资》一文中，进行了同样用主流理论解释发展中国家现象的尝试，并写下了颇有名气的"投资发展周期理论"（Investment Development Cycle）。在该文中，邓宁对67个国家在1967—1975年间对外直接投资流量和人均GNP的关系进行研究，发现两者存在着很密切的关系，并因此提出了投资发展阶段理论。

邓宁认为，处在不同发展阶段的国家，其所有权优势、内部化优势和区位优势都是不同的，这对资本的流入产生了很大影响。邓宁提出了"净国际直接投资"的概念，即对外直接投资总额（流出量）与引进外国直接投资总额（流入量）之差，并根据人均GNP，将处在工业化过程中的发展中国家的投资发展过程划分为四个阶段。第一阶段，人均GNP在400美元以下。处于这一阶段的国家由于经济发展落后，缺乏足够的区位优势和所有权优势，对外资的吸引力很小，并且没有对外直接投资能力，净国际直接投资为负数。第二阶段，人均GNP在400~2000美元。这一阶段由于经济发展水平的提高，国内投资环境得到改善，引进外资规模不断扩大，但对外直接投资额仍较小，净国际直接投资仍为负数。第三阶段，人均GNP为2000~4750美元。在这一阶段，国内拥有所有权优势的企业对外直接投资有所增加，并可能大幅上升，但国内技术力量的增强以及劳动力工资水平的提高，使该国作为东道国的区位优势逐渐丧失。总体看来，在这一阶段上，外国对本国的直接投资流入量虽然仍然大于本国的对外直接投资流出量，但本国对外投资的速度明显快于吸收外资的速度，因此净国际直接投资额不断缩小。第四阶段，人均GNP为4750美元以上。该国进入发达国家行列，拥有强大的所有权优势，净国际直接投资为正。邓宁的投资发展过程的四个阶段及其特征见表10-1。

表10-1　投资发展过程的四个阶段及其特征

阶段	第一阶段	第二阶段	第三阶段	第四阶段
划分标准（人均GNP）	小于400美元	400~2000美元	2000~4750美元	大于4750美元
适合国家类型	资源与能力基础较低——欠发达的国内市场	资源和能力基础有所改进——国内市场呈上升趋势	人力资本和当地创新能力变得十分重要——国内市场呈上升趋势	工业化接近成熟——相对丰富和成熟的市场

（续）

阶段	第一阶段	第二阶段	第三阶段	第四阶段
特征	1. 出口主要为资源密集型和劳动密集型行业 2. 进口主要为中等技术密集型产品和消费品行业 3. 适量的外国直接投资流入，主要集中在劳动密集型和资源密集型行业 4. 少量的资金输出到周边国家 5. 行业内部的外国直接投资极为罕见	1. 出口主要为资源密集型和劳动密集型产品，中等技术产品和服务业增加 2. 进口与第一阶段相同，但也出现在一些高技术行业 3. 行业内部的贸易依然很低，但呈现增长趋势 4. 有更多的外国直接投资流入，主要集中在中等技术和消费品行业，也有部分服务业（如旅游业） 5. 对外投资开始，主要集中在劳动密集型行业 6. 行业内部的外国直接投资不明显	1. 出口增长，集中在中等技术产品和服务行业，资源密集型产品的出口相对减弱 2. 进口主要集中在高档消费品和技术密集型的中间产品 3. 行业内部的贸易日益显著 4. 外国直接投资的引进不断升级，以提供更多的技能密集型产品和服务 5. 对外投资增加，主要集中在中等技术密集型行业，也有部分资本寻求型的对外投资集中在技术密集型行业 6. 行业内部的外国直接投资开始增加	1. 出口主要集中在高收入和中高技术产品和服务 2. 进口为混合型，进口部分劳动密集型产品和资源密集型产品，其成本低于国内生产成本，但成熟消费品的进口依然增加 3. 行业内部贸易占总贸易的比例不断上升 4. 外国直接投资增长，主要集中在技术密集型产品和信息密集型服务业 5. 资本输出迅速上升，有时会超过资本流入，资本输出也更多集中在高技术产品和服务，资本寻求型的对外投资继续增加 6. 行业内部的外国直接投资的流入成为跨国资本流动的重要组成部分

（资料来源：约翰·邓宁，《外国直接投资将提高中国的竞争力》，2002；转引自张小蒂等《国际投资与跨国公司》，浙江大学出版社，2004。）

邓宁的结论是，一国所有权优势和区位优势与引进外资正相关，与对外直接投资负相关。内部化优势既可促进对外直接投资，又可促进引进外资。

三、技术创新和产业升级理论

发展中国家和地区技术创新和产业升级理论又称技术累积优势理论，是由英国前里丁大学（后转至罗格斯大学，Rutgers University）国际经济学教授、技术创新与经济发展问题著名专家约翰·坎特威尔（John A. Cantwell）与其弟子帕兹·伊特雷拉·托兰惕诺（Paz Eatrella Tolentino）对发展中国家和地区对外直接投资问题进行了系统考察后，于1989年共同提出的，该理论试图从动态化与阶段化角度分析发展中国家和地区的对外直接投资[⊖]。

技术创新和产业升级理论认为，发展中国家和地区跨国公司的对外直接投资，一般要受到其母国产业结构和内生技术能力的影响，而发展中国家和地区国内（区内）产业结构的升级过程，是发展中国家和地区企业技术能力稳定提高和扩大的过程，这种技术能力的提高是一个不断累积的结果，是与其对外直接投资的增长直接相关的。也就是说，技术能力的存在和累积不仅是国内生产活动模式和增长的重要决定因素，同时也是国际生产活动的重要结果。

⊖ 来自 Cantwell John A. , *Technological Innovation and Multinational Corporations*, Basil Blackwell, 1989。

坎特威尔和托兰惕诺分析了发展中国家和地区跨国公司对外直接投资的产业特征和地理特征，认为由于国内产业结构和内生技术创新能力的影响，发展中国家和地区跨国公司对外直接投资的发展是有规律可循的。从产业分布特征看，首先是以资源开发为主的纵向一体化生产活动，然后是以进口替代和出口导向为主的横向一体化生产活动。从地理分布特征看，发展中国家和地区企业在很大程度上受"心理距离"的影响，其投资方向遵循"周边国家→发展中国家和地区→发达国家"的渐进发展轨迹。

因此，技术创新和产业升级理论是以地域扩展为基础，以技术累积为内在动力的。随着技术累积能量的扩展，直接投资逐步从低级阶段向高级阶段发展，即从资源依赖型向技术依赖型投资发展。

以韩国为例，韩国对外直接投资的较快增长开始于1968年，但在整个20世纪80年代以前，韩国的对外直接投资以资源寻求型为主，投资部门主要集中于煤炭、石油、铁矿业和林业，投资流向也集中在资源丰富的东南亚相邻国家。1968—1986年，韩国资源开发类对外直接投资占对外直接投资总额的比重为51.4%，而同期制造业对外投资的比重仅为21.7%。20世纪80年代以后，韩国的对外直接投资转为以市场寻求型为主，直接投资主要集中在钢铁、汽车、电子等优势产业，制造业对外直接投资逐渐上升并居于主导地位。1987—1994年间，制造业对外直接投资累计达55.1亿美元，占同期对外直接投资总额的55.7%，⊖而同期的投资流向也转向发达国家或经济高速增长的亚洲国家。这一案例基本符合技术创新和产业升级理论。

四、投资诱发要素组合理论

这一理论是近年来西方学者提出的，主要是指任何类型的对外直接投资的产生都是由直接诱发要素和间接诱发要素产生的。

所谓直接诱发要素，主要是指各类生产要素，包括劳动力、资本、技术、管理及信息等。由于对外直接投资本身就是上述生产要素的流动，因此，直接诱发要素是对外直接投资的主要诱发要素。应指出的是，直接诱发要素既包括投资国，也包括东道国。这就是说，如果投资国拥有某种直接诱发要素的优势，那么它们将通过对外直接投资将该要素的优势转移出去。反过来，如果投资国没有某种直接诱发要素的优势，而东道国具有这种要素的优势，那么投资国可以利用东道国的这种要素，进行对外直接投资。因此，东道国的直接诱发要素同样也能诱发和刺激投资国的对外直接投资。

间接诱发要素是指除直接诱发要素之外的其他非要素因素，包括：

（1）投资国政府诱发和影响对外直接投资的因素。这部分因素主要包括：鼓励性投资政策和法规；政治稳定性及政府与东道国的协议和合作关系。

（2）东道国诱发和影响对外直接投资的因素。这部分因素主要包括：投资硬环境状况（交通设施、通信条件、水电原料供应、市场规模及前景、劳动力成本等）；投资软环境状况（政治气候、贸易障碍、吸收外资政策、融资条件及外汇管制、法律和教育状况等）；东道国政府与投资国的协议和关系。

（3）世界性诱发要素和影响对外直接投资的因素。这部分因素主要包括：经济生活国际

⊖ 来自张纪康编写的《跨国公司与直接投资》，复旦大学出版社，2004。

化以及经济一体化、区域化、集团化的发展；科技革命的发展及影响；国际金融市场利率及汇率波动；战争、灾害及不可抗力的危害；国际协议及法规。

对外直接投资就是建立在直接诱发要素及间接诱发要素的组合之上。发达国家的对外直接投资主要是直接诱发要素在起作用，这与它们拥有这种要素的优势有关，如资本、技术及管理知识等。而发展中国家和地区则相反，在很大程度上是间接诱发要素在起作用。应该注意的是，间接诱发要素在当代对外直接投资中已经起着重要作用。尤其是大多数发展中国家和地区的企业，在资本、技术等直接诱发要素方面往往并不处于优势地位，其对外直接投资在很大程度上是间接诱发要素作用的结果。从这个意义说，投资诱发要素组合理论为发展中国家和地区对外直接投资提供了新的理论支持。

投资诱发要素组合理论从投资国与东道国的相互需求及双方所具备条件等这一新的角度阐述对外直接投资的决定因素，关注东道国和国际投资环境对投资决策的重大影响，同时着重强调间接诱发要素在当代对外直接投资中所起的重要作用。这些观点能较好地解释现代国际上对外直接投资的一些投资行为，具有一定的创新意义；但该理论仍然是从静态角度研究对外直接投资决定因素，没有从动态上对对外直接投资的发展过程及规划进行分析，因而具有一定的局限性。

五、技术地方化理论

1983 年，英国牛津大学格林邓普顿学院经济学教授、发展经济学家拉奥（Sanjaya Lall）在其著作 *The new multinationals：the spread of Third World enterprises*（《新跨国公司：第三世界企业的发展》）中，从技术变动的角度对发展中国家和地区，特别是印度的跨国公司的竞争优势和投资动机进行了深入研究，并提出了技术地方化理论（state on localized technological capacities）[一]。

拉奥认为，虽然发展中国家跨国公司的技术特征表现为规模小、标准化和劳动力密集的特征，但技术变动性本身能够使其同样拥有竞争优势。拉奥指出，尽管技术创新很大程度上取决于市场的开拓和科技知识的新突破，但技术变动性使企业又能够在适当范围内对国外技术进行消化、改造和创新，即进行所谓的"二次创新"，使之适合于当地条件，从而使技术本身得到发展和提高，最终拥有技术比较优势。拉奥同时指出，即使对发达国家而言，直接投资的垄断优势也并非是完全一致的，而是随各国具体情况的不同而变化的。例如，美国企业的技术创新属于劳动节约型，而欧洲企业的技术创新属于原材料节约型。

拉奥认为，发展中国家和地区竞争优势的来源主要有以下几个方面：

（1）发展中国家和地区技术知识的当地化在不同于发达国家的环境下进行，并与当地特定的生产要素和资源禀赋相联系，产生了适用于当地的技术优势。

（2）发展中国家和地区生产的产品往往更加适合于它们自己的市场需求。也就是说，只要企业对进口的技术进行一定的本地化改造和创新，其产品能更好地满足当地或邻国的市场需求，则这种技术改造的创新活动就会形成竞争优势。

（3）在小规模生产条件下，供给条件和需求条件相匹配，具有更高的经济效益。

[一] 来自 Lall, Sanjaya, *The new multinationals：the spread of Third World enterprises*，Chichester West Sussex New York：Wiley，1983。

（4）从产品特征来看，发展中国家和地区企业往往开发出与发达国家跨国公司名牌产品不同的消费品，特别是当东道国国内市场较大、消费者的品位和购买能力具有多层次性时，来自发展中国家的产品仍有一定的竞争能力。

因此，拉奥认为，发展中国家和地区也能够根据自身独特的情况发展并拥有独具特色的垄断优势。通过实证研究，拉奥指出，发展中国家和地区特有的优势是建立在使用成熟技术和对非差异化产品的特殊营销技能基础之上的。这种优势可能源于发展中国家和地区企业自身的技术创新，或源于对从国外引进的成熟技术、生产工艺的改进，也可能源于在提供该类成熟技术方面所具有的成本优势。发展中国家和地区向东道国提供的技术可能不是新技术，但这种技术通过母国企业的改进，更加适应了其他发展中国家和地区的需要，更好地顺应了东道国的要素价格条件和东道国对产品质量的要求，即把这种技术知识当地化。而且发展中国家和地区企业的技术创新往往还具有小规模倾向，这种小规模技术更适应一些发展中国家和地区东道国市场狭小的特点。

同威尔斯的小规模技术理论相比，拉奥的技术地方化理论对发展中国家和地区对外投资的解释更前进了一步。威尔斯对发展中国家和地区跨国公司的解释，实际上是一种技术被动论；而拉奥则更强调企业技术引进的再生过程，即发展中国家和地区跨国公司不是在技术变动过程中进行简单模仿和复制，而同样具有主动性技术创新，正是这种创新活动给跨国公司带来竞争优势。

第十一章

我国企业的跨国经营

1978 年，我国开启改革开放的伟大征程。1980 年，深圳、珠海、汕头、厦门建立经济特区，拉开了我国对外开放的序幕。此后，沿海、沿江、沿边、内陆地区相继开放，形成了分步骤、多层次、逐步开放的格局。2001 年，我国加入世界贸易组织（WTO），对外开放进入了历史新阶段。党的十八大以来，我国加快构建开放型经济新体制。2013 年，提出共建"一带一路"倡议，推动经济全球化健康发展。同年，中国（上海）自由贸易试验区成立，探索我国对外开放的新路径和新模式；2015 年，首个由中国倡议设立的多边金融机构——亚洲基础设施投资银行（亚投行）成立；2016 年，人民币纳入特别提款权（SDR）货币篮子；2017 年，首届"一带一路"国际高峰论坛在北京举办；2018 年，中国国家主席习近平出席博鳌亚洲论坛年会开幕式并发表主旨演讲，宣布了一系列对外开放重大举措。2019 年，十三届全国人大二次会议表决通过了《中华人民共和国外商投资法》，该法自 2020 年 1 月 1 日起施行。40 多年来，我国对外贸易实现了历史性跨越，区域开放格局不断优化，外商投资环境持续改善，对外投资合作深入推进，我国成功实现从封闭到全方位对外开放的伟大转折，中国开放的大门越开越大，中国经济深度融入全球经济的步伐越来越快[⊖]。

我国 40 多年的改革开放，体现在国际化经营方面，便是经历了"引进来"和"走出去"两个阶段。其中，"引进来"主要是一个吸引和利用外资的问题，即利用外国贷款、吸引外商直接投资（FDI）以及我国企业被外国跨国公司并购等间接投资的过程；"走出去"是我国境内投资者对境外进行直接投资（OFDI）或进行跨境并购。本章第一节介绍改革开放 40 多年来我国吸引和利用外资的基本情况，第二节和第三节介绍我国对外直接投资的基本情况。

第一节　吸引和利用外资

积极有效利用外资是我国对外开放基本国策的重要内容。改革开放 40 多年来，利用外资成为建设中国特色社会主义伟大事业和改革开放的重要组成部分，在弥补国内建设资金不足、引进先进技术和管理经验、培养人才和创造就业机会、增加国家税收和外汇收入、加速开放型经济发展、推动市场经济体制改革和法治建设、促进思想解放和观念更新等方面做出了巨大贡献。40 多年来，我国不断提高开放水平，改善投资环境，促进投资便利化，利用外资质量效益不断提升，成为全球跨国投资主要目的地之一。

⊖　来自国家统计局贸易外经司，对外经贸跨越发展 开放水平全面提升——改革开放 40 年经济社会发展成就系列报告之三，http://www.stats.gov.cn/ztjc/ztfx/ggkf40n/201808/t20180830_1619861.html。

一、利用外资的历史进程

改革开放40多年来，我国利用外资的历史进程，大致可以分为以下五个阶段。

（一）1978—1991年的试点探索阶段

这一阶段以1978年12月党的十一届三中全会做出实行改革开放的历史性决策为标志。我国通过试办深圳等经济特区，大力吸引外商直接投资发展劳动密集型出口加工业。1984年，我国进一步开放14个沿海城市，设立国家级经济技术开发区，初步形成由点及线、由线及面的开放格局。1986年，国务院发布了《关于鼓励外商投资的规定》，在税收、信贷、进出口等方面提出了一系列鼓励外商投资的政策措施。这一阶段，我国利用外资开始起步，并在探索中不断扩大试点，年均实际使用外资17.9亿美元，其中1991年实际使用外资达43.7亿美元。

（二）1992—2000年的快速发展阶段

这一阶段以1992年邓小平同志发表南方谈话和党的十四大（1992年10月）决定建立社会主义市场经济体制为标志。外商投资领域从出口加工业扩大到高新技术等产业，从制造业扩大到服务业，对外开放范围由沿海扩大到沿江、内陆和沿边，形成了全方位、多层次、宽领域的对外开放格局。1998年，中共中央、国务院发布了《关于进一步扩大对外开放、提高利用外资水平的若干意见》，全面阐述了利用外资在对外开放中的重要意义，提出"更多更好地利用外资，促进国民经济持续、快速、健康发展和社会全面进步"的指导思想。这一阶段，我国利用外资快速发展，年均实际使用外资近360亿美元，其中2000年实际使用外资达到407.2亿美元。

（三）2001—2011年的高层次开放阶段

这一阶段以2001年我国加入世界贸易组织为标志，从单方面自主开放转变为与世贸组织成员在国际规则下相互开放。加入世贸组织，是党中央做出的一项重大战略决策，开启了中国全面参与经济全球化、充分利用"两个市场、两种资源"的新时期。胡锦涛同志在党的十七大报告（2007年10月）中指出，"扩大开放领域，优化开放结构，提高开放质量"。2010年，国务院发布了《关于进一步做好利用外资工作的若干意见》，提出"创造更加开放、更加优化的投资环境，全面提高利用外资工作水平"。这一阶段，我国积极履行入世承诺，进一步扩大对外开放，利用外资更加注重促进产业优化升级和区域协调发展，年均实际使用外资803.2亿美元，其中2011年实际使用外资达到1239.9亿美元。

（四）2012—2018年的全面开放阶段

这一阶段以推动形成全面开放新格局、对外商投资实行"准入前国民待遇＋负面清单管理"制度为标志。党的十八大（2012年11月）提出，适应经济全球化新形势，必须实行更加积极主动的开放战略。2013年11月，党的十八届三中全会提出了探索对外商投资实行"准入前国民待遇＋负面清单管理"的模式、统一内外资法律法规、加快商签投资协定、改革涉外投资审批体制、放宽投资准入、设立上海自贸试验区、扩大内陆沿边开放等改革任务，明确了新时期利用外资的顶层设计。2015年5月，中共中央、国务院发布了《关于构建开放型经济新体制的若干意见》，对创新外商投资管理体制做出了全面部署。

为推进新形势下改革开放，党中央、国务院先后决定设立上海等18个自由贸易试验区，按照习近平总书记提出的"大胆闯、大胆试、自主改"的要求，自贸试验区积极探索外商投资管理模式创新。2013 年，上海自贸试验区发布中国首份外商投资准入特别管理措施（负面清单），后经多次修订，2019 年 6 月 30 日，《自由贸易试验区外商投资准入特别管理措施（负面清单）（2019 年版）》发布，自 2019 年 7 月 30 日起施行。

这一阶段，我国外商投资管理体制实现历史性变革，将实行了 30 多年的全链条审批制度改为有限范围内的审批和告知性备案的管理制度，营商环境进一步改善。在全球范围内国际直接投资流量下降的大背景下，中国利用外资逆势增长，年均实际使用外资 1300 亿美元，其中 2018 年实际使用外资达到 1349.7 亿美元。

（五）2019 年起高水平的投资自由化阶段

这一阶段以通过《中华人民共和国外商投资法》，推进实施高水平投资自由化便利化政策为标志。

党的十九大做出了"推进形成全面开放新格局"的决策部署，要求"实行高水平的贸易和投资自由化便利化政策，全面实行"准入前国民待遇 + 负面清单"管理制度，大幅度放宽市场准入，扩大服务业对外开放，保护外商投资合法权益"。

2019 年 3 月 15 日，十三届全国人大二次会议表决通过了《中华人民共和国外商投资法》，自 2020 年 1 月 1 日起施行。该法取代 1979 年颁布实施的《中外合资经营企业法》、1986 年出台的《外资企业法》和 1988 年出台的《中外合作经营企业法》（简称"外资三法"），是新时代我国外资领域一部重要的基础性法律。

《中华人民共和国外商投资法》是我国历史上第一个全面系统的外资立法，具有里程碑的意义，是全面贯彻落实党中央扩大对外开放、促进外商投资决策部署的重要举措。制定《中华人民共和国外商投资法》的目的是进一步扩大对外开放、积极促进外商投资，保护外商投资合法权益，营造法治化、国际化、便利化营商环境，推进形成全面开放新格局，以高水平对外开放推进经济高质量发展。

《中华人民共和国外商投资法》以"准入前国民待遇 + 负面清单"等管理制度，确保中外投资享有同等待遇，并对外国投资者普遍关心的知识产权保护、技术转让等问题做出明确的保护规定，必将全面开启新时代我国利用外资的新阶段，鲜明展现我国坚定不移推动新一轮高水平对外开放的原则和立场，彰显我国进一步扩大对外开放、积极促进外商投资的决心和信心，彰显我国对外开放的气度、力度和高度[⊖]。数据显示，2019 年 1—7 月，全国新设立外商投资企业 24050 家，实际使用外资 788 亿美元，同比增长 3.6%。

二、利用外资规模不断扩大

改革开放初期，我国利用外资规模较小，方式以对外借款为主。1979 年，我国第一家中外合资企业——北京航空食品有限公司的诞生，开辟了中国利用外资的新纪元。但是最初几年，外商直接投资的规模十分有限，每年批准的项目仅有 300 多个，年均实际投资金额不到 6 亿美元[⊜]。1983 年，我国实际利用外资 22.6 亿美元，其中，对外借款 10.7 亿美元，外商直接投资 9.2 亿美元。20 世纪 90 年代以来，随着利用外资方式的优化，外商直接投资成为我国利用外资的主体。

⊖ 来自张西峰，《外商投资法》的亮点与意义，宁波经济（财经视点），2019（4）。

⊜ 来自赵晋平，改革开放 30 年我国利用外资的成就与基本经验，国际贸易，2008（11）：4 - 8。

40多年来，我国累计使用外商直接投资超过2万亿美元。1983—2018年，我国实际使用外资情况见图11-1。

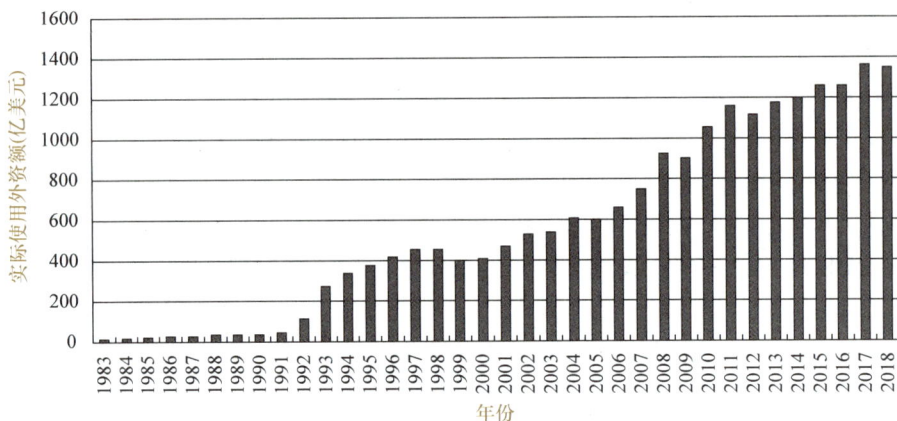

图 11-1　1983—2018 年我国实际使用外资额

[注：实际使用外资金额，是指合同外资金额的实际执行数，外方投资者根据外商投资企业的
合同（章程）的规定实际缴付的出资额，不包括银行、证券、保险领域的数据。]

（资料来源：国家统计局历年统计数据，整理制得。）

其中2013—2017年，我国实际使用外商直接投资总计6580亿美元。2017年，我国实际使用外资1363亿美元，规模是1983年的60倍。2018年我国实际使用外资创历史新高，1—12月，全国新设立外商投资企业60533家，同比增长69.8%，实际使用外资8856.1亿元人民币，同比增长0.9%（折1349.7亿美元，同比增长3%）[⊖]，位居世界第二位。2018年，服务业、制造业实际使用外资占比分别为68.1%和30.5%。2019年1—7月，全国新设立外商投资企业24050家，实际使用外资金额5331.4亿元人民币，同比增长7.3%（折788亿美元，同比增长3.6%）。1998年以来，高技术产业实际使用外资增长了16倍，2018年占比达23.5%。

截至2018年底，我国外商投资企业累计近96万家，实有注册的外商投资企业近60万家，累计实际使用外资超过2.1万亿美元。2018年中国是全球第二大外资流入国，据联合国贸发会议（UNCTAD）统计，中国自1993年起利用外资规模连续27年稳居发展中国家首位。

外商投资企业在扩大我国进出口贸易方面发挥了重要作用。海关总署数据显示，2018年，外商投资企业实现进出口总值12.99万亿元人民币，增长4.3%，占我国货物贸易进出口总值的42.6%。

三、利用外资结构日趋改善，产业结构持续优化，区域布局更加合理

外资结构可以区分为利用外资方式结构、利用外资来源结构、利用外资国内地区结构、利用外资规模结构、利用外资产业结构等[⊖]。

⊖　来自人民网财经频道．http://finance.people.com.cn/n1/2019/0114/c1004-30529197.html.

⊖　来自郭克莎、李海舰，《改革开放以来我国利用外资结构分析》，财贸经济，1994（7）：10-15。

改革开放初期的 1978—1993 年，从利用外资方式构成上看，对外借款的比重呈下降态势，外商直接投资的比重不断上升，至 1993 年，外商直接投资占比 70%。从外商直接投资来源看，投资主要来自美国、日本等国家地区，占外商直接投资项目总数的 90.6%，占协议投资额的 87.3%，占实际利用外资的 88%，这说明这一时期外商直接投资来源地非常集中。从利用外资国内地区构成来看，外资大部分集中于我国东南沿海省份。1979—1992 年，东部沿海 10 个省市协议利用外资金额共 903.51 亿美元，占全国总数的 82.1%；其中广东、福建、江苏、上海和山东 5 省市占了全国总数的 66.84%，而广东和福建两省就占了全国总数的近一半（48%）。从利用外资产业构成来看，外资绝大部分投向第二产业部门，其次是第三产业，第一产业占比较小。1979—1983 年，外商投资规模较小，且多数投向了第一产业；1984—1987 年，随着外商投资逐步增加，第三产业的投入比重上升到首位，其他依次是第二产业和第一产业。1988—1993 年，是外商投资大幅增加的阶段，第二产业的比重上升到第一位，接下来依次是第三产业和第一产业。可以看出，外资在三次产业的投入比重有一个交替过程。1988 年以来，我国利用外资经历了第二产业规模增加、比重上升，到第二产业和第三产业规模增加、第三产业比重上升的过程。这与我国经济结构由以第二产业为主，转向以第三产业为主的过程相一致。

党的十八大以来，利用外资质量进一步提升，外资更多流向高技术产业。2013—2017 年，服务业累计使用外商直接投资 4174 亿美元，年均增长 9.6%。2017 年，高新技术产业利用外资占总额的比重为 27.4%，较 2012 年提高 13.6 个百分点，年均增长 18.4%。

我国利用外资经历了由特区逐步扩大到沿海、沿江、沿边地区，再向内陆推进的过程，区域布局更加合理。改革开放初期，我国利用外资集中在沿海地区特别是广东省，许多中西部省份甚至没有外商直接投资。随着对外开放的深入，外商投资企业逐步覆盖全国所有省区市。2017 年，中部地区实际使用外资 83 亿美元，同比增长 17.1%，增速领跑全国；西部地区新设立外商投资企业同比增长 43.2%，市场主体活力进一步激发。2018 年 1—12 月，中部地区实际使用外资同比增长 15.4%，西部地区同比增长 18.5%；自贸试验区同比增长 3.3%，占比为 12.1%。

四、外商投资环境持续改善，外商投资管理体制逐步优化

2014 年以前，我国对外商投资项目全部实行核准制。2014 年《外商投资项目核准和备案管理办法》出台，外商投资项目管理由全面核准向普遍备案和有限核准转变，至 2018 年，96% 以上的外商投资实行属地备案。作为指导管理外商投资项目依据的《外商投资产业指导目录》，自 1995 年首次颁布以来，已先后修订 7 次，外商投资准入大幅放宽，限制性措施削减至 63 条，服务业、制造业、采矿业等领域开放水平大幅提高。2018 年，我国进一步修订外商投资负面清单，全面落实"准入前国民待遇 + 负面清单"管理制度。2019 年 3 月 15 日，十三届全国人大第二次会议通过《中华人民共和国外商投资法》，自 2020 年 1 月 1 日起施行，取代之前的"外资三法"（《中外合资经营企业法》《外资企业法》《中外合作经营企业法》），成为外商投资领域的基础性法律，《中华人民共和国外商投资法》对外商投资实行"准入前国民待遇 + 负面清单管理"制度。

《中华人民共和国外商投资法》的出台，使我国长期以来依靠优惠政策吸引外资转变为通过改善营商环境、完善各项立法吸引外资。

改革开放使中国成功实现了从高度集中的计划经济体制到充满活力的社会主义市场经济体制的历史性转变，营商环境持续改善。党的十八大以来，我国通过深化"放管服"改革、设立自由贸易试验区等方式，理顺政府和市场关系，推进政府职能转变，不断优化营商环境。在世界银行《全球营商环境报告》评估的 10 项指标中，我国在获得电力、开办企业等 7 项指标领域推出了许多改革措施，取得了良好成效。2018 年，我国营商环境在全球 190 个经济体中，排名从 2017 年第 78 位上升到第 46 位，位次跃升了 32 位，成为营商环境改善幅度最大的经济体之一。中国外商投资管理理念、管理模式和管理体制都实现了重大变革，是全球最具吸引力的投资目的地之一。

第二节 "走出去"战略的提出、演变与模式

"走出去"战略又称国际化经营战略，是指中国企业充分利用国内和国外"两个市场、两种资源"，通过对外直接投资、对外工程承包、对外劳务合作等形式积极参与国际竞争与合作，实现我国经济可持续发展的现代化强国战略。

"走出去"战略通常可分为两个层次：第一个层次是商品输出层次，是指货物、服务、技术、管理等商品和要素的输出，主要涉及货物贸易、服务贸易、技术贸易以及工程承包和劳务合作等；第二个层次是资本输出层次，是指对外直接投资，主要涉及的是到海外投资建厂和投资开店⊖。

"走出去"一直以来是我国渐进式改革开放过程中企业进行海外扩张的关键词。20 世纪 90 年代，随着市场经济的建立，企业"走出去"思想在实践中不断丰富发展和完善。2000 年，实施"走出去"战略写入《中华人民共和国国民经济和社会发展第十个五年计划纲要》，从而上升为国家战略层面。从此我国对外开放从注重"引进来"发展为"引进来"与"走出去"并重的双轮驱动。

一、"走出去"战略的提出

"走出去"战略思想的形成，大致经历了两个阶段：

（一）漫长的孕育期（1978—1991 年）

党的十一届三中全会为"走出去"战略提供了坚实的理论保障。1978 年 12 月 19 日，党的十一届三中全会上，邓小平同志深刻总结了我国建设社会主义的历史经验教训，把对外开放提高到社会主义事业兴衰规律的高度，明确指出对外开放是我国的一项长期国策，并科学阐述了对外开放的内涵，提出了对外开放的步骤和发展格局，开创了中国改革开放的全新局面。邓小平同志明确指出："不坚持社会主义，不坚持改革开放，只能是死路一条""经验证明，关起门来搞建设是不能成功的，中国的发展离不开世界"。因此，在党的十一届三中全会上明确提出："在自力更生基础上，积极发展同世界各国平等互利的经济合作。"在这一重要方针指引下，我国企业开始勇敢地迈向世界。

1979 年 8 月，国务院颁布了 15 项经济改革措施，其中第 13 项明确规定允许出国办企业，从而第一次把对外直接投资作为一项国家政策确定下来。

⊖ 来自卢进勇，入世与中国企业的"走出去"战略，国际贸易问题，2001（6）：1-5。

可以说，是邓小平对外开放思想，为"走出去"战略提供了坚实的理论基础，孕育了"走出去"在新时期、新形势下作为我党我国的重大发展战略的形成和提出。[一]

但是，每个关乎国家经济发展的重大战略的提出，都是一个漫长的探索、徘徊的演进过程。

1991年，由于对国际市场和外国法律不熟悉以及缺乏经验等原因，部分国内企、事业单位到海外投资预期效果不明显，甚至出现亏损，不仅给国家造成经济上的损失，也在政治上带来不良影响，当时的国家计划委员会（国家发展和改革委员会的前身）在向国务院报送的《关于加强海外投资项目管理的意见》中提出，我国还不具备大规模到海外投资的条件。《关于加强海外投资项目管理的意见》成为当时我国对外投资的指导思想，限制对外投资也成为20世纪90年代相当长时间内我国对外直接投资的主基调。

（二）"走出去"战略的提出与确立（1992—2003年）

1992年，时任中共中央总书记江泽民在党的十四大报告中提出："积极开拓国际市场，促进对外贸易多元化，发展外向型经济""积极扩大我国企业的对外投资和跨国经营""更多地利用国外资源和引进先进技术"。在这里，"对外贸易多元化""跨国经营""开拓国际市场"和"利用国外资源"等一些"走出去"战略的核心概念被提出来了，这应当是"走出去"战略思想的萌芽。

"走出去"的思想首次明确提出是在1996年。1996年7月26日，江泽民同志在河北省唐山市考察工作时提出："要加紧研究国有企业如何有重点有组织地走出去，做好利用国际市场和国外资源这篇大文章。广大发展中国家市场十分广阔，发展潜力很大。我们要把眼光放远一些，应着眼于未来、着眼于长远，努力加强同这些国家的经济技术合作，包括利用这些国家的市场和资源搞一些合资、合作经营的项目。"这是江泽民同志首次明确提出"走出去"的思想[二]。

1997年12月24日，江泽民同志在接见全国外资工作会议代表时，首次把"走出去"作为一个重要战略提出来，并把它置于国家发展战略的重要位置，指出："引进来"和"走出去"是我们对外开放基本国策的两个紧密联系、相互促进的方面，缺一不可。

2000年1月20日，江泽民同志在中央政治局会议上谈到今后工作重点时，把抓紧实施"走出去"战略作为涉及党和国家工作全局、需要进一步研究和抓紧解决的七个重大问题之一加以论述。他分析了实施"走出去"战略的可能："（2000年以前的）这二十年，我们是以引进来为主，把外国的资金、技术、人才、管理经验等引进来，这是完全必要的。不先引进来，我们的产品、技术、管理水平就难以提高。你想走出去也出不去。现在情况与二十年前不同了，我们的经济水平已大为提高，应该而且也有条件走出去了。"从我国当前经济发展的实际需要、国家长远的发展和安全等方面，全面深入地论述了实施"走出去"战略的重要性和必要性，"只有大胆地积极地走出去，才能弥补我们国内资源和市场的不足；才能把我们的技术、设备、产品带出去，我们也才更有条件引进更新的技术，发展新的产业；才能由小到大逐步形成我们自己的跨国公司，以利更好地参与经济全球化的竞争；也才能更好

○ 来自商琪，发展中国家对外直接投资（OFDI）策略研究——基于中国的分析，山东大学，2016：13。

○ 来自陈杨勇，江泽民"走出去"战略的形成及其重要意义，党的文献，2009（1）：63-69。

地促进发展中国家的经济发展，从而增强反对霸权主义和强权政治、维护世界和平的国际力量。"

2000年10月，党的十五届五中全会通过了《中共中央关于制定国民经济和社会发展第十个五年计划的建议》，将"走出去"上升为国家战略。该《建议》规定在"十五"期间，乃至更长的一段时间内，国家要实行"走出去"的开放战略。

2002年，"走出去"战略写进了党的第十六次全国代表大会（中共十六大）政治报告。该报告指出："实施'走出去'战略是对外开放新阶段的重大举措。""坚持'引进来'和'走出去'相结合，全面提高对外开放水平。"

"走出去"战略上升为国家战略后，一系列政府机构调整、改革政策密集出台，对外直接投资管理体制逐渐由审批制向核准制、备案制转变。与此同时，中央机构开始调整，2003年3月，原对外贸易经济合作部和国家经贸委合并成立商务部。商务部下设的投资促进事务局的主要职能是执行我国"引进来""走出去"相关政策，为我国吸收外资和企业对外投资提供双向投资促进服务。

2003年10月，党的十六届三中全会通过了《中共中央关于完善社会主义市场经济体制若干重大问题的决定》，指出："继续实施'走出去'战略，完善对外投资服务体系，赋予企业更大的境外经营管理自主权，健全对境外投资企业的监管机制，促进我国跨国公司的发展。"

胡锦涛同志在党的十七大、十八大报告中明确指出："把'引进来'和'走出去'更好地结合起来""加快走出去步伐，增强企业国际化经营能力，培育一批世界水平的跨国公司"。⊖

二、"走出去"战略的演变

1978年，党的十一届三中全会提出的改革开放政策，为"走出去"战略的提出提供了坚实的理论基础，但1992年以前，由于体制和思想上的束缚，我国对外直接投资一直处于缓慢发展阶段。1992年"走出去"战略思想出现最初萌芽，当年我国对外直接投资额达40亿美元，同比增长300%。之后，体制和思想的放松使得对外直接投资迅速发展，并在1993年达到一个投资高潮，当年我国对外直接投资额达43亿美元。

1996年"走出去"思想首次被明确提出，并在2000年的"十五"规划中上升为国家战略，2001年我国对外直接投资额猛增到69亿美元。

伴随着我国"走出去"的探索和实践，我国"走出去"战略的侧重点也在发生着变化⊜。"十一五"（2006—2010）期间主要强调"引进来"对我国产业结构升级的积极作用，对"走出去"的描述相对较弱，仅提到"境外工程承包"和"劳务输出"两个方面，并强调在对外开放过程中要注意维护我国的经济安全。

"十二五"规划（2011—2015）中对"走出去"重新重视起来，再次提及"开发国际能源、资源"，并提到"知名品牌""跨国金融机构"等新的对外投资关键词。

期间，2012年11月，中共十八大召开。2013年9月和10月，国家主席习近平分别提

⊖ 来自赵杰. 中国企业海外投资研究，中共中央学校，2014。

⊜ 来自商琪，发展中国家对外直接投资（OFDI）策略研究——基于中国的分析，山东大学，2016：16-19。

出建设"新丝绸之路经济带"和"21 世纪海上丝绸之路"的合作倡议，即"一带一路"倡议。"一带一路"倡议是我国"走出去"战略的延续和发展。

"一带一路"倡议提出以来，逐渐从理念、倡议、愿景转变为行动、共识、现实，参与国家不断扩大，有力推进了中国企业"走出去"步伐。

2014 年 12 月 29 日，由中国外汇储备、中国投资有限责任公司、国家开发银行、中国进出口银行共同出资，丝路基金有限责任公司在北京注册成立。

2015 年 3 月 28 日，国家发展和改革委员会、外交部、商务部联合发布了《推动共建丝绸之路经济带和 21 世纪海上丝绸之路的愿景与行动》。

2015 年 12 月 25 日，亚洲基础设施投资银行（Asian Infrastructure Investment Bank，简称亚投行，AIIB）正式成立。

在 2016 年的"中华人民共和国国民经济和社会发展第十三个五年规划纲要"中，提出要让我国的装备、技术、标准、服务走出去，并要积极地与发达国家合作，以共同合作开发第三方市场，意味着中国企业从国际市场的跟随者向国际标准设计者、新市场开拓者的角色转变。更加强调强化对外开放服务保障，提出要同更多国家签署双边投资协定、司法协助协定、税收协定等双边协定，构建强有力的海外利益保障体系，强化涉外法律服务，建立知识产权跨境维权援助机制等具体的实施方式；也特别提出放宽境外投资汇兑和跨国公司资金境外运作的限制，逐步提高境外放款比例。

这意味着，我国对"走出去"战略由政府严格监管向放松投资管制的方向发展。此外，在"十三五"规划中，提出要稳步推进人民币国际化，支持中国保险业走出去，这是我国在金融领域对外开放的探索。

2013—2018 年"一带一路"倡议提出五年来，在顶层设计、重大项目、规划对接、互联互通和企业行动等五个方面取得积极成果。一是顶层设计逐步完成，"一带一路"建设成效显著；二是包括蒙内铁路、雅万铁路等一大批重大项目落地；三是范围进一步扩大，已与 140 多个国家和国际组织签署共建"一带一路"协议；四是"一带一路"相关国家企业在电子商务、人文交流等多个领域展开合作，并取得丰硕成果；五是互联互通不断得到巩固。截至 2018 年 8 月，"中欧班列"开行突破 10000 列，国际道路客货运输线路开通 356 条，增加国际航线 403 条，与沿线 43 个国家实现直航，每周约 4500 个直航航班。2018 年，世界 500 强企业中，中国企业总数达到 120 家，与位居第一位的美国仅有 6 家的差距。

国际社会对"一带一路"建设普遍看好，作为"一带一路"建设金融支撑的亚投行进一步扩容，从 2015 年建立之初的 57 个成员发展到 2018 年的 87 个成员。亚投行成立以来，已在 13 个国家开展了 28 个项目，并获得 3 家国际评级机构的最高信用评级[⊖]。

三、"走出去"的主要模式

企业"走出去"是一个包含经济、政治、文化等各种因素的系统工程。"走出去"的路径模式也呈现出多样性，从绿地投资、跨国并购到海外上市，从商品输出、资本输出到战略布局。中国企业"走出去"发展的战略导向有以下几种类型：为获得海外市场的"走出去"导向；为获得技术的"走出去"导向；为获得资源的"走出去"导向；为优化资源配置的

⊖ 来自中国商务部《中国对外投资发展报告（2018）》。

"走出去"导向；为产业升级的"走出去"导向。在不同阶段，一个企业"走出去"发展的战略需求会发生变化，从而导致"走出去"发展导向也发生变化。

通过对"走出去"企业案例的长期追踪研究，全球化智库（CCG）[⊖]梳理总结了中国企业"走出去"的几种主要模式[⊜]。

（一）"安营扎寨"模式

企业根据东道国的区位优势，将设计、生产、销售等部分环节或全部环节放在东道国进行。市场需求、人才吸引、技术驱动等是该模式的重要动因，设立海外研发中心成为一种重要趋势。如海尔、福耀等制造业企业大都选择这一模式。这一模式的优点是可以更好地满足东道国市场需求，更易获得当地政府和消费者的信任和欢迎，也方便跨国公司自身规避关税壁垒、技术壁垒等，提升企业的国际竞争力。该模式对跨国公司的实力要求较高，项目的建设周期长，不确定性较大。

海尔的发展大致经历了五个阶段：第一阶段是1984—1990年的内向型发展阶段。1984年，由濒临倒闭的两个集体小厂合并而成的"青岛电冰箱总厂"成立。1985年引进德国"利勃海尔"（Liebherr）公司的先进技术和设备，生产出了亚洲第一代"四星级"电冰箱。由于海尔对我国消费者的需求偏好进行了市场调研，创新了产品的外观和性能，做到了当时市场上难得的创新，海尔产品很快在我国的家电行业赢得了很大市场，树立了品牌形象。第二阶段是1990—1996年的出口阶段。1990年，海尔开始做出口贸易，最初的出口市场为德国和美国。德国对产品生产要求十分严格，为打入这一市场，海尔想到了去掉冰箱商标和德国本土生产的冰箱一起让经销商做出选择的营销方式，结果海尔冰箱因性价比高而获得胜利，海尔拿到了2万台冰箱的订单，由此开启了国际化道路。此后，海尔冰箱源源不断地销往德国、美国、日本、中东等地。第三阶段是1996—1998年的对外投资阶段。1996年，海尔开始对外直接投资，建立了位于菲律宾的CDLKG电器有限公司。随后，海尔在马来西亚、印度尼西亚等一些发展中国家出口了它们的产品生产技术。第四阶段是从1999年之后实行本土化阶段。1999年，海尔在美国创立了第一个本土化公司，该公司设计中心位于洛杉矶、营销中心位于纽约、生产中心位于南卡罗来纳州，这是海尔第一个设计、生产、营销"三位一体本土化"海外布局。在这之后，海尔按照不同国家不一样的背景环境，实行产品和技术的创新以及管理的本土化[⊜]。第五阶段是从2005年至今的全球化品牌战略阶段。2005年底，海尔在总裁张瑞敏制定的名牌化战略带领下进入第五个战略阶段——全球化品牌战略阶段。2018年，海尔集团实现营收1833亿元，同比增长12.2%。

海尔"走出去"的成功，与其长期把开发国际市场作为市场营销的战略组成部分，跟踪国际技术和产品信息变化，坚持高质量，以创造世界名牌为导向，根据各国用户的不同需求不断开发新技术、新产品，进行技术创新、产品更新，致力于推行本土化战略等密不可分。

福耀玻璃工业集团股份有限公司1987年成立于中国福州，是专注于汽车安全玻璃和工业技术玻璃领域的大型跨国集团。2005年3月，福耀（北美）有限公司在美国南卡罗来纳

⊖ 全球化智库（Center for China and Globalization, CCG）是一家致力于全球化、全球治理、国际关系、人才国际化和企业国际化等领域研究的国际化社会智库。

⊜ 来自王辉耀、苗绿编写的《大潮澎湃——中国企业"出海"40年》，中国社会科学出版社，2018。

⊜ 来自高继风，浅析海尔集团的国际化战略，现代国企研究，2018（12）：83。

州注册成立，注册资金 290 万美元，全面取代原美国绿榕玻璃工业有限公司在北美的福耀汽车玻璃销售业务。2007 年，福耀韩国株式会社在韩国仁川市登记注册，主营业务为汽车用玻璃产品的制造、批发及进出口。2008 年，福耀日本株式会社在日本东京都注册成立，主营汽车用玻璃制品的销售。2011 年，福耀挺进俄罗斯，在卢卡加州投资 2 亿美元设厂，设计产能为年供应 300 万套汽车安全玻璃。2013 年 9 月，项目一期 100 万套汽车玻璃顺利投产。这一步，使福耀成为俄罗斯汽车市场的主要玻璃供应商。2014 年，福耀又启动美国项目，总投资 6 亿美元，这是中国汽车零部件企业在美最大投资项目。该工厂建成后形成 450 万套汽车玻璃＋400 万片汽车配件的生产能力，成为全球最大的汽车玻璃单体厂房。项目一期已于 2015 年底投产，现代、本田、通用、克莱斯勒等整车客户的订单络绎不绝[一]。

经过 30 余年的发展，福耀集团已在中国 16 个省市以及美国、俄罗斯、德国、日本、韩国等 9 个国家和地区建立现代化生产基地和商务机构，并在中国、美国、德国设立 6 个设计研发中心，全球雇员约 2.7 万人。

（二）"借鸡生蛋"模式

企业通过海外上市实现"走出去"实现中国企业国际化，这是中国企业国际化的一种重要方式。

1992 年 10 月，华晨中国汽车控股有限公司在美国纽约股票交易所挂牌上市，这是我国第一家海外上市的公司，为中国企业融入并利用国际资本市场创造了一个崭新模式。

2007—2018 年，中国企业海外上市总数达 1034 家，融资金额约 1.95 万亿元人民币。

中国企业"走出去"遵循着一个有效途径，即先在欧美上市，然后以此为平台收购欧美的技术企业，之后再回到中国市场。中国企业海外上市，不仅能够融到资金，迅速提高企业竞争力，还有利于改进公司治理与经营架构，学习国外先进技术与管理经验，更好吸纳国际人才，发现新的战略合作机会，提升企业在国际资本市场的良好品牌形象。

当然，由于金融、法律、文化、语言等方面的差异，中国企业海外上市不会是一帆风顺的，会面临诸多挑战，一些企业被恶意做空，被迫停牌退市的案例也时有发生。这就要求中国企业严格自律、遵守海外法律、公司治理结构和会计准则，按游戏规则办事。

（三）"借船出海"模式

通过并购等方式，获得国际知名企业的品牌、资源、技术等，借助这些资源使企业在国际市场上迅速立足。联想、三一重工、吉利等是这一模式的典型代表。

联想集团成立于 1984 年，当时由中国科学院计算技术研究所投资 20 万元人民币，由 11 名科技人员创办。20 世纪 90 年代，惠普、戴尔、三星、宏基等国际知名 PC 巨头纷纷抢滩中国，本土市场一时硝烟四起，大批国内计算机生产厂商处境艰难。此时的联想，已经成立十年，在创始人柳传志的带领下，早早在个人计算机领域布局技术和人才，计算机销量居于国内市场领先地位，占有国内个人计算机市场近 30% 的市场份额。

IBM 公司位于美国纽约州阿蒙克市，是一家有着百年历史的 PC 巨头，曾发布过人类历史上第一台 PC 机，推出过业界首款笔记本电脑 ThinkPad。2001—2004 年上半年，IBM 的 PC 业务累计亏损了 9.65 亿美元。卖掉 PC 部分的业务、转型成为一家软件服务型企业成为

[一] 来自陈琼，从"制造"到"智造"福耀玻璃的发展之道，汽车纵横，2016（8）：108–113。

这家企业的新战略。

2004 年 12 月 8 日，联想集团宣布以 12.5 亿美元收购 IBM 全球业务。2005 年 5 月 1 日，联想集团完成了对 IBM 全球个人计算机业务的收购。从此，联想从位于全球 PC 市场排名第九位一跃成为全球 PC 市场仅次于戴尔和惠普的第三大制造商，从本土品牌一跃成为国际化品牌，这标志着联想全球个人计算机产业新纪元的开始。2006 年 2 月，联想同步在全球 10 个城市同期发布了联想中小企业计算机，掀开了 Lenovo 品牌国际化的营销战役。2007/08 财年联想的营业额达 164 亿美元。2008 年 7 月，美国《财富》杂志评出 2008 年度世界 500 强企业，联想集团成为进入 500 强的首家来自充分竞争领域的中国民营企业。

此外，2012 年 1 月，三一重工联合中信产业投资基金，以现金对价 3.6 亿欧元共同收购德国普茨迈斯特（Puztmeister），获得代表顶尖技术的"德国制造"产品标签，迈出了成为真正的国际品牌的重要一步，这次收购被业界喻为"蛇吞象"。

2010 年 3 月 28 日，中国浙江吉利控股集团有限公司与美国福特汽车公司在瑞典哥德堡正式签署收购沃尔沃汽车公司的协议，吉利以 18 亿美元收购沃尔沃 100% 股权。在此之前，吉利只是一个涉及中低端的民营车企，收购完成后，吉利一跃成为中国第五大车企，国际知名度大大提高。

（四）"海外战略资源获取"模式

中国企业通过并购、合资等方式获取海外战略资源，不但可以弥补国内部分种类矿产资源储量的先天不足，获得长期稳定的资源能源供应，而且可以增强同世界矿业巨头谈判的筹码，通过分享资源能源的定价权，降低企业成本。

中石油、中海油、中石化、中铝、五矿等是这种模式的典型代表。1993 年，中海油从美国阿科公司（Anadarko）买下印度尼西亚马六甲区块 32.58% 的权益，标志着中国石油公司开始其海外油气收购历程。

2002—2008 年间，中国三大石油公司（中石油、中海油、中石化）共完成海外油气资产并购 59 宗，交易额约 262 亿美元。2008 年，金融危机波及全球，中国政府组建国家能源局，鼓励企业积极参与境外油气资产并购。2009—2013 年，中国三大国家石油公司海外并购总额达 1097 亿美元[⊖]。

（五）"海外产业园区"模式

中国企业走向全球化的一种新模式，由政府引导、某个企业主导在海外建设园区，带动更多中国企业"走出去"集群发展，同时吸引其他国家的企业投资入园。这一模式具有集群性特征和优势，成为中国企业抱团"走出去"的有效途径。尤其对于中小企业来说，单兵作战不如抱团取暖，通过产业园区集体"走出去"，是一种实现全球化发展的高效模式。

海外产业园区包括两种情况：一是国家引导建设的中国境外经贸合作区，另一种是中国企业在境外自主建设的各种产业园区。

2006 年，巴基斯坦海尔—鲁巴经济区拉开了我国境外经贸合作区建设的序幕。截至 2018 年 9 月，中国企业在 46 个国家在建初具规模的境外经贸合作区 113 家，累计投资 366.3 亿美元，入区企业 4663 家，总产值 1117.1 亿美元，上缴东道国税收 30.8 亿美元。其

⊖ 来自蔺鹏飞，我国石油企业海外并购问题与对策研究——基于中海油并购与整合尼克森的实践，对外经济贸易大学，2017：22－24。

中，分布在"一带一路"沿线国家的境外经贸合作区数量超过大半。截至2019年4月，中国在24个"一带一路"沿线国家建设了82个境外经贸合作区，累计上缴东道国税收超过20亿美元，为当地创造了近30万个就业岗位。一批批在"一带一路"沿线落地生根的境外经贸合作区，搭建起企业集群式国际化发展平台，为当地经济社会发展起到了积极的推动作用，成为实现"一带一路"可持续发展的支点[○]。

除国家引导建设的境外经贸合作区外，中国企业尤其是民营企业纷纷走向海外，投资建立海外产业园区，如华立、海尔、红豆、康奈、华坚、汇鸿等企业。2005年8月，江苏汇鸿国际集团在尼日利亚建立了汇鸿国际（尼日利亚）工业园，成为引领中国企业走入非洲的园区模式。

（六）"互联网模式复制海外"模式

企业依托互联网技术发展起家，把在中国取得成功的商业模式推广到海外，充分挖掘海外资源和市场，以期取得进一步发展，并实现企业的国际化。

2015年7月，《国务院关于积极推进"互联网＋"行动的指导意见》明确提出，结合"一带一路"倡议及其他国家重大战略，支持和鼓励具有竞争优势的互联网企业联合制造、金融、信息通讯等领域企业率先"走出去"。中国互联网科技企业在"一带一路"沿线发展中国家的市场潜力很大，发展前景看好。

2015年，阿里巴巴投资10亿美元收购总部位于新加坡的东南亚最大的电商平台Lazada。2017年又先后两次注资，并通过"东方馆""淘宝专页"等方式把阿里系商户引入Lazada。如今，Lazada业务范围覆盖印度尼西亚、马来西亚、菲律宾、泰国、新加坡、越南等六国。2018年5月，阿里巴巴集团全资收购巴基斯坦电商企业Daraz。

2018年6月，京东正式进入泰国市场，与泰国尚泰集团（Central Group）共同创建的本地电商平台JD Central面向公众开放。

中国电商不仅把购物平台和支付方式（微信、支付宝等）带到海外，更是把强大的物流服务发展到海外。

（七）"农村包围城市"模式

中国企业在"走出去"过程中，选择比较容易进入的发展中国家和地区的市场，建立和开发自己的技术体系，形成拳头产品与品牌优势，不断扩大市场规模，为日后进入发达国家市场做准备。这种模式可以避免过早与发达国家跨国巨头正面较量，为企业发展争取更多时间和经验。

华为、中兴通讯是这一海外拓展模式的典型代表。"当我们计划国际化的时候，所有肥沃的土地都被西方的公司占领了。只有那些荒凉的、贫瘠的和未被开发的地方才是我们扩张的机会"，华为创始人任正非坦言。20世纪90年代中后期，当华为踏上国际化征程时，发达国家市场早已被欧美高科技企业所占领，国际市场中只有中东、非洲、东南亚等区域还未引起国际电信设备制造巨头们的重视，这就为当时还难以与国际巨头抗衡的华为留下了有限的发展空间。

1997年，华为在俄罗斯建立了首家合资公司。之后，华为继续进军巴西、埃塞俄比亚等发展中国家拓展业务。2001年起，华为开始挺进西欧、北美等发达国家。华为的跨国经

○　来自中国商务新闻网，http：//epaper.comnews.cn/xpaper/appnews/67/816/4125－1.shtml。

营遵循着"农村包围城市"的模式在全球范围内全线铺开。2018年，华为全球销售收入7212亿元人民币，同比增长19.5%，净利润593亿元，同比增长25.1%。

（八）"星火燎原"模式

一些中小民营企业自发"走出去"，往往有着很强的灵活性与活力。作为这一模式的主要开创者，温州企业充分利用海外华人、华侨、华商的力量，通过建立"中国商场"等模式，把国内一些有竞争力的产品推向世界，实现中小企业集体"走出去"。

康奈集团成立于改革开放初期的1980年，经过40年的发展，已经成为中国皮鞋行业的龙头企业和走出国门创品牌的优秀代表。1998年，初踏国际化之路的康奈，就认识到并充分挖掘了温州籍华人华商的力量，康奈利用各国的华侨，特别是海外温州人的人脉开设专卖店，并逐渐在欧美城市铺开，形成了一定规模。

这种模式的主要挑战在于，如何加强行业协调、加强对当地的了解以及如何在海外进行有序竞争的管理。

（九）"对外承包工程与劳务合作"模式

中国企业"走出去"的传统模式，起步于改革开放前，并一直延续至今。对外承包工程、对外劳务合作与对外直接投资共同构成我国发展对外经济合作、实施"走出去"战略的三种主要形式。

2014年，中国在海外建设的首条高铁——土耳其安伊铁路建成通车，这是中国企业在海外承建与建成的第一条高速铁路，是中国高铁施工技术第一次"走出去"，也是土耳其历史上第一条高速铁路。当前，中国高铁已形成具有世界先进水平的技术标准体系和成套工程技术，特别是CRH380系列型号的和谐号动车组列车，因其耐高寒、耐高温、耐高湿、防风沙、适应性广等优良性能已经超越日本新干线、法国TGV和德国ICE，成功走进东南亚、中东等国家，成为我国对外承包工程"走出去"的一张亮丽的"名片"。

2016年2月27日，中铁隧道集团承建的中亚最长隧道——安芭铁路隧道全隧贯通，该隧道项目是当时中亚地区最长的单线电气化铁路隧道，不仅是乌兹别克斯坦国家"一号工程"，也是"新丝绸之路经济带"铁路网的重要组成部分。

对外承包工程和劳务合作不仅带动了我国货物出口、境外资源开发、对外投资、技术贸易，促进了我国国民经济增长，也是落实"走出去"战略的较为成熟和可行的发展路径，为我国和其他国家之间双边友好的经济合作关系做出了重要贡献。当前，我国对外承包工程已具备较强的国际竞争力，不断加强国际合作，管理、技术水平持续提升，专业优势进一步巩固，在高铁、电信、风电、核电等领域逐渐得到国际社会的认可。

2002—2017年，我国对外承包工程累计签订合同额1.98万亿美元，完成营业额1.34万亿美元，年均增速均超过20%。对外承包工程企业的国际竞争力大幅提升。"中巴经济走廊"中能源、交通、电力等领域重大项目推进落地，埃塞俄比亚首个国家工业园正式运营，吉布提多哈雷多功能港口项目顺利完工，在"一带一路"倡议下，我国为沿线国家带来越来越多的重大项目，有力地促进了当地经济发展，增加了当地就业，改善了当地民生。2018年，我国对外承包工程业务完成营业额1690.4亿美元。

（十）"海外战略股权投资"模式

中国企业通过并购等方式持有海外企业一定股权，不一定参与管理，但可以推动双方合作关系提升，获得股份增值空间等。这种投资属于长线投资，很多年后才能看到实际效果，具有一定的风险性。中国工商银行、国家开发银行、中投公司是这一模式的重要实践者。

2007 年 10 月 25 日，中国工商银行（工行）与南非最大最古老的银行——南非标准银行同时发布公告，工行收购南非标准银行集团 10% 的老股并认购 10% 的新股，收购后工行将拥有南非标准银行集团 20% 的股份，成为其第一大股东。

需要说明的是，以上列举的 10 种模式和路径并无优劣之分，每种路径都有成功的典范，关键在于对路径的科学选择。中国企业"走出去"要不断创新模式、拓宽路径，才能在全球化进程中发挥越来越大的作用。

第三节　对外直接投资

"走出去"进行对外直接投资和经济合作，是在经济全球化不断深化和亚洲金融危机的背景下，中国开放型经济发展到新阶段，企业在更高层次上参与国际分工和竞争的重大选择，是我国与世界各国经济进行深度融合、实现互利共赢的桥梁。中华人民共和国成立后到改革开放前，中国企业在对外投资与国际化经营方面，已经开始了初步尝试，并且达到了一定规模。改革开放以来，我国对外投资和经济合作经历了由小到大、由弱到强、由区域到全球的发展过程。对外投资合作蓬勃发展，质量规模迈上新台阶[一]。总体来看，我国企业对外直接投资大致经历了以下八个发展阶段：

一、改革开放之前的探索阶段（1949—1978 年）

从中华人民共和国成立到实行改革开放政策之间的 30 年间，我国企业在海外开展了一些直接投资活动的尝试。这期间，为了开拓国际市场，发展与世界各国和地区的经贸往来，我国的个别专业外贸公司先后在巴黎、伦敦、汉堡、东京、纽约、香港、新加坡等国际大都市设立了境外分支机构，建立了一批贸易企业。与此同时，我国与贸易相关的部分企业也在境外投资开办了一些远洋运输和金融等方面的企业。此外，1949 年中华人民共和国成立后，我国开始向广大亚非拉发展中国家提供资金、人员、技术、物资等多方面的支持，当时的投资大多是出于政治方面的考虑，政府是投资的主体，而且受到当时自身经济实力的制约，投资的数量、质量非常有限，并且几乎是无偿援助性质的。

二、改革开放初期贸易型企业为主的起步阶段（1979—1984 年）

这一阶段的主要特点是投资规模小，投资领域相对狭窄，对外投资管理制度初见雏形。一些贸易企业在境外设立分支机构，实体经济对外直接投资处于萌芽状态。

中国真正意义上的对外投资是在 1978 年实行改革开放政策以后，并逐渐成为中国开放型经济的重要组成部分。

1979 年 8 月 13 日，国务院颁布了《关于经济体制改革十五项措施》，其中第 13 项明确规定允许出国办企业，从而第一次把对外直接投资作为一项国家政策确定下来。这期间，仅有少数外经外贸公司从自身经营需要出发开始在国外设立窗口企业，主要目的是为外贸服务。

1984 年，中共第十二届三中全会颁布的《中共中央关于经济体制改革的决定》再次重

　⊖　来自王晓红，我国企业对外直接投资现状及对策研究，中国社会科学院研究生院学报，2017（3）：38－52。

申了进一步深入贯彻"对内搞活、对外开放"的方针政策，加速生产力的发展，这些政策措施的出台为我国当时对外直接投资的发展营造了良好的政策环境。20世纪80年代初，一些大企业开始探索对外直接投资。但由于我国对外投资尚处于起步阶段，绝大多数的对外直接投资仍由政府主导，投资规模较小。

1979—1984年，我国企业在国外投资兴办非贸易性企业113家，总投资额2亿多美元，年均不足1亿美元。1984年对外投资发展速度逐渐提升，较上一年增加了44%，但总体规模仍然偏小。对外投资主体主要是一些专业外贸公司以及省、市国际经济技术合作公司，它们凭借涉外经营经验丰富、进出口渠道众多的优势，在国外开设海外代表处或海外贸易公司，如中国化工进出口总公司、中国五矿进出口总公司、上海机械进出口公司等，对外投资的领域主要包括承包建筑工程、咨询和服务业、加工生产、资源开发等，一小部分投资发生在技术水平较高的领域，投资主要分布在我国周边的发展中国家。不过，经过前几年的对外投资探索，中国逐渐摸索建立了对外投资审批管理制度的雏形。

三、贸易型为主转向投资多元化发展阶段（1985—1992年）

这一阶段的主要特点是，我国对外投资管理基本形成了从个案审批向规范性审批的转变，国家外汇管理局也为支持对外直接投资出台相关政策，对外投资管理逐渐规范化，对外投资也因此得以有序发展。投资由贸易向生产和服务领域拓展，对外直接投资主体多元化，投资市场多元化初见端倪。

20世纪80年代末和90年代初，随着对外贸易的扩大，中国企业"走出去"有了较快发展，参与海外投资的企业类型不断增加，不仅外经外贸企业而且工业企业、商贸物资企业、科技企业及金融保险企业等也参与到了海外投资之中。大中型生产企业和综合型国际信托投资公司开始加入到中国跨国公司行列，如首都钢铁总公司、中国国际信托投资公司、深圳赛格公司等。与此同时，海外投资的领域进一步拓宽，在服务业、工农业生产加工、资源开发等几大产业的若干行业中都有海外企业设立。

1985—1987年，我国出现了第一次对外直接投资高潮。1985年，我国企业对外直接投资总额达6.29亿美元，同比增长369.4%。在国外兴办企业达124家，协议投资额13亿美元，是前8年总和的3.19倍，中方投资额为3.5亿美元，是前8年总和的1.38倍。

之后，海外企业的数量不断增加，截至1992年末，中国各类企业已在120多个国家和地区开办了4117家合资、独资和合作经营企业，中方投资总额40多亿美元。海外投资的总体规模和项目平均规模不断扩大，到1992年年底，中方投资规模超过百万美元的项目增多，其中有的项目中方投资超过1亿美元，如首钢秘鲁铁矿项目中方投资达1.2亿美元。对外投资主体向大中型生产企业和综合金融企业发展，投资领域逐步向资源开发、制造加工、交通运输等20多个行业延伸，投资分布的国家和地区也更加广泛。

四、对外投资进入调整期（1993—1998年）

20世纪90年代初期，国民经济发展中出现了经济发展过热、投资结构不合理、物价上涨过快等现象，从1993年开始，国家对经济进行调整和整顿，适当紧缩银根，让过热的经济"软着陆"。这期间，海外投资业务也进入清理和整顿时期，国家主管部门对新增的海外投资项目实行从严审批政策，并对各部门和各地方已开办的海外企业进行重新登记，海外投资扩张势头得到遏制，增速开始放缓。1993—1998年的6年间，我国对外直接投资总额仅为 12.78 亿美元，批准设立海外企业 1500 家左右。

五、鼓励境外加工贸易和资源开发（1999—2001 年）

1998 年，为推动出口贸易发展，加快产业结构调整，向海外转移国内成熟的技术和产业，十五届二中全会明确指出，在积极扩大出口的同时，还要有领导、有步骤地组织和支持一批有实力、有优势的国有企业"走出去"，到非洲、中亚、中东、中欧、南美等地投资办厂。1999 年 2 月，国务院办公厅转发外经贸部、国家经贸委、财政部《关于鼓励企业开展境外带料加工装配业务的意见》，鼓励有实力的企业到海外投资，通过境外加工装配、就地生产就地销售或向周边国家销售，带动国产设备、技术、材料和半成品的出口，扩大对外贸易，为我国"走出去"战略奠定了政策基础。

由境外加工贸易而引发的海外投资成为一段时期中国海外投资的一个新的增长点，这种类型海外投资的加快发展还导致海外投资主体、方式和行业结构出现新的变化。

2001 年，中国加入世界贸易组织，伴随大量外资企业涌入，中国经济开始全面纳入经济全球化进程。以"入世"为契机，中国政府提出"引进来"与"走出去"并重的开放战略，国内企业对外直接投资也进入到一个快速增长时期。2001 年，我国企业海外投资呈现出加速增长态势，对外直接投资额达 68.86 亿美元，相当于 2000 年 7.5 倍，1985 年的 11 倍。这一时期的海外投资获得了突破性进展，特别是境外加工贸易和资源开发成交显著。一批民营企业逐步开始进行跨国经营的尝试，标志着我国对外投资主体开始多元化。截至 2001 年，我国在 160 个国家和地区进行了投资，投资行业从贸易服务向资源开发、生产制造等领域延伸，44% 的对外直接投资投向了生产性领域，改善了以贸易型投资为主的结构。

六、成长壮大时期（2002—2008 年）

2002 年 11 月，"走出去"战略被写入了中共十六大报告，我国迎来了"'引进来'和'走出去'相结合，全面提高对外开放水平"这一新的阶段。

这一阶段的主要特点是，国家大力推进海外投资战略，对外直接投资规模迅速扩张。"十五"期间，我国加快实施"走出去"战略，鼓励支持有条件的各类所有制企业开展跨国经营，主动参与全球国际经济技术合作，不断完善境外投资促进政策。为推进对外投资便利化进程，2004 年 8 月和 9 月分别下发了《关于内地企业赴香港、澳门特别行政区投资开办企业核准事项的规定》《关于境外投资开办企业核准事项的规定》两个文件，下放了境外投资核准权限并简化手续，为企业境外投资创造了良好环境。在此之前，2004 年 5 月和 7 月还分别发布了《在拉美地区开展纺织服装加工贸易类投资国别指导目录》《对外投资国别产业导向目录（一）》等，引导企业的对外投资活动。政府部门还通过资金补贴、长期低息贷款等方式支持企业承接海外项目，在海外建立工业园区，这些举措都有力促进了我国企业对外直接投资活动。

2008 年，全球金融危机使欧美国家失业率上升、企业融资困难、业务收缩、资产价格暴跌，欧美国家纷纷为中国企业投资敞开了大门，为中国企业"走出去"发展提供了更大机遇和空间。2008 年，我国对外直接投资净额为 559.1 亿美元，同比增长 111%，位列全球第 12 位。截至 2008 年，我国对外直接投资存量为 1839.7 亿美元，位列全球第 18 位，我国设立境外企业 12000 家，投资国家（地区）达 174 个，投资领域涵盖服务业、工业和农业，其中商务服务业、批发和零售业、金融业、采矿业、制造业，以及交通运输、仓储和邮政业聚集了我国对外直接投资存量的九成。

七、加速发展时期（2009—2012 年）

这一时期的主要特点是，我国作为对外直接投资大国的地位已经确立，对外开放已经进入"引进来"和"走出去"并重、利用外资与对外投资均衡发展的新阶段。

2009 年，我国对外直接投资净额 565.3 亿美元，由 2008 年的世界第 12 位首次进入世界前 5 强。

2012 年，在全球外国直接投资流量较上年下降 17% 的背景下，中国对外直接投资创下流量 878 亿美元的历史新高，同比增长 17.6%，首次成为世界三大对外投资国之一。除此之外，2012 年中国对外直接投资还呈现出以下特点⊖：

（1）投资存量突破 5000 亿美元，但与发达国家仍有较大差距。截至 2012 年底，中国对外直接投资累计净额（存量）达 5319.4 亿美元，位居全球第 13 位。但由于中国对外直接投资起步较晚，与发达国家相比仍存在较大差距，仅相当于美国对外投资存量的 10.2%，英国的 29.4%，德国的 34.4%，法国的 35.5%，日本的 50.4%。

（2）投资遍布全球近八成的国家和地区，投资存量高度集中。截至 2012 年底，中国 1.6 万家境内投资者在国（境）外设立对外直接投资企业（境外企业）近 2.2 万家，分布在全球 179 个国家（地区），覆盖率达 76.8%；其中亚洲地区的境外企业覆盖率高达 95.7%，欧洲为 85.7%，非洲为 85%。2012 年年末，中国对外直接投资存量高度集中，前 20 位的国家（地区）存量累计达到 4750.93 亿美元，占总量的 89.3%。

（3）投资行业分布广泛，门类齐全，投资相对集中。2012 年年末，中国对外直接投资覆盖了国民经济所有行业类别，其中存量超过 100 亿美元的行业有：租赁和商务服务业、金融业、采矿业、批发和零售业、制造业、交通运输业/仓储和邮政业、建筑业，上述七个行业累计投资存量 4913 亿美元，占我国对外直接投资存量总额的 92.4%。

（4）并购领域广，交易金额大。2012 年，中国企业共实施对外投资并购项目 457 个，实际交易金额 434 亿美元，两者均创历史之最。其中，直接投资 276 亿美元，占 63.6%，境外融资 158 亿美元，占 36.4%。

（5）对美投资快速增长，流向英属维尔京群岛、开曼群岛的投资大幅下降。2012 年，中国对美国投资 40.48 亿美元，同比增长 123.5%。2012 年，中国对外直接投资流向英属维尔京群岛、开曼群岛的投资共计 30.67 亿美元，较上年的 111.45 亿美元下降 72.5%。

（6）境外企业对东道国税收就业贡献明显，对外投资双赢效果显著。2012 年境外企业向投资所在国缴纳的各种税金总额达 221.6 亿美元，年末境外企业员工总数达 149.3 万人，其中雇用外方员工 70.9 万人，来自发达国家的雇员有 8.9 万人。

八、以"一带一路"为契机，对外直接投资进入新时代（2013 年至今）

党的十八大以来，以习近平同志为核心的党中央适应经济全球化新趋势、准确判断国际形势新变化、深刻把握国内改革发展新要求，在对外投资领域提出了一系列重要论述和部署要求。

⊖ 来自商务部《2012 年度中国对外直接投资统计公报》。

2013 年 9 月和 10 月，国家主席习近平分别提出建设"新丝绸之路经济带"和"21 世纪海上丝绸之路"的合作倡议（"一带一路"倡议）。依靠中国与有关国家既有的双多边机制，借助既有的、行之有效的区域合作平台，"一带一路"旨在借用古代丝绸之路的历史符号，高举和平发展旗帜，积极发展与沿线国家的经济合作伙伴关系，共同打造政治互信、经济融合、文化包容的利益共同体、命运共同体和责任共同体。中国与"一带一路"参与国经贸投资合作成效显著，贸易和投资合作不断扩大，形成了互利共赢的良好局面。

2013 年，我国对外直接投资流量 1078.4 亿美元，同比增长 22.8%。截至 2013 年底，我国 1.53 万家境内投资者在国（境）外共设立对外直接投资企业 2.54 万家，分布在全球 184 个国家和地区，对外直接投资存量 6604.8 亿美元。中国对外直接投资分别占全球当年流量、存量的 7.6% 和 2.5%。流量名列按全球国家（地区）排名的第 3 位，存量位居第 11 位[一]。2013 年，中国货物贸易进出口总额达 4.16 万亿美元，跃居全球第一。

2014 年，我国对外直接投资流量高达 1231.2 亿美元，对外直接投资流量对全球 FDI 的贡献率达 19.9%，标志着我国已经成为全球 FDI 主要输出国家。

2015 年，中国对外直接投资流量为 1456.7 亿美元，同比增长 18.3%，约为 2009 年的 2.6 倍、2006 年的 6.9 倍，实现连续 13 年快速增长，超过日本成为全球第二大对外投资国，并首次超过当年实际利用外资额 1262.7 美元关口，成为国际直接投资净输出国[二]。数据显示，中国对"一带一路"沿线国家贸易和投资总体保持增长态势。2015 年，中国企业共对"一带一路"相关的 49 个国家进行了直接投资，投资额同比增长 18.2%。2015 年，中国承接"一带一路"相关国家承包工程项目突破 3000 个，服务外包合同金额 178.3 亿美元，执行金额 121.5 亿美元，同比分别增长 42.6% 和 23.45%。

2016 年，中国对外直接投资流量创下 1961.5 亿美元的历史新高，同比增长 34.7%，在全球占比达到 13.5%。

党的十九大报告指出，要以"一带一路"建设为重点，坚持"引进来"和"走出去"并重，遵循共商、共建、共享原则，加强创新能力开放合作，形成陆海内外联动、东西双向互济的开放格局。创新对外投资方式，促进国际产能合作，形成面向全球的贸易、投融资、生产、服务网络，加快培育国际经济合作和竞争新优势，这是新时期做好对外投资工作的根本遵循。

2017 年，中国对外直接投资 1582.9 亿美元，同比下降 19.3%，自 2003 年中国发布年度对外直接投资统计数据以来，首次出现负增长。但仍为历史第二高位（仅次于 2016 年），占全球比重连续两年超过一成，中国对外投资在全球外国直接投资中的影响力不断扩大。投资流量规模仅次于美国（3422.7 亿美元）和日本（1604.5 亿美元），位居全球第三，较上年下降一位。从双向投资情况看，中国对外直接投资流量已连续三年高于吸引外资。其中，对"一带一路"沿线国家投资合作取得丰硕成果。2015—2017 年，中国对"一带一路"沿线国家投资累计超过 486 亿美元，占同期对外投资累计额的比重超过 10%。在"一带一路"沿线国家对外承包工程新签合同额 3630 亿美元，占同期新签合同额的 50.5%；完成营业额

㊀ 来自联合国贸易与发展会议（UNCTAD）2014 年《世界投资报告》。
㊁ 来自王晓红，我国企业对外直接投资现状及对策研究，中国社会科学院研究生院学报，2017（5）：40。

2308 亿美元,占同期完成营业额的 47.9% ⊖。

受美国贸易保护主义影响,2018 年,我国对外全行业直接投资 1298.3 亿美元,同比下降 17.97%,连续两年呈快速下降趋势。其中,我国境内投资者对全球 161 个国家和地区的 5735 家境外企业进行了非金融类直接投资,累计实现投资 1205 亿美元,同比增长 0.3%。其中,对外金融类直接投资 93.3 亿美元,同比增长 105.1%;对外非金融类直接投资 1205 亿美元,同比增长 0.3%。对外承包工程完成营业额 1690.4 亿美元,同比增长 0.3%。对外劳务合作年末在外各类劳务人员 99.7 万人,较上年同期增加 1.7 万人。

2018 年全年,我国企业对"一带一路"沿线的 56 个国家实现非金融类直接投资 156.4 亿美元,同比增长 8.9%,占同期总额的 13%。在"一带一路"沿线的 63 个国家对外承包工程完成营业额 893.3 亿美元,占同期总额的 52% ⊖。

2018 年,我国对外投资主要流向租赁和商务服务业、制造业、批发和零售业、采矿业,占比分别为 37%、15.6%、8.8% 和 7.7%。流向第三产业的对外直接投资 842.5 亿美元,同比增长 3.6%,占 69.9%。房地产业、体育和娱乐业对外直接投资没有新增项目,非理性投资继续得到有效遏制。企业通过对外投资正在加快形成面向全球的贸易、金融、生产、服务和创新网络。

2018 年,在对外投资方式上,企业对外投资并购活跃,境外融资比例高。共实施完成并购项目 405 起,实际交易总额 702.6 亿美元,其中境内出资 274.5 亿美元,占并购总额的 39.1%,同期对外直接投资总额的 22.8%;境外融资规模 428.1 亿美元,占并购总额的 60.9%。同时,实物投资、股权置换、联合投资、特许经营、投建营一体化等对外投资方式也呈现出良好的发展态势。2013—2018 年,中国企业对"一带一路"沿线国家直接投资超过 900 亿美元,年均增长 5.2%。在沿线国家新签对外承包工程合同额超过 6000 亿美元,年均增长 11.9%。

1990—2018 年,中国对外直接投资流量见图 11-2。

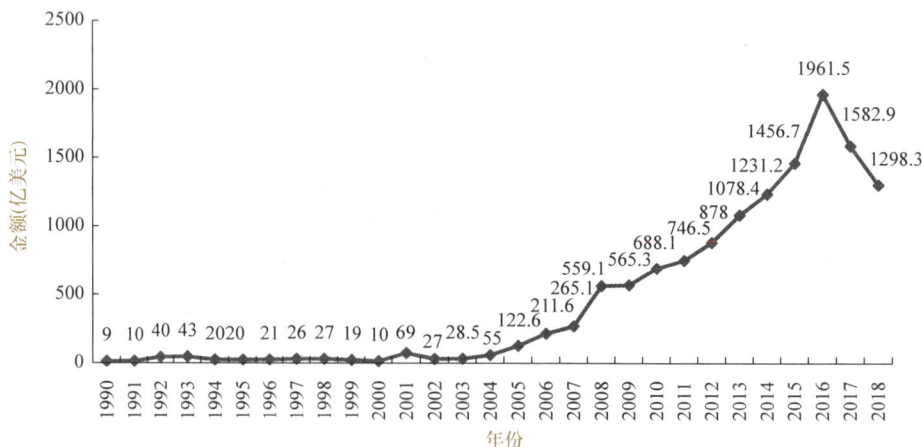

图 11-2 1990—2018 年中国对外直接投资流量
(资料来源:根据商务部历年外资统计数据,整理制得。)

⊖ 来自国家统计局贸易外经司,对外经贸跨越发展,开放水平全面提升——改革开放 40 年经济社会发展成就系列报告之三,http://www.stats.gov.cn/ztjc/ztfx/ggkf40n/201808/t20180830_1619861.html。

⊖ 来自中国一带一路网,https://www.yidaiyilu.gov.cn/xwzx/gnxw/67936.htm。

参 考 文 献

[1] 斯密. 国民财富的性质和原因的研究 [M]. 郭大力, 王亚南, 译. 北京: 商务印书馆, 1972.

[2] 李嘉图. 政治经济学及其赋税原理 [M]. 郭大力, 译. 北京: 商务印书馆, 1976.

[3] 马歇尔. 经济学原理 [M]. 陈良璧, 译. 北京: 商务印书馆, 1997.

[4] 凯恩斯. 就业、利息和货币通论 [M]. 徐毓枬, 译. 2 版. 北京: 商务印书馆, 1997.

[5] 崔日明. 步入新世纪的跨国公司 [M]. 沈阳: 辽宁大学出版社, 2001.

[6] 崔日明, 王厚双, 徐春祥. 国际贸易 [M]. 2 版. 北京: 机械工业出版社, 2016.

[7] 崔日明, 闫国庆. 国际经济合作 [M]. 北京: 机械工业出版社, 2006.

[8] 崔日明. 知识经济与我国对外经济贸易发展研究 [M]. 北京: 经济日报出版社, 2002.

[9] 崔日明. 国际贸易实务 [M]. 北京: 机械工业出版社, 2005.

[10] 崔日明. 中美服务贸易失衡及对策研究 [J]. 国际贸易论坛, 2008 (5).

[11] 崔日明. 中日服务业产业内贸易研究 [J]. 国际经贸探索, 2008 (8).

[12] 崔日明. 韩美自由贸易协定对东北亚区域经济合作的影响 [J]. 国际经济合作, 2008 (1).

[13] 崔日明. 中美贸易摩擦中知识产权保护研究 [J]. 国际贸易, 2007 (9).

[14] 徐春祥. 东亚贸易一体化——从区域化到区域主义 [M]. 北京: 社会科学文献出版社, 2008.

[15] 徐春祥. 贸易一体化条件下区域一体化组织模式 [J]. 亚太经济, 2008 (4).

[16] 徐春祥. 浅层次贸易一体化——东亚区域经济合作新模式 [J]. 亚太经济, 2009 (1).

[17] 徐春祥. 贸易一体化、区域生产网络与东亚区域经济合作 [J]. 东北亚论坛, 2009 (2).

[18] 徐春祥. 国际贸易实务 [M]. 2 版. 北京: 机械工业出版社, 2018.

[19] 徐春祥, 郭宗旗, 韩召龙. 自由贸易协定对我国货物贸易出口规模与出口结构变动的影响 [J]. 亚太经济, 2015 (2).

[20] 徐春祥. 推动中日韩自贸区建设是中国在亚洲唯一区域战略选择 [J]. 东北亚论坛, 2014 (3).

[21] 徐春祥, 吴志力. 我国出口国别分布及出口增长的影响因素 [J]. 国际贸易问题, 2012 (2).

[22] 林康, 林在志. 跨国公司经营与管理 [M]. 2 版. 北京: 对外经济贸易大学出版社, 2015.

[23] 杜奇华, 白小伟. 跨国公司与跨国经营 [M]. 北京: 电子工业出版社, 2008.

[24] 张纪康. 跨国公司与直接投资 [M]. 上海: 复旦大学出版社, 2004.

[25] 王林生. 跨国经营理论与实务 [M]. 北京: 对外经济贸易大学出版社, 1994.

[26] 干春晖. 并购经济学 [M]. 北京: 清华大学出版社, 2004.

[27] 史建立. 跨国并购论 [M]. 上海: 立信会计出版社, 2003.

[28] 王志乐. 2004 跨国公司在中国报告 [M]. 北京: 中国经济出版社, 2004.

[29] 罗进. 跨国公司在华战略 [M]. 上海: 复旦大学出版社, 2001.

[30] 石建勋. 战略规划——中国跨国公司理论·案例·对策·方案 [M]. 北京: 机械工业出版社, 2004.

[31] 鲁桐. 中国企业跨国经营战略 [M]. 北京: 经济管理出版社, 2003.

[32] 李安方. 跨国公司 R&D 全球化——理论效应与中国的对策研究 [M]. 上海: 上海人民出版社, 2004.

[33] 孙遇春, 徐培华. 著名跨国公司在华竞争战略 [M]. 上海: 东方出版中心, 2004.

[34] 孙国辉. 跨国公司内部贸易理论 [M]. 济南: 山东人民出版社, 2002.

[35] 陈岩. 国际一体化经济学 [M]. 北京: 商务印书馆, 2001.

[36] 汤敏, 茅于轼. 现代经济学前沿专题: 第三集 [M]. 北京: 商务印书馆, 1999.

[37] 郭铁民, 王永龙, 俞姗. 中国企业跨国经营 [M]. 北京: 中国发展出版社, 2002.

[38] 杨先明. 发展阶段与国际直接投资 [M]. 北京：商务印书馆，2000.

[39] 马杰，王杰，李淑霞. 跨国公司经营战略学 [M]. 哈尔滨：哈尔滨工业大学出版社，2004.

[40] 张小蒂，王焕祥. 国际投资与跨国公司 [M]. 杭州：浙江大学出版社，2004.

[41] 邹昭晞. 跨国公司战略管理 [M]. 北京：首都经济贸易大学出版社，2004.

[42] 德帕姆菲利斯. 兼并、收购和重组 [M]. 黄瑞蓉，罗雨泽，译. 北京：机械工业出版社，2001.

[43] 刘海云. 跨国公司经营优势变迁 [M]. 北京：中国发展出版社，2001.

[44] 王超. 跨国战略——国际工商管理 [M]. 北京：中国对外经济贸易出版社，1999.

[45] 彭迪云，甘筱青. 跨国公司发展论 [M]. 北京：经济科学出版社，2004.

[46] 伍永刚. 跨国公司：产权重组与资源配置 [M]. 北京：社会科学文献出版社，2002.

[47] 吴永林. 缔造强者——中国跨国公司成长的现实选择 [M]. 北京：经济管理出版社，2000.

[48] 金明善. 现代日本经济论 [M]. 沈阳：辽宁大学出版社，1996.

[49] 冯舜华，程伟. 比较经济体制学 [M]. 沈阳：辽宁大学出版社，1993.

[50] 白钦先. 白钦先经济金融论文集 [M]. 北京：中国金融出版社，1995.

[51] 赫国胜. 汇率决定理论研究 [M]. 沈阳：辽宁大学出版社，1996.

[52] 滕维藻，陈荫枋. 跨国公司概论 [M]. 上海：上海人民出版社，1991.

[53] 叶刚. 遍及全球的跨国公司 [M]. 上海：复旦大学出版社，1989.

[54] 隋启炎. 当代西方跨国公司 [M]. 北京：经济日报出版社，1992.

[55] 肖海泉. 国际投资与劳务合作 [M]. 天津：南开大学出版社，1991.

[56] 陈西露. 国际资本流动的经济分析 [M]. 北京：中国金融出版社，1997.

[57] 何维达. 国际投资学 [M]. 广州：华南理工大学出版社，1996.

[58] 于建国，管宁. 国外企业收购与兼并 [M]. 上海：上海人民出版社，1998.

[59] 佟家栋. 国际经济学 [M]. 2版. 天津：南开大学出版社，2000.

[60] 吴开祺. 国际投资学 [M]. 北京：中国对外经济贸易出版社，1990.

[61] 梁能. 跨国经营概论 [M]. 上海：上海人民出版社，1995.

[62] 陈继勇. 美国对外直接投资研究 [M]. 武汉：武汉大学出版社，1993.

[63] 范兰德，白明韶. 世界跨国公司经营模式 [M]. 广州：广东旅游出版社，1997.

[64] 毛永锌. 跨国公司导论 [M]. 太原：山西经济出版社，1994.

[65] 毛蕴诗. 跨国公司战略竞争与国际直接投资 [M]. 广州：中山大学出版社，1997.

[66] 毛蕴诗，戴勇. 经济全球化与经济区域化的发展趋势与特征研究 [J]. 经济评论，2006 (4).

[67] 朱允卫. 2001年全球企业并购新动向及其启示 [J]. 世界经济研究，2002 (3).

[68] 石华. 外企流失数百亿税收 [N]. 人民日报社环球时报，2004 – 07 – 07.

[69] 崔荣春. 2016年国际税收管理重点要干这些大事 [N]. 中国税务报，2016 – 02 – 19.

[70] 鱼金涛，郝跃英. 斋藤优的新著——国际技术转移政治经济学 [J]. 外国经济与管理，1987 (8).

[71] 马少波. 亚洲"四小龙"：对外投资与对华投资 [J]. 长江论坛，1996 (3).

[72] 杨一平. 发展中国家和地区对外直接投资的特点、类型与发展趋势 [J]. 上海大学学报（社科版），1990 (5).

[73] 徐龙华. 从2000年世界投资报告看跨国并购和投资 [J]. 浙江金融，2001 (1).

[74] 王跃生. 发展中国家对外直接投资：新特征与新思考 [J]. 中国市场，2010 (9).

[75] 段云程. 中国企业跨国经营与战略 [M]. 北京：中国发展出版社，1995.

[76] 任淮秀，汪昌云. 国际投资学 [M]. 北京：中国人民大学出版社，1992.

[77] 蒋瑛. 国际投资 [M]. 成都：四川大学出版社，1995.

[78] 陈建梁. 跨国公司投资管理 [M]. 上海：复旦大学出版社，1995.

[79] 林叶，孙伟化. 中国跨国公司实务 [M]. 哈尔滨：黑龙江教育出版社，1994.

[80] 袁纲明. 跨国投资与中国 [M]. 北京：中国财政经济出版社，1994.

[81] 戴伦彰. 走向二十一世纪的中国对外经济关系 [M]. 北京：中国物价出版社，1997.

[82] 于晓镭. 跨国经营与国际会计 [M]. 北京：经济管理出版社，1993.

[83] 龚思怡. 中国企业"走出去"案例集 [M]. 上海：上海大学出版社，2016.

[84] 冯林，田斌. 2018 中国企业跨境并购年度报告 [M]. 北京：中国经济出版社，2018.

[85] 杨清. 中国跨国公司成长研究 [M]. 北京：人民出版社，2009.

[86] 任淮秀. 兼并与收购 [M]. 北京：中国人民大学出版社，2004.

[87] 陈杨勇. 江泽民"走出去"战略的形成及其重要意义 [J]. 党的文献，2009（1）.

[88] 林明珠. 跨国公司在华研发的空间战略布局 [D]. 上海：华东师范大学，2010.

[89] 李华先. 跨国公司在华 R&D 投资对我国企业技术创新影响研究 [D]. 昆明：云南财经大学，2018.

[90] 李济航. 华为公司研发国际化的区位选择研究 [D]. 天津：天津商业大学，2018.

[91] 李国正，陈雷，高波. 发展中国家（地区）对外直接投资的新特征与思考 [J]. 湖南科技学院学报，2014（2）.

[92] 吴敏华. 发展中国家对发达国家逆向投资的研究述评 [J]. 商业时代，2011（21）.

[93] 彭磊. 关于发展中国家对发达国家直接投资的一个注解 [J]. 财贸经济，2004（8）.

[94] 王敏. 影响我国对发达国家直接投资的因素分析 [D]. 昆明：云南财经大学，2018.

[95] 王家春. 浅谈发展中国家的对外直接投资 [J]. 技术经济与管理研究，2000（3）.

[96] 贾骋. 发展中国家对外直接投资的趋势探讨 [J]. 时代金融，2017（12）.

[97] 张金杰. 中国对外直接投资新格局——发达与发展中国家并重 [J]. 国际经济合作，2017（5）.

[98] 邹芬丽. 我国对外直接投资影响因素的实证分析 [D]. 长春：吉林财经大学，2017.

[99] 王晓红. 我国企业对外直接投资现状及对策研究 [J]. 中国社会科学院研究生院学报，2017（5）.

[100] 商琪. 发展中国家对外直接投资（OFDI）策略研究——基于中国的分析 [D]. 济南：山东大学，2016.

[101] 陆栋生. 中国本土跨国公司发展研究——中国企业走出去的路径模式创新 [D]. 上海：上海社会科学院，2017.

[102] 张西峰. 《外商投资法》的亮点与意义 [J]. 宁波经济（财经视点），2019（4）.

[103] 赵晋平. 改革开放 30 年我国利用外资的成就与基本经验 [J]. 国际贸易，2008（11）.

[104] 郭克莎，李海舰. 改革开放以来我国利用外资结构分析 [J]. 财贸经济，1994（7）.

[105] 赵杰. 中国企业海外投资研究 [D]. 中共中央学校，2014.

[106] 王辉耀，苗绿. 大潮澎湃 中国企业"出海"40 年 [M]. 北京：中国社会科学出版社，2018.

[107] 高继风. 浅析海尔集团的国际化战略 [J]. 现代国企研究，2018（12）.

[108] 陈琼. 从"制造"到"智造"福耀玻璃的发展之道 [J]. 汽车纵横，2016（8）.

[109] 孟仲伟. 2016 年全球并购交易市场回顾及展望 [J]. 国际经济合作，2017（1）.

[110] 卢进勇. 入世与中国企业的"走出去"战略 [J]. 国际贸易问题，2001（6）.

[111] 蔺鹏飞. 我国石油企业海外并购问题与对策研究——基于中海油并购与整合尼克森的实践 [D]. 北京：对外经济贸易大学，2017.

[112] 科特勒. 市场营销原理 [M]. 李季，等译. 北京：机械工业出版社，2014.

[113] 萨缪尔森，诺德豪斯. 经济学 [M]. 高鸿业，等译. 2 版. 北京：中国发展出版社，1992.

[114] 金德尔伯格，赫里克. 经济发展 [M]. 张欣，译. 上海：上海译文出版社，1992.

[115] 林德特，金德尔伯格. 国际经济学 [M]. 谢树森，等译. 上海：上海译文出版社，1985.

[116] 阿普尔亚德，菲尔德. 国际经济学 [M]. 龚敏，等译. 北京：机械工业出版社，2001.

[117] 波特. 竞争战略：分析产业和竞争者的技巧 [M]. 陈小悦，译. 北京：华夏出版社，1997.

[118] 波特. 竞争优势 [M]. 陈小悦，译. 北京：华夏出版社，1997.